코끼리 코를 찾아서

― 글쓰기 다섯 길을 걷다 ―

코끼리 코를 찾아서

― 글 쓰 기   다 섯   길 을   걷 다 ―

간호윤 지음

경진
출판
Kyungjin Publishing co.

들머리

금단의 영역을 가로지르는 매혹의 질주, 나에게 글쓰기는 그랬다. 글쓰기를 배우고 싶었다. 하지만 그 누구도 글쓰기를 가르쳐주지 못했다. 나는 글쓰기를 스스로 배워야 했다. 닥치는 대로 글쓰기 책을 읽었다. 나는 거기서 한 가지 명료한 사실을 깨우쳤다. '장마당에 쌀자루는 있어도 글 자루는 없'듯 '글쓰기 책에는 글쓰기가 없다'는 명료한 역설을. 글쓰기 이론, 혹은 글쓰기 기술 연마를 무슨 비기나 되는 것처럼 내놓은 글쓰기 책은 대개 아롱이다롱이였다. 글쓰기는 강고한 미지의 세계였고 나는 금단의 영역에서 길을 잃고 헤맸다.

18세기 실학자들 글을 보다 알았다. 글쓰기 책에 글쓰기가 없는 이유를. 글쓰기에 '작가의식[마음]'과 '주제'가 없어서였다. '의식'과 '주제', 이것이 코끼리에게 가장 중요한 코요, 사자에게 어금니다. 글쓰기는 공학이 아닌, 인문학이기 때문이다.

"글이란 마치 꽃을 감상하는 것과 같다. 모란·작약이 부하고 풍성한 아름다움이 있다 하여 패랭이꽃· 수국을 내버리며, 국화와 매화가 꾸밈이 없는 담담함이 있다 하여 붉은 복사꽃·연분홍 살구꽃을 미워한 다면 어찌 꽃을 안다고 말하겠는가?"

김려의 「제도화유수관소고권후」에 보이는 글이다. 선생은 벗 이옥이 쓴 글을 이렇게 꽃 감상으로 비평하였다. 글을 꽃에 비유하여 설명하는 게 여간 흥미롭지 않지만 핵심은 글 나름대로 다양성을 옹호하였다는 데 있다. '글이란 무엇인가?'에 대해 '다양성'을 그 답으로 보인 셈이다. 다양성이란 '다름'을 말한다. "남보다 나은 글 쓰려하지 말고 남과 다른 글 써라." 글쓰기 수업 중에 누누이 강조하는 말이다. 글쓰기는 글재주 겨룸이 아니다. 다른 글을 쓰라 해서 다른 삶을 살라는 것도 아니다. 세상을 다르게 보라는 말이다. '다른 글'은 작가로서 인정물태人情物態, 사람살이와 사물 모습를 보는 '작가의식'을 선행해야만 가능하다. 내가 글을 쓰는 게 아니라 '내가 글이 돼야' 한다.

글쓰기는 삶의 경험이 녹아 있는 그 어느 곳에서 시작한다. '그 어느 곳'이란 권정생 선생의 '강아지 똥'과 같다. 강아지 똥에 비가 내리고 땅에 스며들어 그곳에서 민들레가 핀다. 강아지 똥을 남과 다르게 바라보려는 마음이 선손 걸어야 글 쓰는 이와 세상의 물꼬가 트이고 민들레가 피어난다.

가람 이병기 선생은 "십 근 시인이 암만 한 대도 백 근 시인은 못 된다" 했다. 상당히 진지한 어투지만 주눅들 이유 없다. 그 뒤는 이렇다. "그러나 십 근 시인도 시인은 시인이다. 저의 근량에 맞는 소리를 맞게 하면 그만이다. 천만 근량을 타고났더라도 십 근 어치 소리도 못 한다면 그는 영영 시인이 못 된다." 십 근이든, 백 근이든, 작가가 되려면 어금니 앙 다물고 '작가로서 의식'만 꼭 쥐고 있으면 된다. 이 작가의식을 잡도리해야만 '주제'를 찾는다. 주제가 주제다울 때 비로소 '남과 다른 글'이 된다.

이 책은 간호윤[고전 독작가, 고전을 읽고 쓰는 이]이 글쓰기 여정에서 만난 '소소한 작가의식'들이다. '소소한'이라 하였지만 나로서는 한 편, 아니 한 줄, 한땀 한땀 글 쓰려 '고민한 흔적'들이다. 이 작가의식이 50여 권 내 책에 햇볕을 쬐게 하였다. 인간 일생이 출생에서 죽음이라면 글쓰기 일생은 '작가의식[마음]'에서 '주제'로 여행이다. 글쓰기 구성, 문체는 그 다음이다. 구성이니 문체, 문장, 문법 따위 '여줄가리'는 다른 글쓰기 책에 널려 있다. 이 책에서는 입도 뻥끗 않는다. (이 책에 실린 글 곳곳에 이미 '여줄가리'로 다 넣었다.)

이 책은 다섯 길로 되어 있다. 저자가 글쓰기 길을 거닐며 고수들한테 읽어낸 글쓰기 방법론이다. 그 다섯 길은 '1. 심도心道, 마음 길: 집터 찾기' – '2. 관도觀道, 보는 길: 터 닦기1' – '3. 독도讀道, 읽는 길: 터 닦기2' – '4. 사도思道, 생각 길: 터 닦기3' – '5. 서도書道, 쓰는 길: 집 짓기'이다. 이 길만 발맘발맘 좇아가면 코끼리 코로 지어낸 '글쓰기 집 한 채'를 만난다.

자! 이제 글쓰기를 찾아 '다섯 길'을 떠나보자. '코끼리 코를 찾아서' 금단의 영역으로….

2023년 4월
꽃샘잎샘 빗줄기가 자목련 후득이는 날,
휴휴헌에서

※ 한 마디 덧붙임: 이제 이 글은 편집자에게 넘어간다. 이 책에서 여러 번 언급한 스티븐 킹은 '글쓰기는 인간의 일이고 편집은 신의 일'이라 했다. 신묘한 솜씨를 보여주시길 바란다.

일러두기

영화나 소설, 희곡, 시, 노래, 그림, 신문 따위와 운문 작품명: 〈 〉

기타 책명: 『 』

머리말 따위와 산문 작품명: 「 」

직접인용: " "

강조: ' '

코끼리 코를 찾아서
－ 글 쓰 기   다 섯   길 을   걷 다 －

차례

3. 독도(讀道, 읽는 길): 터 닦기2

4. 사도(思道, 생각 길): 터 닦기3

5. 서도(書道, 쓰는 길): 집 짓기

[부록] 글 읽기 10계명과 글쓰기 세 걸음, 그리고 글쓰기 12계명

코끼리 코를 찾아서
- 글 쓰 기   다 섯   길 을   걷 다 -

코끼리 코를 찾아서

― 글 쓰기 다섯 길을 걷다 ―

1. 심도(心道, 마음 길): 집터 찾기

스티븐 킹*은 『유혹하는 글쓰기』에서 '글쓰기란 목수의 집 짓기'라 했다. 집을 지으려면 집터부터 찾아야 한다. 내가 살고 이웃이 살 집터이기에 마음가짐이 중요하다. 글쓰기는 글 쓰려는 간절한 마음으로 잉태한 자궁에서 태어난다. '마음 길' 글들은 작가로서 흔들리는 마음을 다잡는 글들이다.

─────────────

*스티븐 킹(Stephen Edwin King, 1947~)은 〈미저리〉, 〈쇼생크 탈출〉의 원 작자이자 미국의 대중 베스트셀러 작가이다. 그의 『유혹하는 글쓰기』는 글쓰기 책 중 가장 도움을 많이 받았다. 그는 자신을 유적 발굴자라 한다. 글은 자신의 주변에서 발굴하기에 따로 구성을 하지 않는다. "경박한 마음으로 백지를 대해서는 안 된다", "글쓰기 책은 대개 헛소리로 가득 찼다"는 말이 귓가에 맴돈다.

글쓰기 10 중, 7~8은 마음이라 했다. 정조는 『일득록』 권16 「훈어訓語」에서 "마음 좋은 뒤라야 사람 좋고 사람 좋은 뒤라야 말 좋다" 하였다. 말과 글은 곧 그 사람이기 때문이다.

우리 한문학 수준을 한껏 높인 고려 대문장가 이규보는 『이상국집』 권27 「여박시어서與朴侍御書」에서 "글이란 마음에 연유해서 발로하므로 마음에 격함이 있으면 반드시 밖으로 나타나게 되어 막지 못한다"고 한다. 글은 마음에 연유해 발로한다는 '연정이발론緣情而發論'이다. 그렇다면 그 마음은 어떠한 마음일까. '소박하고 맑은, 진실한 마음'이라고 다산 정약용은 말한다.

글 쓰는 마음이 있는 글은 저자가 잠들어도 깨어 있고 저자가 죽어도 영원하다. 마음 있는 글은 글자마다 글쓴이 여문 생각이 놓여 있고 문장마다 글쓴이 체취가 남는다. 이러한 글은 사회 변혁으로까지 이어진다.

연암 박지원 글은 저 마음이 있었기에 갑신정변으로까지 이어졌다. "『연암집』에 귀족 공격하는 글에서 평등사상 얻었지요." 이광수가 갑신정변을 '봉건에서 부르주아로 이행하려는 신사상으로 혁신하려던 대운동'이라 정의 내리고 혁신사상이 유래한 경로를 물은 데 대한 박영효의 답변이다. 연암이 마음을 담아 써낸 글은 결국 한 세기 뒤 갑신정변으로 이어졌다.

전쟁하는 마음

글쓰기, 그 참을 수 없는 존재의 가벼움

연암燕巖 박지원朴趾源* 선생은 글쓰기를 '소단적치騷壇赤幟'라 하였다. 소단적치란 전쟁하는 마음으로 글쓰기에 임하라는 뜻이다. 「소단적치인」이란 글에 보이는데, 글을 쓰고자 하는 이들에겐 최고 지남석이다. 나는 글쓰기에 이보다 더 명문을 본 적이 없다.

연암은 "글자는 병사요, 뜻은 장수이고, 제목은 적국이다"라 한다. 「소단적치인」 첫 문장이다. 연암이 글쓰기를 전쟁에 비유함은 글쓰기가 그에게 생명이란 뜻이다. 전쟁터에 나섬은 목숨을 담보해야만 가능한 일이기 때문이다. 그만큼 글이 무섭다는 말이다.

글쓰기가 고통임은 리포트 한 장을 써 본 사람이라도 안다. 그런데 글을 가지고 돈벌이하고 유희를 한다. 책이 안 팔린다고 저자나 출판사나 아우성이다. 글자가 부끄러워 더 이상 못 쓴단다. 저들이 쓴 책이 저들 글인지조차 모르겠다.

글이 우습다. 출판기념회는 더욱 우습다. 이 글을 쓰는 나조차도 우습다. 참 우스운 세상이다. 글쓰기, 참을 수 없는 존재의 가벼움이 되어 버렸다. 아래에 「소단적치인騷壇赤幟引」** 전문을 수록한다. 지금까지 내가 만난 글쓰기 방법론 중 최고이다. 늘 읽고 또 읽는다.

"글 잘하는 자는 병법을 알까?

글자는 말하자면 병사요, 뜻은 말하자면 장수이다. 제목은 적국이고, 옛일이나 옛이야기는 싸움터 진지이다. 글자 묶어 구절이 되고, 구절 엮어 문장 이룸은 군대가 줄 맞춰 행진함이다. 운韻으로 소리 내고, 사詞로 표현 빛나게 함은 군대의 북 모양 종이나, 깃발이다. 둘 이상 사물이나 현상 또는 말과 글 앞뒤 따위를 일치하게 대응하는 조응照應은 봉화이고, 비유는 유격부대 기병에 해당한다. 누

*박지원(1737~1805) 선생은 내가 아는 한 우리나라 글쓰기의 최고수이다. 선생의 〈열녀함양박씨전 병서〉는 세계 문학사에 올려놓아도 좋은 뛰어난 작품이다. 대한제국 3대 문장가인 창강(滄江) 김택영(金澤榮, 1850~1927)은 조선의 신이한 세 가지 일을, '퇴계 이황과 율곡 이이의 도학'과 '충무공 이순신의 용병술', 그리고 '연암 박지원의 글쓰기'를 꼽았다. 이 책에서 연암은 도처에서 만난다.

**'소단'은 문단이고 '적치'는 붉은 깃발로 대장군의 상징이다. '인'은 머리말, 서문, 권두언과 같은 의미로 한문체의 한 형식이다. 연암의 처남 이재성(李在誠, 1751~1809)이 우리나라 과거 답안지를 모아 열 권으로 묶어 『소단적치』란 책을 만들었다. 모두 과거에 높은 등수로 합격한 모범 답안이니, 전장이라면 적의 성을 빼앗아 붉은 대장군의 깃발을 높이 꽂을만한 글들이란 뜻이다. 연암은 이 책 머리글로 '인' 형식을 빌려 글쓰기를 전쟁의 수사학에 빗댄 「소단적치인」을 써주었다. 바로 '글쓰기는 전쟁하는 마음'이라는 결연한 작가의식이다.

*전국시대 진나라 왕흘이 조나라를 침략하자 노장 염파는 성을 굳게 지키며 저들 힘이 빠질 때까지 기다렸다. 진나라는 늙은 염파가 아니라 젊고 유능한 조괄을 두려워한다고 유언비어를 퍼뜨렸다. 이 말에 현혹되어 조나라 왕은 조괄을 장수로 임명하였다. 조괄은 중간 지휘관을 교체하여 전쟁에 임하였고 이때를 틈타 진나라 장수 백기가 조괄 군사를 장평에서 격파하고 항복한 군사 40만 명을 구덩이에 산 채로 넣고 묻어서 죽였다.

잘 싸우는 장수에게 내버릴 병사 없듯 글 잘 쓰는 사람에게 내버릴 글자 없다. '저자를 잘못 만난 글자'는 저 40만 명 군사처럼 백지 위 '파리 대가리만한 검정'으로 의미 없이 눌려 있을 뿐이다.

**글 주제를 공략하는 데는 정공법이 따로 없다. 이 글 전체에서 연암이 강조하지만 상황에 맞는 글쓰기로 요령을 얻어야 한다. 때로는 강조법, 때로는 비유법, … 따위 다양한 수사법을 동원하거나 속된 말이나 일상 대화도 글에 변화를 주는 요령이다. '합변지기'와 '제승지권'은 '때를 맞추어 적을 제압하는 움직임'인 합변지권(合變之權)으로 뒤에 다시 나온다.

***진(晉)나라 때, 부견이 군대를 일으켜 성에 올라 임금이 거느린 군사를 바라보매 대열이 정제되고 군대는 정예로워 주눅이 들었는데, 또 북으로 팔공산 위 초목을 바라보니 모두 사람 모습과 같은지라 군대가 주둔하여 에워싼 것으로 알았다는 고사. 여기서는 글을 쓰기도 전에 기운이 꺾여 쓰고 싶은 마음이 달아나 버리고 만 것을 말함.

****주나라 목왕이 남쪽으로 정벌 나갔으나 군대가 모두 죽어, 군자는 원숭이와 학이 되고, 소인은 벌레와 모래가 되었다는 고사. 이 고사를 두고 한유는 〈송구홍남귀시(送區弘南歸詩)〉에서 "목왕이 예전 남정 가 군대가 못 돌아오니, 벌레와 모래, 원숭이와 학만이 엎드려 날리네"라 한다. 여기서는 평소에 써먹으려고 외워 두었던 게 하나도 생각나지 않아 아무 짝에 쓸모없게 된 것을 뜻함.

르기도 하고 치키기도 하는 억양과 반복은 힘을 다해 결판이 날 때까지 싸우고 모조리 찢어 죽임이다. 글 처음에 제목 의미를 분명하게 밝히는 파제를 하고 꼭 묶어줌은, 적진에 먼저 기어 올라가 적을 사로잡음이다. 속에 간직하여 드러나지 않는 함축을 귀하게 여긴다 함은 적의 늙은 병사는 사로잡지 않음이고, 소리가 그친 다음에도 귀에 남아 있는 어렴풋한 여음이 있음은 기세를 떨치고 개선함이다.

대저 장평(오늘의 중국 산서성 고평현 서북) 군사는 그 용감하고 비겁함이 지난날과 다름이 없고, 활·창·방패·짧은 창의 예리하고 둔함이 전날과 변함이 없건만, 염파가 거느리면 제압하여 이기기에 족하였고, 조괄이 대신하자 스스로를 죽음의 구렁텅이에 파묻어 버렸다.*

그러므로 전투를 잘하는 사람은 버릴 군사가 없고 글 잘 짓는 자에게는 버릴 글자가 없다.

만약에 제대로 장수만 얻는다면 호미 자루나 창 자루만으로도 모두 사납고 거친 군대가 되고, 옷자락을 찢어 장대에 매달아도 아름답고 영롱한 빛깔이 새롭다. 진실로 그 이치를 얻는다면 집안사람 일상 대화도 오히려 학교에서 배우는 것과 나란히 하고, 어린아이들 노래나 마을에 떠돌아다니는 속된 말도 또한 고금문자를 설명한 고대 사전인 『이아』에 넣는다. 그런 까닭에 글이 정밀하지 못한 것은 글자 잘못이 아니다. 저 글자나 구절이 우아하고 속되다고 평하고, 책과 문장이 높거니 낮거니 논하는 자는 모두 그때그때 변화하여 달라지는 기미인 합변지기合變之機와 제압하여 이기는 저울질인 제승지권制勝之權을 알지 못하는 자이다.**

비유하면 용감하지도 않은 장수가 마음에 정한 계책도 없이 갑자기 적의 굳은 성벽에 부닥침이나 마찬가지다. 눈앞 붓과 먹은 산 위 풀과 나무에 먼저 기가 꺾여 버리고,*** 마음속에 외웠던 것조차 벌써 사막 가운데 원숭이와 학이 되고 마는 것과 같다.**** 그런 까닭에 글을 짓는 자는 그 근심이 항상 제 갈 길을 잃고 헤매거나, 사물 요긴하고 으뜸이 되는 요령要領을 얻지 못하는 데 있다.

대저 갈 길이 분명치 않으면 한 글자도 내려 쓰기가 어려울 뿐 아니라 항상 붓방아만 찧음이 병통이 되고, 요령을 얻지 못하면 두루 헤아림이 비록 꼼꼼하더라도 오히려 그 성글고 새는 것을 근심하게 된다.

비유하자면 음릉에서 길을 잃자 명마인 오추마도 나아가지 않고,* 굳센 수레로 겹겹이 에워싸도 여섯 마리 노새가 끄는 수레는 이미 달아나버림과 같다.** 진실로 능히 말이 간단하더라도 요령만 잡게 되면 마치 눈 오는 밤에 채蔡 성을 침입함이고, 토막말이라도 핵심을 놓치지 않는다면 세 번 북을 울리고서 관關을 빼앗음이다. 글 쓰는 방법이 이렇다면 지극하다 할 만하다.

내 벗 이중존이 우리나라 고금 과거 문체를 모아 엮어 열 권을 만들고 이를 『소단적치騷壇赤幟』라 하였다. 아아! 이것은 모두 승리한 군대요, 백 번 싸워 백 번 승리를 거둔 것들이다. 비록 문체와 격조가 같지 않고, 좋고 나쁨이 뒤섞여 있지만 제각각 이길 승산이 있어, 쳐서 이기지 못할 굳센 성이 없다. 날카로운 창끝과 예리한 날은 마치 무기창고와 같이 삼엄하고, 때맞추어 적 제압하는 움직임(합변지권)은 군대 기미에 맞는다. 글 짓는 자가 이 방법을 따른다면, 반초가 서역 여러 나라를 진압한 거나 두헌이 연연산에다 공적을 적어 새김도 이 길을 따라 간 게 아닌가.

비록 그렇지만 방관의 수레싸움은 앞 사람을 본받아도 패하였고, 우후가 부뚜막을 늘려 옛 법을 반대로 하였지만 이겼으니,*** 합하여 변화하는 저울질(합변지권)은 때에 달렸지 법에 있지 않다."

「소단적치인」에서 우리는 다음과 같은 글쓰기 조언을 얻는다.

전戰: 치열한 마음으로 글쓰기에 임하라.

변變: 변화 있는 글 써라. 권權도 변화를 꾀함이다.

비譬: 각종 수사법을 이용하라.

시時: 상황에 맞는 글을 써라.

주主: 주제를 명확히 세워라.

제題: 먼저 제목을 쳐라.

관貫: 일관된 글 써라.

요要: 핵심을 찾아라.

고故: 고사 인용하라.

창創: 새것 만들어라.

*항우가 해하에서 사면초가 포위를 뚫고 달아나다가 음릉에서 농부가 길을 거짓으로 가르쳐 주는 바람에 반대 방향으로 가서 늪에 빠졌다. 한나라 병사 추격을 받자 마침내 자기 목을 찔러 자살하면서, "힘은 산을 뽑았고, 기운은 세상을 덮었네. 때가 불리하니 오추마도 나아가질 않는도다. 오추마가 가질 않으니 어쩔 수 없네. 우미인이여! 우미인이여! 너를 어찌 할거나"라 노래한 데서 나온 말. 여기서는 쓰려고 하는 내용이 분명치 않고 보니, 어떻게 써야 할지 몰라 막막한 태도를 나타냄.

**한나라 무제 때 표기장군 곽거병이 선우를 겹겹이 포위하였으나, 선우가 여섯 마리 노새가 끄는 수레를 타고 수백 기만을 거느린 채 한군 포위를 뚫고 달아나버린 고사. 여기서는 글쓰기에 있어 입의(立意), 즉 주제의식이 명확치 않아 비록 글로 쓰더라도 뜻이 성글어 독자가 납득하지 못함을 말함.

두 문장 모두 갈 길을 찾지 못하고 요령을 얻지 못해 허둥거리는 모습을 비유하였다. 갈 길은 주제를 명확히 세움이요, 요령은 합변지기와 제승지권이다. 합변지기와 제승지권은 끝없는 변화이다. 실학자 최한기는 요령을 얻는 방법을 '추측'이라고 하였다. 추측은 이것으로 미루어 저것을 짐작해내는 속가량이다.

***제나라 손빈이 위나라 방연을 칠 때, 부뚜막 숫자를 줄여 적을 방심케 하여 이겼는데, 후한 때 우후는 강인을 치면서 반대로 부뚜막 숫자를 날마다 배로 늘려서 크게 이겼다. 어떤 이가 왜 손빈은 부뚜막을 줄였는데 그대는 늘였는가? 하고 묻자, 그는 "오랑캐는 무리가 많고, 우리 군대는 적다. 천천히 행군하면 미치는 바가 되기 쉽고, 빨리 전진하면 저들이 예측하지 못하는 바가 된다. 오랑캐가 우리 부뚜막 숫자가 날마다 늘어나는 것을 보면 반드시 우리 군대가 와서 맞이하는 것이라고 말하고 무리가 많은데도 행군이 신속하므로 반드시 우리를 추격하기 꺼린다. 손빈은 약함으로 보여주었지만 나는 이제 강함으로 보여주었다. 이는 형세가 같지 않음이 있기 때문이다"라 대답하였다.

글쓰기 성공은 방법이 고정되어 있지 않다는 뜻이다. 이것이 저 앞에서 말한 요령이다. 상황에 맞지 않는 글쓰기는 '짧은 베잠방이에 삿갓 쓴 꼴'이기 때문이다.

전典: 옛것에 능하라.

언諺: 상말도 괜찮다.

단單: 단문이 좋다.

나는 왜 쓰는가?

새벽부터 천둥소리가 요란하다. 그런데 번개도 벼락도 안 보인다. 천둥 치면 번개도 보이고 벼락도 쳐야 한다. 내 글쓰기 또한 이런 게 아닌가 하는 생각이 들어 길거리에서 한동안 서 있었다. 명색이 고전을 읽고 글을 쓰는 나이다. 몇 권 저서도 내었다. 그런데 그 책이, 아니 글이, 글은 있는데 의미가 없는 것은 아닌가? 혹은 의미는 있는데 글은 없는 것은 아닌가? 아니, 어쩌면 글도 의미도 없는 것은 아닌가? 하는 생각이 들어서다. 나는 왜 쓰는가? 내 글은 내 삶에 무엇이고 나는 학자로서 치열하게 글을 쓰는 것일까?

이 시대 글쓰기 거장 고故 김윤식* 교수님은 루카치Lukács, György**와 에토 준***에게 치열한 글쓰기를 배웠다고 하였다. 그는 나와 두 번 인연이 있었고 모두 강인한 인상을 남겼다. 한 번은 서울대학교에서 중등교사 1급 연수를 받을 때이고 한 번은 중앙대 학회에서 내가 사회를 볼 때 연사로 오셨을 때이다. 서울대 연수에선 자신이 국어국문학과가 아닌 국어교육과이기에 열심히 공부했다는 내용이, 학회에서는 백철 선생에 대한 말씀이 기억에 남는다. 서울대 연수는 1993년 여름경이고, 중앙대 학회는 2009년 가을 쯤이 아닌가 한다.

그는 루카치의 『소설의 이론』을 가슴 설레며 밤새워 읽었고 유일한 가족이던 자기 부인이 죽는 과정까지 글로 쓰고 더 이상 글을 쓰지 못하게 되자 자살한 에토 준에게 치열한 글쓰기를 배웠다고 한다.

그는 나이 76세에 『내가 읽고 만난 일본』이란 책을 출간하였다. '원로 국문학자 김윤식의 지적 여정'이란 부제를 단 에세이였다. 그는

*김윤식(1936~2018) 선생은 한국 문학사의 금자탑을 세운 분이다. 훤칠한 키에 카랑카랑한 목소리, 슬몃 입은 돌아갔지만 강의와 책은 대단히 논리적이며, 사람들을 향한 시선은 차가웠다. 그의 글쓰기도 그러하였다.

**게오르크 루카치(1885~1971)는 헝가리 출신 마르크스주의 철학자, 혁명가이자 비평가이다. 리얼리즘 문학론과 문예비평, 미학 등 광범위한 지적 영역에 걸쳐 커다란 영향을 미쳤다.
"별이 빛나는 창공을 보고, 갈 수가 있고 또 가야만 하는 길의 지도를 읽을 수 있던 시대는 얼마나 행복했던가? 그리고 별빛이 그 길을 훤히 밝혀 주던 시대는 얼마나 행복했던가?"
김윤식 선생이 감동했다는 글귀다.

***에토 준(1932~1999)은 일본의 문학 평론가이다. 일본의 근대적 자아에 대한 비평을 썼다.

출간을 이렇게 말했다.

"이제 나에게 남은 시간이 얼마 되지 않으니, 유서 비슷한 게 아니겠소."

저서가 150권인 80여 세의 그, 그 분이 노구를 이끌고 '유서!'를 쓰듯 글을 썼다는 말이다. 그와 나, 같은 국문학 길을 걷지만 그 길은 분명 다르다. 그 분은 앞섰고 나는 뒤섰고, 그 분은 20대에 서울대 교수가 되었고 나는 50대에도 대학 강사임을 굳이 따질 필요 없다. 그 분은 그의 길을 가고 나는 내 길을 가는 게 학문 길이기 때문이다. 제 아무리 위대한 분의 길이라도 내가 따라가면 그것은 새로운 사유를 내놓아야 할 학자로서 결격이다.

문제는 '그 분에게 있는 글쓰기 치열함이 나에게 있는 것인가?' 하는 글 쓰는 이로서 근본적인 문제이다. '글쓰기 치열함' 그것이 없다면 학자로서도 글 쓰는 이로서도 결격이다. '고전독작가古典讀作家'*라는 명칭도 만든 나이다. 연암 박지원 선생은 '소단적치'라 하여 전쟁에 임하는 마음으로 글쓰기를 하였다. 목숨을 건 글쓰기이다.

오늘, 난 천둥 울리고 벼락 치는 글쓰기를 하는가? 아니, 그런 글쓰기를 하려는 치열한 마음은 있는가? 나 또한 사이비 향원鄕愿**식 글쓰기는 아닌가?

일생_生! 하나는 투자한 글쓰기, 그러할 때 글에서 천둥이 울리고 벼락이 친다!

*'고전을 읽고 고전을 밑글로 글 쓴다'고 지은 직업명이다. 고전독자가 2호가 나왔으면 하는 바람은 바람으로 끝나려나보다.

**향원은 『논어』「양화」에 나온다. 공자는 "향원은 덕의 도둑이니라(鄕愿德之賊也)" 하였다. 향원은 덕이 있는 체하지만 실상은 제 이득만 꾀하여 모든 것을 좋다고 넘어간다. 이는 덕을 훔치는 짓이라며 도둑보다 더 나쁘다고 몹시 꾸짖었다. 이 향원이 바로 '비슷하지만 그러나 비슷하지 않은 가짜 지식인' 사이비다. '향원식 글쓰기'란 '사이비 글쓰기'이다.

숭고한 백치

까닭이 있는 글을 쓰자

*수주 변영로(1897~1961) 선생은 시(詩)도, 금전도, 명예도, 삶도, … 심지어 한국문학사에서조차 그 이름 석 자 찾기 어려운, 한 마디로 모두 갈(渴, 메마른)한 문인이다. 수주는 늘 '님'을 그렸다. 그의 글에서 님은 '님', '벗', '그대', '당신', '너', '동무'… 따위로 변주되어 나타났지만 늘 수주에게 곁을 허락하지 않았다. 수주에게 님은 늘 다가가면 멀어지는, 아니 근원부터 님의 부재였다.
　저자 논문이 『한국 삼변』, 산과들, 2015, 186~254쪽에 수록되어 있다.

〈논개〉 시인 수주樹州 변영로卞榮魯* 선생에 대한 글을 써달라는 청탁을 받았다. 『명정사십년』이란 책과 〈논개〉를 통해 익히 알았지만 까탈스런 선생 글을 보며 내 글쓰기를 되돌아본다.

"나는 모럴리스트, 뜯어고칠 수 없는 수 없는 모럴리스트임을 신명 앞에서까지라도 외칠 용기와 자신이 있다. … 불결, 불순, 부정, 불의를 대할 때면 거의 본능적―모든 이론을 초월하여―으로 혐기嫌忌를 찔리는 듯이 느끼는 까닭이다."

"꽃 같은 글을 쓰고 싶다. 바람 같은 글을 쓰고 싶다. 뇌정雷霆, 천둥소리 같은 글을 쓰고 싶다. 소군거리는 듯, 웃는 듯, 우는 듯한 글을 쓰고 싶다. 하다 못하여 짖吠는 듯한 글이라도 쓰고 싶다. 범용한 내용, 속악한 표현으로야 수레[車]를 채도록 쓴들 무슨 소용이랴? 되풀이하여 말하는 듯하나 나는 무슨 까닭이 있는 글을 쓰고 싶다."

「똥키호테의 무후」에서도 수주는 돈키호테가 '불의와 싸우러 나선 숭고한 백치'이기에 돈키호테를 흉내라도 내고 싶다며 이렇게 외친다.

"지혜를 믿어 무엇하고 역량을 헤아려 무엇하며 결과 여하를 따져서 무엇하리? 불의를 간과할 것인가? 악을 악대로 방치할 것인가? 싸울 것은 싸워야 한다. 싸울 것을 안 싸우면 비겁이다. 정신적인 자멸이다."

수주 선생이 자신의 글쓰기에 대한 준열한 다짐이다.
내 글은 '까닭이 있는 글'인지 나에게 준열히 묻는다.

"여보게, 자네 글은 불의와 싸우러 나선 숭고한 백치인가? 아니면 범용하고 속악한 검은 먹물인가?"

병을 앓다 보면 의사가 된다

'구병성의久病成醫'라는 말이 있다. 풀이 하자면 '오랫동안 병을 앓다 보면 자신이 의사가 된다'는 말이다.

저 말을 곰곰 뜯어보면 그저 골독하니 들이는 정성이다. 저 물 건너 서쪽에 사는 에릭슨이란 이는 이것을 연구해 '10년의 법칙'이라는 규칙을 만들어냈으며 말콤 글래드웰의 『아웃라이어』라는 책에서도 이 '1만 시간의 법칙'을 성공의 비결로 든다. 1만 시간이란 매일 하루도 거르지 않고 3시간씩 10년을 투자해야만 한다. 이 또한 최상의 목표를 이루는 데 걸리는 정성의 시간을 대략 10년으로 잡는다는 의미이다. 우리말에도 '10년 공부 나무아미타불'이나 '10년이면 강산이 변한다'라는 속담이 있는데 이 말이 저 말이다. 10년 노력을 했거늘 어찌 변하지 않겠는가. 10년×365일=3,650일×24시간=87,600시간.

그러나 말이야 바른 말이지만, 공부가 여간 힘든 게 아니다. 오죽하였으면 "이놈의 소 『맹자』를 가르칠까 보다"라는 이야기가 있으랴. 소가 게으름을 피우니, 공포감을 한껏 주는 소리이다. 예로부터 공부 하는 것을 "공자 왈 맹자 왈"이라 하니, 맹자를 가르친다 함은 공부를 말함이다.

나 역시 강산이 두서너 번 바뀌도록 국문학이라는 병을 앓는다. 헌데 나는 '의사'가 못 되려는지, 병이 꽤 깊어 명치에 박혔는데도 도통 진척이 없다. 그래도 이 고질병을 자꾸만 더 앓으련다. 정성을 다해 오늘도 입을 앙다물고 당조짐을 해대며 끙끙 앓으련다. 눈처럼 흰 설화전雪華牋 한 폭을 마음에 깔아 놓고 '정성精誠' 두 글자를 써 본다.

'정성' 이야기가 나왔으니, '천하명필' 이야기 한 자락 여담으로 놓겠다.

옛날에 한 부자가 금병풍을 꾸며 놓고 천하명필에게 글씨를 받으려 했다. 한 무식꾼이 후한 대접을 해준다는 데 끌려 그만 명필인 체 하여 찾아들었다. 허나, 이 무식꾼. 명필은커녕 겨우 '한 일(一)'*자만 알 뿐이었다. 재촉하는 사람들에게 '한 달 동안 정신을 가다듬어야 한다' 속이고, '먹을 간다' 하고 또 한 달을, '붓을 만진다'고 다시 한 달을 보내며 좋은 음식만 축냈다.

날이 가고 달을 보내며 걱정이 태산인 무식꾼, 일이 꼬여 그저 왼새끼만 꼬며 석 달을 보내자 이제는 핑계거리도 없고 하여 '한 일(一)'자만이라도 써놓고 도망치려 하였다. 정신을 가다듬고 한 달 동안 매만진 붓으로 먹물을 듬뿍 묻혀 이쪽에서 저쪽으로 일획을 죽 그었다. 그리고는 냅다 뛰어 '오금아 날 살려라' 뺑소니를 놓다가는 그만 대뜰에서 뒹굴며 나자빠져 죽어 버렸다.

주인은 좋은 병풍 잃고 송장치고 하여 심기가 여간 사나운 게 아니었다. 쓸모없는 병풍은 접어 광에다 쳐 넣어버렸다. 그런데 그날부터 밤이면 상서롭지 않은 광채가 광에서 났다.

어떤 박물군자**가 찾았기에 이 이야기를 하고 그 병풍을 보이니 깜짝 놀라며 말했다.

"천하명필이오. 사람 목숨 하나는 들였겠소. 밤마다 광에서 나는 빛은 이 글씨의 상서로운 기운 때문이오. 무식꾼이 석 달 동안 얻어먹으면서 노상 글씨 때문에 좀 걱정을 했겠소. 석 달이나 온통 글씨 생각만 골똘하니 하다가 한 획을 그었으니, 그 '한 일자'에 온 정성이 다 들어간 것 아니오. 아, 남은 힘이 있겠소. 죽을 수밖에에".

무식꾼도 한 군데 골똘하니 정성만 쏟으면 명필이 된다는 이야기이다. '글쓰기 병'을 앓지 않는 글쟁이는 없다.

바위 같은 마음

미야모토 무사시에게 배우는 글쓰기

미야모토 무사시宮本武蔵*의 『오륜서』를 보았다.

> "1천 일 연습을 단鍛이라 하고
> 1만 일 연습을 련鍊이라 한다."

일본 최고 검객 미야모토 무사시는 13세 나이에 칼을 잡아 60전 불패라는 불멸의 신화를 써내려간 무인이다. 이 미야모토 무사시 자신의 검법세계를 『오륜서五輪書』에 솜씨 있게 적어놓았다. 목숨을 내놓고 강호를 떠돈 사내의 필살기를 적어놓은 책, 이 책에는 검술 최고수가 되기까지 미야모토 무사시 연달鍊達/鍊達 과정이 간결하면서도 빈틈없이 기록됐다.

이태준 선생은 『문장강화』에서 "글은 아무리 소품이든 대작이든 마치 개미면 개미, 호랑이면 호랑이처럼, 머리가 있고 꼬리가 있는, 일종의 생명체이기를 요구한다. 한 구절 한 부분이 아니라 전체적인 글에서 전체적이요, 생명체가 되기 위해서 말에서보다 더 설계하고 더 선택하고 더 조직·개발·통제하는 공부와 기술이 필요할 수밖에 없다"라 한다.

이태준 선생 말씀대로 생명력이 있는 글을 만들려는 '공부와 기술'이 필요하다면, 저 "1천 일 연습을 단鍛이라 하고 1만 일 연습을 련鍊이라 한다"는 '단련'을 마땅히 가슴에 새겨야 한다.

그의 전술은 9가지 법칙**으로 이루어져 있다. 이 아홉 가지에 내가 생각하는 글쓰기를 접목하면 이렇다.

*미야모토 무사시(1582~1645)는 일본의 국민 영웅으로 전설이 된 검객이다. 기회가 닿으면 이『오륜서』를 완전히 분석하여 글쓰기 책으로 만들고 싶다.

**첫째, 올바른 길을 생각할 것.
둘째, 도를 실천하고 단련할 것.
셋째, 한 가지 무예만이 아니라 여러 무예를 갖출 것.
넷째, 자신 직종뿐 아니라 여러 직종 도를 깨우칠 것.
다섯째, 합리적으로 손익을 따질 것.
여섯째, 매사에 직관적인 판단력을 기를 것.
일곱째, 눈에 보이지 않는 것을 간파할 것.
여덟째, 사소한 것도 주의를 게을리 하지 말 것.
아홉째, 별로 도움이 못 되는 일은 하지 말 것.

첫째, 글 쓰는 목적은 배움 길이라고 생각하자. 글을 파는 장사치는 되지 말자. 바른 글을 쓰자.

둘째, 글쓰기를 통하여 내 마음을 닦고, 바람직한 선생 길과 인생길을 찾자.

셋째, 다양한 방법을 동원한 글쓰기를 하자.

넷째, 전공뿐 아니라 여러 학문 경계를 넘나드는 책읽기를 하자.

다섯째, 옳고 그름 가리는 글을 쓰자.

여섯째, 사물을 끊임없이 관찰하고 기록하자.

일곱째, 사물 이면을 보고 이를 글로 남겨보자.

여덟째, 세밀한 관찰을 하고 어휘에는 빈부귀천이 없음을 명심하자.

아홉째, 글쓰기에 되도록 접속사, 부사, 조사 따위는 쓰지 말자.

바위 같은 마음

"바위 같은 몸 - 이것은 흔들림 없이 강하고 굳은 마음이다. 스스로 만물 이치 터득하려 전력투구함은 살아있는 자라면 누구나 가지는 마음이다. 무심한 초목 까지도 그 뿌리가 단단하다. 비가 오고 바람이 불어도 항상 변함없는 마음이어 야 한다. 잘 음미하라."

오늘 서재에 와 가장 눈에 띈 책이다. 전설이 된 일본 검객 미야모토 무사시의 『오륜서』이다. 펼쳐든 쪽에 위 글귀가 버티고 섰다. 내 책 『다산처럼 읽고 연암처럼 써라』*에도 응용하였다. 글쓰기에 일정한 법도는 없고 가장 중요한 것은 '글 쓰려는 마음'이라고.

몇 권 책을 출간했을 때, 내 글이 저렇다고 생각했었다. 어림없는 소리다. 이제는 글 쓰려는 마음이 저 '무심한 초목 뿌리'만은 한지? 혹 내 글이 형식에 얽매여 있지는 않은지? 식전 댓바람부터 책상에 앉아 생각해 본다.

*저자의 글쓰기 책이다. 세 출판사에서 간행되었다. 다산에게 읽기를 연암에게 쓰기를 중심으로 살폈다. 2012년 문화관광부 우수교양도서이다.

글쓰기에 관한 책은 어떤 책이든지 직수굿하게 따라 읽는다면 글쓰기에 조금은 도움이 된다. 하지만 '이 책을 읽으면 글을 잘 쓴다'고 단정할 책은, 여러분이 지금 읽고 있는 필자의 이 책을 포함하여 이 세상에 단 한 권도 없다. 글쓰기는 글 쓰되, 꾀바른 기술 습득이 아닌 자신에 대한 연금술이어야 한다. 글은 기계에서 면발을 뽑는 게 아니다.

혹, 아나? 글 한 줄 나올지

'어!… 이게 아닌데…'

이미 몸은 아스팔트길 위로 나뒹굴었다. 작은 균열에 부딪친 발은 몸을 여지없이 무너뜨렸다. 무릎과 팔꿈치는 그대로 아스팔트에 쓸렸다.

일요일 아침 6시 30분, 신선한 공기를 마시며 인천대공원에서 달리기를 하다 일어난 일이다. 작년 여름 학생들과 국토대장정을 할 때 발꿈치를 삐어 주저앉은 이후 벌써 다섯 번째이다. 넘어진 세 번째는 어깨 쇄골이 부러져 수술도 하였다. 평생 넘어진 숫자보다 몇 개월 사이 산수 셈이 더 많다. 그렇게, 또, 또, 또, 또, 또. 내 몸이 나에게 무엇인가를 말하려나 보다.

집을 나서다 본 벚꽃과 목련. 그런데 왜 떨어진 꽃잎에 눈이 더 가는 것일까? 몇 개월 사이에 다섯 번 넘어짐은 무엇을 말하는 것일까?

이 봄, 여러 일이 많다. 무엇보다 가슴 아픈 것은 사람에 대한 실망감과 내 가슴으로 낳은 책에 대한 언론 무관심이다. 사람에 대한 실망이야 어제 오늘 일이 아니니 많이 단련됐다지만, 책은 그렇지 않다.

생각지 않으려 애를 쓰지만, 책 쓰는 이로서는 도리 없는 고백이다. 글쓰기도 영 시원치 않다. 글줄도 한여름 가뭄에 바짝 마른 논배미 갈라지듯 한다.

달리기만은 가까이하려 용쓴다. 여기저기서는 '그만두라!' 한다. 외려 건강을 망친다고. 좋든 싫든 이 달리기 또한 언젠가는 저 떨어진 꽃잎처럼 마침표를 찍을 날이 온다. 시나브로 흐르는 세월 속에서 '영원'이란 두 글자가 없음은 자명한 진리이다. 언젠가는 하라고 하여도 못할 것, 할만 할 때 하는 것도 괜찮지 않나 생각해 보니, 불연기연*이 적실하다.

어제, 오늘, 봄비가 내린다. 비는 소리부터 내린다. 휴휴헌 창에 부딪히는 빗방울 소리가 귀를 타고 내려온다. 이번 일요일엔 서천으

*'연(然)'은 '그렇다'는 의미다. '불연(不然)'은 '그렇지 않다'이고 '기연(其然)'은 '그렇다'이니, 불연기연은 '그렇지 않기도 하고 그렇기도 하다'이다. 즉 그러한 이치로 보면 그렇고, 그렇지 않은 이치로 보면 또 그렇지 않다는 역설의 논리. 수운(水雲) 최제우(崔濟愚, 1824~1863) 선생은 『동경대전(東經大全)』에서 그 도입부를 이렇게 썼다.

"노래하여 말하기를, 영원한 만물이여, 제각기 이루어졌고, 제각기 형태가 있도다. 얼핏 본 대로 따져 보면 그렇고 그럴 듯하지만 하나부터 온 바를 헤아려 보면 그 근원이 멀고 심히 멀어서 이 또한 아득한 일이어서 미루어 말하기 어렵다. 내가 나를 생각하면 부모가 여기에 있고, 후대를 생각하면 자손이 저기에 있다. 오는 세상에 결부해 보면 내가 나를 생각하는 이치와 다름이 없다. 그러나 지나간 세상을 더듬어 보면 사람이 어떻게 사람이 되었는지는 분간하기 어렵다."

세상 이치가 이렇기에 선생은 "유기연이간지(由其然而看之, 그러한 이치로 보면), 즉기연여기연(則其然如其然, 그렇고 그런 것 같지만)이요, 탐불연이사지(探不然而思之, 그렇지 않은 이치로 생각해보면)즉불연우불연(則不然于不然, 그렇지 않고 그렇지 않다)"고 하였다. 아마도 이 세상을 살아가는 사람치고 이런 의문 한번 안 품어본 사람은 없을 듯한 보편적인 의문이 아닐까?

로 달리기를 하러 간다. 그때까지 서천의 벚꽃이 지지 않았으면 좋겠다. 분분한 벚꽃 사이에 삶의 한 자락을 놓아보게. 혹, 누가 아는가. 글 한 줄 나올지. (난 달리기를 하며 꽤 많은 글을 얻었다. 아마 달리기와 글쓰기 고통이 꽤 동질감을 주는 듯하다.)

조선시 선언

조선 사람이기에 조선시를 쓴다

"어디를 봐도 쓸모없는 인간쓰레기들을 만나게 된다. 그들은 도처에서 무리를 지어 살고 있으며 아무에게나 정신을 의지하고 손에 닿는 모든 것을 더럽힌다. 한마디로 여름철 파리떼 같은 인종이다. … 금전을 목적으로, 또는 관직을 바라는 열망으로 쓰인 악서惡書가 독자 눈과 귀를 어둡게 만드는 데 앞장선다. … 자신의 저속한 머리에는 아랑곳하지 않고 오직 돈을 벌려 글을 쓰는 작가, 다시 말해 쓸어버리고 싶을 만큼 수많은 작가들 신간을 일반대중은 적절한 시기에 지속적으로 읽어야만 문화에 뒤떨어지지 않는 상류층이 된다고 생각한다."

쇼펜하우어의 『문장론』(김욱 옮김, 지훈, 200~201쪽)이란 책에 보이는 글이다. 글깨나 쓰고 공부깨나 한다는 이들에 대한 경종이요 충고이다.

공부랍시고 하다 보니, 자연 저 학문이란 세계에 둘러앉은 사람들을 본다. 외국 물을 먹어야만 일류라 생각하는 이들도 꽤나 많다. 그들은 예외 없이 맨드리가 화사하고 지성미가 넘치는 '지식백화점知識百貨店, knowledge department store'*이란 상점을 경영한다.

1류요, 물 건너왔기에 값은 도매가 아닌 소매이다. 즐비한 상품 대부분이 고가이지만, 늘 지식꾼을 자처하는 이들로 북적거린다. 고

*'지식백화점' 곳곳에는 서양 이곳 저곳에서 닥치는 대로 도매금으로 끊어다 놓은 상품이 잘 포장되어 있다. 큼직하니 'Made In America', 'Made In France', 'Made In England', 'Made In Japan', 'Made In China'(요 즈음은 다시 조선 복고풍으로 중국 산도 1류 상품이란다.)라는 상표도 잊지 않는다.

백하건대 나 역시 이곳을 기웃거리다가 몇 상품을 비싸게 구입한다. 그런데 이렇게 사온 물건이 좀체 쓰기가 어렵거니와, 학문적으로 가사假死 상태에 이르게 만든다. 영 내 몸에 맞지가 않을뿐더러 약은 수를 써서 공부를 하려 해서다.

이런 이야기가 생각난다.

〈제 고향엔 잎이 떨어진 버드나무만 있습니다.〉

여요餘姚 출신 선생들은 오 지방에서 훈장노릇을 하느라, 이른 봄에 떠나 섣달이 되어서야 고향에 돌아왔답니다. 그러다보니 고향 풍물은 오히려 잘 알지 못하였겠지요.

한 여요 선생이 훈장질을 다니다 잎이 푸른 버들을 보았답니다.

주인에게 고향에 가 심으려 하니 한 가지만 꺾어달라고 하였습니다.

그러나 그것은 어느 지방에서나 볼 수 있는 흔한 수양버들이었습니다.

주인이 "이것은 흔한 종자로 없는 곳이 없을 텐데요. 선생 고향에만 없을 리가?"라 하였겠다.

여요 선생 이렇게 대답하더랍니다.

"무슨 말씀을 제 고향엔 잎이 떨어진 버드나무만 있습니다."

이 이야기는 명대明代 소화집笑話集인 『종리호로鐘離葫蘆』 〈여요 선생餘姚先生〉*에 보인다.

제 '정신', 제 '문화'가 무엇인지도 모르고 박래품(특히 서양)만 고집하는 사람들이 참 많다. 쇼펜하우어의 저 독설이 새삼스럽다. 다산 정약용 선생의 〈늙은이의 한 가지 통쾌하고 기쁜 일老人一快事〉이란 아래 시 두 구를 곰곰 음미해 보자. 다산 선생은 '조선중화'라고도 하였다. 조선이 문화 중심이란 뜻이다. '조선 사람이기에 조선시를 쓴다'는 다산 선언인 셈이다.

*'여요'는 중국 절강성에 있는 지방으로 양명학을 만든 왕수인(王守仁), 해서체를 예술의 경지로 올린 구양순(歐陽詢) 같은 유명한 학자가 많이 난 곳이다. 예로부터 '오(吳)' 지방에 가 훈장노릇을 많이 하였기에 선생의 대명사가 되었다.

나는 누구인가. 조선사람이다.　　我是朝鮮人아시조선인
달갑게 조선 시를 짓겠노라.　　甘作朝鮮詩감작조선시

다산 선생은 '나는 천성적으로 시를 좋아하지 않는다'고 하였지만, 쓴 시들은 모두 조국 조선을 위한 시였다. 다산은 글을 쓸 때, 고사를 잘 사용하라고 하였지만, 그가 말한 고사는 『삼국사기』·『고려사』·『국조보감』·『징비록』·『연려실기술』 따위의 우리 자료였지 중국 문헌도 아니었다. 다산 선생 시에 보이는 보릿고개를 맥령麥嶺이라 한다든지, 높새바람을 고조풍高鳥風, 마파람을 마아풍馬兒風, 새색시를 아가兒哥라 차음하여 사용한 것도, '조선시 정신'으로 한자를 우리말화한 소산이요. 2,400여 수나 되는 다산 선생 시는 모두 이 '조선시 정신'이 바탕에 깔려있다.

"가까운 데 집은 깎이고 먼 데 절[집]은 비친다"는 말이 있다. 가까운 데 있는 절이나 집은 자잘한 흠도 잘 드러나서 좋지 않아 보이고 먼 곳에 윤곽만 보이는 절이나 집은 좋아 보인다는 뜻이다. 늘 가까이에 있는 것은 그 뛰어남이 보이지 않는 반면 멀리 있는 것은 실제보다 더 돋보이기 쉽다.

※우리 지식인들 독점적 권위를 부여하는 '논문'을 서양문화 수입으로 여기고 '자생적 글쓰기'를 주장하는 전주 한일신학대학교 김영민 교수 글도 있다(김영민, 『탈식민성과 우리 인문학의 글쓰기』, 민음사, 1996 참조).

그 미완의 변화

"나는 웰슬리를 변화하고 싶었어."

〈모나리자 스마일〉에서 캐서린 왓슨(줄리아 로버츠 분扮) 말이다.
1950년대 초, 미술사 교수 캐서린 왓슨은 뉴잉글랜드 명문 여대인 웰슬리를 변화하려 한다. 보수적인 분위기에 젖어 있는 여학생들은 캐서린의 자유분방한 사고 방식을 반기지 않는다. 명문 여대 웰슬리에서 가르치는 '교양 있는 여자의 삶 종착은 결혼'이었다. 이 훌륭한 문장은 이념이 되었고 모든 웰슬리인이 가야 할 목적지 그 자체였다.

냉정한 베티(커스틴 던스트), 똑똑한 조안(줄리아 스타일스), 프리섹스하는 지젤(매기 질렌홀), 마음 착한 콘스탄스, … 그렇게 다르면서도 그렇게 모두 같았다. 마치 글쓰기 수업에서 학생들이 낸 리포트를 보는 것 같았다. 자기계발서를 찍어야만 베스트셀러가 된다는 출판도, 물질을 가장 숭배하는 우리네 삶과 이란성 쌍둥이다.

> "나의 선생님, 캐서린 왓슨은 자신의 길을 고집하며 웰슬리와 결코 타협하지 않았다. 난 이 마지막 사설을 우리에게 새로운 세상을 보여주었던 아주 특별한 여성에게 바친다."

영화 앤딩 장면에 보이는 베티 워렌(커스틴 던스트)의 글이다. 캐서린 왓슨(줄리아 로버츠 분扮)은 결국 '미완의 변화'를 남기고 웰슬리를 떠난다. 그니는 제 갈 길을 신념으로 간다.

나도 한때는 세상을 변화시키고 싶었다. (지금도 이 신념은 변함없다.) 학생들을 가르치는 것도 작가로서 글을 쓰는 이유도 그렇다. 세상은 결코 변하지 않았고 나는 글쓰기 외에 세상을 변화시킬* 힘도 없다. '교육 목적도 삶 목적도 맘몬Mammon: 부(富), 돈, 재물, 물질'이 되어 버린 이 나라에서 글쓰기는 꽤나 큰 모험이다.

"사람이 되어야 글이 소용 있다"는 말이 있다. 사람으로서 사상이 바로 서고 교양 있는 참된 사람이 된 다음에 글도 있는 법이다. 아무리 지식이 많아도 행동이 사람답지 못하다면 그 글이 무슨 가치가 있겠는가. 한번 태어나 사는 인생이다. 물질에 엮여 생선두름처럼 묶여 가지는 말아야 한다. 성인이 되지 못할지언정 '사람답게' 살아봐야 하지 않을까. 모두 목적지가 물질이라도 나는 내 갈 길을 비틀거리며 가야 하지 않는가? 남과 다른 길을, 글은 거기서 나온다.

> "인생은 초콜렛 상자에 있는 초콜렛과 같다. 어떤 초콜렛을 선택하느냐에 따라 맛이 달라지듯이 우리 인생도 어떻게 선택하느냐에 따라 인생 결과도 달라

*'시키다'는 '하다'를 쓰면 된다. 시키다'는 누구로 하여금 무엇을 시키다는 꼴이다. 최현배 선생은 『우리 말본』(1975, 417쪽)에서 '시키다'가 우리말을 병들게 한 모양이 우스운 일이라 하였다. 여기서는 '변화할'로 쓰면 된다.

*대인호변(大人虎變) 군자표변(君子豹變):『주역』 '혁괘(革卦)'에 보이는 말이다. '혁(革)'은 '변화'이다. '대인호변'은 호랑이가 여름에서 가을에 걸쳐 털을 갈며 가죽의 아름다움을 더하는 데서, '군자표변'은 어린 표범이 자라며 털 무늬가 점점 빛나고 윤택해지는 데서 취했다. 한순간도 멈춤 없이 변하는 세상이다. 대인과 군자가 되어 천하를 혁신하고 세상의 폐해를 제거하여 모든 것을 새롭게 변화를 꾀해야 한다.

세계적인 역사학자 아놀드 토인비가 실패한 21개의 문명권을 조사했다. 그 패망의 원인이 무엇일까? 간단하였다. '첫째, 중앙집권화와 소유권, 둘째, 변화하는 상황에 대한 부적응'이었다. 그런데 우리는 변화를 두려워한다. '표변'이라는 단어조차 부정어로 인식할 정도다.

질 수 있다."

〈포레스트 검프FORREST GUMP〉에 보이는 말이다.

인생 결과가 다르다는 것, 내 길을 가는 게 바로 변화다. 우리가 공부하는 이유도 여기 있다. '군자삼변君子三變'이란 말이 있다. 군자는 세 번 변한다는 말이다. 『논어』에 보이는 자하子夏의 말이다. 그 세 번은 이렇다. 멀리 바라보면 엄한 '망지엄연望之嚴然', 가까이 오면 온화한 '즉지야온卽之也溫', 그 말을 들으면 확실한 '청기언야려聽其言也厲'이다. 글공부 마음 공부하는 이유를 이 변함에 두어야 한다. 대인호변大人虎變 군자표변君子豹變*도 이와 연유하는 말이다. 그러나 소인은 소인혁면小人革面, 소인은 얼굴빛만 변함할 뿐이다. 결코 변하지 못한다.

내 갈 길을 가는 내 서재 휴휴헌이 적막하다. 휴휴헌이 세상과 통하는 유일한 길인 그 문간에 소인인 난 이렇게 적어놓았다. 조금이라도 나를 변화하려고 나를 찾으려고.

문 잠그면 깊은 산속이요　　　　閉門則是深山폐문즉시심산
책 읽으면 어디나 정토라네　　　讀書隨處淨土독서수처정토

오늘, 내 몸의 근원인 마음** 가다듬으려 달아건 저 문간을 누가 두드리려나. 그러면 나는 그와 한 잔 술을 나누며 '미완의 변화'를 이야기하리라.

봄이 가을이에게 건넨 책 한 권

상동도서관에서 주최한 '24주 시민작가 교실'을 마쳤다. 결과 소설 작품집으로 연결됐다. 열심히 들어주고 소설을 쓴 수강생 분들과 좋은 만남이었다.

4월 5일, 한창 꽃봉오리 올라올 무렵 시작하여 9월 13일 가을에 종강하였다. 장장 매주 화요일 10시에서 12시까지 2시간씩, 24주를 만나며 소설 이론과 창작 마당을 일궜다.

'춘화추실春華秋實'이란 말이 있다. 봄꽃과 가을 열매라는 뜻이다. 『안씨가훈』 「면학」에 보인다. 그 설명은 이렇다.

> "무릇 학문이란, 나무 심는 것과 같다. 봄꽃 그 화려함을 즐기고 가을엔 그 열매 거둔다. 문장 강론은 봄꽃이요, 몸 닦고 행동에 이로움은 가을 열매이다."

학문*은 글쓰기를 통하여 제 몸을 닦아 행동에 이로움 준다는 말이다. 학문[글쓰기]을 통해 외적인 아름다움을 닦고 내적인 충실을 실천한다고 읽어도 무방하다. 봄이 가을이에게 전한 책 한 권, 모쪼록 모두들 봄 글에서 가을 열매를 넉넉히 거두기를 기대해 본다.

'봄이 가을이에게 전한 책 한 권'이 결과물을 내었다. 『가설들』(유네스코 문학 창의도시 부천 2022년 '시민작가교실' 소설집, 경진출판, 2022)이다. 누누이 강조했다. 남보다 잘 쓰려하지 말고 남과 다른 글을 쓰라고.

*학문: "인지학부진 지시불용(人之學不進 只是不勇)." 학문에 진보 없는 것은 단지 용기 없기 때문이라는 말이다. 『근사록』 「논학」에 보이는 글이다. 학문에 진보가 없는 이유를 '용기'에서 찾았다. 나는 이 말을 내 책상 옆에 붙여 놓았다.

푸르른 계절에 익어가는 이야기

집에서 휴휴헌으로 가는 길은 엘랑 비탈élan vital, 생명 그 자체 안에서 일어나고 있는, 항상 새로운 자기를 형성해 가는 창조적인 진화하다

모든 게 푸르다.
산도 계절도 푸른 계절이다.
어느새 이 길도 작년 이맘때가 되었다.

이 계절이 가고 얼마 후면 저 푸르른 잎은 누릇누릇 익어 낙엽이 된다. 가장자리 화단 꽃은 열흘을 넘지 못한다. 푸른 벼를 심으면

누렇게 익은 벼가 되고 봄에 피어난 새싹은 계절이 흘러 누렇게 익는 게 자연 진리이다. 사람(나는)은 그렇지 못하다.

어느새 그 하얗던 불두화는 푸르게 변하였다

*누가 "사랑이 무엇이냐?"고 물으니 어떤 이가 이렇게 대답하더란다. "그것은 참 지독한 병이랍니다. 병 증세는 다양합니다. 늘 그 사람이 어찌될까 봐 불안하니 신경쇠약증이요, 생각만 하면 가슴이 아프니 흉통이요, 생각만 해도 온몸이 저리니 신경통이요, 또 가슴이 떨리니 가슴우둔증이요, 그 사람 말 한 마디에도 울고 웃으니 정신쇠약증이요, 보고 있어도 보고 싶으니 청맹과니증이요, 듣고 있어도 듣고 싶으니 귀머거리증이요, … 포만증도 있지요. 가슴이 온통 그 사람으로 가득 찼으니 말입니다. 그러니 침술에 명의인 화타가 온들, 맥박을 잘 집는 편작이 온들, 약을 잘 조제하는 허준이 온들, 고치지 못할 불치의 병이랍니다. 그래도 그 병 한번 앓으려는 이들이 많으나 그게 또 아무나 걸리는 게 아니랍니다. 평생에 단 한번 마른하늘에 날벼락 맞아야 하기 때문이랍니다. 당신도 꼭 사랑병에 걸려보기 바랍니다."

한 사람 사랑하는 게 그렇다. 순수 정령精靈이요, 가슴속에서 맹렬히 일어나는 정열情熱*인 줄 알지만, 때론 신神의 희작戲作이란 말이 더 어울린다. 그러려고 해서 그러한 게 아니니, 어떠한 논리도 이론도 통하지 않는 카오스다. 사랑하는 마음을 설명한다? 불가지론이요, 불가설이다. 때론 봄바람처럼 부드러운 바람이나 때론 여름 장마철 폭풍우요, 때로는 한겨울 북풍한설이다. 설명이며 정의를 내리기 난해한 난제難題다.

글 쓰는 이라면 난제를 찾아야 속이 풀린다. 논리와 이론 찾고 마음 설명하려 온 정성 기울인다. 그렇게 되었다고 그런 게 아니기 때문이다. 세상에 당연한 것은 없다. 책 한 권 만들자고 노력으로 대들면 난공불락은 아니다. 하지만 노력만으로 마음을 그린다면 좋겠지만 그렇지 못하다. 오늘도 주섬주섬 책 가지를 챙겨들고 책상에 앉는 이유는 저 마음을 찾아보려는 데 있다.

대장장이가 몇 번을 두드려야 붉은 쇳덩이가 호미가 되고 삽이 될까? 시인이 얼마나 퇴고를 해야 흰 종이 위에 제 마음을 써낼까? 화가는 얼마나 그리고 덧칠을 해야 한 작품을 그려낼까? 화가든 글쟁이든 산의 나무는 그려도 바람은 그릴 수 없고, 님의 얼굴은 써도 마음은 쓰지 못하기에 말이다.

장마철은 어김없이 왔고 장맛비는 어김없이 내린다. 한 사람이 익어간다는 것, 푸르른 계절에 익어가는 이야기하고 글 쓴다는 것, 내가 오늘을 살아가는 증명이다.

사실과 진실

사실과 진실

책 좋아하는 대학 동기가 『미치지 않고서야』*를 보내왔다. 세칭 비즈니스에 관한 서적을 만드는 미노와 고스케라는 일본의 한 출판사 편집장 책이다. 현재 저 미노와는 일본 출판계 거목이란다. 구구절절이 미노와 말이 맞다.

이 책을 읽으며 나도 저러한 편집장과 저러한 편집장을 이해하는 출판계를 만났으면 하는 바람이다. 미노와 책이 비즈니스라는 영역 출판이라 해도 그렇다. 내 전공인 인문학人文學**(국문학, 고전문학: 나는 주로 조선 18~19세기 실학자들 글을 읽고 쓴다.)이라 다르지 않다. (오히려 이 세상을 이끄는 것은 비즈니스도 경영도 아닌, 인간으로서 우리가 갈 길을 보여주는 인문학이다.)

미노와만 노력한 게 아니다. 당연한 것은 없다. 나 역시 온힘을 다하여 글을 읽고 또 읽고 쓰고 또 쓴다. 그렇게 40여 권 책을 세상에 냈다. 난 사람을 대해서도 열정을 다하려 한다. 상대방이 안 받아들인다면 그것은 그때 생각할 일이다. 심지어는 내가 좋아하는 달리기를 할 때도 대회건 아니건 따지지 않는다. 정말 열심히 뛴다. 내 인생에 연습은 없다. 지금 쓰는 이 글도 마찬가지다. 내 글에 '연습 글'은 단연코 없다. 단 한 문장이라도 내가 썼으면 그 글은 나다.

사람들은 나에게 대중이 좋아할 책을 쓰란다. 그런 책은 없다. 여느 작가가 그렇듯 나도 내 정열을 불태워 글을 쓸 뿐이다. 대중이 좋아할 책을 써 내 글을 사달라는 통사정은 작가로서 꽤나 비겁한 짓이다.

나는 인문학을 한다. 인문학은 거짓 없는 삶 진실을 추구한다. 진실을 거짓 없이 쓸 뿐이다. 그 진실眞實, 거짓 없고 참됨이란 사실事實, 실제로 발생했던 일이나 현재에 있는 일과 다르다. "개는 요임금을 보고도 짖는다"는 사실이지만

*'일본 천재 편집자가 들려주는 새로운 시대, 일하기 혁명'이라는 부제는 낯 뜨겁다. '천재 편집자'는 더욱 그렇다. 세칭 베스트셀러에는 저러한 최상급 '최고, 최초, 가장, …' 따위 어휘들을 옴처럼 덕지덕지 붙인다. 책 팔아먹으려는 상술이다.

**사람 '인(人)' 무늬 '문(文)'이다. 하나의 나뭇잎조차 빗살무늬가 다르다. 다른 이와 다른, '나의 무늬'를 만들려 공부한다. 이것이 인문학이라 생각한다.

소설보다도 더 이상하고 "책값이 18,000원이다"는 사실이지만 진실은 아니다. 이 진실만 있으면 인간미와 온기가 담긴 글이 된다. 진실이란 우리 삶이 나아갈 방향, 옳음, 진리 등과 교환가치가 있는 말이기 때문이다. 진실은 인격, 인품과 비례한다. 자신의 내면을 갈고 닦는 게 글쓰기에 다가서는 길이다. 반드시 정당한 값을 지불하고 읽어 줄 몇몇 독자는 있다.

나에게 토요일, 일요일은 아예 존재하지 않는다. 잠을 자건, 눈을 뜨건, 술자리이건, 운동을 하건, 생각이 있으면 쓸거리를 찾는다. 오늘도 하이에나가 먹잇감을 찾듯* 그렇게 주제를 찾아 헤맨다. 이렇게 얻는 글감은 나를 배반하지 않는다.

85년생 미노와 고스케가 미친 정도와 85년 대학을 졸업한 내가 글쓰기에 미친 정도를 정확히 따지지 못한다. 다만 한 가지 분명한 게 있다. 내가 글쓰기에 들인 노력이, 저 미노와 고스케가 미친 정도에 뒤진다고 한다는 사람이 있으면 나는 반드시 그와 두 번 다시 만나지 않을 거라는 이다. 다시 만나면 정말 내가 미칠지도 모르기 때문이다.

진실에 힘이 없을 때, 진실은 절대 진실이 아니다

"혹시 오스트리아와 독일이 전쟁을 빨리 일으키려 일부러 이 암살을 계획한 게 아닌가?" 하는 질문에서 영화는 만들어졌다.

〈사라예보〉는 〈더 킹: 헨리 5세〉처럼 진실에 초점을 맞추었다. 영화는 우리가 잘 아는 제1차 세계대전이 일어나게 된 그날, 1914년 6월 28일 사라예보 사건을 다루었다. 영화는 시종 사건을 맡은 담당 검사 페퍼 동선을 따라간다. 실제 황태자 부부 안전을 맡은 경찰이 36명밖에 안 된다는 점, 같은 날 두 번 암살이 실패했는데도 세 번째를 막지 못한 점, 피고인 25명 전원이 세르비아와 관계없다고 진술한 점 등 여러 적 정황이 진실이 못된 진실을 증명한다.

*학생들 글을 채점하다 보면 가장 많이 틀리는 게 '듯' 띄어쓰기이다. 용언(동사와 형용사)의 관형사형 어미 뒤에 쓰는 '듯'은 의존명사이므로 앞말과 띄어 쓴다. 관형사형 어미란, 용언의 어간에 붙어 관형사와 같은 기능을 수행하게 만드는 어미이다. '-ㄴ/-을/-는/-은/-던/-ㄹ' 따위가 있다. 예를 들어 '간 듯 온 듯', '먹는 듯 마는 듯' 같은 경우이다. 용언의 어간 뒤에 쓰는 '듯'은 어미이므로 앞말에 붙여 쓴다. 용언을 변한다고 해서 활용이라고 한다. 용언의 어간 활용어가 활용할 때 변하지 않는 부분이다. 원문의 '찾다'라는 동사는 '찾다', '찾으며', '찾으니', '찾다', …로 활용한다. 여기서 변하지 않는 '찾'이 어간, '-다/-며/-으니/-다/-이다/-이며/-이니' 따위 변하는 부분이 어미이다. 이렇듯 어간과 어미가 함께 있어야 문장이 성립된다. 여기서는 '듯'이 어미 역할을 하여 붙여 써야 한다.

요점은 셋이다.

첫째, '진실에 힘이 없을 때, 진실은 절대 진실*이 못 된다'는 힘의 논리이다. 페퍼 사건 종결지는 질문지와 같다. 오스트리아와 독일이 세르비아를 공격하려 설정한 의도에 따라 황태자 부부를 암살하였다는 결론이다. 즉 권력자들 이해관계에 의해 사건이 벌어졌고 결국 제1차 세계대전이 발발했다.

둘째, '늘 권력자들에게 철저히 이용되는 피지배층 삶'이다. 세계대전을 발발케 한 사건 관계자들은 처형되거나 철저하게 고립됐다. 그러고는 자신들이 한 일의 결과도 모르는 채 이슬같이 사라졌다.

셋째, 이 셋째가 흥미롭다. '핍박을 받으나 진리를 추구하는 유태인'이다. 페퍼를 유태인으로 설정하였다는 점에 영화 동선이 흔들린다. 교묘하면서도 흥미롭다. 페퍼 상관이나 사건 이해관계자들조차 유태인이라 폄하하지만, 그는 냉정을 유지하며 흔들림 없이 진실을 좇는다. 유태인이 등장하거나 '유태인이 만든 영화 속 진실'을 살펴보아야 할 이유가 여기에 있다. '진실'이 정녕 '진실'인지를.

단 두 발 총성에서 시작된 제1차 세계대전(1914~1918)은 5년 동안 전사자만 약 1,700만 명, 부상자 약 2,200만 명, 전쟁 참가국과 동원 인원은 40여 개국, 약 15억 명에 이른다.

연암 글에 보이는 '유자지진솔幼子之眞率, 어린아이의 진솔함'이다. 연암은 '진솔한 글'을 쓰려면 관습에서 벗어나라고 말한다. 이 진실한 마음[진솔한 글]은 문호도 화가도 국내도 국외도 동일하다. 5남매 어머니로 살다 한국문단 거목이 된 박완서(1931~2011)는 "진실을 말하려 글쓰기"를 한다고 주저 없이 말한다. 아르헨티나 소설가이자 시인으로 내로라하는 세계 문호 보르헤스Jorge Luis Borges(1899~1986)는 그의 강의를 묶은 『칠일밤』에서 "우리는 어린아이 믿음을 갖고서 책을 읽고 그 책에 빠져야 합니다"라 한다. 귀를 자른 빛의 화가 빈센트 반 고흐Vincent van Gogh(1853~1890) 같은 화가도 "그대가 진정한 화가가 되고 싶다면 아이 같은 마음으로 그림을 그려라" 한다. "진실이 반쯤 섞인 거짓말은 허위가 진실의 탈을 써 온전한 거짓말보다 더욱 질이 나쁘다."

*"예술은 진실을 깨닫게 만드는 거짓말이다." 우리가 잘 아는 화가 파블로 피카소의 말이다.

헉슬리_{Aldous Leonard Huxley}의 〈연애 대위법〉*에 보이는 말이다.

그 거짓과 진실

　　"약속해줘요. 나에게 언제나 진실만을 말하겠다고."

　프랑스를 점령한 헨리 5세가 프랑스 공주 캐서린에게 하는 말이다. 역사책에 보이는 영국 왕 헨리 5세와 이 영화의 거짓과 진실은 내가 거론할 바 아니다. 내가 〈더 킹: 헨리 5세〉에서 읽은 것은 '거짓과 진실'을 꽤 공들여 파고들었다는 점이다. 등장인물들 연기도 좋지만 데이비드 미쇼_{David Michod} 영화감독의 세밀한 연출력과 함께 언어를 다루는 감각이 돋보인다.

　영화든 사람이든 '말과 행동'이 중심이다. 말은 행동을, 행동은 말을 서로 도우며 의사를 전달한다. 우리 삶에서 말과 행동이 다른 경우는 흔하다. 영화에서 감독은 연기자들을 통하여 처음부터 끝까지 말과 행동 일치를 보여주려 한다. '진실'이다.

　영화 도입부 헨리의 방탕한 생활은 거짓된 아버지한테서 도피였다. 헨리를 위해 목숨을 던진 존과 사귐은 진실로 상대를 받아들였기에 가능했다. 헨리가 프랑스를 치게 된 동기인 암살자와 공(헨리의 왕 즉위식 선물)은 모두 헨리를 이용하여 자신 욕망을 채우려는 자들 농간이었다. 거짓이었기에 헨리의 프랑스 침공과 점령 성취감은 정당성을 얻지 못한 거짓이 된다. 헨리가 행한 일은 진실을 갖지 못하기에 캐서린은 헨리에게 "쉽게 기만되는 어리석은 남자"라 한다.

　그 거짓과 진실 마지막 방점을 찍은 게 캐서린에게 하는 "약속해줘요. 나에게 진실만을 말하겠다고"이다. 캐서린은 헨리 5세가 점령한 프랑스 공주이다. 헨리 5세는 점령자요 캐서린 공주는 한낱 전리품이다. 그 캐서린 입에서 나온 말들이 매섭다. 모두 진실이기 때문이다.

　헨리와 캐서린 대화 중 헨리는 이렇게 말한다. "당신 아버지는 정통이 아니오. 왕좌에 앉을 자격이 없소." 캐서린은 이렇게 답한다. "정통인 군주는 없어요. 폐하도 왕위 찬탈자 아들이에요." 이 말은 절대적인 힘 앞에서 무너지지 않는 '진실의 힘'이요, '말이 건네는 양심'이다.

헨리는 결국 캐서린을 왕비로 받아들이며 이렇게 단 한 가지 조건을 말한다.

"약속해줘요. 나에게 진실만을 말해주시오. 언제나. 그거 하나만 약속하겠소?"

주변을 돌아다본다. 진실인 듯 거짓인 세상,* 진실인 듯 거짓인 사람들, 참 많다. 선생도, 정치인도, 언론인도, 공무원도, 종교인도, 애인 간도, 친구 간도. 나 역시 '거짓과 진실의 저울에 양심을 달면 저울추는 어디로 기울까?' 생각해 본다. 글 쓰는 자라면 더욱 진실[양심]을 기록하자.

*〈우아한 거짓말〉이라는 영화가 있다. 영화는 무엇을 보여주고자 한 것일까? 우아한 거짓말에서 추한 진실을 보여주려 한 것일까? 아니면 거짓말 자체가 정녕 우아하다는 말인가? 전자이든 후자이든 거짓말이 우아하진 않으니 '반어적 진실'을 내포한 제목이다. 우아한 거짓말은 결국 '말'이 거짓이란 '말'이다.

살다 보면 우아한 것이 추한 것이고 거짓말이 진실과 통하는 아이러니한 언어 진실을 눈으로 확인하는 장면들이 수없이 많다. 이러다 가해자 또한 피해자요, 피해자 또한 가해자라는 궤변처럼 우아한 거짓말이 '정녕 거짓말은 우아하다'는 궤변을 낳을지도 모르겠다. 우아한 거짓말의 세계. 나는 너에게, 너는 나에게 어디까지가 진실인가?

무소의 뿔처럼

비변문체(세칭: 문체반정) 소고小考

1.

1792년, 정조는 당시 유행하는 불순한 문체의 주범으로 연암 박지원과 그의 저작인 『열하일기』를 지목하였다. 정조는 순정고문醇正古文을 탕평책을 펴기 위한 교육지책이라 말하면서도 속으로는 글을 통해 정국을 끌고 가려 했다. 정조는 문을 직접 통제하여 세상 도리를 밝히는 글을 자기 치하에 두려고 하였다. 문풍文風이 세도와 관계된다고 여겼기 때문이다. 이를 두고 통칭 '문체반정文體反正'이라 하는데 이는 고교형高橋亨, 일제강점기 조선총독부 관리·한국 사상 연구가인 일본인 타카하시 토오루의 연구 이래 붙인 명칭이다. 따라서 원래대로 '비변문체조變文體', '문체지교정文體之矯正', '귀정歸正' 등으로 부르는 게 마땅하다.

2.

정조가 원하는 글은 순정고문이었다. 정조 치세에 지식인은 긴고아緊箍兒, 손오공의 머리에 씌워진 쫄테를 착용하였다. 긴고아는 제 아무리 발버둥 쳐도 벗겨내지 못한다. 벗어낸다는 것 자체가 죽음이기 때문이다. 긴고아는 '긴고주緊箍呪, 순정고문'라는 주문을 외우면 오그라든다. 삼장법 사가 긴고주를 외기만 하면 손오공이 머리를 부여잡고 신음을 토해 내듯 정조가 순정고문을 말하면 인정물태 글을 쓰는 이들은 귀양길 에 올랐다. 정조가 강요한 순정고문은 만세 공론이었고 이를 거역하 면 그동안 누려온 안온한 삶을 포기해야 했다. 눈 먼 자들의 세상에서 눈을 뜬다는 것은 매우 괴로운 진실을 마주하는 일이었다.

3.

하지만 순정고문은 모두 중국에서 비롯되었다. 정조의 순정고문 요구는 조선중화주의를 더욱 강고하게 했다. 순정고문은 "문필은 진 나라와 한나라를, 시는 성당을 본받자文必秦漢 詩必盛唐"는 주장이었다. 이 러한 글들은 모두 임금에 대한 충성을 말했고 이백과 두보는 짝패가 되어 조선 문인들 고유의 정신을 박탈하였다. 이는 모방주의와 형식 주의에 얽매인 의양호로依樣葫蘆, 독창적인 면은 조금도 없이 남의 것을 모방함 문체만을 복기復棋할 뿐이었다. 문을 무보다 높이는 우문정치右文政治를 강조하는 조정 정책과도 어깃장이다. 순정고문은 조선을 중국의 정신적 속국 으로 만드는 조선중화주의의 강화제일 뿐이었다. 하지만 조선 문인 대다수는 저 순정고문에 자발적 복종하겠다는 맹세를 서슴지 않았 다. 연암은 끝내 정조의 순정고문을 따르지 않았다.

무소의 뿔처럼

10년 간 번역한 원고이다. 출판사에서 온 2차 교정지를 다시 퇴고
한다. 나에게 떨어지는 돈은 1원도 없다. 책 내주는 것만도 감지덕지
해야 될 판이다.

인생 처세술, 아니면 어린아이 책, 그마저 아니면 서양서적 번역.
우리 고전은 맥이 끊겼다. 한자 몇 자 보이면 눈길조차 안 준단다.
(물론 개중에는 출판사에서 모셔가는 사람이 없지는 않으리라. 거기에는 다
저러 이러한 이치가 있을 터. 그게 내가 아닌데 어떡하랴.)

소주 한 병 사다 놓고 1잔 먹고 1줄 퇴고한다. 글줄이야 정답지만
세상사는 참 어렵다. 세상사 참 어렵다. 겨우 커피 2~3잔 값이거늘
그것조차도 우리 삶, 우리 고전 사는 데는 돈을 쓰지 않는다.

그래도 내가 가진 깜냥이 이 길밖에 없다. 돌부리에 채여 넘어지더
라도 개신개신 일어나 남이 볼세라 고의춤 꽉 여며 쥐고 신들메를
고쳐 매며 이 길을 갈 수밖에 없다. 동패서상東敗西喪*의 삶일지라도
내 삶이다. 누구를 탓하랴. 내가 선택한 길이거늘.

그래도 이 길 들어선 것은 후회 않는다. 평생 농사꾼 내 아버지
지게 바수거리(발채)에 짐은 지금의 나보다 많았다. 어금니를 앙다물
고 누구나 그렇듯이 '무소의 뿔'처럼 간다.

다만 이 나라 이 땅에 사는 게 참 그렇다. 오늘은 술맛이 아주아주
쓰다.

*'동쪽에서 패하고 서쪽에서 잃는
다'는 뜻으로, 여기저기 가는 곳마
다 실패하거나 망함을 이르는 말이
다.

진등산방을 찾아서

강원도 횡성군 안흥면 소재 진등산방을 찾았다. 한학을 함께한 주
인장의 배려로 생각을 정리할 일이 있으면 이곳을 곧잘 찾는다. 지난
겨울에도 왔으니 서너 달 만인 듯싶다. 가만 생각하니 그때 가지고
온 문제가 지금까지 진행형이란 사실이다. 그것은 기본적으로 나를

숙주로 한 문제들이다.

그것은 '나'에서 출발한다. '나, 나란 누구인가? 난 무엇으로 사는가? 한번 사는 유한한 삶을 난 잘 사는가?'라는 근원적인 물음을 묻게 한다. 성근별을 보고 꼬박 밤을 새웠지만 답은 성근별과 함께 가뭇없다. 이 땅에 산 자치고 삶에 대한 만인 공감의 근원적인 답을 낸 자도 없지만, 또 이 땅에 생명붙이로 산 자라면 마땅히 생각할 문제들이기에, 생각해 보고 생각해 보아도 생각만 아궁이 재처럼 남는다.

누구는 자신 한 몸의 쾌락에 모든 것을 거는 이도 있는 반면, 어떤 이는 세상을 위해 한 몸을 기꺼이 버리는 이가 있다. 물질物質*로 환산하면 비누 한 조각과 못 서너 개 정도인 동질의 몸이지만 그 가치를 따지면 천양지차이다.

그렇다면 나의 삶은? 내 삶의 가치는 얼마나 할까? 어느 철인의 말대로 이데아를 모방했다는 이 세상, 그래 이 혼돈의 세상에서 나는 어떻게 오욕칠정의 몸을 가누어야 하는가? 어떤 이는 '벽癖 하나쯤은 가져야 한다'고 말했는지도 모른다. 어떤 이는 '소리에 놀라지 않는 사자처럼, 그물에 걸리지 않는 바람처럼, 진흙에 더럽히지 않는 연꽃처럼, 무소의 뿔처럼 가라'고 말했는지도 모른다. 또 어떤 이는 '수처작주 입처개진隨處作主 立處皆眞, 가는 곳마다 주인이 되라. 지금 네가 있는 그곳이 바로 진리의 세계이다'라고 말했는지도 모른다.

그렇다면 나는 보리쌀 서 말쯤 들은 선생으로 보따리 하나 달랑 들고 '이 길이 내 길이다'라고 저 말들을 주문처럼 외우며 가야 하는가? 오늘, 난 다시 내 휴휴헌으로 돌아간다. 희노애락애오욕이 있는 저곳으로.

꾹꾹꾸궁 꾹꾹꾸궁!

궁시렁궁시렁하는 내 소리를 들으며 산비둘기 울음이 아침 하늘을 가로질러 저 치악산자락으로 넘어간다.

*『생각의 탄생』을 보다 이 글 속의 진등산방의 주인장은 '강철' 같은 친구임을 알았다. 물리학자이자 발명가인 미첼 윌슨이 쓴 소설 〈번개와 함께 살다〉는 온갖 소재와 물질을 다루면서 얻게 된 촉각적인 지식을 말한다. 소설 속에서 에릭이라는 인물은 선반이나 드릴프레스, 기타 기계들의 사용법을 배우면서 금속의 성질이 마치 오래된 친구의 품성처럼 느껴진다며 '금속의 성질'을 이렇게 표현하였다.
"구리는 너무 부드러워서 누구라도 그것과 함께라면 온순해진다. 황동은 선량하고 무르기 때문에 마음 편히 일할 수 있는 친구와 같고 강철은 어떤 부분은 거칠지만 강한 마디 사이사이에는 부드러운 부분도 있어 종잡을 수 없다."(『생각의 탄생』, 에코의서재, 2007, 266쪽)
『생각의 탄생』은 루트번스타인 부부가 쓴 책이다. '다빈치에서 파인먼까지 창조성을 빛낸 사람들의 13가지 생각도구'라는 부제가 붙은 이 책은 그들의 '생각법'을 관찰, 형상화, 추상, 패턴인식, 패턴형성, 유추, 몸으로 생각하기, 감정이입, 차원적 사고, 모형만들기, 놀이, 변형, 통합 따위 13가지 단계로 설명하고 있다. 이 책을 쓰기 위해 많은 도움을 받은 책이다. 상상력과 창의력을 키우기에 좋은 길라잡이 책이다.

그러면 알아요? 혹시 사람이 될지?

니코스 카잔차키스_{Nikos Kazantzakis}(1883~)의 〈그리스인 조르바〉, 문학도들은 카잔차키스를 현대 그리스 문학을 대표하는 작가이자 '20세기 문학의 구도자'로 지칭한다. 그는 평생 여행을 하고 자유를 외쳤다. 아래는 그 묘비명이란다.

> "나는 아무것도 바라지 않는다.
> 나는 아무것도 두려워하지 않는다.
> 나는 자유다."

이런 묘비명을 그대로 옮긴 게 1946년에 출판한 〈그리스인 조르바〉*다.

조르바 삶은 여성 편력, 여행, 기쁘거나 슬프거나 온몸을 다해 추는 춤, …. 그것은 통제와 절제가 없는 자유이다. 때론 부랑자처럼 부조리, 비도덕을 서슴지 않지만 결코 사악하지는 않다. 조르바는 몸이 원하는 대로 순간순간을 즐기는 오늘만 산다. 어린아이처럼 순수하며 때론 교활하면서도 진실함을 잃지 않는다.

작품 속에서 조르바는 이 소설 화자인 나를 두목이라 부른다. (화자인 두목과 이 글을 쓰는 나는 참 많이 닮았다.) 소설 중 아래 대사에 한참 눈이 머무른다.

> "인생이란 가파른 오르막과 내리막이 있는 법이지요. 분별 있는 사람이라면 브레이크를 써요. 그러나 나는 브레이크를 버린 지 오랩니다. 나는 '콰당!' 부딪치는 걸 두려워하지 않거든요."

또 한 구절, 늘 세상을 두려워하고 머뭇거리는 소시민인 두목에게 조르바는 이런 악담을 한다.

*이야기는 지중해 남쪽에 자리 잡아 사시사철 온화한 기후 크레타가 배경이다. 이 섬에서 갈탄 광산을 운영하려는 나(Εγώ, 에고)와 조르바(Αλέξης Ζορμπάς, 알렉시스 조르바스)가 함께 지내면서 벌어지는 일화들을 토막토막 다루었다.

"두목, 당신의 그 많은 책을 쌓아놓고 불이나 싸질러 버리시구려. 그러면 알아요? 혹시 사람이 될지?"

자유인 조르바 삶에는 걸림돌이 없다. 내 삶을 되돌아보게 하는 말이다. '나는 언제쯤 저 조르바와 같은 삶을 살아볼까. 아니, 단 하루만이라도 살 수나 있는지.'라는 가설은 진설이 될까? 단언컨대 영원히 불가능하다. 살 수 없는 게 아니라, 살 수 없게 이미 내 나이가 나를 만들어놓았기 때문이다. '살 수 없는 거'라면 내 의지 박약 문제이다. 용기를 내면 된다. '살 수 없게 이미 만들어놓았다'면 내 의지와 무관하다. 불가능이다.

이유는 의외로 간단하다. 난 동물이 아니기 때문이다. 동물은 대상[먹이]을 욕망하지만, 난 인간[타인]의 욕망을 욕망한다.* '인간[타인]의 욕망'이 내 욕망이 아닐지라도, 난 '인간[타인]의 욕망'이 내 욕망이라고 몸속에 깊이 각인되어 있다. '인간[타인]의 욕망'이 거짓일지라도, 볼 수 없는 신을 신앙으로 섬기듯, 난 브레이크를 신앙으로 믿는다.

더 흥미로운 것은 내 주위에서 조르바와 같은 삶을 본 적이 없다. 조르바 자유는 조르바가 "불 질러!"라 외친 책, 그 허연 백지 위에 파리 대가리만한 검은 글자로만 존재한다. '파리 대가리만한 검은 글자'는 어제도 오늘도, 내 주위에도 물 건너에도 산 너머에도, 이 글쓰기 장에도 차고 넘친다. 내 나이쯤 되면 안다. '자유' 동의어는 '희망 고문'일 뿐이라는 진리 아닌 진리를. 이 세상이 코스모스가 아닌 카오스라는 것을.

조르바는 나를 영원히 '두목'이라 부르지 않고 나도 영원히 조르바의 '혹시 사람'은 못 된다. 나는 오늘도 눈 뜨며 브레이크를 정성스레 믿는다. '제 아무리 디오게네스가 대낮에 등불을 들고 다녀도 조르바와 만나지 못할 거야'를 주문처럼 외우며.

'글쓰기'도 어렵지만 '사람'되긴 더 어렵다.

사자의 어금니

주제가 없어서가 아니라

"주제가 분명해야 글을 씁니다."

늘 수업 시간에 하는 말이다. 주제*는 '사자의 어금니'에 해당한다. 사자에게 있어 어금니가 가장 요긴하듯이 글에서 주제가 그렇다. 내가 글쓰기에서 가장 강조하는 게 '주제'이다. 주제는 문제를 발견하려는 마음에서 출발한다.

요즈음 도통 글을 못 쓴다. 주제가 없어서가 아니라 주제를 찾지 못해서다. 주제를 찾지 못해서가 아니라 주제를 찾으려는 마음이 없어서다. 전에 써놓은 블로그 글이 보인다.

문학은 '사회적 산물'이다. 모든 문학 행위는 언어라는 사회적 의사소통과 저자와 독자라는 사회적 관계망에서 이루어지므로 사회성을 지닌 작품이 생화生花라면 그렇지 못한 작품은 가화假花일 수밖에 없다. 숨이 이미 멈춰버린 천 조각으로 주렁주렁 꾸며 놓은 서낭 거짓 꽃에서 무슨 향내가 나겠는가.

송나라 성재誠齋 양만리楊萬里**의 〈하횡산탄두망금화산下橫山灘頭望金華山, 산 밑을 가로질러 개울가에서 금화산을 바라보다〉이라는 시를 적어본다. 금화산은 절강성 항주 서쪽에 있는 산이다.

> 강산이 머금은 뜻 언제 저들을 저버렸던가
> 비가 오든 날이 맑든 한결같이 신기하다네
> 문을 닫고 시구 찾는 건 시 짓는 법 아니지
> 길을 나선다면 저절로 시가 되는 거라네.

*글 쓸 때, 문장은 현미경으로 들여다보듯 정밀하면 좋고 주제는 망원경으로 보듯 멀찍이 놓고 따라잡아야 한다.

**성재 양만리(1124~1206)는 남송의 시인이며 학자이다. 남송 4대가 중의 한 사람으로 꼽힌다. 시는 속어를 섞어 썼으며, 경쾌한 필치로 민간의 고통을 적나라하게 묘사했고 기발한 발상에 의한 자유 활달한 점을 특색으로 한다. 지은 시가 무려 4,000여 수이다. 언어가 유려하고 자연스러우며 유머가 곁들여져서 호를 따 '성재체'라 한다.

왕안석의 시를 읽고 쓴 〈독시(讀詩)〉를 본다. 배 안에서 시로 생계를 꾸리고 시 한 수 읽은 포만감으로 아침밥을 대신한다는 설정에서 '성재체'의 맛을 본다.

"배 안에서 생계는 단지 시편뿐이다(船中活計只詩編)/ 당시를 읽고 반산의 시를 읽노라니(讀了唐詩讀半山)/ 이 늙은이 아침 안 먹은 게 아닐세(不是老夫朝不食)/ 반산의 절구시가 아침밥과 맞먹으니(半山絶句當朝餐)"

※반산(半山)은 왕안석(王安石)의 별호이다. 특히 절구에 능하였으므로 칭한 말이다.

글 짓는 마음이 머무른 곳, '자유시自有詩, 저절로 시가 되다'가 있는 곳, 그곳은 길을 나선 문 밖 세상이지 대궐 같은 집이나 아름다운 정원이 아니다. 그래야만 어제도 오늘도 내일도 흐르는 동선動線에서 올망졸망 달라붙은 팍팍한 삶, 그늘진 석축에 낀 이끼처럼 붙어 있는 먹먹한 삶을 보지 않겠는가.

그러나 마음이 없으면 시가 지어질 리 없다.

소수지비搔首之悲, 머리 긁적이는 비탄

엊그제 어느 집 술자리에서, 어느 그림 제화를 보았다. 몇 번 방문한 집 벽에 걸린 동양화인데도 그림 속 제화題畵를 유심히 보지 않았다. 그날, 여러 명이 모인 술자리에서 그 제화를 해석하게 되었고 전공이 전공인 관계로 내 몫으로 돌아오게 됐다.

아! 그런데, 초서이기도 했고 술도 어지간하였지만, 해석이 영판 되지 않았다. 돌아오는 길, 술이 모자라서가 아니라, 술집을 찾아 들지 않을 수 없었다. 국문학 전공 30년인데, ……내 머릿속에는 무엇인가가 맴맴 돌았다.

어제, 오에 겐자부로大江 健三郞*의 『읽는 인간』을 읽었다. "비탄悲嘆, grief, 슬픔은 내 소중한 감정"**이란 문맥이 눈에 들어왔다. 이 어휘는 자신의 소설 〈그리운 시절로 띄우는 편지〉와 윌리엄 포크너의 〈야생 종려나무〉 속 등장인물을 설명하며 나온다. 나와는 아무런 상관없다. 그런데 묘하게 이 낱말에서 엊그제 '맴맴 돌게 하던 그 그림 속 제화 일'이 겹친다.

오늘, 이덕무 선생 「세정석담歲精惜譚」(『청장관전서』 제5권 「영처잡고」 소재)을 읽는다.

하늘과 땅 사이에서 가장 아까운 것은 세월이며 정신이다. 세월은 한량이 없지만 정신은 한계가 있다. 세월을 헛되이 보내고 나면 그 소모된 정신은 수습

*오에 겐자부로(1935~2023)는 소설가이자 사회운동가이다. 그는 '전후 민주주의의 기수'라 불렸으며, 일본의 두 번째 노벨문학상 수상 작가이다.
"저는 3년마다 제 문체를 바꿔가는 방법으로 소설을 썼습니다"에 밑줄을 그어 놓았다(『읽는 인간』, 위즈덤하우스, 2015, 69쪽).

**조심스럽지만 오에 겐자부로 선생이 틀린지도 모르겠다는 생각이 든다. 선생은 이 책에서 젊어서 비탄은 '격렬'하고 나이 먹어 비탄은 '(몹시) 고요한' 비탄이라 했다. 나이 먹어 비탄이 더 격렬한 듯하다. 남들은 모르겠지만 나이 들며 더 노여움 타고 더 부끄럼 타고 더 욕심내고 더 민망함이 많아지고, 더 그래지는 듯해서 말이다.

하지 못한다. 대저 사람이, 더벅머리[髦] 이전은 논할 게 없지만, 더벅머리에서 장성하여 관冠을 쓰게 되고 관을 쓴 뒤에는 장가를 들게 되며 이미 장가를 들고나면 어린 자녀들이 눈앞에 가득하여 엄연히 아비가 되고, 또 어느 사이에는 머리털이 희끗희끗해지면서 손자를 안게 되므로 늙어가는 사세를 도저히 막을 수 없다. … 지금 나는 나이가 젊고 정신이 밝다. 그런데 만일 이 시기에 글을 읽어 제 학문에 힘쓰지 않는다면 머리 긁적이는 비탄이 곧 나에게도 오리라고 흠칫 놀라면서, 언행에 힘쓰겠다는 조그마한 뜻을 두었다.

—이재수 옮김, 한국고전번역원, 1978

'머리 긁적이는 비탄'에 아예 눈이 멈춘다. 그리고 그 맴맴 돌던 그 무엇이 "만일 이 시기에 글을 읽어 제 학문에 힘쓰지 않는다면 머리 긁적이는 비탄"임을 알았다. "조그마한 뜻"*도 가슴 한 끝을 예리하게 찌른다.

이덕무가 이 글을 쓴 나이가 22살이었다. 난, 59살에 와서 내 나이 22살을 다시 생각해 볼 줄 몰랐다. '맴맴 돌게 하던 그 그림 속 제화일'이 오에 겐자부로의 『읽는 인간』을 거쳐, 이덕무의 '머리 긁적이는 비탄搔首之悲'으로 이어짐을 말이다.

시마를 찾아서

시마를 찾아 떠나는 글 여행

아침마다 책상에 앉으면 책 한 권을 찾아든다. '시마詩魔, 시 짓게 하는 마귀'를 혹 만날지 모르기 때문이다. 시, 거문고, 술을 아주 좋아하여 삼혹호三酷好라 자호한 이규보李奎報** 선생의 〈시 귀신을 몰아내는 글, 한퇴지의 송궁문을 본받아서驅詩魔文效退之送窮文〉를 읽는다.

선생은 처음엔 질박하고 문채가 없으며 순수하고 정직하던 사람인데 시의 요사함에 빠지면 말이 괴상하고 글이 춤추며 만물이 현혹되고 사람이 놀라게 된다. 이것은 다른 게 아니라 '마귀[시마]가 들어서'라며 다섯 가지 이유로 쫓아내려 한다. 그 다섯 가지는 이렇다.

첫째, '세상과 사람을 현혹해 아름다움을 꾸미게 하며, 요술을 피우고 괴이한 짓을 하여 비틀거리며 열렸다 합했다 하며, 혹은 우레 소리가 나고 뼈마디를 녹게 하고, 혹은 바람이 맞부딪치고 풍랑에 휩싸이게 한다' 하였다. 글 쓰는 이들이 '문장의 화려함'에 매달림을 지적하는 말이다.

둘째, '조화를 부리고 신명처럼 밝으며, 혼돈의 상태에서 오묘한 신비를 마치 자물쇠로 잠근 듯이 굳게 간직하고 있는데, 너는 이를 생각하지 않고 신비를 염탐하여 천기를 누설하는 데에 당돌하기 그지없으며, 달[月]이 무색할 정도로 달의 이치를 밝혀내고, 하늘이 놀랄 정도로 하늘의 마음을 꿰뚫으므로 신명은 못마땅하게 여기고 하늘은 불평하게 여긴다. 너 때문에 사람의 생활은 각박하게 되었다' 한다. 글 쓰는 이들이 '사물의 이치'를 따지고 든다는 말이다.

셋째, '구름과 노을의 영채로움, 달과 이슬의 순수함, 벌레와 물고기의 기이함, 새와 짐승의 이상함, 그리고 새싹과 꽃받침, 초목과 화훼 등은 천태만상으로 천지에 번화하고 있는 것을 너는 부끄러움 없이 열 개 중에 하나도 버리지 않고 하나를 보면 하나를 읊는다. 그 잡다한 것들을 한량없이 취하므로 너의 검소하지 못함을 하늘과 땅이 꺼린다'고 한다. 글 쓰는 이들이 '소재를 끝없이 취함'을 말한다.

넷째, 적을 만나면 즉시 공격할 것이지, 어찌 무기를 준비하고 어찌 보루堡壘를 설치하느냐? 어떤 사람을 기쁘게 할 경우에는 곤룡포가 아닌데도 훌륭하게 꾸며 주고, 어떤 사람을 성나게 할 경우에는 칼이 아닌데도 찔러 죽인다. 네가 어떤 도끼를 가졌기에 오직 싸움을 함부로 하고 네가 어떤 권세를 잡았기에 상벌을 멋대로 내리는가? 너는 육식자肉食者, 벼슬아치도 아니면서 나랏일에 관여하고 너는 주유侏儒, 광대도 아니면서 모든 것을 조롱하는가? 시시덕거리며 허풍치고 유달리 잘

난 척 뻐기니, 누가 너를 시기하지 않고 누가 너를 미워하지 않겠는 가? 글 쓰는 이들이 '주제를 무한히 선택함'을 말한다.

마지막 다섯째다. 선생은 글 쓰려는 이, '고심*참담한 작가의 세계' 를 써놓았다.

네가 사람에게 붙으면	汝著於人여저어인
마치 염병에 걸린 듯	如病如疫여병여역
몸은 때끼고 머리는 헝클어지며	體垢頭蓬체구두봉
수염은 빠지고 몸은 파리해지며	鬚童形腊수동형석
사람 소리 괴롭게 만들고	苦人之聲고인지성
사람 이마 찌푸리게 만들고	矉人之額빈인지액
사람 정신 소모하게 만들고	耗人之精神모인지정신
사람 가슴 여위게 만드니	剝人之胸膈박인지흉격
오직 온갖 '근심의 중매장'이요	惟患之媒유환지매
오직 '평화를 뺏는 도적'이구나.	惟和之賊유화지적
이것이 네 다섯째 죄다.	是汝之罪五也시여지죄오야

*김조순의 『풍고집』 권16 「서김명원경독원미정고후」에는 '고심'에 대해 고심해 볼 글이 있다. "무릇 고심하면 반드시 생각이 깊어진다. 깊이 생각하면 반드시 이치가 해박 해지고, 이치가 해박하면 반드시 말이 새로워진다. 말이 새로워지고 도 (노력을) 그치지 않는다면 공교 해지고, 공교해지고도 (노력을) 그 치지 않는다면 귀신도 두려워 벌벌 떨게 되고 조화가 옮겨온다."
고심→깊은 생각→이치 해박→새 로운 말(노력)→공교해진 말(노력) →'귀신도 두려워할 만하게 되고 조화가 옮겨 온다'는 과정이다.

선생은 이 다섯 가지 죄를 진 시마가 자신에게 씌었다며 그 증상을 이렇게 적는다. 무려 18개나 되는 '글쓰기 증상'들이 개떼처럼 짖어댄다. 네가 온 뒤로는 ① 모든 일이 기구하고 ② 흐릿하니 잊어버리고 ③ 멍청하니 바보가 되며 ④ 벙어리가 된 듯 귀머거리가 된 듯도 하며 ⑤ 몸은 뜨겁고 발자취는 주저하며 ⑥ 굶주림과 갈증이 몸에 닥치는 줄도 모르고 ⑦ 추위와 더위가 살갗을 파고드는 줄도 모르며 ⑧ 계집 종이 게을러도 꾸중하지 않고 ⑨ 사내종이 미련해도 다스리지 않으 며 ⑩ 동산의 초목이 말라도 깎는 것을 모르고 ⑪ 집이 쓰러져가도 지탱할 줄 모르고 ⑫ 가난 귀신이 온 것도 또 네가 부른 게 아닌가. ⑬ 귀인에게 오만하고 부자를 능멸하며 ⑭ 방종하고 거만하며 ⑮ 말 소리는 높아 불손하고 ⑯ 얼굴은 뻣뻣하여 아첨할 줄 모르며 ⑰ 색色 을 보면 쉽사리 혹하고 ⑱ 술을 당해서는 더욱 거칠게 되었으니 이는

실로 네가 시켰지 어찌 내 마음이 그러겠느냐. 으르렁으르렁 괴이한 '개 짖는 소리' 참으로 무리도 많다.

선생은 너 때문에 괴로우니 네가 빨리 도망치지 않으면 "너를 찾아 베어버리겠다"고 저주하고 쫓아버리겠다며 목청을 높인다. 시마는 ①~⑭까지는 인정하며 다 너를 위해서라고 한다. 하지만 ⑭~⑱은 자기 소관이 아니라 한다. 결국 선생은 시마를 스승으로 삼는다.

글 쓰는 일을 업으로 삼은 뒤 가끔 읽는 글이다. 이규보 선생의 글은 읽을 때마다 놀랍다. 선생 글을 읽는 것만으로도 시마를 본 듯하다. 내 휴휴헌에 시마가 찾아온 적 없지만, 나 역시 시마가 찾아와 겪는 18개나 되는 글쓰기 증상 중 몇 개는 해당된다. 오늘도 글 쓰는 이라면 시마를 찾아 '글 여행 꾸러미'를 챙겨야 한다. 가장 먼저 챙길 것은 '마음'이다.

욕망이라는 이름의 전차와 글

브로드웨이 최고 극자가 테네시 윌리엄스Tennessee Williams가 쓴 3막 희곡을 영화화한 〈욕망이라는 이름의 전차A Streetcar Named Desire, 欲望―電車〉, 영화 줄거리는 딱 한 줄로 정리된다.

"죽음의 반대는 욕망!"

프로이트는 『쾌락 원칙을 넘어서Beyond the Pleasure Principle』에서 '인간 욕망慾望*'을 충족케 만드는 유일한 대상은 죽음뿐'이라 했다. 그 이유는 '쾌락 원칙인 욕망'은 늘 '현실 원칙'에 의해 지배를 받기 때문이다. 현실 원칙은 욕망을 지연하거나 절망으로 떨어뜨리는 강력한 힘이 있다.

신기루가 없으면 사막을 걷지 못하듯 욕망이 없으면 인간은 살지 못한다. 마치 유물사관과 더불어 마르크스주의 경제학 근간이 되는

*소크라테스는 '나는 욕망에 관한 것 말고는 아무것도 아는 게 없다'라 했다. 하지만 소크라테스가 말하는 욕망의 주체는 내가 아닌 '대상의 욕망'이다. 혹 내 욕망이 '대상의 욕망을 욕망하는 것은 아닌가?'를 꽤 생각해 보아야 한다.

'잉여 가치설剩餘價值說'과 유사하다. 잉여 가치설은 노동자가 임금 이상으로 생산한 잉여 가치가 자본가의 소득 원천이 된다는 학설이다. 이 '잉여 가치인 소득'이 또 투자를 가능케 하는 동인動因, 일을 일으키거나 변화시키는 직접적인 원인이 된다. 흥미로운 것은 욕망을 얻는 순간, 그 빛을 잃는다는 점이다. 마치 우리가 그렇게 갖고 싶은 것을 손에 넣었지만 곧 시들한 것과 같다. 이 '시들함'이 또 새로운 욕망을 찾게 만드는 동인이 된다.

'잉여 가치인 소득'과 '시들함'이 한 사람 욕망을 끊임없이 생산케 하는 이유이다. 모든 글에는 이런 작가 욕망과 글 속(특히 소설) 등장인물들 욕망이 꿈틀댄다.

영화는 급변하는 미국 사회(특히 남부 상류 사회 쇠퇴와 산업화 등등)에서 한 여성의 '욕망'이 파멸로 치닫는 과정을 그린다. 인간이라면 누구나 단 한 번! 욕망의 일생이란 전차를 탄다. '욕망의 전차'는 한 번 타면 절대 내리지 못한다. 내리는 그 순간 욕망은 사라지지만 삶은 더 이어지지 않기 때문이다.

"난 늘 친절한 사람들에게 의지해 왔어요."

정신과 의사의 팔을 순순히 잡으며 블랜치 드부아(비비안리 분)가 하는 말이다. 그니가 얼마나 따뜻함에 굶주렸는지 알 수 있는 대사이다. 정신과 의사 역시 하나의 욕망에 불과하다. 친절한 정신과 의사의 손을 잡는 순간 욕망은 곧 그 의미가 퇴색한다. 영화는 젊음도 욕망이고 사랑도 욕망이고 물질도 욕망이라 한다. 결국은 '인생이란 욕망을 좇다가 죽음을 맞는다'는 종착역에 도착한다.

작가, 글 쓰는 이라면 '그 작가만의 욕망'이 있고 모든 글에는 '그 작가만의 욕망'이 숨어 있다. 르네 지라르René Girard*는 이 작가가 작품 속에 숨겨 놓은 욕망을 '낭만적 거짓과 소설적 진실'이라 하였다. 글은 그렇게 '작가 욕망'과 그것을 찾으려는 '독자 욕망'이 숨바꼭질하는 장소이다.

글 속에 보이는 세상 욕망은 혼란스럽다. 때론 고상한 게 거짓이고

*르네 지라르(1923~2015)는 프랑스 출신의 사회인류학자이다. 그는 『낭만적 거짓과 소설적 진실』에서 '욕망의 삼각형(Désir triangulaire)'으로 소설 속 욕망을 설명한다. 욕망의 삼각형은 주체, 매개자, 대상이 꼭짓점을 형성하고 있다. 그는 〈돈키호테〉를 예로 들어 돈키호테를 '욕망 주체', 아마디스를 '욕망 매개자', 돈키호테가 이상적으로 여기는 방랑의 기사를 '욕망 대상'으로 설정했다. 돈키호테는 '이상적인 방랑의 기사'가 되고 싶다. 그러나 곧바로 될 수 없어서 아마디스라는 중개자를 모방하여 이상적인 방랑의 기사에 다가간다는 말이다. 미인이 되기 위해 미인이 쓰는 화장품을 애용한다는 의미와 유사한 이론이다.

천한 게 진실이지만, 고상한 게 진실이고 천한 게 거짓이란 욕망도 있다. 때론 고상한 게 매력이지만 천한 게 매력으로 보이는 욕망도 있다. 때론 부드러운 것만으로는 부족해 강한 것을 매력으로 여기는 욕망도 있다. 그 욕망의 진실은 알 수 없으며, 당신과 내 욕망의 전차는 오늘도 아라베스크_{arabesque}한 세상을 달린다. 죽음을 향하여.

화씨 451도와 섭씨 233도

화씨 451도

화씨 451도는, 섭씨 233도이다. 책(종이)을 불태울 때 온도이다. 레이 브래드버리가 1953년에 쓴 과학소설로 〈화씨 451〉도 있다. 이 소설은 책이 금지된 미래 디스토피아를 배경으로 한다. 책이 인간에게 주는 효용성을 '얼마나 쓸 데 없는지, 생각이 얼마나 가치 없는지'로 폄하해버리는 디스토피아를 그린 소설이다.

어제 『아! 19세기, 조선을 독讀하다: 실학자들 삶과 사상』이 드디어 내 서재 휴휴헌에 도착했다. 이 책은 2017년에 출간된 『아! 나는 조선인이다: 18세기 실학자들 삶과 사상』과 연작이다. 나는 휴휴헌에서 이 두 책을 쓰는 데 꼬박 6년을 매달렸다.

그러나 2017년에 출간된 『아! 나는 조선인이다: 18세기 실학자들 삶과 사상』이 그렇듯이, 『아! 19세기, 조선을 독讀하다: 실학자들 삶과 사상』도 서점 한 편에서 긴, 아니 길고 긴, 침묵을 꿋꿋이 견뎌내야 할 것을 의심치 않는다. 책 안 읽기로 당당 OECD 국가 1위를 자랑하는 우리 독서 문화이다. 이 현실이 내 책이라고 다르지 않다는 것을 믿어 의심치 않기 때문이다. (정말 책이 판매되지 않나보다. 출판사에서 이 번 책부터는 책값에 10% 주던 인세를 3% 깎자고 한다. 죄송하다면서.

하기야 베스트셀러를 못 쓰는 내가 더 죄송한지도 모르겠다.) 더욱이 내가 출간하는 책은 인간 처세술과 아예 거리가 멀찍하다. 이 책 속 글들은 하나같이 당시 인간 처세술 앞에 '반反'이라는 부정명사를 붙여서다.

책을 출간할 때마다* 내 주변 사람들은 여러 양상을 보인다. 우선 책을 사는 사람(1%) : 안 사는 사람(99%)으로 나뉜다. 책을 구입하는 사람은 대개 아무 말이 없거나 책을 읽은 소감을 진지하게 말해준다. 더러 책만 구입하고 읽지 않는 사람들도 있다.

그런데 안 사는 사람을 보면 그 유형이 자못 흥미롭다. 우선 아무 반응을 보이지 않는 '방관형(40%쯤)'이다. 가장 숫자가 많다. 이 유형은 내가 책을 내거나 말거나 반응을 보이지 않는다. 다음이 가장 재미있는 '충고형(30%쯤)'이다. 베스트셀러를 쓰란다. 그러면 잘 팔릴 거라며 이러저러한 충고를 한다. 이런 충고형을 만나면 나는 입을 꾹 닫는 수밖에 없다. 그런 글을 못 써서다. 다음이 '입인사형(15%쯤)'이다. 이 유형은 반드시 축하 인사를 건넨다. 그러며 꼭 사서 보겠다고 하지만, 나는 안다. 절대, 결코, 사지 않을 거란 사실을 말이다. 가장 기분이 묘한 형은 '경시형(10%쯤)'이다. 책을 읽지도 않았는데 내 책이 형편없다는 것을 미리 안다. (눈치로 나는 안다.) 나머지 분들은 '기타형(4%쯤)'이다. 특이한 기타형에는 콕 집어 이런 것을 쓰라고 하는 사람도 있고 무례한 시선으로 책 한 권 달라기도 한다. 개중엔 아예 나는 책을 안 읽는다고 자랑하는 사람도 있다.

〈화씨 451〉에서 주인공 가이 몬태그Guy Montag는 책을 불태우는 방화수放火手, fireman다. 책을 출간할 이러할 즈음이면 나는 악몽**을 꾼다.

*늘 하는 작업이 있다. 출판사로부터 책을 받으면 가장 먼저 '수정본'을 만든다. 의례적인 행사다. 겸하여 이 책을 많은 이들이 읽었으면 하는 바람도 넣어본다.

**내 책을 잉태케 한 서재 휴휴헌(休休軒)에 불을 지르는 꿈이다. 책이 타는 그 불길 속에서도 용케 나는 내가 쓴 책을 찾아낸다. 그 불길에 어룽지는 내 얼굴은 분명 불을 끄는 방화수(放火手)가 아닌 방화범(放火犯)이었다.

『송순기 문학 연구』를 내며

머리말

애초에 책으로 내고자 한 게 아니었다. 한국연구재단에 제출할 논문 한 편을 쓰려했던 게 여기까지 와버렸다. 하기야 모든 연구가 가설에서 시작이기에, 미지를 향한 여행이기에, 열린 결과일 수밖에 없다.

필자가 송순기를 처음 만난 것은 16년 전쯤, 그의 『기인기사록』 상·하라는 야담집을 통해서였다. 그리고 두어 차례 논문을 쓰고 『기인기사록』을 번역하여 대중서적 한 권(기인기사, 2008, 푸른역사)과 학술서(『기인기사록』 하, 2008, 2014, 보고사)를 출간하며 여기까지 왔다.

이 책을 내며 안타까운 마음부터 몇 자 서술하는 게 예의인 듯하다. 까닭은 우리나이 서른여섯, 물재 송순기의 요절*로 그의 문학 또한 요절해서이다. 또 하나는 이유야 여하하든 송순기는 1920년대 식민지시대를 살다간 문인 지식인으로 분명 친일 신문 〈매일신보〉 기자요, 발행인 겸 편집장이라는 이력을 지녔기 때문이다.

송순기 요절로, 그의 문학 또한 그만큼으로 멈췄지만 결코 녹록치만은 않다는 것을 이 책을 쓰면서 알았다. 1920년대 지식인 송순기의 대 사회적 글쓰기를 한마디로 줄인다면 '전방위적 글쓰기'이다. 전방위적 글쓰기라함은 기자로서 기사뿐만 아니라 야담, 소설, 한시, 논설, 기행문, 전(傳) 등 그야말로 다양한 장르를 두루 섭렵했기 때문이다. 그것도 10여 년이란 물리적 기간에 말이다.

이제 전방위적인 글쓰기를 한 까닭을 36세로 요절한 물재에게 물을 수는 없다. 다만 필자가 그에 대한 논문을 쓰고 이 책을 만들며 이해한 결론은 '식민지 하 지식인으로서 고육책'이 아닐까 한다.

'식민지 하 지식인으로서 고육책' 여부는 이 책을 읽으면 알 것이고 친일에 대해서 몇 자 첨언을 한다. 언급한 바, 송순기가 친일 신문인 〈매일신보〉 기자를 거쳐, 발행인 겸 편집인은 명백하다. 그러나 필자가 지금까지 송순기 문학세계를 추적해본 결론으로는, 그가 기자로서 쓴 기사나 기타 글에서 친일성에 대한 합리적 논증을 할 만한 글을 발견하지 못했다.

엄혹한 일제치하에서 20대와 30대, 16년을 살다간 송순기이다. 비록 그가 식민지 백성으로서 살아있는 영혼으로 국권회복을 외치지는 못했지만, 어떤 문인들처럼 자발적으로 조선인 꿈을 훔치는 글은 쓰지 않았다. 지금도 그렇지만 저 시절 두루 춘향인 지식인과 구두선만을 들떼놓은 식자들이 좀 많았는가.

송순기를 친일 언론인이라 단정하고 그의 문학세계를 폄하할 게 아니다. 그러

*〈매일신보〉 1927년 9월 12일자 '본사논설부장 송순기 씨 별세—십이일 아츰 봉익동 자택'이라는 부고 기사를 보면 '슬하에 삼남매가 모두 죽어 이것이 폐병의 증세를 더치게 해 사망'하였다고 한다.

기에는 송순기가 1920년대 우리 문학사에서 분명 의미 있는 존재임에 틀림없기 때문이다.

요절한 이치고 물재의 문학 자료도 적지 않았다. 필자 발품은 더디고 천학이요, 비재인 탓으로 송순기 문학에 대한 전모를 밝히지 못하였다. 이 저서를 출간 후에 곧 『기인기사록』 상을 공간하겠지만,* 앞으로 뜻 있는 연구자들 관심을 촉구해보며 머리말을 갈음한다.

한 마디 덧붙인다. 이 글을 쓰며 가장 많이 한 생각이다. '내가 저 시절 태어났다면 난 어떻게 살았을까?' 한 없이 자신 없는 질문이다.

홧홧증이 인다.

*'곧'이라 했지만 출생년도는 2023년 5월이다. 약속이 그렇다. 내 잘못이 아니라 환경이 그렇게 만들었다. "『기인기사』를 만난 것이 20년 전이다. 그동안 물재 송순기 선생과 함께 한 시간이 즐거웠다. 아울러 이 책을 공간케 해준 많은 분들께 고마움을 표한다." 머리말에 이렇게 적어놓았다.

『사이비』를 내며

머리말

1.

처음 제목은 '3류의 사회학: 까치발로 어섯눈 뜨기'였습니다.

어느 날, 그 분과 이야기하다가 책 제목을 바꾸어야겠다고 생각했습니다. 나는 '사이비'였습니다. 그 분도 사이비였습니다. 그분은 나에게 나는 그분에게 열심히 이야기하지만, 그 분에겐 내가, 나에겐 그분이 화폭에 그려진 사람이요, 절마당 돌부처일 뿐이었습니다. 그분 눈에 내가 안 보였고 내 눈에도 그분이 안보였습니다. 이야기 마디마디는 정의요, 민주화요, 학자 양심이요 등으로 종횡무진 널뛰었습니다. 그분도 나도 영판 스님 빗질하는 소리요, 말하는 매실일 뿐이었습니다. 모두 저이와 내 삶의 이욕利慾을 가리려는 '변소간 단청'에 지나지 않았습니다. 서로 마음이 없는 자리, 체면만이 멋쩍은 표정으로 고의춤을 잡고 엉거주춤 서있는 꼴이었습니다.

그렇게 사이비였습니다. 그분도 나도 서로 말은 고담준론이지만, 행동은 영판 아니라는 것을 알고 있었습니다. 이해利害 분기점에 서면 우리는 반드시 해害가 아닌 이利쪽으로 옮아갈 것은 인수분해 공식만큼이나 정연한 논리였습니다.

그것은 진실과 이 다른 것만큼이나 정합성을 꽤 갖추었습니다. 우리 말과 행동은 그렇게 정의, 민주화, 학자, 양심과 비슷한 가짜였습니다. 우리는 그렇게 사이비였습니다. 갑자기 자음과 모음을 교묘하게 엮은 그 분과 내 사이비 말과 사이비 숨결이 뒤섞인 그 공간이 무서워졌습니다. 숨이 턱턱 막혔습니다. 서둘러 대충 입인사 한자리 꾸부리고서 헤어졌습니다.

하늘을 올려다보았습니다. 잠시, 생각의 걸음이 멈춘 그곳에서 연암 선생이 그리워졌습니다. 사이비를 그렇게 싫어한 연암 선생이.

2.

이 책을 한 출판사에 의뢰했더니 어느 비오는 날 '부정과 넋두리로 된 글'이라 출판하기 어렵다는 답변이 왔다. 그렇다! 맞는 소리이다. 난 이런 답변을 보냈다.

"난 이 세상을 긍정적으로 보려 애쓰지 않습니다. 난 내 손가락으로 세 사람도 존경하는 이를 꼽을 수가 없답니다. 서자서아자아書自書我自我, 말 그대로 '책은 책대로 나는 나대로'입니다. 말과 행동이 다른 자들은 어제도, 오늘도, 충분히 보았고, 내일도 볼 듯합니다.

내 글은 지금, 내가 내 눈으로 이 세상을 본 글입니다. 글은 꼭 긍정일 이유가 없습니다. 또한 '글은 해원解冤의 도구로 작동'하기에 넋두리 또한 가능합니다.

사람들에게 힘을 주는 글은 누구나 씁니다. 나는 내 글을 씁니다. 세상을 속이려는 글이나 현실을 아름답게 꾸미는 글, 혹은 수녀처럼 순결한 감정만을, 신부처럼 경건한 생각만을 적바림하고 싶지 않습니다. 그것은 나를 속이는 글이기 때문입니다."

이 책 글들은 사이비인 내가 세상을 본 그대로를 가감 없이 엮어 놓은 삶이다.

휴휴헌에서

간호윤

『당신, 연암』 2쇄를 발간하며

"섭씨 233도!"

화씨 451도(섭씨 233도)는 책이 불타는 온도이다. 종종 언론통제용 상징으로 쓰이는 이 말은 진실과 정의의 소멸이라는 '지知의 비극적 은유'를 내포한다. 연암 손자뻘인 박남수는 『열하일기』가 못 마땅하다며 불을 붙였다. 레이 브래드버리Ray Bradbury*는 〈화씨451〉에서 '불태우는 일은 즐겁다'로 시작하는 디스토피아Dystopia 세계를 그렸다.

이틀에 한 번꼴로 7옥타브쯤 고성을 내뱉는 세상이기에, 순결한 양심을 간직하고 살아감이 그만큼 고통이다. 그렇기에 저 시절 진실을 외면하려 했던 박남수 행위는 지나간 현재와 미래요, 비동시성의 동시성이다. 이 시절 연암 삶과 글이 현재성을 띠는 이유요, 연암 삶과 글이 우리에게 비수처럼 꽂는 성찰이요, 미래 예언이다. 구정물 같은 세상, 연암 삶과 글로 정수처리 좀 하여 오이 붇듯 달 붇듯 진리, 정의, 양심이 넘실거리는 세상을 기대한다.

저자가 몽당붓조차 감당 못하는 깜냥으로 '연암 평전'을 쓴 이유이다. '사이비似而非는 아니 되련다!' 연암 평생 화두였다. 사이비란, '두루뭉술 인물'인 향원鄕愿이다. 향鄕은 고을이요, 원愿은 성실이니 고을의 성실한 사람이란 뜻이다. 연암은 이 향원을 무척이나 싫어하였고 저들에게 마음병을 얻었다. 향원이 실상 겉과 달리 '옳고 그름을 가리지 않고 아첨하는 짓거리 하는 자'이기 때문이다. 향원은 말은 행실을 돌보지 않고 행실은 말을 돌보지 않는 겉치레만 능수능란한 자들이었다. 연암은 저러한 현실을 직시했기에 "글자는 병사요, 뜻은 장수이고 제목은 적국"이라 규정하고 전쟁하는 마음으로 글쓰기를 하였다. 글을 쓰며 연암은 문둥이, 파락호, 술미치광이라 불렸고 스스로를 '조선 삼류 선비'라 칭하였다. 조선 삼류 선비 연암이 꿈꾼 세상은 '인간다운 세상'이었다.

이 『당신, 연암』은 문헌에 9할 의거하되 1할 저자 몫을 얹었다. 기존 정전正典 문화를 벗어나고자 11인 필자도 내세웠다. 인간은 신의 피조물이기에 본래적 결함을 지닌 존재다. 더욱이 모든 인간은 다층적이다. 인간 연암 장단점, 호불호를 그대로 그리려 했고 이는 온전히 11명 필자 몫이다. 11인 필자는 각각 연암 삶의 결절인 문장, 성정, 학문, 미래를 나누어 기술했다.

*'레이 브래드버리(Ray Bradbury, 1920~2012)는 미국 작가로 SF문학에 서정성과 문학성을 부여해 그 입지를 끌어올렸다. 소설, 희곡, 시 등을 넘나들며 500여 편의 작품을 발표했고 다수의 작품이 영화로 만들어졌다. 그는 대학 진학은 포기했지만, '도서관이 나를 길러냈다' 할 정도로 다방면의 독서를 통해 방대한 지식을 쌓았다. 1956년 존 휴스턴이 감독한 영화 〈백경〉의 각본을 썼고 작품 가운데 65개가 '레이 브래드버리 시어터'라는 이름으로 TV에 방영되었다. 그의 이름을 따 '9766 브래드버리'라 명명한 소행성도 있다. 아래는 〈화씨451〉에 부록으로 실린 '레이 브래드버리와 대화'에서 인상 깊은 몇 구절이다.

"유치원과 초등학교 1학년 아이들에게 가장 먼저 읽기와 쓰기를 가르치도록 해야 합니다. 아이들이 2학년 올라갈 때쯤에는 읽기와 쓰기를 완전히 터득해야죠."

"저는 수십 년째 글을 쓰고 있지만 돈 받고 하는 일은 아니에요. 글쓰기에 대한 사랑이 그 세월을 버티게 해준 겁니다. …자기가 하는 일을 사랑하거나 아니거나, 그 두 가지입니다."

"독서란 우리네 삶의 중심이에요. 도서관은 바로 우리의 두뇌죠. 도서관이 없다면 문명도 없습니다."

"문: 이야기를 쓸 때 플롯을 미리 짜나요?

답: 아니, 아닙니다. 저는 이야기가 스스로 살게 합니다.

문: 전에 어느 여성 작가가 자기 작품의 캐릭터에 대해 말하던 게 기억납니다. 자기가 주인이고, 등장인물들은 꼭두각시라고요. 그들은 작가가 가라는 대로 가고, 하라는 그대로 따라한다고.

답: 그럴 순 없어요. 그건 '나쁜 글쓰기'입니다. 등장인물들이 당신을 써야만 해요. 그들이 당신을 컨트롤하는 겁니다. 플롯도 그들이 짜요. 제가 컨트롤한 적 없습니다. 전 그냥 그들이 자기 자신의 삶을 살도록 놔둡니다."

1부 문장이다. "종로를 메운 게 모조리 황충蝗蟲, 벼를 갉아먹는 메뚜기이야!" 황충은 백성을 숙주로 삼아 기생하는 양반을 기생충으로 통매하는 풍유이다. 〈민옹전〉에서 연암은 문벌을 밑천 삼고 뼈다귀를 매매하며 무위도식 양반에게 입찬소리를 해댔다. 문장은 곧 그 사람이라 한다. 그 시절 연암 박지원은 문장으로 빛났고 문장으로 인해 버거운 삶을 살아냈고, 이 시절 조선 최고 문장가로 남았다. 연암과 평생 등 돌린 유한준, 문체반정으로 각을 세운 정조, 『연암집』을 간행하려다 끝내 실패한 박규수를 통해 연암 문장을 따라잡았다.

2부 성정이다. "개를 키우지 마라." 연암 성정을 단적으로 보여주는 말이다. 연암이 이승과 하직한 다음 날 조용히 눈을 감은 청지기 오복, 연암이 평생 사랑한 이씨 부인, 둘째 아들 박종채 눈에 비친 연암 성정은 어떠하였을까?

3부 학문이다. "기와조각과 똥거름, 이거야말로 장관일세!" 실학자 연암은 청나라 여행 중, 끝없이 펼쳐진 요동벌에서 '한바탕 울고 싶다!'라 하였고, 기와조각과 똥거름을 보곤 '이거야말로 장관!'이라 외쳤다. 연암은 정쟁으로 날을 새는 소국 조선 선비였다. 저 거대한 요동벌에서 한바탕 울음 울었고, 기와조각과 똥거름에서 조선의 미래를 찾았다. 이것이 학문을 하는 조선 선비 연암이 울고 감탄한 이유다. 연암의 학문은 실학이었다. 그 학문 길을 연암 처남인 이재성과 호협한 제자인 무사 백동수, 그리고 평생지기 유언호에게 들었다.

4부 미래이다. "『연암집』이 갑신정변을 일으켰지." 연암 글과 갑신정변을 연결하는 박영효 말을 추리자면 저렇다. 조선은 유학의 나라였다. 유학은 사람이 사는 아름다운 나라를 지향하지만, 저 시절 아름다운 조선은 없었다. 연암은 유학자로서 조선의 아름다운 미래를 꿈꾸었고, 우리가 찾는 세상과 다르지 않다. 연암 자신과 이 책을 쓰는 저자가 필자로 나섰다.

이 책은 4부로 '인간다운 세상'을 꿈꾼 연암을 좇는다고 하였다.

아울러 이 과정에서 연암 땅에 말을 키워보려는 원대한 '목축업 구상', 요동지역을 우리 '조선 땅'이라 역설하는 강개함, '한 줌 상투나 붙잡고 흰옷을 숭상'하는 어리석음을 직시하는 연암도 만난다.

문둥이라 불린 조선 삼류 선비 연암이 뿌린 '인간'이란 역병이 우리 조선 후예들에게 강하게 전염되기를 바란다. 그 날이, 『연암집』 먹물들이 글발마다 살아나 열을 지어 행진하는 '인간다운 세상'이다.

『사이비 2』를 내며

『사이비 2』가 곧 출간된다. 사이비는 잡문집이다. 출판사에 〈머리말〉을 넘겼다.

연암 선생은 이렇게 말했다.

"남을 아프게도 가렵게도 못하고, 구절마다 쓸데없이 노닥거리기만 하고 이런들 저런들 흐리터분하다면 이런 글을 장차 어디에 쓰겠는가?"

박종채, 『과정록』에 보이는 연암 말이다. '불통불양不痛不癢, 아프게도 가렵게도 못하는 말'한 말과 '한만우유부단汗漫優柔不斷, 쓸데없이 노닥거리기만 하고 이런들 저런들 흐리터분한 글'한 글을 내치는 연암 말이다.

글쓰기는 '내 마음 치료제'요, '해원解寃 도구'이다. 자음과 모음이 내 마음속 저러 이런 괴로움과 즐거움을 족집게처럼 짚어내, 내 순간과 일상의 몰입을 적바림할 때면, 글은 내 속을 알아주는 내 가장 친한 벗이요, 가장 무한한 고독을 치료하는 명의요, 가장 절대자다. 이럴 때 내 서재 휴휴헌은 하나의 장쾌壯快한 우주가 된다.

늘 이렇지는 않다. 고백하건대 가슴속에 분명 바글바글대는 그 무엇이 시궁창 거품처럼 들끓어도 글이 겉도는 경우도 있다. 엊그제까지 그렇게 동심협력하던 글자들이 그렇게 냉정하고 비정하다. 나를 데면데면 보는 게 내 생각과 잡동사니는 등가교환 대상에 지나지 않는다. 이럴 때면 글은 비참이요, 우울이요, 폭력이요, 악다구니를 억세게 퍼붓는 게 열흘 장맛비보다도 흉하다. 이럴 때면 내 휴휴헌은 그야말로 정녕, 짜장 난장판*이다. 생각은 현실이란 코르셋에 갇혀 있고 사고는 미래라는 미늘에 걸렸다. 자음족과 모음족 사생아인 기기묘묘하게 생겨먹은·책벌레들이 쫘! 쏟아져 나와 물고 뜯는다.

외주 준 인생은 망자의 미래이다.

갈喝!

*과거 날이 닥치면 푸른 두루마기에 유건(儒巾)을 쓰고 필묵과 커다란 일산(日傘), 돗자리, 어둠을 대비한 등롱을 들고 입장했다. 시험은 지금 청와대 자리인 경복궁 후원, 성균관의 명륜당이나 비천당, 예조 등에서 치렀다. 전날 예비소집에서 자리를 잡아두는데 이때 좋은 자리를 차지하고자 각다귀가 동원되고 권력을 행사하였다. 이러다 보니 공정한 시험 관리가 이루어져야 할 과거장이 장꾼들의 시장터처럼 되었다 하여 '난장판'이란 슬픈 낱말이 탄생했다.

이 모두 '글 공덕' 모자란 소치 아니런가.

그럼 '몸 공덕'이라도 하자.

품이라도 팔아보자.

들메끈 조여매듯, 옷섶 여민다.

내 '댕돌같은 글'은 못쓸지라도 '맹물에 조약돌 삶은 글'만은 쓰지 말자.

휴휴헌에서

돌 한 조각

글 잘 짓는 묘리

"글 잘 짓는 묘리는 남이 하는 대로 따라하거나 비슷하게 하는 데 있지 않다. 자연의 신령스런 기운이 황홀하게 몰려와서 생각지 않아도 이미 이르렀으니 '괴이하고 괴이하며 기묘하고 기묘하여' 무엇이라 이름 붙이지 못하겠다."

*추사 김정희(1786~1856) 선생은 "난초 치는 데 법 있어도 안 되고 법 없어도 안 된다(寫蘭有法不可無法亦不可)"라 하였다. 바로 '내 글쓰기'이기에, '내 글쓰기 방법'을 찾아야 해서란 뜻이다.

추사秋史 김정희金正喜*의 「인재설」에 보이는 글이다. 선생은 글 짓는 묘리를 이름 붙이지 못한다며 '괴괴기기恠恠奇奇, 괴이하고 괴이하며 기묘하고 기묘하다'라 하였다. 조선 천재 추사 선생 글 잘 짓는 묘리, '괴괴기기'가 남과 다른 글이다. 추사 선생조차 글쓰기를 신령스럽게[어렵게] 여겼다. 글쓰기가 '돌팔매질'처럼 되어 버린 이 시대, 누구 글에서 '괴괴기기'를 찾아야 하나? 추사 선생 시 중에서 글쓰기를 어렵게 여기는 마음을 찾아보았다. 추사는 문장가이면서 금석연구가였다.

10만 관 돈은 끌어올 수 있어도　十萬貫可纏십만관가전

돌 한 조각은 구하기 어려워라　一片石難得일편석난득

—〈일편석난득(一片石難得, 돌 한 조각은 구하기 어렵다)〉

선생이 충청도 직산 현감으로 떠나는 홍세주에게 준 글에 보인다. 시에서 말한 '돌 한조각'은 현재 충청남도 천안시 성환읍 대홍리에 있는 고려시대 '봉선홍경사 갈기비^{奉先弘慶寺碣記碑}'이다.*

금석학을 공부하는 선생이다. 10만 관 돈꿰미보다 '돌 한 조각에서 나온 탁본'을 더 귀하게 여긴다. 학문과 배움이, 물질 가치로 치환되는 시대이다. 선생 '돌 한 조각'을 '글 한 줄'로 바꾸어보는 꽤 의미 있는 일임을 선생에게 배운다. 이것이 글 쓰려는 마음이다. 서둘러 '글 한 구절' 구하려 자음과 모음을 주섬주섬 챙겨본다.

*1962년 12월 20일 국보로 지정됐다. 현재 절터에는 절 창건에 관한 기록을 담은 이 갈기비만 남아 있다. '갈비'는 일반적인 석비보다 규모가 작은 것을 말하는데, 대개 머릿돌이나 지붕돌을 따로 얹지 않고 비 끝부분을 둥글게 처리한다. 비문은 해동공자로 했던 고려시대 최고 유학자 최충이 지었으며 글씨는 백현례가 썼다.

재주가 메주

오늘도 아침 댓바람부터 커피 한 잔을 들고 향을 피우고 앉았다. 1000년 전, 고릿적 이야기인 '고려속요'에 대해 쓰려해서다. 작년 3월부터 쓰기 시작했으니 벌써 1년하고도 5개월이 흘렀건만 별 진척이 없다. 수정만도 8번째다.

속요에 대한 일반적인 설명을 피하고자 소설식으로 쓴다. 그러다 보니 꿈속에서 소설 속 주인공(돌이라는 인물)을 종종 대면한다. 그럴 때마다 돌이는 나에게 '무엇인가'를 전해주려 애쓴다. 문제는 그 '무엇인가'를 현저히 떨어지는 문장력으로 담아내지 못한다는 아주 서러운 사실이다. 문자를 개떡같이 주무르는 이들 글쓰기가 그렇게 부러울 수 없다.

하늘에는 수많은 별이 있다. 장맛비에는 수많은 빗방울이 있다. 모르겠다. 그 별과 빗방울에도 천재별과 둔재물방울이 있는지를. 어찌 사람은 천재와 둔재가 있는 것일까? 성공했다는 둔재들도 1% 천재적 영감이 있었기에 가능했다. 그것도 노력한 자들 1%에도 지나지 않는 수치이다.

그래도 멈출 수 없기에 '메주를 재주'라 알고 '손에다 감발'이라도 치고 이 길을 가야 하는 것일까? 아님, 하나님의 오발탄임을 자임하며 자부동이나 하나 깔고 주저앉아야만 하는 것일까?

사는 것도 힘든데, 글쓰기는 더 힘들다. 자음과 모음이 내 책상을 망둥이처럼 뛰어다닌다. 제 마음대로 내 마음을 난장판으로 만든다. 그렇지 않아도 '이놈의 세상!' 하는데, 중뿔난 짓거리만 하나보다.

허턱! 길이라도 떠나야 하려나. (이렇게 나온 책이 『구슬이 바위에 떨어진들: 소설로 부르는 고려속요 그 몸의 노래여!』(새문사, 2016)이다. 아래에 총 14장 중, 1장만 실어놓는다.)

(1장) 구슬이 바위에 떨어진들
: 소설로 부르는 고려속요 그 몸의 노래여!

1장. 덜커덩 방아나 찧어 히얘.
노래는 손 없어도 잘만 마음을 흔든다.

덜커덩 방아나 찧어 히얘,
거친 밥이나 지어서 히얘,
아버님 어머님께 드리옵고 히야해,
남거든 내가 먹으리, 히야해 히야해.

덜커덩 방아나 찧어 히얘,
거친 밥이나 지어서 히얘,
...

〈상저가〉*

*조선 초기 악보인 『시용향악보』에 가사와 악보가 전한다. 이 노래는 사설의 내용으로 보아 〈방아타령〉의 일종으로 추정되는 노동요이다.

돌이 엄니는 노래를 부르자 마음이 편해졌다. 돌이 엄니의 노랫소리가 부엌을 나와 울타리를 넘었다. 노랫소리에는 힘들어하면서도 맑은 힘이 있었다. 돌이 엄니, 경주가 고향이라 경주댁인 돌이 엄니의 세상 첫소리는 꽤나 컸더란다. 돌이의 외할아버지는 돌이 엄니가 사내아이인지 알았고 외할머니는 노래를 잘

할 줄 알았단다. 돌이 엄니는 그래서인지 저래서인지 노래를 잘한다. 오이 붇듯 달 붇듯 흘러가는 세월을 살아내려 물리도록 노래를 부르고 불렀다. 돌이 엄니가 노래요, 노래가 돌이 엄니였다. 꽃님이도 돌이도 엄니의 자장가를 들으며 이만큼 컸다.

돌이는 물리도록 들은 엄니의 노랫소리지만 이 노랜 좀 각별하다. 돌이 엄니는 인물만큼이나 고운 목소리를 지녀 노랫가락이 밝고 맑았다. 돌이 아버지는 돌이 엄니가 노래를 부를 때면 가만히 듣고는 빙그레 웃었지만 이 노래만큼은 얼굴 표정이 슬퍼보였다. 돌이는 속가량으로 방아를 찧으며 부르는 이 노래는 외할머니를 미워해선지 그리워해서인지도 모르겠다고 생각했다.

하기야, 돌이 할머니나 할아버지도 무신란에 얽매여 멸문을 당했기에 따지자면 외가나 친가나 다를 바 없었다.

"돌아! 왜 노래를 부르냐꼬. 사는 게 '고비에 인삼'*이요, '기침에 재채기'** 아니냐. 매디매디 옹이요, 구배구배 생채기인 시상을 사는 맴을 색키는 데는 이 노래가 제일인기라. 생딴전을 붙이는 기 아니라 살아내려 부르지 안카나. 니도 한번 방아를 찧어봐라. 이리 찧고 저리 찧고 손바닥은 쓰리고 허리는 아프재. 그렇게 왼종일 찧어야 보리 몇 되 건지기 어려우니 신세타령을 우째 안 카겠나. 내 부르는 이 노래는 그럴 때 부르는 기다.

그만두자, 니도 아는 야그를 이 어매가 괜히 한다. 아무튼 이 노래를 부르면 기운이 한결 나진다 앙카나. 나만 부른 게 아니제. 이 나라 고려 여인들은 다 부른다카이. 그렇게 사는 거재."

언젠가 돌이가,

"왜 엄니는 노래를 달고 사시여? 잉?"

하고 물은 것에 대한 돌이 엄니의 대답이었다. 돌이 엄니는 그때 일손을 놓고는 돌이 손을 잡으며 이런 말을 하였다. 돌이는 엄니의 그 말이 무엇을 뜻하는지 몰랐다. 태어나서 엄니의 노랫소리를 들으며 커서 그런지 노래가 좋기는 하지만 엄니가 이 노래를 부를 때면 왠지 한여름 소낙비 몰아치듯 왈칵 눈물이 쏟아질 것만 같았다.

그런데도 오늘은 여느 때에 비해 돌이 엄니의 얼굴도 목소리도 환하고 밝다. 돌이는 '아마 아부지가 오기 때문인가 보다' 하고 생각했다.

*'고비도 쓴데 더 쓴 인삼'이라는 뜻으로 어려운 일이 계속되는 것을 비유하는 말이다. 『고본 춘향전』을 보면 이런 부분이 있다. "앗다. 이런 때는 고비에 인삼이요, 계란에 유골이요, 마디에 옹이요, 기침에 재채기요, 하품에 딸꼭질이요, 엎친 데 덮치기요, 재친 데 뒤치는 세음이로다."

**어려운 일이 공교롭게 계속됨을 이르는 말.

오늘이 섣달그믐이니, 내일이면 정월 초하루 설날이다. 돌이 아버지는 행상을 다니지만 추석명절과 설은 꼭 집에서 쉰다. 그런데 올 추석에는 함께 행상을 다니는 수리 아버지 편에 꽃님이 꽃신과 말린 북어, 보리쌀 서 말만 보내왔다. 수리 아버지는 경주 어딘가에 좋은 노래가 있다며 이를 채집해 가지고 설날에나 온다는 말도 전해주었다.

돌이가 엄니의 노랫소리를 뒤로하고 떡전거리에 막 나섰을 때다. 저만치서 달님이가 유랑광대들 틈을 헤치고 물을 길어 제 집으로 들어간다. 언제부턴가 돌이는 달님이만 보면 공연히 들썽들썽하니 마음이 마구 들까분다. 어쩌다가 눈이라도 마주치면 귀밑까지 붉어지는 것이 얼굴에 감실감실 콧수염이 난 한 두 해 사이로 더하다.

돌이는 "우물둥치가 달님이네 집하고 가깝기에 망정이지. … 나 원 참, 달님이 엄니는 곰이 형은 내버려두고 꼭 달님이만 저렇게 시킨다니까" 하고 중얼거렸다. 그렇다고 사람들이 오가는데 물동이를 대신 들어다 줄만큼 돌이는 숫기도 넉살도 좋지 못하였다.

달님이는 반듯한 가리마에 똬리를 얹고 물동이를 사뿐히 이고는 한 손으로 싹 치마를 여몄다. 물 한 방울도 엎지르지 않으려 조심조심 걷는 걸음새가 물오른 버들 휘어지듯 낭창거렸다. 돌이는 그런 달님이의 발소리까지도 예뻤다. 돌이는 어디에 있든 달님이의 자박자박 걷는 발소리를 들을 수 있다고 생각했다. 돌이는 달님이만 보고 있으면 이 떡전거리의 그 많은 여자 애들은 반눈에도 차지 않는다. 어디가 예쁘다고 콕 집어 이야기하지는 못하지만 뜨덤뜨덤 본다 해도, 아무튼 그렇다고 여겼다. 돌이가 가슴이 도근도근하고 얼굴까지 화끈거려 누가 볼까 봐 눈길을 먼 행길가로 옮겼을 때다.

"주눔! 주눔! 주눔 잡아라. 주눔 잡아!"

사투리도 아닌 것이 생 돼지 멱따는 듯한 목소리가 돌이의 귓가에 채 들어서 나가기도 전이었다. 돌이의 눈에 달님이 언니*인 곰이가 회회아비네 만두가게에서 이쪽으로 뛰어오는 것이 보였다. 돌이는 달님이가 물동이를 이고 오는 것에 정신이 팔렸기에 반대편에서 일어 난 일을 전연 알지 못하였다.

곰이 뒤를 쫓는 것은 회회아비였다. 곰이의 오른손엔 만두 하나가 움켜쥐 있었다. 전에도 이와 비슷한 일이 있었는데, 곰이는 회회아비에게 잡혀 며칠

*지금은 여자들이 사이에 호칭이지만 얼마 전까지만 해도 남녀 모두 부르는 호칭이었다.

동안 자리보전을 하였다.

"주눔 잡아!"

고함을 치며 달려오는 회회아비의 비곗덩어리 배가 흔들렸지만 원체 키가 크기에 한 발자국이면 곰이의 뒷덜미가 낚일 듯 했다. 막 집으로 들어가려던 달님이도 물동이를 이고는 그 자리에 우뚝 서버렸다.

길 가던 사람들이 달음박질은 이내 싱겁게 끝나버리고 곰이는 회회아비에게 죽도록 맞을 것이라는 생각을 끝내기도 전에 회회아비가 무엇엔가 걸려 넘어졌다.

돌이가 슬며시 옆집 줄통이네 거름통을 밀어서였다. 회회아비는 거름통에 다리가 걸려 그대로 고꾸라지며 오줌을 뒤집어쓰고는 나뒹굴었다.

달님이는 하마터면 물동이를 그대로 떨어뜨릴 뻔하였다. 이제는 곰이 언니가 아니라 돌이가 회회아비에게 요절날 날판이었다. 순간 달님이는 '돌이의 성격에 곰이 언니가 맞는 것을 그냥 보지도 않겠지만 하필이면 그때 돌이가 볼 것은 뭐람!'이라는 생각이 들었다.

"어떠 누무 시끼야!"

회회아비가 욕지거리를 하며 고의춤을 잡고는 일어서며 잠시 덩둘하니 고개를 휘휘 두르더니 이내 돌이를 보았다. 회회아비는 생긴 것도 꼭 멧돼지 상판대기에 목소리도 돼지 멱따는 목소리요, 파랗고 움푹 들어간 큰 눈을 끔뻑일 때면 꼭 얼음에 자빠진 쇠 눈깔 같았다. 더구나 몽고군이 그의 뒷배를 봐줬기에 그 검은 털이 수북한 옴두꺼비 같은 손모가지와 가슴팍에 숭숭한 털북숭이를 드러내고 떡전거리를 휘저어도 누구도 댓거리하지 못하였다. 그럴 때면 사람들은 "캭!" 하고 가래를 끌어 올려서는 "퉤!" 하고 가버리는 게 상책이었다.

돌이가 태어난 떡전거리는 야트막한 거북봉 산자락이 울멍줄멍 내려오다 착 까부라진 느치미 아랫자락에 붙었다. 떡전거리는 충청, 경상, 전라, 삼남으로 통하는 큰 길목이다. 그만큼 바람도 많고 소문도 많아 꽤 심심한 곳은 아니었다. 오가는 사람들에게 떡을 파는 집이 많아 떡전거리, 혹은 병점餠店*이라고들 부른다. 지금은 떡집만큼 만두가게도 많이 들어섰지만, 몽고군이 여섯 차례나 쳐들어와 설쳐대도 떡전거리만은 사람들로 흥성거렸다. 이런 떡전거리에 광대패까지 노랫소리를 앞세우고 들어오면 거리는 더욱 사람들로 넘쳐났다.

*오늘날의 경기도 화성시 병점동이다.

"살어리 살어리랏다

청산에 살어리랏다

머루랑 다래랑 먹고

청산에 살어리랏다…"

"째쟁 째쟁" 하는 상쇠의 꽹과리 소리를 따라 아이들도 어깻짓을 하며 뒤를 12발 상모처럼 휘감았다. 추운 겨울이건만 광대들이 길을 메우고 들어오면 양 길가 좌판을 사이에 두고 사람들이 양쪽으로 길을 터내주었다. 사람들이 많은 이 떡전거리는 떠도는 꼭두극을 하는 괴뢰패와 광대패라면 꼭 들렸다. 거리로도 길손들이 수주水州*를 지나 상유천, 하유천, 대황교를 지나 이 떡전거리쯤 오면 배가 출출해지는 법이다. 떡전거리에는 술집과 국밥집도 있지만 요기를 달래는 데는 역시 떡이 제일이라서 그런지 떡집이 가장 많았다.

*오늘날의 수원시이다.

더구나 떡전거리 위에 있는 안녕읍성과 황계, 반정 주변은 넓은 논들이다. 수주는 이름처럼 물이 잘 나와서 질 좋은 쌀이 많이 생산되기에 자연 떡전거리와 잘 들어맞았다. 돌이네 집도 몇 해 전까지 이 거리에서 떡집을 하였지만 돌이 아버지의 꿈은 신발전이었다.

한번은 돌이 아버지가 돌이를 데리고 안녕읍성에 들어가 쇠전 옆에 붙은 신발전 앞에서 이런 말을 주고받았다.

"돌이야! 두고 봐라. 언젠가 이 아부지가 이 읍성 안에다 저 신발전을 낼테다. 그래, 니 고생만 하는 엄니 이쁜 신발 한번 신어보게 말이다 잉. 돌이야! 사람이 사는 게 발 아니냐, 발이 있는 곳이 내가 사는 곳이다 이 말이걸랑. 암 발루 살아가는 거여. 그리여, 그 사람의 신발을 신고 십 리를 가기 전에는 함부로 콩이니 팥이니 말하지 못하는 벱이여. 왜 사람마다 다 신을 신구 걷는 인생길이 다르잖니. 아부지는 니 엄니를 만났을 때 그 발을 본거여. 니 엄니가 노래를 을마나 잘해는지 니도 알지?"

"야, 아부지도 참, 시삼스럽게. 아부지가 엄니의 노랫소리에 반했다는 말은 엄니한테두 많이 들었시여."

"그리여, 그런데, 이 아부지가 네 엄니를 봤을 때, 얼마나 가슴이 아프든지. 그래, 그 고운 네 엄니 발은 다 떨어진 짚신조차 제대로 신지 못한 게 아니겠니.

그 발루 걸으며 노래를 부른 거여. 살아가는 몸을 지탱해주는 게 발인데 말이여. 을마나 맴이 아프든지. 그나마 노래를 불렀기에 심을 내 산 걸거여. 돌아! 노래는 살아가는 심이 있단다. 그래, 이 아부지는 니 엄니를 위해 우덜 고려 노래집을 맹글어 주여. 참 그러고 보니 니두 글공부를 좀 해야 쓰것는데…"

"예 글공부유. 에유, 그런 것을 해서 뭐해유. 써 먹을 데두 읍시."

"돌이야! 앙 그리여. 아부지가 엄니를 위해 만드는 노래집두 니가 읽어야 해여. 지금은 으쩔 수 읍다만 이 아부지는 니가 꼭 글공부를 했으면 하거들랑. 암튼 그것은 담에 얘기하자. 돌이야! 나는 니 엄니 부르튼 발에 신발 하나는 제대로 싱겨주는 게 소원이여. 해서리, 지금은 이렇지만 니하고 꽃님이에게두 좋은 옷 한 벌 지어 입히구, 좋은 신 한 켤레씩 싱겨주는 날이 올 것이여. 그러니까 설래무네 우덜 그때까지 들메끈 고쳐 매구살아보자. 그리구 돌아! 꽃님이는 니 언니니 이 아부지가 읍서두 잘 챙겨주어야 하구. 알았지 잉."

그러며 손을 어찌나 꽉 움켜쥐던 지, 돌이는 속으로 '꽃님이 언니 잘 챙겨주라는 말은 꼭 하시지. 아들인 나보다 아부지는 더 딸을 좋아 하신다니까' 하면서 눈물을 찔끔 짰었다.

그 시절만 해도 돌이의 집은 이 떡전거리에서 제법 밥술깨나 먹는 떡집 가운데 하나였다. 사람들은 돌이 아버지의 떡 찧는 솜씨와 돌이 엄니의 떡고물 무치는 솜씨도 야물지만 두 사람 노랫소리가 좋아서 그렇게 유난히 떡이 맛있다고들 하였다.

떡을 만들 때면 돌이 아버지가 "덜커덩 방아나 찧어 히얘" 하고 앞소리를 하면 돌이 어머니가 "거친 밥이나 지어서 히얘" 하고 뒷소리를 받았다. 돌이 아버지는 이 노래를 싫어하면서도 떡을 만들며 부를 때면 함께 소리를 맞춰주었다.

그런데 회회아비가 들어와 만두를 팔고부터는 여러 떡집이 망했다. 지금 회회아비네 만두가게가 돌이네 떡집이었다. 사람 좋기로 소문 난 미루 아버지조차,

"회회아비란 놈, 참 양심은 쌈지에 메다꽂아 동아줄로 친친 동여매 둔 놈이여. 저 낳고 지 엄니가 먹은 미역이 영 아까운 놈이걸랑!"

하는 말을 입에 달고 살 정도였다. 돌이는 그래 회회아비놈의 심사는 샛바람 안개 속에 수수잎같이 꼬였고 모과나무처럼 뒤틀어져버린 저 몽고놈들보다 더

하면 더했지 못하던 않다고 생각했다. 돌이가 회회아비에게 맞아 죽는 한이 있어도 발을 건 데에는 저러한 이유가 있었다.

회회아비가 그 자빠진 쇠 눈깔 같은 눈을 더욱 부릅뜨고는, 뒷걸음질을 치는 돌이의 멱살을 억센 손아귀로 막 틀어잡으려 할 때였다.

"이 놈의 아들 생겨 몽곳 놈,
이 놈의 딸 생겨 몽곳 년."

아이들이 노래를 불렀다. 곱동이, 동고리, 매아지였다. 이 노래는 온 고려 백정白丁*들이 모두 아는 가장 몹쓸 욕이기에 회회아비라고 모를 턱이 없었다. 회회아비는 불같이 화를 내며 돌이를 내동댕이치고 옆에 있던 지게막대기를 들고 아이들을 쫓아갔다. 어느새 뒤돌아섰는지 곰이는, 회회아비에게 혀를 날름거리며 엉덩춤을 추고 노래를 같이 불렀다.

"아나 쑥떡이다! 이 거랑말코 같은 누마!"

그러고는 집어왔던 만두를 내던지고는 다시 줄행랑을 놓는다. 회회아비는 끝내 아이들을 하나도 붙잡지 못하였고 돌이는 이틈에 뒤꽁무니를 빼어 집으로 들어갔다.

......

"돌아! 돌아!"

언제나 돌이를 부르는 돌이 엄니 목소리는 늦겨울 양지 짝에 비치는 이른 봄 햇살 같이 따뜻하였다.

"돌아! 니, 뭐하노. 아부지 오시나 저기 동구 밖으로 나가 봐야 안 카나. 날이 저무는데 아부지 오실 때 됭능갑다. 어디보자. 날이 추븐데 옷은 단디 입었나?"

"에에! 엄니는, 내가 언넨가. 애 취급을 해여. 그러면 언니보고 가라고 그러지. 꼭 나만 시키걸랑."

"그럼, 자식은 언제나 얼라지. 니 누부야 내하고 음식 만들어야제. 그리고 사람들 눈이 있는데 누부를 그래 내돌리면 쓰갔나. 어서 퍼뜩 댕겨 온나. 아부지 가 니 좋아하는 곶감 갖고 오신다 앙캤나. 응. 돌아!"

"야! 알겠시여. 가여, 가."

*고려시대 백정은 조선시대 백정과 다르다. 고려시대에는 관리들을 정호(丁戶)라 부른 데 대하여 일반 양민을 백정이라 했다. 단독으로 정호를 구성하여 토지를 가지지 못하였으므로 한 사람의 정(丁, 성년 남자)으로 취급하지 않았기에 백(白, 가진 게 없다는 뜻)을 붙였다. 백정들은 3세(三稅)라고 토지 생산물의 일부를 내는 전세, 지역 특산물을 바치는 공물, 국가의 각종 공사에 동원되는 부역 따위 과중한 의무를 졌다.

그러나저러나 돌이는 요즈음 저 회회아비 놈이 꽃님이 언니를 보는 눈이 되우 수상쩍어 늘 마음이 편치 못했다.

꽃님이와 돌이는 연년생이지만 생긴 건 딴판이다. 돌이는 아버지를 닮아 둥글둥글한 편이며 작지도 크지도 않은 키로 약간 몸집도 있었다. 돌이 언니인 꽃님이는 마마를 얽어 살짝 곰보이지만 갸름한 얼굴, 오똑한 코에 희고 긴 손을 지녔다. 몸매는 호리호리한 것이 능수버들 같아 그렇지 않아도 큰 키가 더욱 커 보여 여리게 보였다. 꽃님이가 예쁘다는 것은 떡전거리 사람들뿐만 아니라 저 수주성 사람도 알 만한 사람들은 다 알 정도였다. 여하간 요새 이 꽃님이 언니 문제로 돌이는 몹시 마음이 쓰였다. 사실 꽃님이 언니를 누가 데려 가려는지 생각하면 걱정이 앞서는 것은 돌이만의 문제가 아니었다.

돌이 아버지와 돌이 어머니는 '보리 까끄라기처럼 늘 꽃님이가 가슬가슬 걸린다'고 하였다. 그만큼 꽃님이가 모두의 근심거리가 된 데에는 다 이유가 있었다. 꽃님이 정신이 멀쩡치 못해서다. 꽃님이는 어릴 때 마마를 심하게 앓아 열이 난 뒤로 그렇게 되었다. 그래, 돌이는 천연두가 심해진다는 뜻으로, 일이 순조롭지 못하고 좋지 않은 징조가 보일 때 버릇처럼 내뱉는 '마마 그릇되듯하다'는 말을 들을 때마다 가슴이 두 번은 철렁철렁 내려앉는다.

특히 요즈음 들어 부쩍 회회아비는 드러내놓고 꽃님이를 훔쳐보았다. 회회아비가 능글능글 꽃님이를 볼 때면 그 눈길이 능구렁이를 대여섯 마리는 삶아 먹었거나 까치독사가 혓바닥을 날름날름거리는 듯 했다.

저번에는 꽃님이를 제 만두가게로 끌고 들어가 만두 서너 개를 주는 것을 돌이가 보고는 좇아 들어가 끌고 나오기까지 하였다. 돌이가 이 일을 어머니에게 일러바쳤을 때, 돌이 어머니는 부지깽이를 들고 꽃님이의 눈물을 한 두어 사발은 족히 받아내고야 말았다.

"망할 놈의 가씨나. 한번만 더 그 카면 내쫓아뻰다. 남들에게 뒷손가락질을 받으면 우짤라꼬, 그깟 만두쪼가리를 묵을라꼬 들어간다 말이여? 응! 다시 한번만 그카면 다리몽둥이를 꽉 뿌지를 줄 알아라. 응! 알간나."

알아들었는지 못 알아들었는지는 알 수 없지만, 그 뒤로 꽃님이가 부쩍 회회아비를 무서워하는 것은 사실이었다.

돌이가 꽃님이 언니 생각으로 똬리를 틀어대며 시러꿀 언덕배기까지 와 아버지를 기다린 지도 한참을 지났다.

돌이는 아버지의 구수한 〈거사련〉*이란 노랫소리를 기다렸다. 돌이 아버지는 노래를 채집한다면서도 썩 노래를 잘하는 편이 아니었다. 다만, "울타리 옆 꽃가지에 까치가 울었고 거미도 상머리에 줄을 치고 있네요. …"라는 〈거사련〉이란 노래는 참으로 구성지게 불렀다. 작년 설날에도 돌이는 이 노래를 듣고 아버지가 돌아온 것을 알았다.

멀리 겨울의 석양이 차갑고 무겁게 내려앉더니 시러쿨 앞산 귀퉁이에 걸치고는 이내 사라졌다. 붉은 노을이 사라진 자리엔 이내 하늘빛도 저물고 곧 보얀 이내가 내려앉았다. 이내 뒤로 어둠이 산자락을 끌고 다가섰다. 어둠이 우두커니 먼발치에 서있는 나무 끝에서 꼬물꼬물 기어오는 것이 꼭 회회아비의 웃음 같아 돌이는 몸이 오싹하였다. 돌이는 어깨를 한번 흔들어보고 고개를 돌려 회회아비의 웃음을 털어내며 애써 다른 생각을 하였다.

돌이는 지금쯤 밥솥에는 엄니가 노래를 부르며 찧은 기장밥이 구수한 냄새로 익어갈 것을 떠올렸다. 돌이는 김이 모락모락 나는 누런 기장밥을 생각하니 입 안에 침이 고였다.

"그런데 우리 아부지가 오실 때가 됐는데…"

돌이는 옆에 누구라도 있는 양, 어슴푸레 저무는 동구를 지키고 서 있는 지팡나무에게 돌아오지 않는 말을 건넸다.

겨울바람에 선뜩선뜩 몸이 놀라고 날은 어둑어둑하니 이불처럼 사물을 덮었다. 돌이의 몸이 후드득 떨렸다. 하늘엔 벌써 말긋말긋한 별 몇이 생겼다. 돌이는 어느새 뭉근한 아랫목과 화롯불이 생각났다. 그래도 돌이는 조금만 더 기다리다 들어가야겠다고 옷깃을 끌어 여미며, 이미 어둠이 반 허리는 내려온 지팡나무에 기대었다. 돌이는 아부지가 좋아하는 "울타리 옆 꽃가지에 까치가 울었고 거미도 상머리에 줄을 치고 있네요. …"라는 노래가 들리나 가만히 귀를 기울였다.

*작자·연대 미상. 현재 원래의 노래는 전하지 않고, 다만 고려 말기 이제현(李齊賢, 1287~1367)이 한역한 시가 『고려사』「악지」와 그의 『익재난고』「소악부」에 수록되어 있다. 군역을 나간 사람의 아내가 까치와 거미에 비유하여 남편이 돌아오기를 기다리며 지은 노래라 한다.

글쓰기 묘방은 무방

모든 사람에 반대하는 한 사람의 글

'모든 사람에 반대하는 한 사람 글'에서 과거를 되짚고 현재의 이정 표를 세우며, 미래를 예측한다. 글 쓰려는 마음이 있어서다. 글 쓰려 는 마음이 생겼으며 고전*을 찾아 읽었으면 한다.

우리는 살려 끊임없이 질문**을 던진다. 그 질문은 이미 대부분 사회와 학교가 정한 것을 복습하는 것일 뿐이다. 선택지는 옳다, 그르 다 둘 중 하나거나 많아야 5개에 지나지 않는다. 부자냐 가난하냐? 맞느냐 틀리냐? 잘 사느냐 못 사느냐? 성공이냐 실패냐? 우리는 지금 까지 이런 질문에 답하는 공부를 학문이라 생각했다. 이제는 질문이 옳은지 그른지부터 생각해 보아야 한다. 나는 과연 존엄한 인간으로 서 정중한 대접을 받는가? 내 삶은 도덕적이며 정의로운가? 이 사회 와 세계를 위하여 나는 무엇을 해야 하는가?

옛것이라는 진부한 논리와 선진 문물에 대한 사대적 권위와 관습 화하고 규격화된 학문의 올무를 벗어나 마음을 열고 고전을 보라. 저이들 글은 건전지가 닳은 시곗바늘이 아니다. 저 시절과 이 시절은 시간으로는 거리가 확연하지만 저 시절에 쓰인 글은 이 시절에도 충분히 공감한다. 적대적 공생관계라 한들 한 치도 어그러짐이 없다.

연극 금언 중 "진짜처럼 연기하지 말고 진짜가 되라"는 말이 있다. 저이들 삶은 곧 저이들 글이었다. 저이들이 써놓은 글에서 혹 그들 숨결을 느낀다면, 이 시대를 사는 우리가 쓸 주제를 어렵지 않게 찾는 다. '모든 사람에 반대하는 한 사람 글'은 여기서 나온다.

*고전(古典)을 풀이해 본다. '고 (古)'는 '열(十)'과 '입(口)'으로 '10 대를 전함직한 말'이요, '전(典)'은 '책(冊)'과 '책상(丌)'으로 '책을 얹 는 책상'이다. 그러니 고전이란, '10 대를 전함직한 글이기에 책상에 올 려놓고 소중하게 다룬다'는 의미이 다. 따라서 고전이 되려면 '오랫동 안 많은 사람에게 널리 읽히고 모 범이 될 만한 문학이요, 예술 작품' 이라는 긴 정의항을 놓아야 한다. 오늘날 베스트셀러가 고전이 되려 면 꽤 많은 세월이 흘러야 한다.

**'질문(質問)은 의문이나 이유를 묻는 행위'이다. 물론 질문에는 답 이 따른다. 요즘은 직장 상사들에게 MZ 세대의 '3요 주의보'가 내렸단 다. 직장 상사가 내리는 업무 지시 에 젊은 직원들이 "이걸요? 제가 요? 왜요?" 하고 되묻는다는데, 글 쓰는 나로서는 참 매력 있는 질문이 다. 글 읽기와 글쓰기에 그대로 적 용하면 되어서다. "이걸요?: 저는 평소에 책 읽고 글쓰기 안 하는데 요. 제가요?: 제가 책 읽고 글쓰기 해야 한다고요. 왜요?: 아, 제가 성 장하기 때문이라고요." 모든 질문 은 물음표로 시작하여 마침표로 끝 난다. 질문에 답하는 공부가 학문이 다. '학문=배울 학(學)+물을 문(問)' 이다.

글쓰기 묘방(?), 천 근 활을 당기듯

'글쓰기 묘방妙方은 무방無方'이다. 시중에는 '글쓰기 성공에 일조하겠다'는 관계 서적들이 많다. 그만큼 글쓰기가 어렵다는 소리이다. 그중 많은 글쓰기 관련 책들은 '글쓰기는 글 쓰는 것'에서 풀어야 한다고 비의祕意인양 서두를 뗀다. 알렉산더가 고르디아스 매듭Gordian Knot을 한 칼로 쳐 풀듯, 글쓰기 고민을 이 한 마디로 푼다.

단도직입적으로 말한다. 고르디아스 매듭은 풀리지 않았다. 끊어진 것일 뿐. 내 경험으로 비추어보면 택도 없는 소리다. 저 쾌도난마식 글쓰기 묘방妙方이란 실상 무방無方에 지나지 않는다. 글쓰기는 글 쓰는 것에서가 아니라, 글 쓰려는 마음에서 출발한다. 글은 마음속에서 느끼어 밖으로 전달되기 때문이다. 여기서 '마음속'이라 함은 온몸*이다.

우리나라에서 초등학교만 마치더라도 다 글을 읽고 쓰는데 아무 문제없다. 그런데 무엇이 문제기에 글을 못 쓴다는 말인가? 왜, 주제는 실종 신고요, 문장은 앞뒤가 묵은 원수처럼 서걱거리고, 내용은 읽으나 마나한 아롱이다롱이요, 더욱이 글과 글쓴이가 어쩌면 저리도 데면데면하단 말인가?

이제 내 나름 글쓰기 묘방을 세 가지만 적어보겠다. 묘방인지 무방인지는 독자제현께서 판단하시라.

첫 번째, '글은 마음'이다.

글을 곰곰 살펴보면 첫째 '글재주로 쓴 글', 둘째 '글쓰기 기술을 습득하여 쓴 글', 셋째 '마음으로 쓴 글'이 보인다. 첫째와 둘째는 문제가 되지 않는다. 그저 글쓰기 재주로 문장을 희롱하고, 서론·본론·결론 등 글쓰기 구성 방법에 맞추어 국수기계로 국숫발 뽑듯 하면 된다. 이른바 뽐내는 글발도 있고 구성도 나무랄 데 없으나 마음, 즉 글을 쓰려는 진정성이 없다. 재치 문답과 요설과 재담이 설레발을 치고 경직된 어휘들만이 기계적으로 연결되어 있을 뿐이다. 글 치장만 요란한 '포로노성 글'과 인간으로서 모양만 갖춘 '로보트성 글'은 여기

*여기서 '온몸'은 단순한 우리 신체만이 아니다. 우리 몸이 갖고 있는 '고유 수용성 감각(固有 受容性 感覺, proprioception)'까지도 포함하는 개념이다. 이 감각은 자신의 신체 위치, 자세, 평형 및 움직임(운동의 정도, 운동의 방향)에 대한 모든 정보를 파악하는 감각이다. 눈을 감고 음료수를 마신다고 했을 때 우리는 시각적인 정보에 의하지 않고도 어느 정도의 힘으로 음료수를 집어야 하며, 어떤 속도로 입에 대야 음료수가 쏟아지지 않는지를 안다. 또한 눈으로 입이 어디에 있는지 확인하지 않더라도 정확하게 음료수를 입으로 가져간다. 이것이 고유 수용성 감각이다. 즉 글쓰기는 이러한 감각까지도 포함한 '온몸'이 느끼는 지적 작용이다.

이런 감각이 없는 글은 단순한 메모에 지나지 않는다.

서 나온다.

짙은 화장으로 치장했으되 마음이 없는 여인을 사랑할 사내가 없듯, 억센 근육과 떡 벌어진 어깨의 근육질 몸매이나 차디찬 심장만이 뛰는 사내를 사랑할 여인도 없다. 잠시 눈길을 주었다가도 겉꾸림을 알아챈 독자는 이내 돌아앉는다. 이런 글들은 대개 허섭스레기가 된다.

글쓰기에서 가장 큰 문제는 셋째이다. 셋째는 재주와 기술이 아닌 마음이다. 이태준李泰俊* 선생은 이제는 글쓰기 정전이 되어 버린 『문장강화』에서 "글은 아무리 소품이든 대작이든 마치 개미면 개미, 호랑이면 호랑이처럼, 머리가 있고 꼬리가 있는, 일종의 생명체이기를 요구하는 것이다"라 한다. 글이 생명체가 되기 위해서는 이 마음이 없으면안 된다. 눈과 귀로 낚아온 사물을 마음으로 조리할 줄 아는 글쓰기에 대한 정열, 진정성이 있어야만 글은 생명력을 얻는다. 글쓰기 문제의식, 풀이하여 '글을 왜 쓰는가?' 출발점은 이 마음이어야 한다.

오늘날 고전이라 부르는 글들에는 모두 이 마음이 들어 있다. 글쓰기 대가인 연암 선생이나 다산 선생 글도 물론이다. 글을 쓰려는 자, 마음을 도스르고 글을 쓰겠다는 마음 자세를 갖추어야 한다. 오늘날 고전이라 부르는 글에는 모두 이 마음이 들어 있다. 글쓰기 대가인 연암 선생이나 다산 선생 글도 이 마음을 디딤돌로 한다.

"연암 선생은 평소 글을 쓰실 때 천근 활을 당기듯 하셨다."

김택영金澤榮(1850~1927)이 연암 선생 문집인 『중편 연암집』을 간행하며, 그「서」에다 적어놓은 글귀이다. 연암 선생 글쓰기가 '천근 활을 당기듯' 그렇게 신중했다는 의미이다. 이유는 목숨을 걸어서였다. 연암은 글쓰기를 전쟁터에 나서는 마음으로 임하라 한다. 전쟁터에나선다는 것은 목숨을 담보해야만 가능한 일이다.

연암 박지원 선생은 내가 아는 한 우리나라 글쓰기 최고수다. 선생의「소단적치인」은 글 쓰고자 하는 이들에겐 최고 지남석이요, 글쓰

*이태준(1904~?) 선생의 글에는 따뜻한 서정성이 흐르고 문장은 예술성을 추구했다. 『문장작법』은 반드시 일독하기 바란다. 그의「고완」이란 수필에는 "인쇄의 덕으로 오늘 우리들은 얼마나 버르장머리 없이 된 글 안 된 글을 함부로 박아돌리는 것인가. 일종 참회를 느끼지 않을 수 없는 것이다"라는 죽비소리 같은 경구도 있다.

기라는 우주에서 바라본 창백한 푸른 점이다. 연암은 글쓰기를 병법에 비유하였다. 글자는 병사요, 뜻은 장수이고, 제목은 적국이라 한다. 그만큼 치열한 마음으로 글쓰기에 임하라는 뜻이다. 이 마음이 남과 다른 글을 만들어준다. (이 책 여러 곳에서 만난다.)

두 번째, '글은 소박하고 깨끗한 마음'이다.

마음 자세를 갖추었다고 글쓰기가 되는 게 아니다. 소박하고 깨끗한 마음이어야만 한다. 아름다운 것은 아름답다 하고, 미운 것은 밉다 하며, 선을 권장하고, 악을 징계하는 게 글이기 때문이다. 그것은 소박하고 깨끗한, 진실한 마음이라고 다산 선생은 말한다. 다산茶山 정약용丁若鏞(1762~1836)의 〈사의재기四宜齋記〉를 읽어보자.

사의재四宜齋는 내가 강진康津에 귀양살이할 때 거처하던 집이다.
생각은 마땅히 담백해야 하니 담백하지 않은 바가 있으면 그것을 빨리 맑게 해야 하고, 외모는 마땅히 장엄해야 하니 장엄하지 않은 바가 있으면 그것을 빨리 단정히 해야 하고, 말은 마땅히 적어야 하니 적지 않은 바가 있으면 빨리 그쳐야 하고, 움직임은 마땅히 무거워야 하니 무겁지 않음이 있으면 빨리 더디게 한다.
그 방에 이름을 붙여 '사의재'라 하였다. 마땅하다宜는 의롭다義이니, 의로 제어함을 이른다. 연령이 많아짐을 생각할 때 뜻한바 학업이 무너져 버렸기에 슬퍼진다. 스스로 반성하기 바랄 뿐이다.

다산 선생은 강진에 처음 도착해 4년 동안 주막집에서 기거했다. 귀향을 와 주막집 곁방살이일망정 글하는 선비로서 기개를 꺾지 않고자 사의재라는 방 이름을 지었다. '사의재'란 '네 가지 마땅함이 있는 서재'라는 뜻이다. 생각은 담백하게思宜澹, 외모는 장엄하게貌宜莊, 말은 적게言宜認, 행동은 무겁게動宜重가 '사의'이다. 다산은 그 중 담백한 생각을 초꼬슴으로 들었다. 담백한 생각이란 욕심이 없고 마음이 소박하고 깨끗하다는 뜻이다.

'정직한 성품, 살아있는 감성, 창의적 사고, 풍부한 독서력, 강한 집중력'은, 1980년대 미국 버클리 대학 심리학연구소가 실시한 '세계적으로 성공한 사람 600명에 대한 연구'를 통해 밝혀진, 성공한 사람들의 다섯 가지 특징이란다. 그런데 여기에도 글 쓰는 이 마음이 보인다. '정직한 성품'과 정약용 선생이 말한 '담백한 생각'은 너나들이하는 이웃이다.

어느 책을 보니 '글을 아는 만큼 쓰고, 쓰는 만큼 는다'라 하였다. 맞는 말이기도 하지만, 틀린 말이기도 하다. '담백한 생각'*이 없으면, 글을 써도 글로 남지 못해서이다. 조선시대 '담백한 생각'으로 쓰이지 않은 글들은 지금 우리에게 글로 다가서지 못한다. '담백한 생각'이 없는 글들은 하나같이 태평성대 운운에, 충신연주지사였기 때문이다.

담백한 마음으로 보았기에 다산은 "천하가 이미 썩어 문드러진 지 오래다"라 시대를 토혈하였다. 다산 시들은 조선 후기, '막돼먹은 세상 방부서防腐書'가 되었다. 다산은 당대 곤욕스런 현실에 발 개고 나앉지 않으려 애썼다. 그의 글은 이런 사회 현실에 대해 잔뜩 뼈물고 쓴 것들이었다.

그렇기에 다산은 "임금을 사랑하고 나라를 걱정하지 않으면 시가 아니다. 시대를 아파하고 세속에 분개하지 않으면 시가 아니다. 아름다운 것은 아름답다 하고, 미운 것은 밉다 하며, 선을 권장하고, 악을 징계하려는 뜻이 있지 않다면 시가 아니다"라 시의 정의를 내렸다.

다산 선생은 세상 허위, 위선과 싸우는 게 글의 사명이라 자각하였기에, 자신이 양반이면서도 그른 행동을 일삼는 동료 사대부에게 칼날을 겨누었다. 그가 저술한 『목민심서』・『경세유표』・『흠흠신서』와 2,000여 편이 넘는 시들은 모두 담백한 마음으로 조선 현실을 날카롭게 직시한 데서 나온 결과들이다.

정약용 선생 글쓰기는 '광제일세匡濟一世와 문이재도文以載道**'로 집약된다. 여기서 잠시 오해는 말아야겠기에 몇 자 적바림해 두어야겠다. '문이재도 글쓰기'란 문장은 바른 도리를 싣는다는 소리요, '광제일세 글쓰기'란 글로 세상을 바르게 구제한다는 의미이다. 문이재도는 조선 글쓰기 오백년의 못된 관습이요, 광제일세 또한 교훈성이 지독히

*"나쁜 놈은 좋은 글을 쓰지 못한다." 이외수 선생 말이다. 다산 선생의 '담백한 생각'과 다를 바 없다.

**문이재도는 '문장을 통해 이치를 담는다'는 뜻이다. 도는 유가의 이상적인 이치이다. 좀 더 설명하면 '도인 사상이나 정신'을 '문자'로써 담아낼 뿐이다. 글은 수레처럼 도를 실어 전하는 수단이자 도구에 지나지 않는다. 즉, '도가 '문'보다 위요, 우선한다. 개인의 감정을 표현하는 '문'이 아닌, 문의 사회 효용을 강조하였다. 대부분 조선 문인들은 이 '문이재도'를 신주단지처럼 섬겼다.

강하여 중세 냄새를 풀풀 풍긴다고들 생각한다.

그렇지 않다. 다산 선생 글은 한 치도 중세의 헛된 구호가 아니기 때문이다. 우리가 문이재도나 광제일세를 외치는 중세 글들에서 자주 만나는 충신연주지사나 태평송, 혹은 풍월이나 읊조리는 음풍영월*은 정약용 선생 삶과 글에 아예 없다.

곰곰이 따지자면 광제일세와 문이재도라는 말도 딱히 중세 표본실에 박제되어 안치될 용어로만 볼 게 아니다. 사람 사는 세상이기에 그제나 이제나 늘 악다구니판이다. 더욱이 현대는 더욱 그러하잖은가. 그나마 있던 도덕과 정의와 인간이 실종된 자리에는 부도덕과 부조리와 비인간성만이 차고앉았고, 보태어 생게망게 '돈이란 천하 말종'까지 경제 운운하며 한몫 끼자고 덤비는 게 일상이 된 세상이다. 몇몇 잘난 자들 그들만의 천국이 되어 버린 이 세상이기에, 글에서나마 인간 보루로서 문이재도와 광제일세를 추구한다면 딱히 나무랄 이유가 전혀 없다는 생각이다. 글쓰기가 단순히 오락과 실용이어야 할 이유는 전연 없다. 오히려 오늘을 살아내는 우리들로서는 다산 선생 글쓰기에서 시대와 공간을 극복하는 글쓰기로서 나아갈 바를 찾는 게 더욱 바람직하지 않을까?

다산 선생은 이를 '미자권징美刺勸懲'**이라 하였다. '미자권징'이란 글은 진실한 마음이라는 정의이다. '아름다운 것은 아름답다 하고, 미운 것은 밉다 하며, 선을 권장하고, 악을 징계하려는 뜻'을 담은 다산 선생의 저 '미자권징'은 『논어』「팔일」편에 보이는 '회사후소繪事後素'***와 이웃하고 지내는 사이다. 화가 붓이 지나간 자리에 폭포가 떨어지고 기암괴석이 솟는 게 아니라, 폭포와 기암괴석을 그리려는 화가 뜻이 먼저라는 말이니 이를 좀 더 짚어 보자.

'회사후소' 앞과 뒤는 이러하다. 자하가 "'아양 떠는 웃음의 보조개며 아름다운 눈의 눈동자가 시원스럽고 또렷함이여! 바탕으로 마음으로 화려한 무늬를 만들었구나' 하니 무엇을 말씀하십니까?" 물으니, 공자는 "그림 그리는 일은 흰 바탕이 있은 후이다"라는 깨우침을 준다.

*선생은 이런 글을 '물결을 따라 흘러가는 꽃이요, 떠내려가는 꽃술'에 지나지 않는다며 글로 여기지 않았다.

**그래도 글은 따뜻한, 인간성 있는 글이 좋다. 얼음장처럼 차가운 글은 인간미가 없다. 36.5℃를 오르내리는 인간이라야 인간답지 않은가.

***'그림 그리는 일은 흰 바탕이 있은 이후에 가능하다'는 뜻이니, '본질이 있는 연후에 꾸밈'이 있음을 말한다. 백지가 아니면 그림을 그리는 일이 불가능한 것과 마찬가지로 '소박한 마음 본밑'이 없이 눈과 코와 입 아름다움만으로는 여인의 아름다움을 표현 못한다는 공자 말이다.

다산 선생이 미자권징을 쓰고자 하는 마음도 이와 동일하다. '아름다운 것은 아름답다 하고, 미운 것은 밉다 하며, 선을 권장하고, 악을 징계하려는 뜻'을 쓰려면 글을 읽는 마음자리부터 비뚤어지거나 굽은 데가 없어야만 하고, 사물을 진실하게 그려낼 수 있는 맑은 마음이 필요하다.

연암 선생은 "방과 창이 비지 않으면 밝아질 수 없고 유리알도 비지 않으면 정기가 모이지 않는다" 하고는 "뜻을 분명하게 하는 방법은 진실로 비움에 있다"라 확정하였다. 방에 물건이 빼곡히 차 있고 창은 흙으로 덧칠하고, 유리알엔 때가 잔뜩 끼었다면, 어떻게 안을 볼 수 있으며 유리알은 햇빛을 모으는 렌즈 구실을 하겠는가?

사물을 제대로 보려면, '글 짓는 이 마음은 이렇듯 비어 있고 깨끗해야만 한다'는 것을 일러주는 발언이다. 이런 사물 참모습을 제대로 분별하려는 마음눈이 없을 때, 세상에 영합하거나 안간힘으로 남 꽁무니만 붙좇으려는 글을 써댄다. 공자님이 "『시경』의 시 삼백 편을 한 마디로 평하면 사무사이다"라 한 것도 이와 동일하다. '사무사思無邪'는 생각함에 사특함이 없는 진술함이란 뜻이다. 말에 양심이 있듯 글에도 양심이 있다.

이런 점에서 중국의 비평가 이지李贄(1527~1602)의 동심설童心說*은 글을 쓰는 이라면 반드시 생각해 보아야 한다. 연암 박지원 선생 또한 이를 알고 있었다. 「종북소선」에서 동심설을 이렇게 말한다.

> "우사단雩祀壇, 서울 남산 서편 기슭에 있었던 기우제 지내던 단(壇) 아래 도저동桃渚洞에 푸른 기와로 이은 사당이 있고, 그 안에 얼굴이 붉고 수염을 의젓하니 길게 드리운 이가 모셔져 있으니 관운장關雲長이다. 학질을 앓는 남녀들을 관운장이 앉아 있는 상 밑에 들여보내면 정신이 혼비백산되어 추위에 떠는 증세가 달아나고 만다. 어린아이들은 아무런 무서움도 없이 그 위엄스럽고 존귀한 관운장의 상에게 무례한 짓을 한다. 그 눈동자를 후벼도 눈 하나 깜짝하지 않고 콧구멍을 쑤셔도 재채기를 하지 않으니, 그저 덩그러니 앉아 있는 소상에 불과하다."

*'동심'은 '진심(眞心, 거짓이 없는 참된 마음)'이다. 즉 어린아이 마음이란 뜻이다. 아이들 사물에 대한 감각 표현은 성인들보다 진술하기에 확장된 세계를 갖는다. 각종 사회적 관습과 문화, 제도 따위에 물들지 않은 깨끗한 마음 바탕을 그대로 갖고 있어서이다. 남을 따라 했던 자신을 '한 마리의 개'라 했던 이지, 그가 가장 가치 있게 여긴 것이 바로 어린아이 마음이다. "벌거벗은 임금님이다!" 한스 크리스티안 안데르센의 〈임금님의 새 옷(The Emperor's New Clothes)〉에서 어린이만이 진실을 말했다. 진실을 알면서 말하지 않는 것은 어른의 특권이 아니다. 이지에 따르면 '한 마리 개'에 불과하다. 글 쓰려는 이에게 '동심설'을 주문하는 이유다.

어린아이는 아직 사람들이 살아가며 만들어낸 관습을 모른다. 실상 관운장의 소상에 무서움을 느끼는 것은 관운장의 소상이 아니다. 중국의 귀신같은 장수로 이미 죽은 관운장에 대한 사회적 관습 때문이 아닌가. 우사단에 모셔져 있는 흙으로 빚은 '소상'은 실상 흙덩어리에 지나지 않으나 사람들은 그것에 관운장의 혼령이 있다고 믿으니 생각해 보면 우리네의 모든 상식이 다 이렇다. 사물을 제대로 보려면 아직 때 묻지 않은 어린아이 마음이 필요하다. 어린아이 마음만이 진실 그 자체를 보게 해준다.

연암 선생은 계속 말을 잇는다.

"이로 말미암아 보건대, 수박 겉만 핥고 후추 통째로 삼키는 자와 더불어 그 맛을 말하지 못하며, 이웃 사람의 초피貂皮, 담비가죽 갖옷을 부러워하여 한여름에 빌려 입는 자와 계절을 말하지 못한다. 관운장의 거짓 소상에다 아무리 옷 입히고 관 씌워 놓아도 진솔한 어린아이를 속일 수는 없다."

'수박 겉만 핥고 후추 통째로 삼키는 자'와 '이웃 사람의 초피 갖옷을 부러워하여 한여름에 빌려 입는 자'는 사회적인 통념으로 제 생각을 덮어버린 자들이다. 결코 수박, 후추의 맛을 알지 못하고 제 아무리 좋은 갖옷이라 한들 한여름에는 입지 못할 겨울옷일 뿐이다. 흙으로 빚은 관운장의 거짓 소상에 옷 입히고 관 씌워 놓아도 그것은 한갓 흙덩어리일 뿐이다. 이렇듯 거짓을 진실로 믿는 이유는 배움을 통해서다. 저 위의 이지는 「동심설」에서 "대저 배우는 자가 독서를 많이 하여 의리를 알게 되면 동심에는 걸림돌이 된다"라 동심을 위협하는 요소로 배움을 지적한다. 저 어린아이도 배움을 시작하고 얼마 지나지 않으면 학질을 떼러 제가 코를 후비던 관운장의 소상을 제 발로 찾아갈지도 모른다. 이쯤 되면 배우는 것의 어려움 또한 작지 않다.

다시 어린아이를 주목해 보자. 어린아이가 사람의 처음이니, 어린아이 마음은 사람 마음 시작이다. 사람 마음 시작이니 가식 없는 순수한 본마음이요, 순수한 본마음이니 진실이요 참이다. 연암 선생은 글 쓰는 자라면 마땅히 이 진실과 참으로 우리 삶을 보아야 한다는 당위성을 주문한다.

현대의 문호도 그렇다. 아르헨티나의 소설가이자 시인으로 세계적인 문호가 된 호르헤 보르헤스Borges, Jorge Luis(1899~1986)도 그의 강의를 묶은 『칠일밤』에서 "우리는 어린아이의 믿음을 갖고서 책을 읽고 그 책에 빠져야 합니다"라 말한다. 이 보르헤스 말 또한 연암 글에 보이는 '어린아이의 진솔함幼子之眞率'이다. 자기 본바탕으로 돌아가라는 '환타본분還他本分'과도 정확히 일치한다. 우리가 관운장의 소상을 보고 공포에 질리는 것은 소상 자체가 아니다. 소상에 입혀진 관습적인 해석 때문이다. 이 관습으로 싸인 해석을 벗겨낼 때, 글을 쓰고자 하는 대상의 진실을 비로소 포착하고, 진실의 조각이 모일 때, 비로소 진정성眞情性* 있는 글이 된다.

조선 후기의 선진 학자들이 말하는 성령性靈 또한 이 진정성을 말한다. 성령은 우리가 본래부터 지니고 있는 마음이니 글 쓰는 이 진실하고 자연스러운 감정을 말한다. '글을 쓰는 이는 형식이나 규범에 얽매이지 말고 자신의 진실한 마음으로 사물을 보고 이를 써라'는 성령론 주문이다.

문장력이나, 표현이 소박하지만 글 속에서 글쓴이 진정성을 충분히 엿볼 수 있으면 된다. 화려하여 볼 것 많고 들을 것 많은 글도 좋지만, 담박한 글에서만 얻는 수더분함이 오히려 내용 있는 글로 나아간다. 진정으로 독자를 감동케 하는 글은 여기서 시작된다. 이런 글쓰기를 정약용 선생은 "맛 좋은 술이 입 안으로 들어오면, 얼굴에 붉은 빛이 돈다"고 비유한다.

앞 문장은 다산 선생이 제자인 「위이인영증언爲李仁榮贈言, 이인영에게 주는 글」에 보인다. 이 글은 다산 선생이 제자 이인영에게 문장에 대해 설명하는 내용이다. 다산 선생은 제자에게 문장은 '맛 좋은 술이 입 안으로 들어오면 얼굴에 붉은 빛이 도는 것'과 같은 자연스러운 현상이라고 설명한다. 글쓴이가 자신의 진실하고도 순수한 마음으로 사물을 보

*어느 유명한 교수님의 글짓기 책을 보니 좋은 글의 조건을 독창성, 충실성, 진실성과 성실성, 명료성, 정확성, 경제성, 정직성을 들었다. 여기서 진실성과 성실성이 진정성이다.

고 자연스럽게 이를 써야겠다 싶어 쓴 것, 이것이 다산 선생이 말하는 문장이다. 이런 글이라야만 글쓴이 진정성을 읽는다.

음식으로 쳐 문체의 수식을 고명이요, 짭조름히 간을 맞춤이라면, 순수한 마음에서 우러난 진정성은 음식 바탕인 재료이다. '알심 있는 글'의 출발점은 여기라는 것을 잊지 말아야 한다. 우리 역사 속에서 봉건왕조에서 일제치하를 거쳐 독재정권까지 남은 글들은 모두 저 순수한 마음을 바탕으로 지은 것들이다.

*거짓, 위선: '세상에 잇속을 댄 책'과 '독서계에 야합하는 글'들이 많은 세상이다. '부처님 반 토막' 같은 소리요, '말만 귀양 보낼 넋두리'일 터이지만, '저 재주들을 이렇게 써야만 할까?' 하는 생각이 든다.

거짓, 위선*이 설쳐대면 순수와 진실이 설 자리는 없다. '순수'와 '진실'이 글의 변방에 위치하면 그것은 더 이상 글이 아니다. 글을 쓰는 자, 어린아이처럼 도덕적으로 무잡하고 순결한 심성을 가져야 한다 함은 이런 의미에서다. 이 마음이 없는 자 글 쓸 수 없고 글 써도 글이 아니다. 글쓰기는 눈썰미로 밀어붙이는 학습이나 기술연마가 아니라 마음이기 때문이다. 글쓰기를 통해 출세나 해보려는, 혹은 재간으로 붓장난이나 부려 매문賣文하려는 속됨은 지탄받아 마땅하다. 어린아이와 같은 순수한 진정, 이 인위적인 가식이 없는 순수한 마음으로 사물을 바라보고 자분자분 표현할 때 비로소 글이 됨을 잊지 말자. 저자로서 글을 쓰고 싶은 설렘, 문자와 문장과 단락의 어울림, 독자 책에 끌림도 여기서부터다.

'직이무위直而無僞, 거짓 없는 솔직함', 이것이 글의 정신이요, 글 쓰는 자 마음이요, 이러할 때 다산 선생이 말하는 '미자권징' 글이 된다.

세 번째, '글은 벌레 수염과 꽃 잎사귀'이다.

다산 선생은 「상중씨」라는 글에서 자연의 색깔이 다양하거늘, 어찌 안동답답이처럼 일곱 가지 색으로만 규정짓느냐고 아래처럼 우리 짧은 앎을 통매한다.

"시험 삼아 풀잎이나 나무껍질을 채취하여 즙을 내기도 하고 달이기도 하여 물을 들여다보니 청·황·적·백·흑 따위의 오색이나 자주색·녹색 이외에도 이름 지어 형용 못하는 여러 색깔이 튀어나와 기이하고 아름다운 것들이 많았습니다. … 우리나라 사람들은 오색 이외에는 오직 자주색과 녹색 두 색깔만을 알고는 이것 이외의 모든 물건의 빛깔을 다 버리고 사용하지 않습니다. 이것이 이른바 안동답답安東짭짭, 융통성이 없이 미련하다는 뜻이겠지요."

보면 볼 수 있거늘, 보려하지 않으니 보지 못하고 없다고만 한다. 자기만의 생각으로만 세계를 보려는 안동답답은 다산 선생 글 도처에 보인다. 그의 「답중씨」란 글을 보면 "옛 사람의 법은 따를만 하면 따르고, 어길만 하면 어기는 것입니다. … 선생께서는 요즈음 수학을 전공하시더니 문자를 보면 반드시 수학으로 해결하려 드는군요. 이는 마치 선배 유학자 중에 선禪을 좋아하는 자가 불법으로 『대학』을 해석하려던 것과 같고, 또 정현鄭玄이 성상星象, 별자리의 모양을 좋아하여 성상으로 『주역』을 해석하였던 것과 같습니다. 이런 것은 치우쳐서 '부주지병不周之病, 두루 섭렵하지 못한 데서 나오는 병통'"*이라 한다. 식견이 좁다는 뜻의 '보면옹장保面甕腸'도 이럴 때 쓰는 말이다.

다산 선생은 "옛 사람의 법은 따를만 하면 따르고, 어길만 하면 어기는 것입니다"라 전제한 다음, 수학을 안다고 세상을 수학만으로 읽고, 선을 좋아한다고 불법만으로 『대학』을, 또 후한 때 선비인 정현이 별자리로만 『주역』을 해석하는 것을 못 마땅해 한다.

다산 선생은 "이 세상에 살면서는 두 가지 학문을 겸해서 공부해야 하니, 하나는 속학俗學이요, 하나는 아학雅學입니다"라 한다. '속학'은 속되고 정도가 낮은 학문이고, '아학'은 고상하여 정도가 높은 학문이다. 그러나 속학과 아학은 그 공부가 따로일 수 없다. 속학이 아학이며 아학이 곧 속학임을 다산 선생 「기유아」라는 글에서 찾으니, '이물견물以物遣物'이 그것이다.

'이물견물'이란 '그 일로써 그 일을 풀어낸다'는 뜻으로, 다산 선생 둘째 아들인 학유가 양계를 한다고 하자 준 글인 「기유아」에 보인다. 다산 선생은 이 글에서 '네가 닭 기른다는 말을 들었는데, 참으로 좋은 일'이라며, "또한 이 중에도 우아하고 저속하며 깨끗하고 더러운 등 차이가 있다"라며 '아리청탁雅俚淸濁'이라 한다. 이런 차이를 구별하려면 농사에 관한 서적을 구해 그 좋은 방법을 찾아보라며 "혹

*다산 선생이 말한 '두루 섭렵하지 못한 데서 나오는 병통'을 『논어』의 「위정」편에 나오는 말로 이해해 본다.
　공자가 말씀하시길, "군자는 주이불비(周而不比)하고, 소인비이부주(小人比而不周)하다"라 한다. '주이불비'는 원만하여 편벽되지 아니한 것이요, '소인비이부주'는 소인은 편벽되고 원만하지 못하다는 뜻이다.

그 색깔과 종류로 구별해 보기도 하고, 혹은 홰를 다르게도 만들어서 닭이 살지고 번식하게 하여 남의 집닭보다 더 낫게 해보거라"고 그 방법까지 찬찬히 일러준다.

그러고는 "또 간혹 시를 지어서 닭의 정경을 읊어 그 일로써 그 일을 풀어내는 것, 이것이 독서한 사람이 양계養鷄하는 법이니라" 하였다. 이것이 '그 일로써 그 일을 풀어내는' 이물견물이다. '양계를 치는 일'에서 '삶의 이치'를 살펴내고 이를 '글로써 풀어내라'는 뜻이다. 이것이 양계라는 속학이 시라는 아학이 된 이유다.

다산 선생 편지를 마저 읽어보자.

"만약 이득만 보고 의리를 보지 못하며 기를 줄만 알고 취지를 모르는 채 부지런히 힘쓰고 골몰하면서 이웃의 채소를 가꾸는 사람들과 아침저녁으로 다투기나 한다면, 이는 서너 집 모여 사는 촌구석의 졸렬한 사람의 양계법이다. 너는 어느 쪽을 택하겠느냐."

다산은 닭 기르는 일에서도 의리義理, 도리, 취지趣旨, 뜻를 찾으라 한다. 다산 선생이 하고 싶은 말은 그 뒤에 나온다.

"이미 양계를 한다니 모름지기 여러 사람의 서적에서 양계에 관한 글을 뽑아 계경鷄經, 닭에 대한 경전을 만들어서 육우陸羽의 『다경茶經, 차에 대한 경전』과 유혜풍柳惠風의 『연경煙經, 담배에 대한 경전』과 같이 한다면, 이 또한 하나의 좋은 일이 된다. 세속 일에서 맑은 운치를 간직하여 항상 이런 방법으로 예를 삼도록 하여라."

다산은 닭을 기르는 것에서 '계경'까지 나아간다. 예로 들은 육우의 『다경』과 유혜풍의 『연경』도 앞의 것은 차에 관한 글이요, 뒤의 것은 담배에 관한 글이지만 모두 명문으로 인정받은 경우이다.

이것이 '그 일로써 그 일을 풀어내는 것'이요, 한 편 글이 만들어지는 절차요, 속학이 아학으로 변하는 과정이요, 끝내 '글의 진경眞境'으로 들어가는 열쇠다.

다산 선생이 「오학론」 3에서 "문장은 밖에서 구하지 못하는 것"이라고 단정한 이유도 여기에 있다. 글은 글 쓰는 자의 삶의 축적과 경험을 통한 앎의 총체가 닭을 치는 것과 같은 과정을 거쳐 문자로 옮겨졌기 때문이다. 이렇듯 한편의 글은 자질구레하니 닭치는 경험*에서까지 배우려는 트인 배움의 자세가 있어야 계경으로까지 나아간다. 모든 사물을 안동답답식으로 본다면 글쓰기 길은 멀고도 멀다.

다산을 거친 오늘날은 어떠한가? 안타깝게도 안동답답이들은 예나 지금이나 다름없는 듯하다. 글쓰기를 현대문학의 전유물로 여긴다거나, 국문학자만이 〈춘향전〉을 연구한다거나 하는 따위는 그 소박한 예**에 지나지 않는다. 이런 안동답답이식 사고로 세상을 본들 보일 리가 만무하다.

그리스 신화에 나오는 정의의 여신 디케Dike를 본다. 그니는 두 눈을 가린 채 한 손엔 저울을 다른 한 손엔 칼을 들었다. 장님이다. 눈이 지어내는 거짓말에서 자유롭기 위해서다. 눈은 세계를 보여주는 듯 해도 때론 제 앞도 못 보게 만든다. '눈 뜨고 봉사질한다'나 '눈이 아무리 밝아도 제 코는 안 보인다'는 눈의 한계성을 지적하는 속담이다.

"저거 봐! 달구지에도 볏단이 실려 있고 그 옆을 걸어가는 농부의 지게에도 볏단이 가득 실렸잖아요." 소설 〈대지〉로 노벨문학상을 받은 펄벅 여사가 김천을 지나다가 한 말이다. 그니는 우리나라 사람의 마음을 저기서 보았다. '소를 생각하여 달구지에 앉지도 않고 또 자신이 소의 힘을 덜어주려 지게에 볏단을 한 짐 가득 지고 가는 농부의 마음', 이것이 우리 모습이건만, 우리는 보지 못한 것을 저 푸른 눈의 이방인은 찾아냈다. '조선의 마음'을 볼 수 있었던 것은 펄벅의 마음이다.

글 쓰는 이로서 '마음'이 거론되었으니 이를 한 번 보고 가자. 글 쓰고자 하는 이 마음에 대해 19세기 서화가요, 시문으로 일세를 풍미했던 조희룡趙熙龍(1789~1866) 선생은 가슴에 담아둘 경구를 준다. 그의 노년기 산문을 모은 『석우망년록』에서 어떤 이가 시를 빨리 짓는

*"소한의 얼음 대한에 녹는다"란 속담이 있다. 글자 뜻으로만 보면 '대한(大寒)'이 '소한(小寒)'보다 추울 듯하지만 사실은 소한 무렵이 더 춥다. 경험에서 나온 속담이다.

**언젠가 풍 맞은 친구를 만났다. 말을 주고받음은 물론이요, 간단한 산책에 술 한 잔도 괜찮았다. 벗은 뇌의 99%를 못 쓴다고 병원에서 진단받았으니, 단 1% 뇌의 기능만으로 생활하는 데도 말이다. 다만 음식 맛을 보거나, 냄새를 맡지 못한다고 하였다. 맛을 보거나, 냄새를 맡는 이 모든 게 뇌의 영역임을 알았다. 입이 맛을 보고 코가 냄새를 맡는 게 뇌의 영역이었다니. 슬픈 일이 있으면 아무리 맛있는 음식을 먹어도 맛을 모르는 이치를 그제서야 알았다.

법을 묻자 그것은 "책 많이 읽는데 있는 게 아니라네"라 단정 짓는다. 그러고는 "구름이 흘러가고 비가 오며, 새가 우지지고 벌레 우는 소리가 모두 마음에 관계되지 않는 게 하나도 없네. 길을 가거나 서거나 앉거나 눕거나 이것을 잠시라도 잊어서는 안 되네. 여기에서 생각의 길이 트이고 예리해져서이지"라 한다. 조희룡 선생이 글을 빨리 쓰고 싶은 자에게 준 비답이 이 마음이다. 글을 쓰고자 하는 마음, 눈에 보이는 사물 하나하나 깊이 마음을 줄 때, 비로소 사물이 새롭게 보이고 생각의 길이 트여 핵심을 포착한 예리한 글을 쓰게 된다는 말이다.

"모름지기 바다 위에 하나의 금강이 있으며, 그림 속에 또 하나의 금강이 있으며, 그림 속 사람의 마음에 또 각기 하나의 금강이 있으며, 그림을 보는 백천만 인의 눈 속에 제각각 또 하나의 금강이 있음을 알아야 한다. 이른바 '개자씨 속에 수미산'이요, '터럭 끝에도 절이 있다'는 말이 광탄한 말이 아니다."

병자호란 때 이조참판으로서 척화를 주장하다가 덕유산에 들어가 은거하다 죽은 강개한 선비 정온鄭蘊(1569~1641) 선생 『동계집』 권6 「제십이형 적명 소장 해악도병」에 보이는 말이다. 정온 선생은 금강산 그림 하나에 금강산이 헤아릴 수 없이 많고 개자씨와 터럭 같은 작은 것에서 수미산과 절을 찾아낸다고 한다. 개자씨와 터럭 같은 보잘것없는 것에서 수미산과 절을 찾아낸다? 여간한 마음으로는 못한다.

다산 선생의 『이담속찬』을 보니 '수소유초雖小唯椒'라는 속담 또한 이와 같다. 풀이하자면 '작은 고추가 맵다'이다. 체구가 작아도 당차게 큰일을 해낸다는, 작지만 작지가 않다는 역설 아닌가.

어느 책을 보니 옛 선사들은 '작은 것에서 우주를 보라'고 가르쳤다 한다. 우주만물로 보자면, 미물微物과 대물大物은 존재조차 없다. 고故 이성선 시인의 이런 시가 있다.

한 마리 자벌레

산이었다가 들판이었다가
구부렸다 폈다
대지의 끝에서 끝으로
이 우주 안 작은 파도

〈파도〉라는 제하의 이 시는 자벌레를 통하여 우주로 나아간다. 자벌레라는 미물에서, 대지를 지나, 우주까지 이어지는 시인의 통찰*이 보인다. 범주적 태도를 벗어난 사물보기이다. '범주적 태도'**란 대상을 어떤 테두리 안에 넣어 인식하려는 태도이다.

연암의 제자로 글을 쓰는데 광괴光怪, 작가의 독특한 정신를 중요시하였던 서유구도 '도道'가 "기와·벽돌에도 있으며 오줌에도 있으며 하물며 벼루, 안석, 종묘의 솥 따위에 있다"라 한다. 서유구가 말하는 도道란 모든 만물에 있는 자연법칙인 '이치와 도리'이다. 그 대원리인 도道지만 그것을 기와, 벽돌, 오줌, 벼루, 안석, 솥 따위 하잘것없는 것에서도 얼마든지 찾는다.

구시심비口是心非라는 말도 그렇다. 뜻을 말하자면 '말로는 옳다 하면서 마음으로는 그르게 여긴다'는 의미이다. 쉽게 말하자면 입으로 나온 말과 마음이 다르다는 뜻이니 역설이다. 존재를 본질로, 말을 곧 뜻으로 여겨서는 곤란하다는 말이다.

연암으로 말머리를 돌려본다. '벌레 수염과 꽃 잎사귀'에서 한 걸음 더 나간다. 연암은 마음으로 본 사물을 흥미로운 방법으로 그려놓았다. 연암의 둘째 아들인 종채는 『과정록』에서 아버지께서 글을 쓸 때, "모양이 둥근 것은 모나게 그리고, 모양이 긴 것은 짧게 그린다"라 써놓았다. 언뜻 보면, '거짓으로 그리라는 것인가?' 하고 곡해한다. 전연 그런 문맥이 아니다. 연암 말은 실제와 상반되게 그림으로써 '실물을 강조한다'는 의미이다. 일종의 반어적 표현으로 실물을 그려내기 위하여 온갖 방법을 다 동원해야 함을 강조하려는 문맥으로 읽어야 한다.

사물 현상을 구체적으로 살피는 것에 그치지 않는다. '관찰자의

*통찰은 환히 꿰뚫어 본다는 의미이다. 연암과 이성선 시인은 모두 존재와 본질 중, '본질론'에 입각한 사고로 사물을 세심하게 파악하란다. 연암이 말한 벌레 수염과 꽃 잎사귀, 이성선 시인이 본 자벌레는 미물인 존재이지만, 그 본질은 사물을 이해하는 바탕이 되지 않았는가. 이른바 대중유소(大中有小, 큰 존재 가운데도 본질은 작은 게 있고) 소중유대(小中有大, 존재는 작은데도 본질은 큰 게 있다)이다.

대만의 국립 고궁박물관에는 감람핵주(橄欖劾舟)가 있다. 길이 3.4cm, 높이는 겨우 1.6cm로 배 모양의 올리브 열매란다. 이 배에는 8개의 문이 있어 자유롭게 열 수 있고, 여덟 사람이 타고 있으며, 배 밑에는 전문 357자나 되는 소동파의 〈적벽가〉가 조각되어 있다 한다. 이 작은 조각 작품이 중국인의 기개를 널리 알림은 물론이다. 작은 게 이토록 크다.

**예를 들어 우리는 주황·자주를 빨강이라는 범주로 판단한다. 생각할 것도 없이 주황·자주·빨강은 색깔의 명도나 채도가 분명 다른데도 빨강이라는 일정한 개념 체계에 귀속해 인식하려는 태도이다.

관념적 추론'까지도 요구하는 문장이다. 연암은 「능양시집서」에서 "아름다운 여인을 보는 것으로서 시를 알게 된다"라 하며, 다음과 같이 사물에서 뜻 찾는 법을 밝힌다.

"그니가 고개를 숙인 데서 부끄러워하는 것을 보고, 턱을 괸 데서 원한이 있는 것을 보고, 혼자 서 있는데서 무슨 생각이 잠긴 것을 보고, 눈썹을 찡그린 데서 무슨 근심에 싸인 것을 보고, 난간 아래에 서 있는 것을 보니 누구를 기다림이고, 파초 잎사귀 아래 서 있는 것을 보니 누구를 바라봄이다."

이름을 붙이자면 '관미인지시법觀美人知詩法, 미인을 보고 시를 안다'이다. 이것은 시 이해 방법 기록이지만, 이 시를 사물로 돌려 생각한다면 연암의 대 사물인식의 일단을 여실히 본다. 여인이 고개를 숙인 데서 부끄러움을, 턱을 괸 데서 원한을, 혼자 서 있는 데서 생각을, 눈썹을 찡그린 데서 근심을, 난간 아래에 서 있는 데서 기다림을, 파초 잎사귀 아래 서 있는 데서 누구를 바라봄을 읽었다. 연암의 사물인식의 자세는 현상을 깊이 있게 살피는 것에 그치지 않는다. 풍부한 사전지식을 동원한 '주관적 관념 세계'와 '객관적 사물 세계'를 합일한다. 즉 '경험론적 요소'와 '관념론적 요소'를 아울러야만 '진정한 진'을 얻는다는 뜻이다.

이를 위해 연암은 끊임없는 경험과 사물을 인식하는 자의 치열한 의식을 요구한다. 결국 연암이 추구한 사물인식의 '진眞'은 마음속으로 '사물을 번역해낸 그곳'에 있다. 음향, 감촉, 빛깔 따위와 같은 외형적, 감성적 성질, 즉 '벌레 수염과 꽃 잎사귀'만을 단순히 그대로 그려내는 모사模寫나 재현再現이 아니라는 점에 유의한다. 이것이 연암이 사물 '진적眞的, 참되고 틀림없는 것'을 인식하는 방법이다.

이는 딱히 연암에게만 찾는 게 아니다. 조선 후기의 대문장가인 김창흡金昌翕(1653~1722)* 선생의 『하산집』 서문도 그렇다. 그는 '대체 시는 어떻게 해서 짓는 것인가?' 하며 이렇게 말한다.

*선생의 호는 삼연(三淵). 김창집(金昌集)·김창협(金昌協)의 아우이다. 진사에 합격했으나 벼슬길을 사양하고 유·불·도 삼가에 심취하여 산수를 유람하고 나라 안을 두루 돌아 다녔다. 성리학에 뛰어나 형 김창협과 함께 이이(李珥) 이후의 대학자로 명성이 높았다. 연암 박지원은 "선생의 풍모를 꿈에 그렸다(想見其遺風)"라 할 정도로 김창흡을 존경하였다.

"성령性靈, 주관적인 마음에 바탕을 둔 생각을 물상物象, 객관적인 세계에 가탁한 게 시다. 푸르고 누른 것을 아름답게 꾸민 게 문장이고, 궁성宮聲과 상성商聲* 따위 여러 가지 소리를 변화 있게 배치한 게 곡조가 되는데, 이것은 일정하게 법으로 정하는 게 아니다. 오직 변화하는 데 맞춰 정신이 방향 없으면 이도 변하여 일정한 체體가 없게 된다. 시詩 또한 이와 같다. 그러므로 상象이 변하기에 '눈 속의 파초'라고도 하고 경境은 바뀌기에 '개자씨 속의 수미산須彌山, 불교에서 말하는 상상의 산으로 세계의 한가운데에 높이 솟아 있다는 산'이라고도 한다. 어찌 일정하게 안배해서 고정함을 일로 삼겠는가."

*동양 음악에서 쓰이는 다섯 음률인 '궁상각치우(宮商角徵羽)'의 궁성과 상성이다. 이 두 음은 위아래에서 서로 응하여 소리를 잘 조화한다.

**가탁(假託)이란 어떤 사물을 빌려 감정이나 사상 따위를 표현하는 일이다.

글줄을 좇자면 김창흡은 시를 성령과 물상으로 나누고, '성령(주관적인 마음)'을 '물상(객관적인 세계)'에 가탁假託**했다. 어디까지나 주체는 성령이고 물상은 객관적인 세계이기에 주체에 의해 물상은 얼마든 변한다. 그러므로 '상象을 눈 속의 파초'로 보고 '경境 또한 겨자씨 속의 수미산'으로 이해한들 어떠냐는 말이다.

글을 쓰는 자가 이렇게 사물을 읽어내려면 마땅히 연암 선생 '경험론적 요소'와 '관념론적 요소'를 아울러 기르지 않고서는 곤란하다. 그렇기에 김창흡 선생도 "어찌 일정하게 안배해서 고정시키는 것으로 일을 삼겠는가"라 한다. '안동답답이식 고정된 생각'을 꼬집는 말이다.

코끼리 코를 찾아서

― 글 쓰 기 다 섯 길 을 걷 다 ―

2. 관도(觀道, 보는 길): 터 닦기1

터 닦기는 먼저 양지바른 곳에 터를 잡은 후 괭이나 삽 등으로 땅을 고르고 달구질을 하여 땅을 단단하게 다진다. 제 아무리 좋은 집이라도 집터를 잘 다지지 못하면 사상누각이다. 글쓰기 바탕이기에 잘 닦아야 한다. 터 닦기는 세 차례에 걸쳐 진행된다. 글쓰기는 사물 보기에서 출발한다. 사물을 보려면 기존의 눈을 버려야 한다.

'나는 투명인간이다.' 무슨 소리냐고? 저이는 나를 보면서도 인식조차 못하지만 이이는 나와 벗이 아닌가. 나를 인식조차 못하는 이에게 나는 없다.

이 나를 보는 데에는 세 가지가 있으니, 이를 견見과 시視와 관觀이라 한다. '견見'은 '잠깐 눈에 비치는 것을 본다'는 뜻으로 쓴다. 견문見聞, 견학見學이다. '시視'는 '주의 깊게 자세히 본다'는 뜻으로 쓴다. 시선視線, 주시注視이다. '관觀'은 시視보다도 '더 자세히 살펴본다'는 뜻일 때 쓴다. 예를 들어 관찰觀察, 관망觀望이다.

'관견'이란 말이 있다. 관견은 대롱 구멍으로 사물을 본다는 '管見관견'이 아닌, '觀見관견'이다. 관觀의 눈은 강하고 자세히 살펴봄이며, 견見의 눈은 약하며 잠깐 눈에 보임이다. 관은 관찰하여 상대의 의중을 간파하는 심안心眼이고, 견은 상대의 심중이 움직이는 표면을 보는 육안肉眼이다. 심안은 '마음눈'이라 하여 상대의 의중을 꿰뚫고, 육안은 '맨눈'으로 식견 없이 현상만을 읽어낸다.

상대의 마음을 간파하려면 관의 눈으로, 표면에 나타나는 현상을 볼 때는 견으로 가볍게 보아야 한다. 관견은 거리에 따라 보는 방법이 다르다. 원방을 보려면 눈을 가늘게 뜨고 견으로 보는 게 좋고, 근방을 보려면 눈을 부릅뜨고 관으로 보아야 한다. 관만으로도 견만으로도 사물을 제대로 볼 수 없으니 서로 상보해야만 보는 것의 한계를 본다.

관과 견의 사이에 시視가 있다고 했다. 보아도 보지 못한다는 '시이불견視而不見'에서 시視는 주의해보려 함이고, 견見은 자연히 눈에 들어옴이다. 시視는 다시 시선과 응시가 있다. 시선視線은 눈이 가는 길, 또는 눈의 방향이다. 단순히 물수제비뜨듯 표면을 스치는 눈길만을 준다. 응시凝視는 눈길을 모아 한곳을 똑바로 바라봄이다. 응시할 때 시선이 대상에 부딪쳐, 대상도 읽어낸다. 사물을 제대로 보려면, 이렇듯 '견·시·관見視觀'이 고루 필요하다.

날아가고 날아오는 글자들

벌레 수염과 꽃 잎사귀도 관심을 가져라

중국의 소설 비평가 김성탄金聖嘆*이 "나는 우리 집 안마당에서 세계를 본다"라는 말을 그제야 이해하였다. 김성탄은 '흉중재부胸中才賦, 사물을 느끼는 특별한 가슴'와 '미하신안眉下神眼, 자연을 볼 줄 아는 신통한 안목'을 요구한다. "사자는 토끼 한 마리를 잡을 때에도 코끼리를 공격할 때와 마찬가지로 온 힘을 쏟는다"라 하였다. 이 말에서 벌레수염과 태산준령을 따지지 않고 사물을 꿰뚫어보려는 김성탄을 만난다.

중국의 저이뿐이겠는가. 연암 선생 또한 이를 「종북소선 자서」에서 "벌레 수염과 꽃 잎사귀에 관심이 없음은 문심文心, 글 지을 마음이 없다는 말이다. 작용하는 제 형상을 세심하게 따지지 않는 사람은 글자 한자를 제대로 모른다고 일러도 괜찮다"라 적어놓았다.

보려는 마음 없이는, 보았다고 본 게 아니다. '보려는 마음', 관심이 먼저이다. 이럴 때 시각, 청각, 후각, 미각, 촉각이 반응한다. 복사꽃은 멀리서 봐야 한다. 어느 산골마을 옹기종기 모인 집들과 어우러져 있는 복사꽃은 그럴 때 아름답다. 벚꽃은 활짝 흐드러져야 그 화려함이 빛을 발한다. 매화는 가까이 다가가 들여다봐야 그 뽀얀 속살을 본다. 난초는 햇살 여며드는 창가에 두고 은은히 보아야 하며 제멋을 느끼며 백합은 냄새를 맡아야 하고 장미는 잎을 만져 보아야 그 붉은 정열이 다가온다.

벌레 수염과 꽃 잎사귀를 보고 관심이 없다면 글 지을 마음이 없다고 연암은 잘라 말한다. 연암은 글쓰기 시작을 '글 지을 마음文心'에다 두었다. 문심이 있어야 벌레 수염과 꽃 잎사귀에 관심이 간다. 문심이 있어야 읽는 이와 문정文情, 글 읽는 이와 마음이 통함이 통한다. 문심이 없어 보지 못하는데 어떻게 글이 나오고 문정이 통하겠는가. '건너다보니 절터'

*김성탄(1608~1661)은 중국 소설 비평가로 본래 성명은 장채(張采)였는데, 뒤에 김위(金喟)로 고쳤다. 성탄은 그의 자(字)이다. 평생 관직에 오르지 않고 관리들의 폭정에 항거하다 처형되었다. 〈수호전〉·〈서상기〉에 대한 비평이 유명하다.

라고, 하나를 보면 열을 속가량한다.

이덕무 선생 〈잡제1〉이라는 시는 이런 마음에서 나온 시이다.

> 비 온 못에 개골개골 무척이나 시끄러워
> 돌을 주워 던져 개구리 울음을 그치게 하렸더니,
> "평안하신지요!" 여뀌뿌리 푸른 글자를 내고
> 비늘 고운 금붕어 물결 차며 놀라 뛴다.

잠시 귀를 기울여보자. 이 시에서 '개구리 울음소리'를 들어야 한다. 누구나 듣는 개구리 울음이 한 편의 멋진 시가 됐다. "개굴개굴!" 개구리 울음이 꽤 시끄러웠나보다. 조용하라고 돌멩이를 던졌겠다. 돌이 떨어진 곳을 보니 글자를 써놓은 듯 여뀌뿌리가 파랗게 올라오고 금붕어는 물결치며 놀랜다. 개인적으로는 '무양료근청출자無恙蓼根靑出字, "평안하신지요!" 여뀌뿌리 푸른 글자를 내고'라는 표현이 참 멋들어진다. '무양無恙'은 병이 없다는 뜻으로, 모든 일이 평온무사함을 가리키는 말이다. 요즘으로 치면 "반갑습니다" 정도의 인사말이다.

연암 선생이나 이덕무 선생 모두 글을 쓰고자 하는 자라면 벌레 수염이나 개구리 울음소리 하나라도 그냥 지나치지 말라 한다. 글쓰는 이라면 '안동답답安東畓畓*이는 되지 마라'는 촉구이다.

*『고금석림』 28 「동한역어, 석수」에 '안동답답우족탱(安東畓畓牛足撑)'이라 하였다. 안동의 답답이가 소의 발굽을 괸다는 말이다. 예전에 안동의 미련한 사람이 소의 등에 짐을 실을 때, 짐이 한쪽으로 기울면 기우는 쪽의 소 발굽에 돌멩이 같은 것으로 괴었다 하여 답답한 사람을 이르는 속담이 되었다. 다산 정약용 선생이 즐겨 쓴 말이다.

날아가고 날아오는 글자들과 나뭇잎 잎 자字

말로 모건이 지은 『무탄트 메시지』라는 책을 읽고 내 시야가 참 좁다는 것을 느꼈다. 오스트레일리아 원주민 부족 중 하나인 '오스틀 로이드'들(그들은 스스로를 '참사랑 부족'이라 일컫는다)은 문명인들을 가리켜 '무탄트'라 부른다고 한다. 무탄트는 '돌연변이'라는 뜻이다. 돌연변이란 기본구조에 중요한 변화가 일어나 본래의 상태를 상실한 존재이다. 원주민들은 자연 속에서 함께 살아가는 생명체인 동물, 나무, 풀, 구불구불거리는 샛강, 심지어 바위와 공기조차도 우리와 한 형제이며 누이라고 믿는다. 세심히 볼 일이다. 그곳에 글자와 글이 있고 문장이 있다.

"아침에 일어났다. 푸른 나무 그늘진 뜰에서 이따금 새가 지저귄다. 부채를 들어 책상을 치며 외쳐 말하였다. '이게 내가 말하는 날아가고 날아오는 글자요, 서로 울고 서로 화답하는 글이다.' 오채색을 문장이라고 하니 문장으로 이보다 더한 게 없다. 오늘 나는 책을 읽었다."

연암 선생의 「답경지지이答京之之二」에 보인다. 새삼 의아스러워할 필요 없다. 아침에 문을 활짝 열어젖히니 푸른 나무 그늘진 뜰에 새가 지저귀며 오간다. 물끄러미 이를 쳐다보던 선생이 갑자기 부채를 들어 책상을 친다. 이게 '날아가고 날아오는 글자'요, '서로 지저귀고 서로 화답하는 글'이라 한다. '날아가고 날아오는 글자'와 '서로 울고 서로 화답하는 글'은 지저귀는 새다.

어찌해서 글자인가? 글자로서 존재 의의는 눈에 보이는 기호와 뜻이다. 글자는 새다. 눈에 보인다. '날아가고 날아오고', '서로 지저귀고 서로 화답'하는 것이 뜻이다. 글자로서 조금도 부족함이 없다. 앞에서 본 이덕무 선생의 〈잡제1〉이라는 시의 "평안하신지요!' 여뀌뿌리 푸른 글자를 내고無恙蓼根靑出字"도 이런 경우이다.

연암은 오채색을 문장이라 비유한다. 연암은 문장으로 '이보다 더

한 게 없다'라 한다. 검은 먹물로 '새 조鳥'자를 제 아무리 잘 써놓은들 날지 못한다. 저 '날아가고 날아오는 글자'와 '서로 울고 서로 화답하는 글'은 펄펄 나는 데 말이다. 글자로 쓰지 않고 글자라 인정받지 않은 글자지만 글자요 글임에 분명하다. 연암 선생이 '오늘 나는 책을 읽었다'고 하는 이유다. 하늘이 종이요, 날며 지저귀는 새가 글자이다. 이만한 독서를 해야 책을 읽는다고 한다. 알고 있는 것만이 사실이 아니다. 사실을 제대로 보아야만 진실을 거기에서 찾다.

연암 박지원의 또 다른 사물보기이다. 잎을 표현하기 곤란하니 연암은 아예 이렇게 그림을 그려 넣는다.

세로로 잎의 힘줄[잎맥]을 보면 '천자만년天子ㄱ年, 천자의 만수무강을 기원하는 말' 글자와 비슷하다. 『열하일기』「황교문답」에 보인다. 그림을 그려 넣음으로써 독자 이해를 높이고자 하였다. 글자의 이름을 굳이 붙이자면 '나뭇잎 잎자' 아닌가?

연암의 관찰력*을 따라잡자면 우리 주변의 사물이나 일반 상식도 자세히 보아야 한다. 예를 들어 보자. 페달을 구르지 않으면 자전거는 움직이지 않고, 걸음을 옮기지 않으면 인생길을 갈 수 없는 것 아닌가? 송곳의 끝이 뾰족하다고? 그렇지 않다. 돋보기로 보면 뭉툭하다. 흔히 밤하늘의 별은 반짝인다고 한다. 천만의 말씀이다. 반짝거리지 않는다. 1년은 365일인가? 정확히 말하자면 1년은 365.2422일이 맞다. 계이름 역시 그렇다. 도레미파솔라시도? 우리 선조들이 쓴 궁상각치우는 무엇이란 말인가? 1에서 10의 중간은? 5가 아니라, 5.5가 맞다. 행복과 불행은 멀고 먼 관계? 아니다. 행복이라는 '행幸'자와 괴롬이라는 '신辛'자는 겨우 선 '하나(一)' 차이일 뿐이다. 흔히 순금은 '다른 금속이 섞이지 아니한 순수한 금으로만 만들어졌다고 생각지만, 제아무리 높아야 99.99%까지밖에는 안 된다. 이 세상엔 어떤 물질이든

*연암의 관찰력은 사람들을 종종 놀라게 하였다. 한번은 장가 든 지 얼마 후이다. 친척 한 사람이 다녀간 뒤, 연암은 대뜸 "저분은 곧 돌아가실 겁니다" 하였다. 모두 그 경솔함을 나무랐고 실망했다. 그런데 친척의 부고장이 이레가 못 되어 왔다. 집안 식구들이 놀라 물으니 "행동거지를 보고 알았다"고 했다. 한번은 포도대장 서유대의 얼굴을 보고 '포도청에서 사람이 죽을 것'이라 하고, 한 종의 얼굴을 보고는 '기상이 매우 나쁘다'고 하였다. 과연 얼마 후에 포도청에서 사람이 죽었으며 종의 아비 부음이 왔다. 이외에도 사물을 꿰뚫어보는 안목과 식견으로 사람들을 놀라게 한 게 여러 번이었다. 연암이 사람의 얼굴 표정, 옷차림, 대화 따위를 치밀하게 관찰하고 이를 다시 묶어 미루어 생각하였기 때문이다.

지 100% 완벽하게 해당 물질로 이루어진 것은 존재하지 않는다고 한다.

관찰을 하면 '파리 대가리'나 '모기 속눈썹'에서도 글감을 찾는다. 사물을 세세히 훑는 눈 빗질이 없이는 사물을 볼 수 없다. 관찰하기는, 저 바다 건너 사람들이라고 다를 바 없고, 교육이나 소설도 동일하다. 우리가 잘 아는 스위스 교육자 페스탈로치의 첫 번째 교육원칙도 이 관찰에서 시작한다. 그는 아이들에게 '관찰하기Observes'를 배워야 한다고 하였다. 감각을 동원한 관찰하기이니 그냥 눈으로 대충 보는 게 아니다. 글은 머리보다는 감각, 머리보다는 마음을 동원해야 하는 이유다.

우리가 잘 아는 프랑스의 소설가 베르나르 베르베르의 〈개미〉는 1천 1백 쪽이나 되는 원본을 1백 40번이나 수정한 결과물이라 한다. 1천 1백 쪽, 그 조그만 개미도 관찰하기 나름이다. 책 한 권이 들어 있는 한 문장도 지극히 작은 '지세지미至細至微'에서 극히 묘한 '지묘지화至妙至化'의 경지가 있음도 모두 이 관찰에서 나온다.

청진기를 나무에 대보거나 돋보기를 들고 들여다보자. 아마 사물이 새롭게 보일 것이다.* 학교를 오가며 본 것들 가운데 기억나는 것을 모두 열거하고 그 공통점과 이유를 분석하라. 글은 그곳에 들어 있다.

*'-것이다'는 단락을 끝낼 때 정도만 쓰자. 요즈음 글들은 온통 '-것'투성이다. 이 문장은 '사물이 새롭게 보인다.' 정도로 고치면 된다.

사물 보는 열 가지! 방법

『장자』「천하」편에는 혜시惠施**가 말한 열 가지 사물보기인 '역물십사歷物十事'가 나온다. '역물歷物'은 사물을 관찰한다거나 또는 대상을 파악한다는 의미이다. 혜시의 역물십사는 우리가 일반적으로 알고 있는 상식의 허점을 예리하게 파고든다. 분명한 것도 혜시처럼 따지고 들면 새로운 지혜의 세계를 얻는다. 하나씩 살펴보면 이렇다.

**혜시(B.C.370?~B.C.309?)는 중국 전국시대 송나라의 사상가. 양(梁)의 혜왕(惠王)·양왕(襄王)을 섬기어 재상이 되었다. 그의 주장은 『장자』에 잘 나타나 있다.
혜시는 장자(莊子)의 벗이다. 장자가 "그의 학술은 다방면에 걸쳐 있으며 책이 다섯 수레나 된다(惠施多方 其書五車)"고 하였다. 이 말에서 박학다식하여 학문의 세계가 넓은 것을 비유할 때 흔히 쓰는 '오거서(다섯 수레 책)'라는 성어가 나왔다.

1. 지극히 커서 밖이 없는 것을 가장 큰 것이라고 하고, 지극히 작아서 안이 없는 것을 가장 작은 것이라 한다至大无外 謂之大— 至小无內 謂之小—

  바다가 큰가요? 세계는? 그럼 우주는 어떠한가요? 어버이 사랑은? 도道는? 지식은? 자유는? 상상력은? 생각은? '바다는 메워도 사람 욕심은 못 메운다'는 욕심은? 숫자의 끝은? 끝이 없습니다. 그러므로 정말 큰 것은 밖이 없지요. 바늘이 작은 가요? 모래? 먼지는 또 어떠한가요? 속 좁은 마음은? 꽉 막힌 생각은? 물은 산소와 수소원자로, 원자는 전자와 양성자와 중성자로, 양성자는 쿼크로…? 블랙홀은? 정말 작은 것 역시 안이 없는 것입니다. 경험 세계에만 근거를 둔 상식을 부수라는 명제입니다.

2. 두께가 없는 것은 쌓을 수 없지만, 또한 그 크기가 천리가 된다无厚不可積也其大千里

  두께가 없는 물건은 아무리 쌓아도 높아지지 않겠지요. 그러나 늘어놓으면 어떨까요? 물감을 보지요. 아무리 덧칠해도 두꺼워지기는 어렵지만 물감을 펼치면 어떠할까요? 점* 하나쯤이야 하겠지요. 이 점을 계속 연결한다면, 천 리, 만 리, 지구를 돌고 돌아도 끝나지 않는 직선이 됩니다. 두께와 넓이, 길이는 다른 개념입니다. 두께가 없다고 넓이, 길이도 없다 함은 착각이지요. 보이지 않아 쌓을 수는 없지만 추억은 또 어떠한지요? 공기는? '너 자신을 알라'와 같은 짧은 문장이 우리 삶에 주는 크기는? 고정된 상식을 버리라는 명제입니다.

*점을 찍어서 그림을 그리는 점묘화(點描畵)도 있다. 프랑스 출신으로 요절한 화가 조르주피에르 쇠라(Georges-Pierre Seurat, 1859~1891)는 이 화법으로 신인상주의 창시자가 되었다. 〈그랑드자트섬의 일요일 오후〉는 그의 대표작이다.

3. 하늘과 땅은 높이가 똑같고 산과 연못은 똑같이 평평하다天與地卑 山與澤平

  하늘이 위에 있으니까 높고 땅은 아래 있으니까 낮다고요? 우주에서 보면 어떨까요? 똑같지요. 산은 높고 연못은 파였다고요? 위에서 내려다보면 평평한 땅일 뿐입니다. 이것과 저것의 차이는 상대적일 뿐입니다. 철수의 이모는 영수에겐 고모가 되고, 미연에게는 엄마이며 성원 씨에게는 부인입니다.

4. 해가 막 하늘 가운데 뜬 상태는 막 지는 상태이며 어떤 존재가 막 태어났다는 것은 막 죽어가는 상태이다日方中方睨 物方生方死

당연하지요. 떴으니 지고, 생명체로 태어났으니 죽겠지요. 물이 막 어는군요. 섭씨 0°이지요. 섭씨 0°, 그러면 물이 녹는 점이기도 하군요. 섭씨 100°입니다. 물이 끓습니다. 비등점이로군요. 액체에서 기체로 변해야 합니다.

5. 크게 보면 같지만 작게 보면 다르니 이것을 '소동이: 조금 다르다'이라 하고, 만물은 모두 같기도 하지만 다르기도 하니 이것을 '대동이: 많이 다르다'라 한다大同而與小同異 此之謂小同異 萬物畢同畢異 此之謂大同異

'같다'와 '다르다'는 다르지만 같지요. 은행나무와 접시꽃은 식물로서는 같지만, 은행나무*는 나무요, 접시꽃은 꽃으로 다르지요. 같다와 다르다는 결국 같기도 하고 다르기도 하군요. '많다'와 '작다'의 차이는 또 뭐랍니까? 한 말에 비하여 두 말이 많지만, 세 말이면 두 말이 작다이지요. 무엇을 기준으로 하느냐에 따라 달라집니다.

6. 남쪽은 끝이 없으면서 끝이 있다南方无窮而有窮

서울에서 남쪽인 대전은 당연히 끝이 있지요? 그러나 서울의 남쪽 하면 그 끝이 어디일까요? 자구를 한 바퀴 돌아 서울로 와도 다시 남쪽으로 가야 합니다. 설령 남쪽의 끝 남극점에서 나침반이 멈추더라도 우리 머릿속의 남쪽이라는 개념은 끝이 없지요. 우리나라의 최남단 마라도 영공은 또 어떻습니까? 대한민국의 영공과 일본의 영공은 국제법으로는 끝이 있겠지요. 그러나 그 영공을 수직으로 따라 올라가 대기권 밖은, 계속…. 끝이 없지요. 영화는 끝났지만 남는 감동은 또, 수평선 뒤에 수평선이, 지평선 뒤에 지평선은 어떠한가요. 손끝으로 남쪽을 가리켜 볼까요. 벽에 부딪쳐 끝났다고요? 아닙니다. 벽 뒤도 남쪽이겠지요. 계속…쭉…

*은행나무는 열매가 살구와 비슷하게 생겼다 하여 '살구 행(杏)'자와 '은빛 은(銀)'자를 합하여 은행이라는 이름이 생겼다. 가로수로 많이 조성하는데 다 같은 은행나무가 아니다. 암나무와 수나무가 있기 때문이다. 구별은 가지가 하늘로 촘촘히 쭉쭉 뻗은 나무는 수나무이고 가지 사이가 넓은 게 암나무이다. 암나무에서만 열매가 열리기에 암나무 가지 사이가 넓다.

7. 오늘 월나라에 가서 어제 돌아왔다 今日適越而昔來

오늘 갔으면 내일 이후에 돌아와야 한다고요? 오늘이 오늘인가요? 오늘은 어제에서 보면 내일이고, 내일에서 보면 어제입니다. 어제, 오늘, 내일은 상대 개념일 뿐이니, 오늘 월나라에 가 어제 돌아왔다 한들 무슨 문제가 있겠습니까. 지금 이 글을 쓰는 한국시간은 2023년 4월 22일 오전 11시 55분입니다. 미국 워싱턴 D.C. 현재 시간은 4월 21일 pm. 10시 55분, 하와이는 pm. 4시 57분입니다. 오늘과 어제가 함께 있군요. 이를 적절히 작품에 응용한 게 쥘 베른Jules Gabriel Verne*의 소설 〈80일간의 세계 일주〉입니다. 주인공 필리어스는 분명 81일 만에 출발지 런던으로 오지만, 동쪽으로 날짜 변경선을 넘어 하루를 벌었기에 80일간의 세계 일주가 됩니다.

바다 속으로 사라져 버리기까지 앞으로 남은 시간이 겨우 50년이라는, 지상에서 태양이 가장 먼저 뜬다는 아름다운 작은 섬나라 키리바시공화국Republic of Kiribati은 얼마 전까지만 해도 동서로 날짜 변경선이 달랐다 합니다. 이 동네에서 저 동네로 마실을 다녀오는데 어제, 오늘, 내일이 바뀌는 셈입니다. 인간이 만든 연, 월, 일, 오늘, 내일, 모레, 시, 분, 초, 정확히 말하자면 지금이 언제인지는 아무도 모릅니다.

8. 이은 둥근 고리는 풀 수 있다 連環可解也

둥근 고리를 풀어보라고? 간단하군요. 자르면 되지요. 또 분명히 '이은'이라고 했지요. '이어진 곳' 그곳을 풀면 됩니다. '발상의 전환'을 촉구하는 명제입니다. 발상은 글쓰기를 흥미롭게 만듭니다. 발상은 질문에서 출발합니다. "돼지는 왜 날지 못할까?" "왜 거북이는 달리기를 못할까?" "왜 사람들은 시간을 만들었을까?" 또 질문에 갇히면 안 됩니다. '달걀을 어떻게 세울까?'가 아니라 "달걀을 왜 세울까?"입니다. 상식에 도전하고 해체해 보세요. 브레인스토밍이나 만다라트, 포스트잇을 활용한 스토리보드 따위 방법을 이용해도 좋습니다.

*본명은 쥘 가브리엘 베른(1828~1905)으로 프랑스 작가로 〈해저 2만 리〉, 〈80일 간의 세계 일주〉, 〈15소년 표류기〉를 썼다. 그는 원래 법학을 공부했다가 나중에 문학으로 전공을 바꾸었다. 태어난 곳이 항구 도시인 낭트여서인지 여행에 관심이 많았고 그의 작품들을 쓸 때 큰 보탬이 되었다. 글 쓰는 이라면 자기가 사는 주위 환경을 잘 살펴보아야 한다. 우리나라에 최초로 소개된 SF 소설이 바로 쥘 베른의 작품들이다. 1907년 재일유학생 박용희가 〈해저 2만 리〉를 〈해저 여행 기담〉이란 제목으로 번안하여 『태극학보(太極學報)』에 연재하다 중단하였다. 쥘 베른의 소설을 '신문물[과학]'로서 이해해서이다.

9. 나는 세상 중심이 어디인가를 안다. 연나라의 북쪽과 월나라의 남쪽이 그곳이다我知天下之中央 燕之北越之南是也

연나라는 중국 북쪽에 있던 나라이고 월나라는 남쪽에 있던 나라입니다. 중심은 이곳과 저곳의 사이에 있습니다. 이곳이 연나라의 북쪽이면, 저곳은 월나라의 남쪽이겠군요. 문제는 북쪽과 남쪽이라고 했습니다. 6과 유사한 경우가 펼쳐지겠군요. 자기중심의 삶에는 이런 모순이 있습니다.

10. 만물을 사랑하라. 온 세상이 한몸이다氾愛萬物 天地一體也

온 천지로 보면 크고 작은 것도, 큰 것도, 나와 너도, 백인, 흑인, 황인도, 이 나라 저 나라도 하나일 뿐입니다. 모두 지구에 사는 한 가족입니다.

꽃이 머금은 봄 뜻

날이 춥다. 가는 겨울을 시샘이라도 하듯. 어제도 살아본 세상이 오늘 아침엔 아주 낯설다.

그래도 책을 들고 책상에 앉았다. 오늘은 눈에 띄는 내 책을 꺼내 들었다. 그 한 쪽에 눈이 멈추었다. 이렇게 적혀 있다.

"화함춘의무분별 물감인정유천심花含春意無分別 物感人情有淺深, 꽃이 머금은 봄 뜻은 차이가 없건만, 사물을 느끼는 사람의 마음은 얕고 깊음이 있구나"라는 시구*가 있다. 글도 그렇다. 허연 백지 위의 파리 대가리만한 흑점일 뿐이지만, 보는 자에 따라, 상황에 따라 달라진다.

만해萬海 한용운韓龍雲(1879~1944) 선생의 〈춘주春晝〉라는 연시조가 있다. 풀이하면 '어느 봄의 한낮' 정도의 의미이다.

*김인후(金麟厚, 1510~1560)의 『백련초해(百聯抄解)』에 실려 있다. 이 책은 초학자에게 한시를 가르치기 위해 칠언고시 중 대구가 잘되는 100개 시를 뽑아 풀이한 한자 학습서이다. 김인후는 교류한 이가 퇴계 이황이고 제자가 송강 정철이다.

따스한 볕 등에 지고 유마경 읽노라니

가벼웁게 나는 꽃이 글자를 가린다

구태여 꽃 밑 글자를 읽어 무삼하리요.

〈춘주春晝〉 2수 중 1수이다. 『한용운 시전집』에는 〈춘화春畫〉, 즉 '그림 같은 봄날'이라고 되어 있다. '봄날의 낮'이든, '그림 같은 봄날'이든, 만해 선생 깨달음의 세계를 읊은 선시임엔 틀림없다.

만해 선생이 따스한 봄볕을 등에 지고 불교의 경전인 『유마경』을 읽는다. 나른한 졸음이 오는 봄날의 한낮. 그때 어디선가 팔랑이며 봄꽃이 날아와 『유마경』 한 글자 위에 앉는다. 만해 선생은 구태여 꽃 밑의 글자를 읽을 필요가 없다고 하였다. 어찌 『유마경』 속에 진리가 있겠느냐는 깨달음이다. 선가에서 부처님의 경전을 깨닫고 보면 휴지조각과 같은 무용지물이라 한다. 나른한 봄날의 볕, 어디선가 날아온 꽃잎 한송이가 깨달음의 세계로 만해를 이끌었다.

'꽃잎 한송이'를 볼 줄 아는 마음이 필요하다. 그 마음이 '안 보이는 심연深淵, 깊은 못'을 보게 한 만해 선생 깨달음이다. 책이 전부가 아니거늘, 종이와 먹물을 버려야 한다. 주억거린다.

"구태여 꽃 밑 글자를 읽어 무삼하리요.

구태여 꽃 밑 글자를 읽어 무삼하리요."

글 한 줄을 쓰려면 보는 것을 잘 보아야 한다.

욕망이 욕망한 그곳

욕망(글쓰기)이 욕망한 그곳(육체)

영화(〈스위밍 풀〉)가 10분쯤 흘렀을까? 여주인공 이름을 찾아보았다. 샬롯 램플링(1946~), 영국 출신으로 우아한 음성과 세련된 표정, 절도 있는 대화와 도도한 몸가짐으로 영화에 몰입감을 준다.

"책은 표지만 보고 판단하는 게 아냐."

대마초는 안 피우게 생겼다는 줄리 말에 사라 모튼이 하는 말이다. 꽤 눈에 익은 포스터였다. '왜 포스터만 보고 이 영화를 이제야 보는지', 모튼 말을 들으며 그런 생각을 하였다.

영화 마지막 부분의 반전, 감독을 다시 찾아보았다. 프랑수아 오종(1967~)이다. 프랑스 태생의 감독으로 스토리가 수작秀作이다.

스토리(시나리오)는 감독에 의해 인물, 배경, 사건으로 엮어진다. 주동 인물은 사라 모튼(샬롯 램플링 분)과 줄리(루디빈 사니에), 여성 둘로 단순하다. 추리작가 모튼이 새로운 소재를 찾지 못해 우울해하고 연인이자 출판사 사장인 존은 프랑스 남부에 있는 자신의 별장을 추천한다. 줄리는 존의 딸이다.

아버지의 애인이자 50대 초반의 지적인 추리작가 모튼, 애인의 딸이자 20대 초반의 싱그러운 육체를 가진 줄리의 만남은 불편한 화음으로 시작한다.

여기에 프랑스 남부의 따뜻한 기후와 한적한 별장, 넓은 풀장이 사건을 만드는 배경으로 들어오며 이야기는 미로 속으로 들어간다. 사건은 이 배경과 어우러지며 50대와 20대, 절제된 세련미와 싱그러운 육체의 방황이란 비대칭의 간극을 교묘히 파고든다.

사건을 만드는 감독 시선은 두 여성의 욕망을 줄곧 좇는다. 감독의 시선이 머무는 곳, 그곳은 추리작가 모튼의 '욕망(글쓰기)이 욕망한 그곳(육체)'이다. 푸른 하늘을 담아낸 풀장을 배경으로 누운 줄리의 가무스름하면서도 싱싱하고 발그레한 육체이다. 이 젊음이란 육체에서 상상력이 나오고 스토리가 전개된다. 모튼과 줄리, 그니들의 불편한 화음은 격정을 거쳐 점차 잦아들고, 모튼의 소설 〈스위밍 풀〉에 비밀로 담긴다.

'낭만적 소설과 소설적 진실'의 몫은 독자이듯, 영화의 반전과 엔딩은 '관객의 몫'이다. (2003년 개봉, 20년 전 영화라는 점을 짚는다면 우리와 프랑스의 문화적 거리를 가늠키 어렵다.) 그 '몫'에 모튼은 이렇게 덧붙인다.

"누군가가 평생 비밀을 간직한다는 것은 매력 있으면서도 두려운 거야."

영화에서 욕망慾望의 부결과물인 두려운 매력魅力은 이성과 논리가 아닌 직관直觀*에서 시작하였다.

*직관은 말로 표현치 못하는 말하는 몸의 작용이다. 감각, 경험, 연상, 판단, 추리 따위의 사유 작용을 거치지 아니하고 대상을 직접적으로 파악하는 작용이다. 창조적인 예술가들은 이 직관을 믿는다.

지옥 같은 세상에서 벗어나는 유일한 길

노숙자 스튜어트(톰 하디 분)의 삶을 되짚어 본 〈스튜어트〉. 스튜어트는 알코올중독자다. 수없는 전과 이력을 지녔고 열차에 뛰어들어 생을 마감한 하류 인생이다. 그러나 스튜어트가 이렇게 된 것은 스튜어트 자신이 만든 게 아니었다. 그의 환경이 그렇게 만들었다. 그는 병적인 신체를 지녔으며 어릴 때 형과 친구의 지속적인 성적 학대를 받았다.

스튜어트가 학대에서 벗어나는 일은 '폭력'뿐이었다. 이 폭력은 감옥으로 이어졌고 결국 인생은 '자살'이란 두 글자로 마쳤다. 스튜어트에게 자살은, '지옥 같은 세상에서 벗어나는 유일한 길'이었다.

코로나19로 우리 삶의 환경이 바뀌었고 바꾼다. 잘 사는 이도 있지만 대다수는 그렇지 못하다. 오늘도 절망 속에서 하루는 보내는 이들도 헤아릴 수 없다. 이들에게 코로나 19의 끝은 언제쯤일까?

세계적인 베스트셀러인 재레드 다이아몬드의 『총, 균, 쇠』 2장은 이 환경을 다룬다. 재레드 다이아몬드는 지리적 환경에서 인간사회가 다르게 변함을 찾아냈다. '모리오리족'과 '마오리족'이다. 이 두 부족은 한 조상(폴리네시아 인종)이었으나 모리오리족은 채텀제도에 정착하며 수렵 채집민으로 돌아갔다. 채텀제도는 한랭한 기후를 지닌 작고 외딴섬이었다. 모리오리족은 이 섬에서 함께 살아가려 남자 신생아의 일부를 거세하여 인구를 줄였고 저장할 땅도 공간도 작았기에 잉여 농산물이 없이 수렵 채집에 의존하며 살았다. 당연히 평화롭고 무기도 없었다. 강한 지도자도 필요치 않았다.

반면 마오리족은 뉴질랜드의 북부에 정착했다. 영토는 컸고 농업에 적합한 환경이었다. 마오리족은 점점 인구가 불어났고 더 큰 이익을 얻으려 이웃 집단과 격렬한 전쟁을 벌였다. 잉여 농산물을 저장하였고 수많은 성채도 세웠고 무기는 강했다. 강력한 지도자도 필요했다.

500년 후, 뉴질랜드 북부의 마오리족은 채텀제도에 사는 모리오리족을 가볍게 점령해 버렸다. 땅의 면적, 고립성, 기후, 생산성, 생태적 자원 등 지리적 환경이 인간 삶에 영향을 미치는 것을 단적으로 보여주는 예이다.

근대 선각자 최남선崔南善(1890~1957)은 「실학 경시에서 온 한민족의 후진성」에서 '자급자족이 가능한 생활환경이 우리 민족의 평화적이고 낙천적 성격을 만들었다'고 하였다. 내 주위 환경, 세밀히 살펴볼 일이다. 환경이 나를 만들기 때문이다.

왜 글을 쓰시오? Why do you write literature?

'발싸심'이라는 말이 있다. 어떤 일을 하고 싶어서 안절부절못하고 들먹거리며 애 쓰는 짓을 비유적으로 이르는 '내적인 느낌'*이 욕망이다. 이 내적인 느낌을 외적으로 번역해 놓은 게 바로 말과 글이다.

*내적인 느낌: 칠레 작가인 이사벨 아옌데(Isabell Allende, 1942~)는 "책은 내 마음에서 생겨나는 게 아니라 뱃속 어딘가에서 떠오른다. 그것은 내가 접근하지 못한 대단히 어둡고 비밀스러운 장소에 숨겨져 있으며 내가 그저 모호한 느낌으로만 짐작하는 것, 아직 형체도 이름도 색깔도 목소리도 없는 그런 것"이라 하였다. 이것이 바로 들먹거리는 마음짓인 '발싸심'이요, '기양'이다.

정신의학적으로 '창작 행위'를 일종의 '심리적 자위 행위'라 하는 것은 이런 이유 때문이다. 기양技癢, 재주를 쓰지 못하여 마음이 간질간질이 바로 이러한 용어이다. 소설의 급소로 전승력 또한 대단한 비평어였다. 이 고소설 비평어는 (고)소설을 저작할 수밖에 없는 상황적 이해를 하는데 상당한 가치를 부여한다.

하버드 대학 교수로 사회생물학의 창시자인 에드워드 윌슨Edward osborne wilson의 『인간의 본성에 대하여』란 책이 있다. 그는 이 책에서 인간 행동의 유전적인 중요성을 중시했다. 요점은 이렇다.

"닭은 달걀이 더 많은 달걀을 생산하기 위하여 잠시 만들어낸 매개체에 불과하다."

'DNA'야말로 진정한 생명의 주체라는 말이다. 만약 소설 역사 또한 사회생물학으로 본다면 '기양'이 바로 DNA, 즉 소설의 주체가 될 것임을 의심치 않는다. 진정 소설이 '욕망의 구현체具現體'라면 기양은 바로 그러한 욕망이다.

『중문대사전中文大辭典』에 보이는 기양의 정의를 그대로 옮기면 이렇다.

*모든 성과는 계획이 아닌 가슴에서 나온다.

"기양이란, 사람에게 기예가 있어 긁지 않고서 견딜 수 없는 가려움증같이 표현하지 않고는 못 배기는 것을 말한다. 이 가슴*속에 품은 것을 쓰지 않고 견딜 수 없는 표현욕을 기양이라고 한다技癢者 謂人有技藝 不能自認 如人之癢也 技癢 謂懷伎欲求表現也."

풀이하자면, 기양이란 심성적 동기로서 단순한 '표현욕'이다. 뜬금없는 질문이다.

왜 글을 쓰세요?Why do you write literature?

왜냐하면 기양技癢, Burning to show talent이 거기에 있기 때문이지요Because Ki-yang is there.

기양을 만나고픈 오늘이다.

눈길 돌리지 마!

눈길 돌리지 마!

"눈길 돌리지 마! 쿠르트. 진실한 건 모두 아름다워."

〈작가 미상Werk ohne Autor〉에서 이모인 엘리자베스 메이(사스키아 로젠달 분扮)가 조카 쿠르트에게 예술이 무엇인지를 알려주는 말이다.

"이 작품들은 네 것이 아니야. 넌 네 것을 찾아야 해."

예술 학교에 입학한 쿠르트에게 안토니우스 판 페트 텐(올리버 마수치 분扮) 교수가 하는 말이다.

상영시간이 무려 3시간 30분, 극단의 이념, 관념의 통제 속에서 '진정한 예술의 길'을 찾는다는 묵직한 주제를 다루었다. 영상이며 대사, 스토리까지 수작秀作임에 틀림없다.

이 영화는 실존 화가인 게르하르트 리히터Gerhard Richter(1932~)의 삶을 따라잡았다. 리히터의 작품은 스물일곱에 나치에 의해 정신병원에 감금되고 사망한 이모에게 영향을 받았다. 흥미로운 것은 독일 친위 대원이자 정신과 의사가 장인이다. 그는 동독에서 태어나 유년 시절에 전쟁을 겪었고 동서독이 분단된 후에는 전체주의에 대한 반발로 서독으로 탈출한 현대 미술의 거장이다. '예술의 힘'을 묻는 질문에 리히터는 "예술은 위로를 주려 존재한다"고 답한 바 있다.

'진실을 보는 눈'과 '네 것'은 동의어이다. 이는 화가나 글 쓰는 이만의 문제가 아니다. 우리 삶이기도 하다. 진실과 네 것(=내 것)을 얻으려면, 이것을 찾으려는 마음이 선행해야 하지만 '문화'라는 관습적인 통념이 이를 막는다. 내 것을 찾고 진실을 보는 눈이 있어도 '용기'가 없으면 이를 실행 못한다.

쿠르트는 '진실을 보는 눈'과 '네 것', 그리고 '용기'까지 있었다. 이런 쿠르트의 삶을 이끌어준 것은 '진실'이란 영감을 준 이모, '거짓'을 배격하는 예술학교 교수, 그리고 죽은 이모와 같은 이름의 여인 엘리 시반트(폴라 비어 분)의 '사랑'이 있었기에 가능했다. 저 세 사람은 화가로서 쿠르트의 삶을 흔들림 없이 신뢰한다.

'저 세 사람이 없었다면 과연 쿠르트는, 쿠르트(게르하르트 리히터)가 되었을까?' 하는 생각이 든다. 영화 속에서 쿠르트는 '로또 번호의 비유로 예술을 해석'했다. 3, 7, 9, 1, 5, 7이라는 숫자가 있다 치자. 이 여섯 개의 숫자에는 아무 의미도 없다. 이 번호가 '로또 당첨 번호'라는 맥락 안에 놓일 때는 그 의미가 완연 다르다. 쿠르트는 이를 '아름답다' 했다. 저 세 사람에게 쿠르트는 사람들 중에 특별한 화가라는 문맥으로 읽히지 않았을까.

우습게도 '나를 특별한 글 쓰는 이로 여기는 저런 이들이 있었으면' 하는 생각을 하다가, 혹 내 글도 내가 아닌 사회적 관습으로 쓴 글이 아닌가한다. 정확히 말하여 '작자가 있어도 작자가 없는 작자 미상인 글' 말이다.

그런 유감遺憾, 마음에 남는 섭섭함 아닌, 유감有感, 느끼는 바가 있음을 해보는 오늘이다.

역원근법逆遠近法*

'원근법遠近法, Perspective'이란 말을 아시지요.

그렇습니다. 원근법이란 일정한 시점에서 본 물체와 공간을 눈으로 보는 것과 같이 멀고 가까움을 느낄 수 있도록 평면 위에 표현하는 방법입니다. 쉽게 풀어 말하면 길을 그릴 때 가까운 곳은 넓고, 멀리 갈수록 좁아지게 그리는 게 원근법이지요. 일반적으로 우리는 원근법이 사물 표현으로 정확하다고 생각합니다. 그렇지 않습니다.

그럼 혹 '역원근법'이란 말을 아시는지요? 역원근법은 배경의 입체

*어말어미를 경어체로 달리해 보았다. 어떤 체를 쓰느냐에 따라서 글의 분위기가 사뭇 다르다.

구어체: 말하는 것처럼 글을 쓰는 문체랍니다. 대화, 문자 메시지, SNS와 같은 데서 쓰는 문체지요.

문어체: 말을 문장으로 나타낸 문체이다. 이 책의 글 대부분이 문어체이다. 소설, 안내문, 경고문, 서류, 문서와 같은 데에서 많이 사용한다.

평어체: 반말투 문체지. 편안한 사이에 서서 상대방과 거리감이 가까워. 대화의 주체나 상대가 동년배이거나 신분이 비슷할 때 사용하며 존댓말을 제외한 모든 종결어미들이 해당해.

경어체: 존댓말이랍니다. 격식 있게 말하기에 상대방과 거리감이 멀게 느껴집니다. 대화의 주체나 상대에게 경의를 표하기 위해서 사용하는 문체로 '~세요.', '~하십니다.', '~시오.', '~니까?'와 같은 종결어미들이 쓰입니다.

를 전경前景의 입체보다 크게 그리거나, 화면의 중심을 향하여 집중하여야 할 선대로 확산하여 그리는 방법입니다. 즉 길이 뒤로 갈수록 넓어진다는 뜻입니다.

그럴 수 있느냐고요? 가능합니다.

답은 의외로 간단합니다. '사물을 보는 자의 위치가 어디에 있느냐?'에 따라 달라지기 때문입니다.

원근법은 고정된 시각으로 본 것입니다. 길을 가운데 서서 보니 당연히 앞은 넓고 뒤는 좁지요. 원근법으로 그리면 길은 한 모습일 뿐 융통성이라곤 없습니다. 역원근법은 길의 옆에서도, 위에서도, 혹은 대각선으로도 봅니다. 보는 시각에 따라 앞이 넓기도, 좁기도, 굽기도… 따위 다양한 스펙트럼을 보여줍니다. 피카소Pablo Picasso(1881~1973)가 여러 측면에서 본 사물을 한 화면에 재구성해 넣는다*거나, 한 작품에서 등장인물들이 복수複數 시점으로 한 사람을 주시하는 따위가 역원근법이다. 한 마디로 역원급법은 복수적 시점이고, 원근법은 단수적 시점이다.

오늘, 어제도 그러하였지만 처음 살아봅니다.

원근법이 아닌, 역원근법적으로 어제 본 것과 다른 세상을 보았으면 합니다. 어제까지 진리였던 게, 신주 받들 듯 한 게, 오늘 보니 거짓인 경우도 참으로 많기 때문입니다. 더욱이 '어느 대학 나왔냐?'를 갖고 한 사람의 모든 것을 다 아는 듯 이야기함은 소도 웃을 일입니다.

하이데거Martin Heidegger**에 따르면 '진리'의 근원어는 '알레세이아aletheia'이다. 'a'는 그리스말로는 부정이요 'lethe'는 '은폐 혹은 덮개'이니, '알레세이아'란 '은폐된 것이나 덮개를 벗긴다'는 의미쯤 됩니다. 눈을 비비고 진리의 세계를 보아야 합니다.

먼 후일 후손들이 지금의 우리 사회를, 혹 '원근법이 지배한 세상으로 보지나 않을는지' 하는 하나마나한 걱정이나 놓기 멋쩍어, 여남은 줄 더 첨부합니다.

"친애하는 친구여. 내가 어리석은 것인지도 모르겠지만, 차라리 내 머리를

*1937년 독일의 폭격에 의하여 폐허가 된 에스파냐의 북부 도시 게르니카를 그린 〈게르니카(Guernica)〉이다.

캔버스 왼쪽부터 보면 죽은 아이의 시체를 안고 절규하는 여인, 부릅뜬 황소의 눈, 울부짖는 말, 램프를 들고 쳐다보는 여인, 여자들의 절규, 분해된 시신들을 한 화면에 담아 전쟁의 비극성을 보여준다.

**하이데거(1889~1976)는 독일 철학자이다. 현상학, 실존주의, 해석학, 구조주의, 포스트모더니즘에 지대한 영향을 끼쳤다. 하지만 나치에 참여하였기에 그의 업적이 부정당하기도 한다. 그에 따르면 진리(aletheia, 알레세이아)란, 숨겨져 있던 자연 존재자가 인간이라는 '열린 공간'에서 자신의 모습을 드러낸다. 인간은 자신을 드러내는 모습에서 울림, 몰입, 경이를 느낀다. '진리'가 발견되는 이 사건의 '순간'을 하이데거는 '생생한 고유화(Ereignis, 존재 사건)'라 하였다.

고문하고 말겠네. 잠들기까지 어떻게 몸을 뒤척였는지를 묘사하는데 30여 페이지나 할애하는 게, 과연 사람이 할 짓인지 난 도무지 이해 안 되네."

19세기 프랑스 작가 마르셀 프루스트Marcel Proust(1871~1922)는 알 만한 사람이면 다 압니다. 그의 유명한 책이 『잃어버린 시간을 찾아서』라는 것도. 위의 몹시도 모욕인 저 문장이 『잃어버린 시간을 찾아서』를 결코 출판하지 못한다는 거절통보서였다는군요. 프루스트는 결국 이 책을 자비로 출간했답니다.

두어 줄만 더 넣어보지요. '새로운 사랑'에 대한 시각의 다양성은 이토록 다양합니다.

신경생리학자: "일련의 호르몬이 과도하게 분비되어 극도로 기분 좋은 상황이 일시적으로 활동하기 시작하였다."

진화심리학자: "이제 짝짓기의 초기 단계가 막 시작됐다."

철학자: "인간으로서 고독의 극복을 향한, 태고부터 원초적인 동경의 세계로 들어섰다."

인문학자: "자기 안의 가장 고상하고 무한한 가치가 있는 존재를 다른 누군가에게 투사하기 시작했다."

경제학자: "손익계산 중이다. 긍정적이면 서로 다가가 입을 맞춘다."

당신의 전공은 무엇인지요? 전공에 맞게 만들어봅시다.

    : "   "

까마귀 색깔은?

"아! 저 까마귀를 보자. 그 날개보다 더 검은빛도 없으나 갑자기 비치어 부드러운 황색도 들고 다시 비치어 진한 녹색으로도 된다. 햇빛에서는 붉은빛을 약간

띤 누런색으로 번쩍이다가 눈이 아물아물해지면서는 비취색으로 변한다. 그렇다면 내가 비록 푸른 까마귀라고 해도 좋고 다시 붉은 까마귀라고 일러도 좋다."

연암 박지원 선생의 「능양시집서」에서 끌어온 글이다. 진실은 늘 보이는 곳에 그렇게 숨어 있지만, 지식만을 암기한 눈으로는 찾지 못한다. 우리는 보통 까마귀의 빛깔이 검다고만 보는 것이 사실이다. 그러나 이것은 폐쇄적이요, '고정관념'에 사로잡힌 지식일 뿐이다. 연암은 한 마리의 까마귀에서 부드러운 황색의 까마귀, 진한 녹색의 까마귀, 등자색을 띤 자줏빛의 까마귀를 본다. 이어지는 글을 통해 연암의 지혜를 좀 더 보자.

"저 새는 본래 일정한 빛깔이 없거늘, 내가 먼저 눈으로써 빛깔을 정해 버린다. 어찌 다만 그 눈으로 확정 지었겠는가. 보지도 않고 마음속으로 먼저 정해버린다. 아! 까마귀를 검은빛에 가둔 것만도 족한데, 다시 까마귀로써 천하의 온갖 빛깔을 고정하려 드는구나. 까마귀가 정말 검기는 하지만 누가 다시 이른바 까마귀의 푸르고 붉은색이 곧 검은색 안에 들어 있는 빛인 줄 알겠는가."

연암은 사물을 '본래 일정한 빛깔이 없다'는 '본무정색本無定色' 넉 자에서 새로운 지혜를 얻었다. 눈이 색을 본다는 것은 단순한 암기에 의한 착각일 뿐이다. 실상은 빛의 간섭현상 때문에 색이 여러 빛깔로 보인다. 빛과 색 사이의 물리적 현상에서 얻을 수 있는 연암의 사고과정은 단순 지식과 외물의 현상보다는 이면을 치밀하게 살핀 결과이다. 그 구체적인 표현이 '창오가야蒼烏可也, 까마귀 색은 푸르다도 좋고 적오가야赤烏可也, 까마귀 색은 붉다도 좋다'이다. 이렇듯 까마귀의 색을 '검다, 붉다, 푸르다'는 한정된 어휘로 잡아둘 게 아니다. '까마귀 색은 까마귀 색'이다. 교육현장에는 이러한 교육이 있어야 한다.

그런데 작금의 우리나라는 교육은 어떤가? 「국민대 '김건희 논문표절 봐주기'…학계, 국민검증 돌입 국내외 학자 2천 명 참여한 지식네트워크 '국민대, 상식 이하 결론…학계 차원에서 공동대응'」, 이 신문기사가 우리 대학의 현주소다.

경제력 10위권, 자칭 선진국이라는 대한민국. 분명 학력은 높고 지식은 넘쳐나는데, 양심은 저열하고 지혜는 없다. 예의·정의보다는 불의·요령이 세상살이에 더 편리하고 불로소득을 노리는 부라퀴 같은 사람들이 더 잘 산다. 부자는 더욱 부자가 되고 가난한 자는 은행의 노예가 되었다. 무서운 게 이 모든 것이 합법적이다. 살아본 경험을 요약하자면 정치·경제·사회·문화 모두 '그들만의 리그'요, '닫힌 사회'의 전형적인 형태이다.

30년 넘게 고등학교와 대학에서 학생을 가르치며 이 모든 원인에 '단순 암기 지식교육'이 있다는 것을 절감한다. '살아남기 위한 경쟁'으로 단편적 글자의 해석과 지식에만 온 정성을 다하니 까마귀는 검을 뿐이다. 계절로 비유하면 지식만 암기하니 꽁꽁 얼어붙은 '겨울'이기에, 만물이 소생하는 지혜의 '봄'으로 나아가지 못한다.

요술에 걸린 베틀

청언聽言·후언嗅言·미언味言·촉언觸言·시언視言, 그리고 지언知言

'글쓰기는 마땅히 수제품'이어야 한다. 수제품 구두는 단 한 켤레도 똑같은 게 없다. 글은 사물의 모사模寫나 재현再現이 아닌 '사물에 대한 번역'이다. 사물은 눈 있는 자라면 누구에게나 동일하게 보이지만, 사물의 속은 누구에게나 보이는 게 아니다. 글 쓰는 자는 사물을 눈으로 이끌어 자기의 마음으로 번역한다. 글쓰기가 마땅히 수제품일 수밖에 없는 이유이다.

번역은 '사물을 어떻게 보느냐'에서 출발한다. '사물을 어떻게 보느냐'는 사물에 대한 치밀한 관찰이다. 글쓰기에서 관찰이란 보고 듣는 것에 그치지 않는다. 오감을 동원하여 사물을 관찰하지 못하면 사물의 속을 못 본다. '몸이 천 냥이면 눈이 구백 냥'이라는 우리 속담이 있다. 이는 서양도 다르지 않다. 심리학자들도 사물을 분간하는 실마리인 지각知覺 형성의 73%가 시각에 의존한다는 기록도 있지만 통계일 뿐이다. 너무 믿지 말았으면 한다.

특히 지적인 취미가 있는 이들은 후각, 청각, 미각, 촉각을 천시하고 시각을 중시한다. 한때 유럽 중세에 청각이 우위였던 시대도 없지는 않았지만, 후각, 청각, 미각, 촉각이 시각에 비하여 상대적으로 그 가치를 인정받지 못함은 이런 지적知的 어리석음 때문이다. 보는 것과 함께 듣고, 맡고, 맛보고, 느끼는 오감五感을 갖춰야만 사물이 새롭게 보인다. 이 오감에 '무의식적인 감각'*인 직감도 동원하여 가리사니를 잡아야만 사물의 어느 은밀한 곳에 감추어져 있는 내밀한 진실을 찾는다.

예를 들어, 코난도일 소설 주인공인 셜록 홈즈는 남들이 보지 못하는 데서 단서를 찾아 사건을 해결한다. 그는 늘 사건이 일어나면 주위 사물을 예의주시하고, 오감에 총동원령을 내린다. 오감을 동원한 이런 글은 어떤가.

> "내 일생에도 금방 공장에서 출하된 노란 금박지로 포장한 초콜릿같이 달콤한 때도, 이글거리는 태양을 받던 청포도같이 새콤달콤하던 시절도 있었다. 그러던 내가 이제는 저 주둥이가 깨진 술항아리에서 한 사발 떠올린 막걸리처럼 시큼털털해졌다"

남들이 보지 못하는 것을 본다. 그만큼 사물을 예리하게 보지 않으면 안 된다는 의미이다. 시각만으론 부족하다. 글 쓰고자 하는 이, 이 말을 명심하라. '오감으로 관찰하라.' 그리고 이 말보다 아래 말을 더욱 마음에 새겨야 한다. 노력 여하에 따라서 사물 관찰의 마이다스 손이 된다.

*미국 신경과 의사이며 작가인 올리버 색스(Oliver Sacks, 1933~)는 "지속적인, 그러나 무의식적인 감각의 흐름이 우리 몸의 동작 부위에서 나온다"고 한다. 감각의 흐름이란 우리가 '제6감' 혹은 '비밀의 감각'이라고 부른다.

다섯 가지 색으로만 범주화하면 우리 눈이 멀게 되고

다섯 가지 음으로만 범주화하면 우리 귀도 멀게 되고

다섯 가지 맛으로만 범주화하면 우리 입맛은 짧아지고 만다.

—『도덕경』

『도덕경』에서 다섯 가지 색, 음, 맛으로 '범주화'하면 눈과 귀는 멀고, 입맛은 없어진다며 주위를 준다. 영국의 신경생물학자 찰스 셰링턴Charles Scott Sherrington*은 『인간과 인간의 본성』이라는 책에서 인간의 뇌를 '요술에 걸린 베틀'이라고 했다. 그에 따르면 인간은 이 베틀을 통해 외부 세계를 끊임없이 짜는 일을 해낸다. 외부 세계를 끊임없이 짜내려면 내가 있는 곳에서 몸이 벗어나야 한다. 물고기는 물 밖을 보지 못한다. 주변 사물을 관찰하려면 내 몸을 먼저, 보려는 사물에서 빼내야 한다. 방 전체를 보려면 방 밖으로 나가 창구멍을 뚫고 보는 지혜가 필요하다.

『도덕경』에서 지적한 '범주화'와 『인간과 인간의 본성』의 '요술에 걸린 베틀인 뇌'를 합하면 해답은 '인간의 뇌'이다. 오감의 통발에 걸려든 사물을 요술에 걸린 베틀에서 짜야만 한다는 뜻이다.

그래 이 오감五感만으로 부족하니, 이를 듣는 청언聽言, 맡는 후언嗅言, 맛보는 미언味言, 느끼는 촉언觸言, 보는 시언視言으로 바꾸어 오언五言으로 나아가 이해해 보자. 오감을 통합하는 제6감인 지각知覺, 감각을 통한 깨달음과 오언을 통합하는 지언知言, 감각을 통해 얻은 도리에 맞는 말은 이러할 때 얻는다. 사물이 '지각과 지언'으로 읽혀질 때 새로운 모양으로 탄생한다. 누누이 강조한다. '글은 머리가 아닌 감각이 살아있어야 한다.'

*찰스 스콧 셰링턴(1857~1952)은 1920년대 초 영국왕립학회 회장을 지냈으며, 1932년에는 신경 세포의 기능에 관한 연구로 노벨 생리학·의학상을 받았다.

보는 것의 한계를 보고 듣는 것의 한계를 들어라

나를 투명인간으로는 보는 저이는 수십 년을 사귀어도 그냥 눈에 비치는 나를 보았을 뿐이다. 당연히 벗이 아니다. 보는 것의 한계를 보고 듣는 것의 한계를 들어야만 벗이 된다.

보는 것의 한계를 보고 듣는 것의 한계를 들으려면 '보고 듣는 것에 우선하여 마음'이 있어야 한다. 서양에서는 눈에서 '에테르'라는 물질이 나가서 대상을 만져 보고 돌아온다고 생각했다. 응시와 유사하다. '에테르'는 현재 맞지 않는 학설이라지만 꽤 흥미롭다. 응시하려면 잘 보려는 마음이 필요하다는 뜻이다.

『대학』에는 "심부재언心不在焉, 마음이 그곳에 있지 않으면 시이불견視而不見, 보아도 보이지 않고 청이불문聽而不聞, 들어도 들리지 않는다"는 말이 있다. 보고 듣는 것에 우선하여 마음이 있어야 한다는 의미이다.

> "시 빨리 짓는 법을 묻는 사람이 있었는데 그것은 책 많이 읽는데 있는 게 아니다. 구름이 흐르고 비가 모이며 새가 훼치고 벌레가 우는 소리가 마음에 관계되지 않음이 하나도 없다. 가거나 멈추거나 앉거나 눕거나 일찍이 잠시라도 잊지 않는다면 여기에서 생각이 훤히 트이게 된다."

조선 후기 서리로 태어나 화가로 시문으로 이름을 날린 조희룡趙熙龍 (1789~1866)의 『석우망년록石友忘年錄』에 보이는 글이다. 조희룡 선생의 글을 잘 짓는 비의 역시 독서가 아니라, '자연 현상을 관찰할 줄 아는 마음'이었다.

청성靑城 성대중成大中* 선생도 그의 「태호집서」에서 "무릇 마음이 공평하면 앎이 밝고, 앎이 밝아지면 이치가 정밀해지고, 이치가 정밀하면 말이 순해지고, 말이 순해지면 글이 우아하게 된다. 그러므로 말과 이치를 모두 갖춤이 으뜸이요, 말은 졸렬하나 이치가 뛰어남이 그 다음이요, 이치는 졸렬하나 말은 뛰어남이 글의 말단이다"라 한다. '졸렬한 글'이든 '우아한 글'이든 일단 마음이 있어야만 한다는 귀띔이다.

> "무엇이든 '마음의 눈'으로 볼 때 가장 잘 볼 수 있는 거야. 가장 중요한 것은 눈에 보이지 않거든." "사막은 아름다워. 사막이 아름다운 건 어디엔가 우물이 숨어 있기 때문이야. 눈으로는 찾을 수 없어, 마음으로 찾아야 해."

*청성 성대중(1732~1812)은 1756년에 정시 문과에 병과로 급제하였다. 서얼로서 서얼통청의 상징적 인물이다. 영조의 탕평책에 힘입어 1765년 청직(淸職)에 임명되었다. 청직은 문관의 중요한 벼슬자리이며 과거 출신자만 임용하였다. 연암 등 실학자들과 교류하였으나 글은 보수적이었다. 신분적 한계는 그렇게 글에도 영향을 미쳤다.

*생텍쥐페리(1900~1944)는 프랑스 소설가이자 조종사였다. "나는 무엇도 후회하지 않는다." 그가 친구에게 남긴 편지 한 문장이다. 이 편지를 쓰고 마지막 비행을 떠난 생텍쥐페리는 영원히 우리에게 돌아오지 않았다. 아마도 그는 B612 주위의 소행성으로 떠났는지도 모르겠다. 〈어린 왕자〉를 읽다 다음과 같은 시를 써보았다.

〈코끼리를 잡아먹은 보아뱀〉
보아뱀이 코끼리를 잡아먹었는데
그들은 모자로만 본다.

다스릴 백성이 없는 왕,
허영심에 빠진 사람,
술주정뱅이,
사업가,
쉬지 않고 가로등을 켜고 끄는 사람,
그리고 움직이지 않는 지리학자.

오늘도 어린 왕자는 자신의 행성 B612
주위의 소행성으로 길을 떠난다.

**이런 선생이 소설을 꽤나 싫어했다. 난 『아름다운 우리 고소설』(김영사, 2010)에서 아래와 같이 섭섭한 마음을 표했다.

"추위와 가난에 찌든 한미한 가문, 서얼이기에 태어나면서부터 삶의 배경이 어두운 사내, 그래도 한겨울 추위를 『한서』 한 질로 이불 삼고 『논어』로 병풍 삼아 막았다는 꼬장꼬장한 기개의 남산 아래 딸깍발이, 조선 최고의 소설가 연암 박지원의 벗이며 제자로 새로운 문명을 그리워한 사내, 그리고 무엇보다 책을 너무 사랑하여 자신의 호를 '책만 보는 바보'라는 뜻의 '간서치(看書痴)'라 지은 청장관(靑莊館) 이덕무. 그래 읽은 책이 수만 권이요, 베낀 책만 수백 권인 이 사내의 소설에 대한 독설은 독하기 짝이 없었다. 조선조 유학자의 태반이 소설을 배척했다지만, 그중 제일은 이덕무에게 내주어야 한다."(183쪽)

생텍쥐페리Antoine Marie Roger De Saint Exupery*의 〈어린 왕자〉에 보이는 문장이다. 저기에도 마음이 보인다. 어디엔가 숨어 있는 우물을 찾으려면 '견·시·관見視觀'을 고루 보려는 마음이 필요하다. '눈은 있어도 망울이 없다'라는 속담이 있다. 사물을 분별하거나 꿰뚫어볼 줄 모름을 비유적으로 이르는 말이다.

사물에 눈길을 주고 눈망울로 읽어보는 자세도 필요하다. 두 눈을 떴다고 잘 보는 게 아니다. 사냥꾼은 더 잘 겨냥하려고 오히려 한쪽 눈을 감는다. 이렇게 될 때 연암의 제자이기를 자청했던 이덕무李德懋(1741~1793)** 선생의 말처럼 "반드시 마음이 환히 밝아져 한 번 눈을 굴리면 만물이 모두 내 문장"이 되고, 박제가朴齊家(1750~1805) 선생의 말처럼 "하늘에 가득 찬 만물이 모두 시"가 된다.

〈샘〉, 마르셀 뒤샹 작, 1917. 뉴욕의 앙당팡당전에 출품하여 지금까지 많은 논란과 관습적인 관찰에 개안을 불러일으키고 있는 작품이다. '창의적인 글쓰기'는 일상 사물을 전혀 새롭게 보고 읽을 때 비로소 시작한다.

"당신이 보고 있는 것들을 생각해 보라. 자신이 가장 생각하지 않은 것들을 많이 생각하라."

마르셀 뒤샹의 말이다. 마르셀 뒤샹도 저 변기를 견으로 당겨오고, 관으로 이끌어 예술작품으로 승화했다.

시인 에드워드 E. 커밍스는 자신을 "태양 아래 있는 모든 것을 관찰하는 사람"이라고 규정하였으며, 소설가 서머싯 모음은 "사람을 끊임없이 탐구함은 작가의 필수"라 한다. 어디 이들뿐이겠는가. 모든 예술 활동을 하는 자들에게 해당하는 이야기이다.

한 사물을 원근법으로, 나아가 역원근법으로 이해해 보는 것도 관찰력을 키우는 좋은 접근법이다.

3. 독도(讀道, 읽는 길): 터 닦기2

황토벽돌(담집)집을 지으려면 지면과 닿는 부분에 습기가 올라오지 못하도록 집의 외벽과 내벽을
쌓을 자리에 깊이 2자, 폭 1자 가량 판다. 사물을 보았으면 이제는 독서이다. 독서를 통하여 글
쓰려는 자의 안목이 넓어진다.

"독서시인간제일건청사讀書, 是人間第一件淸事."

아들에게 보낸 편지에서 다산 선생이 글공부를 정의한 문장이다. 풀이하자면, "독서야말로 인간이 해야 할 일 가운데 가장 맑은 일이다." 정도의 의미이지만은 쉬이 넘어갈 글줄이 아니다. 공부하여 출세하려는 독서와 영판 다르기 때문이다.

'제일건청사'는 '가장 맑은 일'이라는 뜻이다. '가장 맑은 일'이란, 맑은 삶을 살라는, 마음공부에 다짐장을 두라는 의미의 독서를 말한다. 다산의 저서를 관류하는 현실에 대한 명확한 관찰과 부조리한 사회상을 바로 잡으려는 정신은 독서를 '가장 맑은 일'이라 규정하는 데서 알 수 있다. 정녕 '맹물에 조약돌 삶듯' 머리로만 책을 보아서는 아니 될 말이다. 다산의 풀 먹인 안동포처럼 빳빳한 삶도 이 독서에서 비롯됐다.

우리나라의 가장 나쁜 버릇

책 따로 나 따로書自書 我自我

　"하루 아홉 참站식 열 참站식 네거늘"

　"하루에 아홉 참씩 열 참씩 가거늘"이란 뜻이다. 조선시대 간행된 『박통사언해』*라는 책에 보인다. '참'이란, 여행하는 사람이 쉬던 곳을 이르는 말로 '역참驛站'이라고도 한다. '한참 기다렸다.'처럼 우리가 자주 쓰는 이 '한참'도 여기에서 유래하였다. '한참'은 두 역참 사이 거리를 가리키던 데서 비롯한 말로, 역참과 역참 사이 거리가 멀어 그 사이를 오가는 시간이 오래 걸린다는 뜻이다. 즉 '공간 개념'이 '시간 개념'으로 바뀐 경우라 하겠다.

　그리고 새참(곁두리)이니, 밤참이니, 할 때 '참'도 이 참站에 잇댄다. 여기서 '참'은 일을 하다가 잠시 쉬며 먹는 음식이다. 우리 속담에 "고추밭을 매도 참이 있다"라는 말이 있다. 고추밭 매기처럼 헐한 일이라도 '참'을 준다는 뜻으로, 작은 일이라도 사람을 부리면 보수로 끼니는 때워줘야 한다는 속담이다.

　이외에도 '참'은 '일을 하다가 쉬는 일정한 사이'나 "집에 가려던 참이다"처럼 무엇을 하는 경우나 때를 지칭하는 따위, 그 쓰임새가 참, 폭넓다.

　『예기』「학기」에 이런 말이 있다.

　"雖有嘉肴 弗食 不知其旨也수유가효 불식 부지기지야."

　'비록 제 아무리 맛있는 음식이 있어도 먹지 않으면 그 맛을 알지 못한다'는 뜻이다. 맛도 모르지만 음식은 결국 부패하여 썩고 만다.

*『박통사언해(朴通事諺解)』는 『박통사』의 원문에 한글로 중국어의 독음을 달고 언해한 책으로 1677년에 간행한 중국어 학습서이다.

배움을 음식에 빗댄 가르침이다. 요즈음 책을 마음으로 보지 않고 제 지식만 챙기려는 자들을 흔히 본다. 지식 자랑이나 하려는 독서가 어디 책을 보는 것인가. 마음으로 글을 보지 않는다면 글자들은 허연 백지 위 그저 파리 대가리만한 점일 뿐이다.

독일 문학을 세계적 수준으로 끌어올린 위대한 작가요, 시인·극작가·정치가·과학자인 괴테는 80여 년 동안 문학사상 전무후무한 깊이와 넓이를 성취하고 인간의 욕망과 이상을 그린 대작 〈파우스트〉를 60년 걸쳐 쓴 그다. 그조차 "독서하는 방법을 배우려고 80년 세월을 바쳤으나 배웠다고 못 하겠다" 한다.

천천히 '참站'에서 쉬며 '새참' 먹듯, 마음으로 글을 새기며 읽어야 제 삶과 연결된다. 글쓰기는 하루아침에 늘지 않는다. '호시우행虎視牛行'이란 말이 있다. '범처럼 보고 소처럼 간다'는 뜻으로, 예리한 통찰력으로 꿰뚫어보며 성실하고 신중하게 행동함을 이르는 말이다. 범처럼 내다보며, 소처럼 한 걸음 한 걸음 수굿이 한 걸음 한 걸음 서두르지 않는 마음이 선손 걸어야 한다.

그렇지 않다면 제 아무리 책을 읽어봤자 '서자서 아자아書自書 我自我, 책 따로 나 따로'일 뿐이다.

우리나라의 가장 나쁜 버릇을 고쳐라

'오동누습吾東陋習'은 '우리나라의 가장 나쁜 버릇을 고쳐라'이다. 다산 정약용 선생이 맹목적으로 읽고 외우는 『천자문』의 폐해를 지적한 말이다. 다산 선생은 그의 『다산시문집』 제17권 「증언贈言」 '반산 정수칠에게 주는 말'에서 『천자문』의 폐해를 아래처럼 직설적으로 써놓았다. 체계 없는 『천자문』을 쓸데없이 암기하는 것을 지적하는 발언이다.

"어린아이를 가르치는 데 있어서 서거정徐居正의 『유합類合』과 같은 것은 비록

『이아爾雅』와 『급취편急就篇』의 아담하고 바른 것에는 미치지 못하나 주흥사周興嗣의 『천자문』보다는 낫다. 현·황玄黃이라는 글자만 읽고, 청·적·흑·백靑赤黑白 따위 그 부류에 대해서 다 익히지 않으면 어떻게 아이들 지식을 길러줄 수 있겠는가? 초학자가 『천자문』을 읽는 게 우리나라의 제일 나쁜 더러운 버릇이다"

저러한 선각께서 "이것은 우리나라의 제일 나쁜 더러운 버릇이다" 라까지 극언을 하셨거늘, 오늘날 모든 어린아이들 책상에 『천자문』 이 놓여 있다. 조선 최고 글쓰기 고수 연암 박지원 선생 역시 「답창애 지삼」에서 『천자문』 폐해를 지적하였다. 어린아이와 선생 대화를 통해 연암은 자신의 언어인식을 재미있게 드러냈지만 저기에 『천자문』 의 허가 있다.

"마을의 꼬마 녀석이 천자문을 배우는데 읽기를 싫어하여 꾸짖었답니다. 녀석이 말하기를, '하늘을 보니 파랗기만 한데 '하늘 천天'자는 푸르지가 않아요. 이 때문에 읽기 싫어요!'라 하였습니다. 이 아이의 총명함이 (한자를 만든) 창힐을 굶주려 죽일만 합니다."

전문이 겨우 서른 넉자에 불과한 글이지만 우리에게 시사해주는 바가 많다. 순진무구한 어린아이 마음으로 본 하늘은 그저 파랄 뿐이다. 그런데 '하늘 천天'자에는 전혀 그런 내색조차 없다.

『천자문』의 첫 자는 '하늘이 검다'이다. 하늘이 왜 검다는 말인가? 이를 대여섯 살 코흘리개들에게 어떻게 설명할까?

그런데 "하늘 천 땅 지, 검을 현 누를 황~" 하고 맹목적으로 외운다. 해석하자면 '하늘은 검고 땅은 누렇다'인데 하늘이 왜 검은가? '하늘 천天'자에는 전혀 그런 내색조차 없는데 하늘 아래 최고의 진리로 여긴다. 『주역』〈곤괘〉에 "무릇 검고 누런 것은 하늘과 땅이 뒤섞임이다. 하늘은 검고 땅은 누렇다"를 끌어와 대여섯 살 코흘리개들에게 설명한들 이를 이해할까?

『천자문』의 첫 자부터 이러하니 999자를 어떻게 감당해내겠는가.

*집단지성은 다수의 개체들이 서로 협력하거나 경쟁을 통하여 얻게 된 지적 능력의 결과로 얻어진 '집단 능력'을 일컫는 용어이다. 다수의 개체들이 서로 협력하거나 경쟁하는 과정을 통하여 얻게 된 집단의 지적 능력을 의미하며, 이는 개체의 지적 능력을 넘어서는 힘을 발휘한다는 이론이다. 이 개념은 미국의 곤충학자 윌리엄 모턴 휠러(William Morton Wheeler)가 1910년 출간한 『개미: 그들의 구조·발달·행동(Ants: Their Structure, Development, and Behavior)』에서 처음 보였다. 휠러는 개체로는 미미한 개미가 공동체로서 협업하여 거대한 개미집을 만들어내는 것을 관찰하였고, 이를 근거로 개미는 개체로서는 미미하지만 군집하여서는 높은 지능 체계를 형성한다고 이론화하였다.

현재 우리나라는 이 집단지성이 작동하지 않는다. 35년간 교육현장에 있는 나에게 그 원인을 분석하라면 그 중 하나는 분명 '암기 교육'에 있다.

그러니 '읽기 싫다'고 외치는 어린아이 내심을 똥겨주는 말이다. 이로부터 '배우고 묻는다'는 '학문學問' 본연의 자세는 사라지고 만다. '숟가락이 밥맛을 모르듯 국자가 국맛 모르듯' 글맛을 어찌 알며 어찌 인간 교육이 되랴. 교과서에서 암기한 알량한 지식나부랭이 몇을 전부라 여겨 저 잘났다고 가들막거리고 아기똥하게 세상을 되질하는 자칭 지식인들이 즐비하다. 그야말로 암기 공부한 것이 비단보에 개똥일 뿐이다. 전 세계 가장 높은 대학 진학률을 자랑하는 대한민국에서 집단지성集團知性, Collective Intelligence*이 작동하지 못하는 이유도 여기 있다. 『천자문』이 이 땅에 들어온 지 1500년이 훌쩍 넘었다. 이제는『마법 천자문』등으로까지 무한 번식하며 아이들을 괴롭힌다.

이 '오동누습'을 과제로 내주었다. 채점을 하다 보니 꽤 많은 학생들이 이런 글을 써놓은 것을 보았다. 우리 사회에 만연한 그릇된 '장유유서'와 '위계질서', '나와 다름을 틀리다로 인식'하는 못된 습관을 지적하는 발언이다. 오늘날 우리 한국인의 오동누습으로 지적하는 학생들의 글에서 부끄러움을 느낀다. 나 역시 적잖은 나이이기에 저 학생들의 지적에서 자유롭지 못하다. 삼가고 경계해야겠다.

독서 증후군 경보

완연 가을이다. 가을이면 으레 따라붙는 말이 독서요, '독서의 계절'답게 책에 관한 말들도 분분하다.

독서는 타인에게 자신의 생각을 떠넘기는 행위이다. 책을 읽는 동안 우리는 타인이 밟았던 생각의 과정을 더듬는데 지나지 않는다. 글씨 쓰기 연습을 하는 학생이, 선생이 연필로 그려준 선을 붓으로 따라가는 것과 비슷하다. … 독서의 첫 번째 특징은 모래에 남겨진 발자국과 같다는 점이다. 즉, 발자국은 보이지만, 그 발자국의 주인이 무엇을 보고, 무엇을 생각했는지는 알 수 없다. 그러므로 중요한 것은 발자국을 따라가는 게 아니라 주변에 무엇이 보이는가를 확인하는 길이다.

쇼펜하우어의 『문장론』이란 책에서 찾아낸 구절이다.

어제 모처럼 찾은 관내 도서관도 예외는 아니다. 여기저기 사람들로 북적인다. 그 대부분은 어린아이들과 아이들 손을 잡고 온 어머니들이다. 우리나라 초등학생의 독서율은 세계 어디에 내놓아도 으뜸이라는 말이 정녕 거짓은 아닌 듯하다. 어른은, 아니 중고등학생만 되어도 그 반대편에 서겠지만 어찌됐든 대견한 일임에는 틀림없다.

세르반테스*Miguel de Cervantes*의 〈돈키호테〉에 아래와 같은 구절이 있다.

"그는 지나치게 책 읽는 일에만 빠져들어 무수한 밤을 책을 읽느라 지새웠고, 책을 읽으면 읽을수록 더욱 책 속에서 헤어 나오지 못했다. 그러다 보니 잠자는 시간은 점점 줄어들고 책을 읽는 시간은 많아져서 머릿속은 텅 비고 마침내 이성을 읽어버리게 되었다."

아무런 의심 없이 책이 챙겨주는 정답을 외우는 행위만 반복하는 돈키호테가 그려져 있다. 책을 읽는 게 아니라, 책에게 읽히는 경우는 저 돈키호테뿐만이 아니다. (이 소설 속 돈키호테를 나는 꽤 좋아한다. 여기서는 다만 위의 문장만을 빌려 왔으니 오해마시기 바란다.)

맹자도 "옛글을 모두 믿는다면 글이 없는 것보다 못하다盡信書則 不如無書"라고 글 속에 빠진 독서를 경고하였다. '『논어』를 읽되 『논어』를 모른다'는 말도 이런 경계를 지적하는 말이다. 이런 어리석은 독서에 대한 경계는 어제 오늘 일이 아니니, 맹자의 저 말은 조선 경종임금 시절 과거시험 論의 시제로 출제되기도 한다.

공부와 계약을 맺어야 한다. 어디까지나 주인은 나요, 공부는 종이다. 공부에게 지배되는 순간 공부의 노예가 되어 버리고 나는 남이 시키는 대로밖에 못하는 '가르친사위'가 된다. 그런데 의외로 내가 자리 한 폭 깔고 앉은 대학가에는 공부 노예, 가르친사위임을 자처하는 이들이 참 많다. 가슴 서늘한 저러한 독서를 '독서 증후군' 쯤이라 하겠다. 증상은 다양하다. 거들먹거리고, 대학 가르고, 제자 무시하고, 제 논문이 최고라 하고… 따위, 그 병세는 꽤 넓고도 광폭하여

*미겔 데 세르반테스(1547~1616)는 스페인의 소설가이다. 〈돈키호테〉는 세계문학사에서 '최초의 근대 소설'이라 한다. 작품의 위대성은 근대 이후의 스페인어 자체를 '세르반테스의 언어(La lengua de Cervantes)'라 부른다는 데서도 안다. 1991년에는 스페인의 언어와 문화를 세계에 알리기 위해 스페인 정부가 국제 비영리단체인 '세르반테스 협회'까지 설립하였다. 우리나라 문학작품이 겨우 입시문제로 그 명색을 유지하는 것에 비애를 느낀다.

걸렸다 하면 치명적이다.

좁은 생각으로 미루어보면, 독서 후의 저러한 증세는 대개 이기려는 독서를 하는 데서 비롯되었다고 생각한다. 제 몸을 위해서가 아닌, '남을 이기려는 독서', '내 것만 챙기려는 독서'를 해 얻은 병이다.

장미의 계절, 라이너 마리아릴케는 장미 가시에 찔려 파상풍균에 감염되어 생명을 마쳤다. 독서의 계절, '독서 증후군'에 빠져 삶을 우습게 만들지 말라는 '독서 인플루엔자 경보'가 진작 내렸다.

히피적 사고

"교수님! 무엇을 써오라는지 못 알아듣겠어요. 너무 '막연'해요."
"당연히 막연하지. 내가 대학생인 여러분들에게 주제를 콕 찍어, 이것에 대해 써와라 해야겠어. 네가 무엇을 쓸지 찾아 봐."

글쓰기 수업 중, 학생의 질문과 내 대답이다.

"매일 밤, 영생을 얻는 '마법의 장미꽃'이 피었단다. 아무도 장미 가까이 갈 수 없었어. 그 장미 가시에는 독이 많았거든. 사람들은 공포와 죽음 고통만을 말할 뿐 영원한 삶의 약속에 대해서는 말하지 않았지. 장미는 누구에게도 영생을 전하지 못하고 시들었고 결국은 산꼭대기에서 모두에게 잊힌 채 사라졌어. 영원히… 홀로…."

<판의 미로>*라는 영화에 나오는 대사다. 명색이 선생이라 그런지 요즘 학생들을 보면 안타까운 점이 많다. 그중 하나가 독서하는 태도이다. 대학생인데도 선생이 정답을 콕 찍어 불러주기를 원하고 책도 외우려만 든다. 독서를 통해 성공이나 지식만을 말할 뿐, 생각하며 글을 읽어 비판적 안목을 기르려는 의도는 애초부터 없다. 그저 취업 학점을 받으려 근사한 문장에 밑줄을 긋고 방점을 찍어댈 뿐이다.

*<판의 미로(Pan's Labyrinth)>는 '오필리아와 세 개의 열쇠'라는 부제를 단 멕시코 판타지 영화이다. 감독은 기예르모 델 토로이다. 1944년 스페인, 잔혹한 전쟁의 참상을 어린아이의 시선으로 바라보았다.

지식의 정의는 응당 독서와 경험을 통해 얻은 '경험체'를 '사고라는 체'로 걸러 마음에 앉힌 지식이라야 한다. '우리 시대'가 저들 사고의 태반胎盤임을 생각한다면 가슴이 아플 뿐이다. 태반이라 함은 저들 사고가 '우리 시대'의 산물이란 뜻이다. 공부를 저러하게 하니 맹렬한 젊음의 정열은 말처럼 내달리나, 자기를 세워주는 주견도 공부한 사람으로서 소처럼 우직함도 없다. 이것도 저것도 아닌, 마치 변비약을 지사제와 함께 복용한 엉거주춤한 꼴이다. 글머리에 써놓은 저 '마법의 장미꽃'을 학문의 목적으로 비정한다면 글을 보고 또 보아야 한다.

옆 나라 근대문학의 아버지인 나쓰메 소세키夏目漱石는 젊은이들에게 글의 행간에서 소처럼 쉬어가며 '되새김질하는 공부'를 하라고 이렇게 당부하였다.

"소가 되는 것은 꼭 필요한 일일세. 우리는 어떻하든 말이 되고 싶어 하네만. 소는 웬만해선 될 수 없지."

이 말처럼 행하기가 어렵다는 것을 내 모르진 않기에 그저 내 말은 귀양 보낸 셈 친다.

책을 읽다 알았다. 토인비Arnold Joseph Toynbee*가 저 물 건너 미국의 3류 문화를 대표하는 히피를, 근대의 풋말인 '기술과 과학의 산물'로 정의한 것을. '히피'를 찾아본다.

히피hippie: 기성의 사회통념·제도·가치관을 부정하고 인간성 회복, 자연에 귀의를 주장하며 완전한 자유를 추구한 젊은이들. 1960년대부터 미국을 중심으로 등장하기 시작하여 20세기의 대표 청년 문화의 하나를 형성했다.

작금의 학생들을 보며 저 히피가 생각난다. 나쓰메 소세키 운운의 저러한 공부가 아닐진대, 차라리 히피적 사고라도 했으면 좋겠다. 독서와 글쓰기가 주는 마법의 장미꽃에 조금이라도 가까이 가려면 그래야 해서다.

*토인비(1889~1975)는 영국의 역사가, 문명비평가이다. 30여 년에 걸쳐 완성한 대작 『역사의 연구(Study of History)』에서 문명이 '탄생-성장-쇠퇴-붕괴'의 과정을 거쳐 순환한다는 '역사 순환설'을 주장했다. 역사와 문화는 '인간 및 인간 사회의 자유 의지와 행위에 의해 형성'되었다는 그의 주장을 깊이 새겨보아야 한다.

너무 행복하기만 한 결혼

책을 읽다 보면 고개를 갸웃하는 경우가 종종 있다. 특히 외국 책인 경우가 그렇다. 요즈음 아이 입양 문제로 설왕설래한다. 『에덴 프로젝트』*를 읽다가 가슴 아픈 일이기에 눈에 들어왔다. '너무 행복한 부부라 아이에게 부정적인 경험을 노출하지 않아 입양을 보내지 않았다'는 기사이다. 이런 기사가 진짜 있었는지도, 또 진짜 이런 일이 있었는지도 확인 못하기에 운운 자체가 의미 없다.

다만 이 책을 지은 이(번역가 포함)는 이를 "입양기관의 지혜로운 결정"이라고 하였다. 과연 그럴까. 또 "너무 행복하기만 한 결혼 생활"을 하는 부부가 어디 있으며, 아이가 부정적인 경험이 없기에 "이 세상을 살아가기에 어려움을 느끼게 될" 거라는 유추가 과연 합리적일까.

인생이 상처를 받고 이를 이겨내는 과정이라는 데 동의 안 할 사람은 별로 없을 듯하다. 다만 이런 이유로 "너무 행복하기만 한 결혼 생활"을 하는 경우, '아이를 입양하지 못한다'는 결론은 수긍하기 어렵다. 이것이 '지혜로운 결정'이라는 데는 더욱이.

많은 책을 읽었다. 많은 글을 보았다. 그러나 내 상식으로는 이해 못 할 책이나 글을 만나면 꽤나 곤혹스럽다. 책 읽는 다는 것, 꽤 지난한 일이다.

*저자는 제임스 홀리스로 주로 C. G. 융을 연구하는 학자인 듯하다.

이것은 쥐일 뿐이야

선명고훈식 독서

"배움이란 무엇인가? 배움은 깨달음이다. 깨달음이란 무엇인가? 깨달음은 그릇된 점을 깨달음이다. 그릇된 점을 깨닫는다 함은 어떻게 함인가? 바른말에서 깨달을 뿐이다. 말을 하는데, 쥐 눈을 가리켜 옥덩이璞라 하다가 잠깐 있다 이를 깨닫고는 '이것은 쥐일 뿐이야. 내가 말을 잘못했어' 하고, 또 사슴을 가리켜 말馬이라고 하다가 잠깐 있다 이를 깨닫고 '이것은 사슴일 뿐이야. 내가 말을 잘못했어' 한다. 그리고 이미 저지른 잘못을 깨닫고 나서 '부끄러워하고 뉘우치고 고쳐야만 이것을 배움'이라 한다."

『아언각비』의 「소인小引」에 보인다. 다산 정약용 선생은 『아언각비』 짓는 이유를 배움에서 푼다. 다산이 말하는 배움은 '그 기각旣覺, 잘못을 깨닫고, 괴언愧焉, 부끄러워하고, 회언悔焉, 뉘우치고, 개언改焉, 고침'이요, 그 그릇된 점을 깨닫게 하는 게 '아언雅言, 바른말'이다. '이것은 쥐일 뿐이야', '이것은 사슴일 뿐이야'가 그릇된 점을 깨닫게 하는 '바른말'이다. 이렇듯 잘못을 고치는 과정을 '선명고훈*식 독서'라 한다.

*선명고훈(先明詁訓): 널리 고찰하고 자세히 살펴 그 근원을 깨달아야 한다는 뜻.

책벌레가 되지 마라

인터넷에 '책벌레'를 치니, 모두 책벌레가 못 되어 야단법석이다. 그야말로 온통 책벌레 투성이다.

"책벌레가 되지 마라."

*쇼펜하우어(1788~1860)는 플라톤과 칸트의 사상에 큰 영향을 받은 독일의 염세주의 철학자다. 그는 '다독은 일종의 자해이고, 책상에 오래 앉았다고 생각이 여물지 않고, 쓰기 위해 쓰는 글은 조잡한 연극'이라고 거침없이 독설을 날린다. 특히 불량한 독서를 태질한다. 쇼펜하우어의 『의지와 표상으로서 세계』는 "신은 죽었다!"를 외친 프리드리히 빌헬름 니체(Friedrich Wilhelm Nietzsche, 1844~1900)의 사상을 이끌었다

**알프레드 마셜(1842~1924)은 '차가운 머리와 따뜻한 가슴(cool head, warm heart)'이라는 그 유명한 '경제 기사도'의 원칙을 만든 이다. 물질만을 추구하는 이 세상에서 약자를 외면하지 않는 따뜻한 마음과 문제의 본질을 정확하게 꿰뚫어 보는 날카로운 지성을 갖춘 경제학자였다.

독일 철학자 쇼펜하우어Arthur Schopenhauer*는 그의 『문장론』에다 이렇게 써놓았다. 책을 '마음'으로 읽지 않으면 읽어도 소용없다는 뜻이다. 공부는 '머리공부'가 아닌 '마음공부'여야 한다. 이것이 '책 읽기[공부]의 진정성'이다.

영국의 경제학자인 알프레드 마셜Alfred Marshall**조차도 『경제학 원리』라는 책의 서문에서 "공부하는 사람은 차가운 머리와 따뜻한 가슴을 가져야 한다"라 써놓았다. 인간 이기심을 극한값으로 끌어올리는 비정의 세계인 경제조차도 저렇다.

한 순간도 쉬지 않고 1분에 60번씩 우리 가슴을 쳐대는 심장 위에 뜨거운 마음공부를 새겨야 한다. 마음공부는 뜻을 세움이다. '뜻志은 만사의 근본'이다.

"말은 다함이 있지만 뜻志은 다함이 없는 법言有盡而意無窮입니다."

마음을 가다듬어 먹을 갈며 묵향墨香 속에 넣어둔 마음은 말이 없다. 작품들을 제대로 읽어보려면 글의 행간行間을 짚어가며 따지면서 읽고, '내 뜻으로써 저이 뜻을 읽어낸다'는 이의역지以意逆志로써 헤아려야 한다. 작가들이 종종 사용하는 수사적 기교 속에 독자에게 은밀히 건네는 시사점은, 우리가 '고매함으로 위장한 한 글들'에서 종종 발견하곤 하는 '인식되지 않는 불확실한 경계선'을 넘은 저쪽에 의연히 서있다. 그저 글자만 읽어서는 안 되는 이유가 여기에 있다.

일본 게이오 대학의 설립자이자 일본 근대화의 정신적 지주로 1만 엔 지폐 전면에 그려져 있는 후쿠자와 유키치福澤諭吉라는 이가 있다. 그는 "문자를 읽어도 사물 도리를 모르는 자는 진정한 학자가 아니다. 세상에서 말하는 『논어』를 읽되 『논어』를 모른다'는 말은 이를 두고 하는 말이다"라 하였다. 저 나라나 이 나라나 학문하는 이치가 별다르지 않다.

황현黃玹(1855~1910) 선생, 조선의 뒷자락을 예리한 칼로 베어버린 1910년 8월 29일 망국일, 그로부터 꼭 열흘째 선생은 목숨을 끊는다

는 〈절명시絶命詩〉 네 수를 짓고 이승을 달리한다. 그 둘째 수 결구는 이렇다.

"인간 세상에 글 아는 사람노릇하기 어렵기만 하구나難作人間識字人."

'망국노불여상가지견亡國奴不如喪家之犬, 나라 잃은 백성은 상갓집 개만도 못한 법'이다. 배운 자로서 망국의 백성인 그에겐 단 세 가지 길밖엔 없었다. 창검의 기치를 높이 들든가, 굴욕의 삶을 살든가, 이것도 저것도 아니면 죽는 길이다. 나이 쉰 하고 여섯의 늙은 지식인, 그저 생목숨 뗄밖에 없었다. 쉬운 일이 아니다. 용기나 양심은 하나님의 은총이 아니라 저렇게 힘겹게 얻는다. 오죽하였으면 '마음공부'를 다부지게 한 저이도 저런 시를 지었겠는가.

황현 선생을 보면 용기란 두려움의 부재에서 오는 게 아니다. 두려움에 비틀거리며 '행동하는 양심'이다. '글은 앉아서 쓰지만 뜻풀이는 서서한다'는 말이 있다. 모든 책에 실종된 정의는 그렇게 찾는다고 씌어 있다.

저이 말씀처럼 '글 아는[글 읽고 글 쓰는] 사람 노릇'이 여간 어려운 게 아니다. 조선 8도에 어디 황현 선생만 글자를 배웠던가. 그런데 황현 선생 같은 이를 손가락 몇으로 헤는 것을 보면, 대부분 '머리공부'만 하였거나 마음공부가 짧은 탓이다.

책벌레라 자임하는 분네들 자중자애해야 한다. 자칫 '인간 공부'라는, '마음공부'라는 문패를 큼지막하게 내건 인문학 집안에, 파산위기를 부른 장본인*으로 지목될지도 몰라서다. 머리와 가슴이 두 뼘도 안 되는 거리건만 하염없이 멀고멀어서는 '행동하는 위선'의 표본실에 안치되기 십상이다. 안타깝게도 우리는 저 황현 선생 죽음과 함께 순장된 양심을 종종 목격한다.

다산 정약용 선생 말씀이다. 아들에게 보낸 편지에서 다산 선생은 책 읽기[글공부]를 이렇게 정의했다.

*'장본인(張本人)'은 '어떤 일을 꾀하여 일으킨 바로 그 사람'이라는 뜻이다. 일본어에서는 부정일 때 주로 쓰인다. 우리 고문헌을 찾아보면 '장본(張本)'으로 '일의 발단이 되는 근원이나 그 사람' 정도의 의미이다. 대부분 부정인 경우가 많다. 국립국어원에서는 긍정·부정 모두 쓰인다고 하였으나 되도록 부정일 때 쓰는 게 좋다.

풀이하자면, "독서야말로 인간이 해야 할 일 가운데 가장 맑은 일이다" 정도의 의미지만, 쉬이 넘어갈 글줄이 아니다. 공부를 하여 조선인 특유의 '풍토병'인 출세나 하려는 독서와 영판 다르기 때문이다.

다시 글줄을 새겨본다. 다산 선생은 독서를 다섯 글자로 정의하였다. '제일건청사第一件淸事'라고. 즉 독서가 인간의 일 중에서 '가장 맑은 일'이라는 뜻이다. '가장 맑은 일'이란 맑은 삶을 살라는 마음공부에 다짐장을 두라는 의미의 독서를 말함이다. 정녕 맹물에 조약돌 삶듯 머리로만 책을 보아서는 아니 될 말이다.

주례사 비평*들

줄리언 반스의 『웃으면서 죽음을 이야기하는 방법』이란 책에 대한 기사를 보았다. '영국 문학의 제왕이자, 맨부커상** 수상 작가'라는 거창한 수식어를 붙인 줄리언 반스가 인간 영원한 숙제인 '죽음'을 유쾌한 한판 수다로 풀었다는 보도이다. 그 말대로 "언젠가 죽는다는 것을 의식 않고 사는 것"은 인생 최대의 실수이다. 죽음에 대한 진지한 성찰은 우리에게 필요하다. 나 역시 한 달간, 주변에서 네 분이 망자가 되었다.

내용을 읽다 보니 문학에 대한 그의 견해가 보인다. 줄리언 반스는 죽음에 연결한 이야기지만 "치유 효과가 있는 문학therapeutic literature의 가치를 믿지 않는다"라 한다. 또 "세상에 대한 어떤 감정을 없애려 소설은 쓰는 건 수준 낮은 일", "문학작품은 객관적客觀的***인 어떤 것, 바깥세상에 존재하는 잘 다듬어진 사물"이라 한다.

과연 그러할까? 글쓰기는 지극히 개인적인 행위이다. 글 쓰려는 내면 욕구가 치받혀 토해낸 결과물이 글이다. '치유 효과'는 여기서 발생한다. 세상에 대한 어떤 감정을 없애려 소설을 쓰는 것 또한

*우리는 자칫 비평가들 글로 작품을 평가하는 경우가 많다. 비평가 글에 압도되면 작품의 참 뜻을 못 찾는다. '비평(批評)'의 사전적 정의는 '사물의 미추(美醜)·선악(善惡)·장단(長短) 따위를 들추어내어 그 가치를 판단하는 일'이다. 작품에 대한 감상이 아니라, 대상에 대한 정치한 분석이 따라야 한다. 즉 비평 대상의 전체 구성, 내용, 흐름을 올바른 잣대로 판단해야만 한다. 주관이로되, '타당성과 객관성을 담보한 올바른 판단(비평의 척도)'이 필요하다는 뜻이다. 나아가 문제점은 지적하고 장점은 북돋우며 개선방안도 보이면 좋다. 자칫 '비평 척도'가 '비평의 대상'이 되기에 냉정한 판단 깃발을 곧추세워야만 한다. 유념할 것은 '기존의 잣대화'된 내쳐야 할 상식, 관념, 편견 따위를 끌어 와서는 안 된다.

**1969년부터 시상하는 영국 소설 문학상. 2002년부터 상금을 후원해왔던 맨 그룹의 이름을 따서 맨 부커 상이라 하였으나, 2019년 후원이 마무리되면서 지금은 다시 부커 상으로 부른다. 주로 영연방국적인, 아일랜드인, 남아프리카공화국 시민(이후에는 짐바브웨 시민 포함)이 영어로 쓴 소설에서 선정한다. 부커상 상금은 5만 파운드, 한화로 약 8천만 원이다. 부커상과 부커 국제상이 있다. 줄리언 반스는 2011년에 〈예감은 틀리지 않는다〉로 부커상을 수상하였다. 한국 작가 한강이 2016년에 〈채식주의자(The Vegetarian)〉로 받은 상은 데보라 스미스(번역) 맨 부커 국제상이다.

***'과학적', '남성적'처럼 '-적'을 지나치게 많이 쓴다. 영어 '-tic'을 일본인들이 번역하며 이 땅에 퍼진 말이다. '-적' 대신 '-의'나 '-에서', '-스럽게' 정도로 고쳐 쓰는 게 좋다.

왜 수준 낮은 일이며, 문학작품을 '객관적인 사물object'로만 보는 게 옳을까?

문학은 '주관적인 사물subjective'이다. 작가가 외부 현실을 최대한 객관화하여 본다 해도 문학 작품 자체는 작가의 주관에서 잉태된 산물이다. 어떻게 객관화한단 말인가. 나아가 죽음을 앞둔 이가 쓴 글이라면 '치유 효과'는 물론이고 '수준 낮은 일'도 아니다.

작품은 반드시 주관적인 눈이 있어야만 문제를 찾아내고 이를 기록하는, 일련의 과정을 거쳐야만 나온다. 문학에 관한 견해야 글 쓰는 이만큼 많은 것, 굳이 따질 게 무에 있으련만, 하, 대단한 작가라 추켜세우고 그이 말이 지상 명제인 것처럼 보도하는 기자 태도가 못마땅하여 몇 자 쓴다. 특히 외국 책에 대한 무한한 찬사와 '주례사 비평'은 늘 볼썽사납다.

한 마디만 더하자. 죽음을 앞에 놓고 웃는 이 몇이 되겠는가? 죽음은 모든 사람과 영원한 이별을 하고 한 사람의 역사가 인류사에서 영원히 사라지는 비극 중 가장 큰 영원한 이별의 슬픔이다. 우리가 곡哭을 하는 이유도 이 때문 아닌가. 본인 죽음이 아닌 남 죽음을 객관화하여 글을 쓴다는 것 자체가 저 죽음에 대한 무례인 듯도 싶다. '죽음을 이야기하는 법'을 좀 더 경건하게 찾았으면 하는 바람이다.

아래는 셰익스피어의 〈햄릿〉 3막 2장이다.

햄릿: 저기 거의 낙타 모양의 구름이 보이시는가?

폴로니우스: 정말 틀림없이 낙타 모양인뎁쇼.

햄릿: 내 생각엔 족제비 같구려.

폴로니우스: 족제비 등 같군요.

햄릿: 또는 고래 같기도 하고.

폴로니우스: 정말 고래 같이 보입니다.

갑질의 사회를 보며

'갑甲질'의 횡포가 어제 오늘이런가 마는 이 땅에 사는 백성으로서 참 힘들 때가 많다. '슈퍼 갑甲질'이야 수굿이 받아들인다 하여도(?, 물음표를 친다. 나 자신도 이 사회로부터 갑질을 당하기에 할 말 없다.) 도긴 개 긴인 사이에도 그러한 것을 보면 딱하다 못해 안타깝다.*

크로포토킨이라는 아나키스트가 생각나는 아침, 언젠가 써둔 〈여보게, 다윈이 아니고 크로포토킨일세〉라는 글을 본다.

〈천국과 지옥의 차이〉라는 글을 읽은 적이 있다. 누구 글인지는 확실치 않은데, '생존경쟁'이라는 냉혹한 어휘가 어깨에 힘을 딱 준 이 시절에 새겨들을 만하다. 대략 이러한 내용이다.

어떤 사람이 천국과 지옥을 구경하게 되었는데, 마침 식사시간이었단다. 먼저 지옥부터. 모두 겸상을 하고 앉았는데, 아! 제 팔보다도 훨씬 긴 젓가락을 들고 있는 것이 아닌가. 그 긴 젓가락으로 음식을 입 안에 넣자니 들어갈 리 만무하다. 그런데 한 번 떨어뜨린 음식은 다시 집어먹지 못한다는 규칙이 있었다. 사람들은 한 입도 먹지 못하고 아우성만 쳐댔다.

그러나 천국에서는 그런 몸부림을 볼 수 없었다. 식사 규칙도, 젓가락 길이도 똑같았으나 여기서는 배불리들 먹고 있었다. 왜냐하면 젓가락으로 집은 음식을 자기 입에 넣으려 하지 않고, 마주앉은 사람의 입에다 서로 넣어주고 있었기 때문이다.

엊그제 한 신문에 연재하는 '탄생 200주년 기념/다윈이 돌아왔다'를 보았다. '생존경쟁生存競爭, struggle for existence'**의 태두로서 다윈에 대한 예우는 20포인트는 됨직한 검은 활자로 박힌 "경제는 균형이 아니라 진화"라는 머릿기사에도 보인다. (아래쪽을 보니 무려 열 번하고도 한 번을 더 연재한단다. '(1) 21세기에 되살아나는 다윈'으로부터 시작하여 '(11) 다윈과 의학'으로 맺는다고 되어 있다.) 소제목은 '균형에 관한 헛된 믿음을 버려라', '경제는 두려움 때문에 진화한

---

*문제의 본질에서 벗어나지만, 사실 이 문제는 갑만의 문제는 아니다. 갑질의 횡포를 그대로 방임하고 을을 억누르는 '갑과 을 사이에 있는 그들'이 더욱 문제다. 우리들의 일그러진 영웅, 대한항공의 그 이야기만 하여도 그렇다. 기내에서는 기장의 권한이 가장 우선한다. 제 아무리 갑질의 사주라하여도 기장은 물러나면 안 된다. 을을 이끄는 자로서 갑질에게 할 말을 해야 한다. 비록 그 자리를 물러나야 한데도 말이다. 물러나야 할 이유를 굳이 대라면 '그가 기장'이라 그렇다. 갑질을 막고 을을 보호해야 할 자는 그 자리에 그밖에 없다.
적절한 예가 아닐지 모르지만, 내 경우로 미루어 보면 작은 학교에 있으면서도 이러한 경우를 참 많이도 보았다. 평교사와 교장의 사이에 있는 주임과 교감이 '갑과 을의 사이에 있는 그들'이 아닌가.

**생물이 생존을 위해 자연환경이나 동종 또는 이종 동물과 벌이는 경쟁. 다윈의 '자연 선택설'의 중심개념이다. 경쟁의 유형은 다음 세 가지로 요약된다.
① 생물과 자연 조건의 경쟁, ② 이종 개체 간 경쟁, ③동종 개체 간 경쟁이다.
'생존 경쟁'은 좁은 의미에서는 생물 경쟁에 국한되나 넓은 의미로는 경제학·사회학까지 넘나든다.
생존경쟁에서는 생물체가 다른 생물체에 비해 보다 우수한 것만이 살아남게 되지만, 사회의 생존경쟁은 그보다 더 강하다. 이른바 적자생존이다. '적자생존'은 H. 스펜서의 용어이고 다윈이 이를 채용했다. '생존경쟁'은 영국의 경제학자 맬서스의 『인구론』에서 차용하였다.

다' 따위로 다윈의 진화론을 경제와 연결했다. 아래는 기사의 한 부분이다.

"다윈은 변이와 선별, 이 두 가지 간단한 개념의 결합을 통해 진화의 메커니즘을 밝혔다. 비록 다윈은 자신의 개념을 생물의 진화에 적용하였지만 이 원리는 생물계에만 한정되지 않는다. 이 개념을 확장하면 세계 보편의 변화 원리가 될 수 있으며 경제에도 훌륭히 적용될 수 있다.* 『부의 기원』(2007)을 쓴 바인하커E. Beinhocker는 진화야말로 '세계의 모든 질서, 복잡성, 그리고 다양성을 설명해주는 공식'이라고 하였다."

다윈Charles Robert Darwin,** 진화의 메커니즘으로서의 경쟁, 경제, 부를 한 동선으로 그린다. 아마도 21세기, 이 난세의 비상구를 '생존경쟁' 이론으로 찾자는 의도인 듯하다. 하지만 다윈 운운은 영 마뜩찮다. 자본주의 경제 배필격인 '경쟁'이 다윈 이론의 핵심용어임을 모르는 바 아니나 다윈 이론의 '경쟁'은 생물의 진화에 적용해서였다. 또 경쟁을 부추기는 원인인 경제經濟, economy라는 말도 찬찬히 뜯어보면, 그리 경쟁적이지는 않다. 경제를 구성하는 'eco'는 더불어 산다는 'ecological(생태적)'이요, 'nomy'는 그리스어 'nomos(인간의 규범)' 아니던가. 그러니 경제란 '생태적으로 더불어 살아가는 사회적 규범'을 만들어 간다는 의미이다. 사실 오늘날 경기침체에서 살아남기 위해 기업 간 서로 제휴를 하는 '콜라보노믹스Collabonomics' 또한 상생이다.

더욱이 다윈의 '생존경쟁 이론'은 어디까지나 '이론이요, 가설'일 뿐이다. 다윈이 1858년 런던 린네학회에서 진화론을 발표한 지, 세계적으로 다윈 추종자들을 만들어낸 지, 반 세기쯤 러시아 출신 동물학자인 표트르 알렉세예비치 크로포트킨Pyotr Alkseevitch Kropotkin(1842~1921)은 다윈의 이론을 실증적으로 증명해보려 했다.

크로포트킨의 연구는 철저히 야생에서 시작되었다. 다윈의 이론처럼 생물이 과연 '동종 또는 이종 동물과 끊임없이 경쟁을 통해 생존'을 하느냐를 규명할 심사였다. 크로포트킨은 개미, 꿀벌 따위 작은 곤충에서부터 조류를 거쳐 인간으로 시선을 옮겨, 야만인·미개인·중세도시인·근대인까지 영역을 넓히며 철저한 실증적 작업을 한다. 첫 결과물을 1890년 내놓고도 연구를 10여 년 동안

*'될 수 있을'을 한 문장에 두 번 썼다. 요즈음 글을 보면 '-ㄹ 수' 받이다. '훌륭한'도 내용에 어울리지 않고 '되다' 피동도 너무 많다. 유명 신문의 기자 글치고는 고칠 점이 많다. '이 개념을 확장하면 세계 보편의 변화 원리이며 경제에도 적절히 도움을 준다.' 정도로 고치는 게 좋다.

**찰스 다윈(1809~1882)은 영국의 생물학자, 진화론자이다. 이 진화론은 유전학 관련 부분만 빼면 대부분이 현대 생물학계에서도 그대로 받아들인다. 인류의 역사에 거대한 변곡점을 가져다준 인물임에 틀림없다. 그러나 지나치게 다윈을 챙기는 게 아닌가 한다. 그는 적자생존을 '가장 똑똑하다고 해서 살아남는 것도 아니다. 변화에 가장 잘 적응하는 것이 살아남는다.'라 했다.

계속하였다. 그리고 13년 뒤인 1902년, 크로포토킨은 『만물은 서로 돕는다Mutual Aid, a Factor of Evolution』를 완성하였다.

학계에서는 이 책에 실린 크로포토킨의 주장을 '상호부조론相互扶助論'이라고 부른다. '상호부조론'은 '사회 진화의 근본 동력이 개인들 사이의 자발적인 협동 관계에 있다고 주장하는 이론'이다. 이른바 '생존경쟁'을 전면에 내세운 다위니 즘과는 대척점에 선다. 크로포토킨의 연구에는 다윈이 주장한, 아니 실은 다윈 주위자들이 주장한 것이겠지만(다윈은 항상 생존경쟁을 주장하지 않았다), 동종 간의 치열한 경쟁이 생존경쟁의 특징이자 진화의 주요인이란 결과가 없었다.

크로포토킨은 단 한 지역에서도 다윈의 이론을 입증하는 결과를 찾지 못하였다. 오히려 '격렬한 경쟁', '만인에 대한 만인의 투쟁' 따위 파르스름한 냉기가 뒤덮던 시기에는 '종의 진화'가 없었다. 동물이든 인간이든 생존을 위해 벌이는 무자비한 싸움터는 오히려 '공망空亡'뿐이라는 결과였다. 크로포토킨이 찾은 자연법칙은 상호투쟁이 아닌 '상호부조'였다. 서로 돕는 상호부조야말로 진화의 동력이요, 진정한 생존경쟁이었다. 크로포토킨은 『만물은 서로 돕는다』에 작은 곤충에서부터 인간에 이르기까지 찾은 예들을 낱낱이 적어 놓았다.

크로포토킨을 믿지 못하겠다는 이들을 위해 루이빌 대학의 교수인 진화생물학자 리 듀거킨Lee A. Dugatkin의 『동물들의 사회생활』(장석봉 역, 지호출판사, 2000)을 추천한다. 이 책은 진화론에서 본 동물들의 협동에 대한 독특한 실험 보고서이다. 리 듀거킨의 보고에 따르면 흡혈박쥐는 40시간 동안 피를 공급받지 못하면 죽는데, 옆에 이렇게 죽어가는 동료가 있으면 흡혈박쥐들은 자기 피를 토해 나눠준다고 한다. 또 몽구스는 부모가 외출하면 집에 남아 어린 동생들을 돌보고, 적을 보면 자기는 먹힐지언정 소리를 질러 무리를 대피시키는 땅다람쥐, 침입자를 쏘고 장렬하게 죽는 벌, 무리를 위해 뜨거운 사막을 돌아다니기를 마다않는 여왕개미들의 '희생정신'만이 또렷하다.

생존경쟁이라는 것과는 생판 다른 이러한 현상을 '경쟁'이란 강퍅한 금속성 어휘로 어떻게 풀어낼 것인가. 다윈의 친구 토마스 헉슬리Thomas Henry Huxley,[*] 그는 "이빨과 발톱을 피로 물들인 자연"이라는 폭력성 발언을 퍼부으며 '동물세계에서 협동은 저주'라 했다는데, 아마도 그가 살아있다면 자신의 성급한 결론에 대해 불편한 심기를 드러낼지도 모를 일이다.

---

*토마스 헉슬리(1825~1895)는 영국의 동물학자이다. 해파리 따위 강장동물의 해부학 생태와 고등동물을 비교하여 발생학 측면에서 서로 같은 점을 찾았다. 다윈이 진화론을 발표하자 즉시 인정하고 진화론의 보급에 큰 영향을 끼쳤다.

여기저기에서 어렵지 않게 '절망', '좌절', '암담'이란 우울한 어휘를 듣는다. 그래, 아마도 저 신문에서는 이 고통을 벗고자 '다위니즘'을 캐치프레이즈로 내세운 듯하다. 허나 야박한 '생존경쟁'으로 살 자가 몇이나 될지 참 의문이다. 물론 저 신문이나 저러한 글을 쓰는 분네들이야 '경쟁'할 때마다 더욱 힘이 솟겠지만. 나는 생존경쟁에서 이길 자신이 없어서인지, 무한경쟁은 끝없는 소모전이란 생각뿐이다. 그래, 서로 조금씩 부축해주어 인정머리 있는 사회로 만들었으면 한다.

예로부터 우리는 어려울 때일수록 서로 도왔다. 향약, 두레는 어려움을 슬기롭게 대처하는 상호부조의 정신을 담고 있는 소중한 문화유산이다. 저 IMF 때의 금모으기 또한 서로 도와주어야 생존한다는 상호부조의 실례가 아니겠는가. 가끔씩 신문에서 보는 '콜라보노믹스'*란 어휘도 그렇게 만든 것 아닌가.

삶이란 갑질의 횡포를 견디며 오늘을 살아내는 친구 녀석이 있다. 열심히 사는데도 늘 형편은 거기서거기다. 엊그제 통화를 했는데 사는 게 아주 죽을 맛이란다. 오늘은 그 녀석을 불러내야겠다. 그래 소주 한잔하며 이렇게 말하련다. '여보게, 다윈이 아니고 크로포토킨일세!'

*콜라보노믹스: 협력을 뜻하는 '콜라보레이션(Collaboration)'과 '이코노믹스(Economics)'를 합친 신조어로 2000년대 중반 이후 새로운 성장 동력을 찾기 위한 기업 간 협력을 강조하면서 학계에서 쓰기 시작했다. '1+1=2'가 아니라 3이나 4 이상의 '시너지 효과'를 내는 '상생의 경제학'을 뜻한다.

숟가락과 젓가락이 밥맛을 아나

숟가락과 젓가락이 밥맛을 아나

20대 대선의 긴 터널을 지난다. 생각에 생각이 마구 뒤섞여 엉망이 된 모양새다. 세상 살아내는 게 떡국도 책도 비기祕記가 아니라는 명백한 사실을 절감한다. 나잇살을 들이대는 떡국은 이왕 알았지만, 내가 보고 또 보고, 쓰고 또 쓴 책 역시도 그랬다.

『장자』에 '수레바퀴 깎는 윤편씨輪扁氏 이야기'가 나온다. 이 윤편씨, 목수 주제를 모르고 감히 제나라 환공에게 "고인지조백이부古人之糟魄已

초, 성인이 남겨 놓은 찌꺼기!"라며 '책 무용론'을 펼친다. 윤편씨 주장은 이렇다.

"수레바퀴 깎는 일로써, 성인이 쓴 책이 어째서 성인이 남겨 놓은 찌꺼기인지 설명하지요. 바퀴 깎는 일 중에서 가장 어려운 일이 굴대 구멍입니다. 너무 넓게 깎으면 굴대를 끼우기는 쉬워도 헐렁해서 바퀴가 심하게 요동치고, 너무 좁게 깎으면 굴대가 빡빡해서 돌아가지 않습니다. 그런데 저는 마음먹은 일을 손으로 잘하니 크지도 작지도 않게 굴대 구멍을 깎습니다. 하지만 깎는다고 이것을 말로 설명하지는 못합니다. 제 기술을 자식에게도 말로 전하지 못하는 까닭입니다. 환공께서 읽으시는 책을 지은 성인도 정말 전하고 싶은 것을 전하지 못하고 세상을 떠났을 겁니다. 그러니 그 책에 쓰여 있는 것은 '성인이 남겨놓은 찌꺼기' 아닐는지요?"

자신의 익숙한 손길로 바퀴 깎는 기술을 글로는 전달하지 못한다는 윤편씨 말이다. 꽤 설득력 있는 책 무용론이다. 문장 기술이 손 기술만 못하다는 '책 찌꺼기론'이다.

그렇다. 책을 본다고 내 삶이 나아지지 않는다. 윤편이 익숙한 손 감각으로 바퀴를 다듬듯, 내 몸으로 내 삶을 만들어가야 비로소 내가 된다. 생각에 생각이 마구 뒤섞임은 세상에 대한 들끓는 욕망을 제어 못해서다. 그렇게 읽은 글줄들이 내 몸을 바람처럼 스치고만 지나갔다.

나는 숟가락질, 젓가락질 하루에 세 번씩 60년이 넘게 했지만 '숟가락과 젓가락은 밥맛 모른다'고 단언한다.

사무가 참된 학문

최한기崔漢綺* 선생 글을 독해하여 쓴 부분이다. 내가 쓴 글이지만 내가 뜨끔하다. 소인에서 벗어나지 못하기 때문이다.

*19세기 실학자 중 남한에서 최고로 치는 학자는 두 말할 것 없이 다산 정약용이다. 다산 정약용은 약 550여 권의 책을 저술하였다. 그렇다면 북한에서는 누구일까? 바로 혜강(惠岡) 최한기(1803~1877)다. 혜강은 약 1,000여 권의 책을 저술하였다.
"혜강은 1,000권의 저술을 남겼는데, 아마도 이것이 진역(震域, 우리나라의 별칭) 저술상 최고의 기록이고 신·구학을 통달한 그 내용도 퍽 재미있다."
최남선의 『조선상식문답 속편』에 보이는 글이다. 그러나 선생의 저 저술은 지금 극히 일부만 남아 있다.
"혜강 최한기는 서울에서 책만 사다 책값으로 재산을 탕진해버렸다. 그래서 도성 밖으로 이사를 가야만 했다. 어느 친구가 '아예 시골로 내려가 농사를 짓는 게 어떻겠느냐' 하니까, '에끼 미친 소리 말게. 내 생각을 열어주는 것은 오직 책밖에 없을진대, 책 사는 데 서울보다 편한 곳이 있겠는가?' 하고 면박을 주었다."
이건창의 『명미당집』에 보인다. 이런 최한기를 아는 한국 사람이 없다.

"글의 뜻 풀기를 구하면서 다만 책에 있는 자의字義와 구두句讀만을 통하여 제 의견을 내는 것은 초학자가 하는 일이다. 만약 평소에 신기를 존양한 게 '사물 운화'를 명백히 한 데 있다면, 글 해석도 이것에 의해 고험考驗, 신중히 생각하여 조사함하여, 작자가 뜻하는 바 심천深淺, 깊고 얕음·우열優劣, 우수함과 열등함을 안다. 이것은 사물 운화를 들어 취하고 버렸기 때문이지, 근거 없는 내 마음을 가지고 논평하는 게 아니다."

우리 학문은 공허함이 병폐이다. 지금도 책과 삶이 어우러지는 '실학'은 찾아보기 어렵다. 최한기 선생은 이 책에서 '사무가 참된 학문事務眞學問'이라고 단언한다. 요즈음에도 들어보기 어려운 말이다. 이 시절에도 고루한 학문만을 일삼는 자들이 강단에 득시글하다. 저 시절 선생 말이 이 시절에도 유용하다는 것을 어떻게 이해해야 하나? 선생의 『인정』제11권 「교인문敎人門 4」 '사무진학문事務眞學問'에 보이는 글이다.

"무릇 온갖 사무가 모두 참되고 절실한 학문이다. 온갖 사무 버리고 학문 구함은 '허공에서 학문을 구하는 격'이다. … 만약에 상투로 쓰는 고담준론만 익혀 문자로 사업 삼고 같은 출신들로 전수 받은 자들에게 일을 맡긴다면 안온하게 처리하지 못한다. 그들에게 남을 가르치게 해 보아도 조리를 밝혀 열어주지 못 한다. 이름은 비록 학문한다고 하나 실제 사무를 다루고 계획함에 몽매하니 실제로 남에게 도움과 이익을 주는 일도 적다."

지금도 이어지는 우리 '헛된 교수 행태'를 예리하게 지적하는 말 아닌가. 선생은 '사士·농農·공工·상商과 장병將兵 부류'를 학문의 실제 자취'라 하였다. 현재 우리 국문학계만 보아도 그렇다. 국문학과가 점점 개점폐업 상태가 되는 까닭은 실학이 안 되기 때문이다. 거개 학자들 논문은 그저 '학회 발표용'이니 '교수 자리 보신책'일 뿐이다. 심지어 대중들의 문학인 고소설조차 그렇다. 〈춘향전〉, 〈흥부전〉, 〈홍길동전〉 등 정전화한 몇 작품에 한정되고 그나마 작품 연구 자체만 순수 학문연구라고 자위自爲한다. 고소설 연구가 사회 각 분야로 방사放射되어도 살아남기 어려운 이 시대다. 이렇게 몇몇이 모여 학회랍시고 '그들만의 리그'나 운용하고 '같은 대학 출신들로만 패거리' 짓고 '사회가 외면하는 글을 논문이라 치부'하며 자신이 한껏 고귀한 학문을 한다고 으스댄다. 점점 사회와 학생들에게 배척 받는 이유이다.

이는 학문을 한다는 이들이 소인이라 그렇다. 『맹자』「고자 상告子上」에 나오는 이야기다. 공도자가 물었다. '똑같은 사람인데, 누구는 '대인'이 되고 누구는 '소인'이 되는 것은 무슨 까닭입니까?' 맹자는 '대체大體를 따르면 대인이 되고, 소체小體를 따르면 소인이 된다.' 일러주었다. 소체는 귀와 눈과 같은 기관이다. 귀는 듣기만 하고 눈은 보기만 하여 소체이다. 대체는 마음이다. 마음은 귀와 눈, 코, 입만이 아닌 온몸을 생각하기 때문이다.

내 일신의 안녕과 영화만을 생각하니 국문학 전체가 보일 리 없다. 나 자신도 내가 우리나라 국문학 발전을 저해하는 소인임에 통렬히 반성하며 이 글을 쓴다.

학문하는 방법

이규경李圭景* 선생은 어려서부터 사물 쓰임을 이해하려면 그 이름부터 알아야 한다는 모친의 가르침을 받았다. 이는 평생 동안 선생이 학문하는 자세였다. 이런 학문을 명물도수학名物度數學이라 한다. 『오주연문장산고』 각 편은 흔히 사물 이름을 변증하는 데 많은 부분을 할애하였다. 이는 선생 어머니가 가르친 학문 방법이다. 아래는 「금려기의남변증설」이다. 학문을 하는 분들이 유념해 들어야 할 선생 어머니 말씀이다.

"내가 어렸을 때 꽈리를 얻어먹으며 어머니 곁에서 놀았다. 어머니는 나를 돌아보고 훈계 말씀을 하셨다. '네가 이 식물을 먹는다만 이것의 이름을 아니 모르니? 이름을 안다면 그것의 효능을 알지 못하지는 않겠지. 이것의 이름은

*오주(五洲) 이규경(1788~1856)은 간서치 이덕무의 친손자다. 이규경은 할아버지 이덕무 뒤를 이어 '고증(考證)과 변증(辨證)의 학문'을 가학으로 물려받았다. 그 결과물이 『오주연문장전산고(五洲衍文長箋散稿)』이다. 이 책 「경사편」을 읽다가 무릎을 쳤다.

"개는 요임금을 보고도 짖는다."
서너 칸밖에 안 되는 내 서재 휴휴헌, 책으로 뱅뱅 둘러싸여 그나마 더 좁다. 어제는 안회(顔回)의 안빈낙도(樂道安貧)가 보이기에 책을 내동댕이쳐버렸다.

오늘 이른 아침, 서재를 오다 개 산책시키며 개똥 줍는 사람을 보았다. '사람 똥이라면 따라다니며 주울까?' 곰곰 생각할 필요도 없이 어떤 사람은 개만도 못하게 이 세상을 산다. 예의, 정의보다는 불의, 요령이 세상살이에는 더 편리하고 그런 사람들이 더 잘 산다.

어제, 오늘 일도 아니다. 지금이나 예전이나 하늘은 바야흐로 걸(桀, 하(夏)나라 때 폭군으로 주(紂)와 함께 '악인의 대명사')을 잘만 돕는다.

이 좁은 서너 칸 휴휴헌이 갑자기 광활한 우주가 된다. 냉장고에 처박아둔, 엊그제 먹다 남은 막걸리나 한 잔 해야겠다.

금려기錦荔荎, 꽈리란다. 이것의 효능은 아들을 많이 낳으라는 의미이지. 부인네들이 자식이 없으면 많이 먹었단다. 비단 유독 원추리 효능만 아들을 많이 낳는다는 게 아니란다. 그리고 또한 옛 책을 보거라. 그렇지 않으면 어린아이가 어찌 알겠느냐.' 내가 아주 어렸을 때 일이나 아직도 귓전에 두고 명심한다."

그러고 선생은 중국 서적을 인용하여 장황할 정도로 설명을 해놓았다. 『시경』, 『영남잡기』, 『십죽재화보』, 『군방보』 등 서적에서 꽈리에 대한 부분을 찾았다. 『군방보群芳譜』 기록 내용만 본다. 선생은 아래와 같이 정리해 놓았다.

"양승암楊升庵이 지은 『단연총록丹鉛總錄』에는 홍고랑紅姑娘이라 하였다. 본래 고대의 궁전 계단 사이에 많이 자란다. 지금은 산장초酸漿草라 부르며 고깔 같은 주머니가 있는데 가운데에는 커다란 구슬처럼 씨가 달렸다. 열매는 파랗다가 익으면 붉어지며 맛은 달고 시다. 계집아이들이 안에 있는 씨를 빼내고는 입에 불고 공기를 넣어 공처럼 부풀어 오르게 하여 이로 누르면 삑삑 소리를 내며 논다. 우리나라에서는 속명으로 '고아리沽兒里, 꽈리'라 부른다."

명물도수학이 자연을 관찰하여 그 시원과 지류를 밝히고 그것이 우리 삶의 지혜로 이어지게 하는 '관물찰리觀物察理'의 정신이다. 이런 학문자세는 언어와 문자 중시이며, 이런 문자학은 조부와 부친에게도 동일하게 나타난다.

산 너머로 연기가 보이면 불이 난 거다

산 너머로 연기가 보이면 불이 난 게요, 담장 위로 뿔이 보이면 소가 지나가는 법이다. 뜻을 말로 써놓아야만 쓴 게 아니다. 연기가 나는 데도 불을 못 보고, 소가 지나가는 데도 소를 못 보아서는 안 된다. 말로 다하지 못하여 연기만 보이고 담장 위로 뿔을 그려냈다.

'언불진의言不盡意', 이 말은 뜻을 다하지 못한다는 의미이다. '제 아무리 말을 잘하거나 글을 잘 쓴다 한들 제 속내를 어찌 말이나 글로 표현하겠는가. 우리는 제 가슴을 치며 "아이고, 답답해라. 왜, 내 말을 못 알아들어?" 하는 경우를 종종 보지 않는가?

'말은 다하였으나 뜻은 아직 다하지 않았네'라는 '사진의부진辭盡意不盡'이나, '글 밖에 뜻이 있다'는 언외지의言外之意, 그리고 심행수묵尋行數墨이라 하여, '문자 밖의 참뜻을 찾아라' 하는 주자 말, 모두 '언불진의'와 통성명을 하고 지내는 용어들이다.

'책을 읽고[讀書]'* '말을 안다[知言]'. 여간 만만히 볼 게 아니다. 『맹자』「공손추 장구 상」을 보면 공손추가 맹자에게 '말을 안다' 함이 무엇이냐고 묻는다. 맹자는 "한쪽으로 치우친 말에서 그의 마음이 가려 있음을 알며, 지나친 말에서 마음이 빠져 있음을 알며, 사악한 말에서 마음이 바른 도리에서 멀리 떨어져 있음을 알며, 회피하는 말에서 논리가 궁함을 알 수 있다"고 한다. 말 속을 제대로 살피지 않으면 말을 들을 수 없다는 뜻이다.

독서 역시 그렇다. 책을 읽는데, 문자에만 구애되면 눌러 넣어둔 문자 밖의 참뜻을 깨닫지 못한다. 그러나 많은 이들은 말에 나타난 뜻 이외의 숨은 의미를 제대로 읽어내는 게 이토록 어려운데도 글자 읽는 것만으로 책을 덮는다.

중국의 소설가 겸 문명비평가 임어당林語堂은 책을 읽는데, 삶의 경륜을 중하게 여겼다.

"청년 시절 독서는 문틈으로 달을 바라봄이고, 중년 시절 독서는 자기 집 뜰에서 달을 바라봄이요, 노년 독서는 창공 아래 정자에 올라달을 바라봄이다. 책을 읽는 깊이가 체험에 따라 다르기 때문이다."

*최한기는 독서를 '이목청언(以目聽言)'이라 했다. '눈으로써 말을 들어라'는 뜻이다. 그는 『기측체의(氣測體義)』「신기통」제2권 '구'에서 멋진 언어 정의를 설파한다. "언어는 문자에 실려 있는데, 두 빗장 뚫어야 비로소 언어 전달이 문자에 미친다. 전하려는 자는 손으로써 말하고 받으려는 자는 눈으로써 말 들어야 한다."

말 전하려는 자는 필자요, 받으려는 자는 독자다. 필자와 독자 사이에 언어라는 섬이 있다. 최한기는 이 섬으로 들어서기 위해서 두 개 빗장을 풀라 한다. 전하려는 자와 받으려는 자가 빗장이다. 전하려는 내 빗장은 풀었으나 받으려는 저이 빗장은 완강히 닫혀 있다. 받으려는 자, 온 마음으로 보아야 빗장이 열린다.

봉인된 비밀문서

봉인된 비밀문서

니토베 이나조新渡戶稲造*의 『일본의 무사도』를 읽는다. 『일본의 무사도』는 일본의 정체성과 뿌리를 사무라이에 찾았다. 니토베는 이 책에서 무사도는 '지식을 위한 지식을 경시'했다며 무사도의 도덕성을 들었다.

그 첫째는 존재를 위한 명분, 둘째는 물질을 초월한 의리와 정의, 셋째는 무사의 정신인 용기와 인내, 넷째는 다스림의 최고 덕목인 인仁과 측은지심惻隱之心, 다섯째 다른 이 마음을 헤아리는 예의, 여섯째는 참된 마음인 진실과 성실, 일곱째는 이름에 대한 의무인 명예, 여덟째는 국가와 주군에 대한 복종인 충의忠義, 아홉째는 육체를 뛰어넘는 극기克己, … 따위를 든다.

한마디로 우리가 언어로 형용하는 인간 최상의 '어휘 만찬장'이다. 이 책은 서양에 신비로운 일본을 알리는 교범으로 널리 알려졌다. 사무라이 정신을 무사도라 칭하고 서양의 기사도와 한껏 견준 『일본의 무사도』이다.

이 책 서문에 보이는 벨기에 법정대학 드 라블레이 교수의 종교에 대한 물음과 니토베 이나조의 대화이다.

벨기에 법정대학 드 라블레이 교수: "그렇다면 일본 학교에서는 종교 교육을 시키지 않는다는 말인가요? 종교 교육이 없다니! 그러면 어떻게 도덕 교육을 받죠?"

니토베 이나조: "내가 소년 시절에 받은 도덕은 학교에서 배울 수 없었기 때문이다. 내 마음속에 선악과 가치의 관념을 형성시킨 것은 대체 무엇일까? 나는

*니토베 이나조(1862~1933)는 식민사관을 지닌 학자이다. 일본 모리오카의 명문가에서 태어나 삿포로농학교를 졸업하고 유학하여 존 스홉킨스대학 대학원을 졸업하였다. 귀국 후 삿포로농학교, 교토제국대학과 도쿄제국대학에서 식민학을 강의하였다. 니토베는 식민학자로서 일본의 식민지 지배를 정당화하는 논리를 전개하였다.

*일본에 대한 또 하나의 책 『국화와 칼』이 있다. 이 책은 루스 베네딕트(Ruth Benedict, 1887~1948)가 1944년 미국 정부의 요청에 의한 결과물이다. 그니는 일본 문화의 틀을 '이중성'과 '모순'으로 해석했다. 착하고 겸손함을 상징하는 국화와 호전성인 칼로. 니토베 이나조가 '무사도'와 함께 상징으로 든 '벚꽃'은 눈길조차 주지 않았다.

『일본의 무사도』가 50년 전에 출간되었지만 당시 미국인들 대다수는 일본인을 '잽스(Japs)'라 했다. 잽스는 일본인을 경멸하는 말이었다. 그들은 일본인을 배신 잘 하는 미치광이며 미개한 종족이라고 믿었다. 재미있는 사실은 그니는 일본에 한 번도 가지 않았다. 하지만 읽어보니, '일본인의 이중성'을 지적한 그니의 말에 고개를 주억거리게 만든다.

흥미로운 부분이 있어 소개한다. 문제가 있을 때, '일본은 나에게 '미국은 사회'에서 원인을 찾는다고 한다. 꽤 설득력이 있는 분석인 듯싶다. "일본인은 러시아인처럼 소설 속에서 곧잘 '권태'를 묘사하는 국민이다. 이 점에서 그들은 미국인과 뚜렷한 대조를 보인다. 미국의 소설가는 이런 주제를 다루는 일이 별로 없다. 미국의 소설가는 작중 인물의 불행을 성격 결함이나 험한 세상의 풍파 때문이라고 생각하고 그 원인을 추구하지만, 순수한 권태를 묘사하는 경우는 드물다."(『국화와 칼』, 을유문화사, 2011, 224쪽)

**좋은 글에는 작가가 숨겨놓은 '봉인된 비밀' 하나쯤은 있다. 필자는 글 쓰거나 독서를 할 때 칼 포퍼의 말을 떠올린다.

"나는 사람이 새로운 이해를 얻는 가장 유용한 방법이 '공감각인 직관' 혹은 '감정이입'이라고 본다. 문제 속으로 들어가서 그 문제의 일부가 되어 버렸다."

글뿐만 아니라 모든 현상을 독해하려면 글 속으로 현상 속으로 들어가야 한다. 칼 포퍼(Karl Popper, 1902~1994)는 오스트리아 태생의 영국 철학자이다.

여러 가지 다양한 요소들을 분석한 끝에 그 관념들을 내 속에 불어넣은 게 다름 아닌 무사도임을 이제야 깨달았다."

비록 이 책이 시간으로는 120년 전 1899년 12월에, 거리로는 저 태평양 건너 펜실베이니아 멜버른에서 출간된 책이지만 읽는 내 가슴이 뜨끔하였다. '우리 대한민국의 도덕은 무엇에서부터 연유하는가?'에서다.

도덕道德, 도덕은 사회 구성원들이 양심, 사회 여론, 관습 따위에 비추어 스스로 마땅히 지켜야 할 행동 준칙이나 규범의 총체이다. 좁게는 사회 구성원들의 행동 규범이지만 넓게는 한 나라의 총체가 도덕성이다. 다른 말로 국민성이요, 국민성을 형성케 한 고유한 전통임은 두말할 나위 없다.

이 책에 따르면 서양은 종교를 통해, 일본*은 무사도를 통해 도덕을 배웠다. 100년 전 글이고 과문의 소치인지 모르지만, 내가 아는 상식으로 지금도 이와 크게 다르지는 않을 듯하다. 우리 교육에도 분명 학교 교육과정에 '도덕'이란 교과가 있다. 초등학교 시절에는 주로 생활태도를 중·고등학교에서는 세계사와 국사에서 끌어온 플라톤이니 성리학 따위를 암기하라 배웠다.

서양은 종교나 기사도에서 일본은 무사도에서 도덕 관념을 찾는다. 나는 이 땅에 태어나 교육을 받고 20대 후반부터 지금까지 선생 생활을 한다. 그런데 저 드 라블레이 교수가 같은 질문을 던진다면 난 무엇이라고 답할까? 니토베 이나조의 견해로 유추하면 '선비정신'이 적절한 해답이다.

그러나 '조선의 선비정신이 이 시대 정녕 도덕으로 작동할까? 지금, 한국인의 도덕성은, 아니 내 도덕성은 어디서 찾아야 할까?' 봉인된 비밀문서**를 푸는 것만큼이나 꽤 깊은 고민이 필요하다.

니토베 이나조의 글을 한 번 더 인용한다.

"무사도는 일본을 상징하는 벚꽃과 함께 일본을 대표하는 고유의 정신이다.

그것은 일본 역사 속에 보존되어 있는 바싹 말라버린 고대 도덕의 표본이 아니다. 오늘날에도 변함없이 아름다움과 힘을 간직한 채 일본 국민들의 가슴속에 살아 숨 쉰다. 무사도는 분명치 않은 형태에도 도덕적* 분위기의 향기로써 여전히 일본인들을 크게 감화시킨다. 무사도가 탄생하고 성장한 시대는 이미 사라졌다. 그러나 먼 과거에 존재했지만 지금도 본체를 상실한 별이 아직 일본인들 머리 위에서 빛나고 있듯, 봉건제의 자식으로 태어난 무사도는 그 모태인 봉건제가 이미 붕괴되었음에도 여전히 살아남아 일본인들 도덕성을 비춰준다."

*'-적' 참 무던히도 많이 쓴다. 인용문도 많이 고쳤지만 독자들을 위해 몇 개는 그대로 두었다. '-적' 되도록 쓰지 말자.

글이 나를 죽인다

글이 나를 죽인다. 그러므로 아래 써놓은 글은 의미 없다. 써도 쓴 게 아니기에 읽어도 읽은 게 아니다.

'글 따로 나 따로!'

연암 선생이 지극히 경멸했던 사이비 향원이다. 책 몇 자를 보면서 가장 힘든 게 이것이었다. '어떻게 글은 저렇게 고상하고 멋진데 행동은 이렇게 치졸하고 저급할까?'에서 오는 책깨나 읽은 이들의 '파르마콘pharmakon** 인간군상'이다.

글의 이중성, 치유와 질병, 진정과 가식을 모두 지닌 글을 꿰뚫어본 플라톤은 파르마콘이라 하였다. 누군가 내 글을 '글 따로 나 따로'라 한다면, '당신의 글은 의미 없는 문자의 나열 아니요?'라고 묻는다면 난 어떻게 답할까? 노동한 손의 부산물, 아니면 근로한 뇌의 사생아.

정녕 내 글은 나인가? 아니면 나 또한 내가 경멸하는 이들처럼 내 글과 내가 각성받이인가? 파르마콘 인간이 나인가? 내 글을 읽은 누군가에게 의미 없는 글이고 의미 없는 존재란 말인가? 엿장수 가위질처럼 맘대로 궁벽스럽게 마음 없는 생각만 잘라놓은 파리대가리만 한 먹물덩어리란 말인가?

**플라톤(B.C.429?~B.C.347)은 『파이드로스(Phaidros)』에서 언어를 '파르마콘'이라 하였다. 언어[문자]는 기억과 진실을 돕는 약이지만 악용하면 망각과 거짓을 가져 오는 독이라 한다. 언어가 지닌 선악, 이항 대립 속성을 지적한 말이다.

글 쓰는 이라면 임금 앞에서도 옷을 벗어젖히고 벌거숭이로 두 다리를 쭉 뻗고 앉아야 하는 '해의반박解衣槃礴'이란 '오연한 자존'이 있어야 하거늘, 내 맘을 내가 거짓으로 그려 놓았단 말인가? 더욱이 내 글쓰기 책 『다산처럼 읽고 연암처럼 써라』의 첫 장이 '마음'인데, 간단없는 생각에 주저앉는 자괴감. 이제, 내 글이 나에게 묻는다.

"어이! 간 선생! 나를 글이라고 써놓은 당신! 당신의 마음이 진정 나요?"

글이 무섭다. 봉인된 비밀문서가 풀리지 않는다. 아무리 책을 읽어도 봉인문서를 찾지 못한다. 글 속에 감정이입*이 안 된다는 말이다.

이쯤이면 글이 나를 죽인다.

※쓰는 이와 글과 읽는 이 사이에 오는 오독 및 오해는 이 글과 상관없을 터.

*"나는 책을 읽을 때 등장인물에게 완전히 감정이입하곤 했다. 때로는 나 자신을 잊고 그들의 세계 속으로 빠져들 때도 있었다."
소설가 버지니아 울프의 말이다. 독자가 감정이입을 하려면 작가가 우선 작품 속으로 들어가야 한다.

4. 사도(思道, 생각 길): 터 닦기3

파낸 자리에 작은 호박돌과 자갈을 채워 넣고 다진다. 사물을 보았고 책을 읽었어도 이를 생각으로 만들어 넣지 않으면 흩어 놓은 구슬에 지나지 않는다. '생각은 구슬을 꿰는 작업이요, 글에 대한 사랑'이다. 생각을 한자로 쓰면 사유(思惟)이다. 「월인서」를 보면 '思ᄉᆞᆼᄂᆞᆫ ᄉᆞ랑홀씨라, 惟윙ᄂᆞᆫ ᄉᆞ랑홀씨라' 하였다. 생각을 사랑해야 글 묘리를 깨닫는다. '생각은 글의 수원지(水源池)'이다.

사물을 볼 줄 알고, 책을 읽을 줄 알았다면, 이제는 생각하기이다. '4. 사도思道'의 '생각할 사思'는 '밭 전田'자 밑에 '마음 심心'자를 붙였다. 농부가 밭을 일구어 곡식을 기르는 마음으로 생각하라는 뜻이다.

윗물이 흐려도 아랫물은 맑아야 한다

청마 유치환 선생이 일선 중학교 교장 시절의 한 일화다.

교내 백일장을 통해 장원을 차지한 학생의 작품을 본 청마는 그 학생을 교장실로 불렀다. 그러고는 대뜸 학생을 큰 소리로 나무랐다.

"이놈아, 너처럼 글 잘 쓰고 공부 잘해, 장차 이 나라를 이끌어가야 할 녀석이 뭐가 어째! '윗물이 맑아야 아랫물이 맑다고?' 윗물이 맑지 않으면 그냥 그대로 더럽게 내버려둬야 한단 말이냐?"

응당 칭찬하시려고 불렀겠지 싶었던 학생은 깜짝 놀랐다. 청마는 천천히 다시 말을 이었다.

"일등 한 것은 축하할 일이다. 글 솜씨도 좋고. 허나, 내가 아쉬운 것은 자네 정도 학생이라면 응당 '윗물이 흐려도 아랫물은 맑아야 한다'라 써야 되지 않겠느냐 이 말이야. 그래야 세상이 발전하지 않겠니?"

'아랫물이 맑아야 윗물이 맑다.' 지극한 상식이라도 뒤집어보면 저러한 문제가 있다. 윗물은 저 아래 땅속에서 올라온 아랫물이다. 아랫물이 맑지 않고서야 어찌 윗물이 맑겠는가?

'이 세상에 당연한 거는 없다', '구겨진 종이가 더 멀리 날아간다'. 평범한 진리 아닌 진리에 의심을 둘 때 생각은 진보한다. 생각의 전환 없는 글쓰기는 '부패한 음식'과 같다.

즐거워도 생각하고 슬퍼도 생각하니

내 생각은 지금 어디에 있는가?

여름방학이 끝나간다. 생각이 많다.

"사왈예思曰睿, 생각하면 통하게 된다"

『서경』「홍범」에 보이는 생각에 대한 정의이다. 생각을 오래 하면 슬기가 저절로 생겨 답을 얻는다는 말이다. '생각하고 생각하면 귀신과 통한다'는 말도 있다. 관포지교로 유명한 관중 말이다. 그러나 아무리 생각해도 통하지 않을 때가 있다.

근 1년간 책 한 권 내지 못했다. 출판사 찾기가 어려워서다. 엊그제야 비로소 원고를 넘겼다. 50부 인쇄에 인세로 책을 3권 받는 조건이다. 20년 전에 전공서적도 1,000권을 찍고 100부 인세를 받았다. 무엇이 이렇게 만들었을까? 우리나라가 선진국이라는데, 아무리 생각해도 그 이유를 모르겠다. 나에게 방학은 오로지 글 쓰는 기간이었다. 생각해 보니 책상에는 분명 앉아 있었는데 변변한 글 한 편 없다. 올여름을 잃어버렸다.

서경덕 선생은 벽에 생각거리를 써놓고 3년 고심했으며 졸수재拙修齋 조성기趙聖期* 선생은 '생각 틔우기'를 위해 "뱃속에 하나의 '사려과굴思慮窠窟, 생각 굴'과 하나의 '사려로경思慮路逕, 생각 길'을 만들었다"고 했다. 저 선생들에 비해 내 생각이 못 미침을 인정한다. 그러나 쓸 거리는 많은데도 방학 동안 무엇을 써야 할지 주제도 잡지 못했다. '사려과굴'과 '사려로경' 어디서 막혔는지, '생각거리'를 무엇부터 풀어야 하는지조차 모른다면 문제는 다르다.

『근사록』을 본다. 이런 처방을 내려준다.

*조성기(1638~1689)는 사람들과 접촉을 끊고 깊은 방에 들어앉아 공부하기를 30년이나 계속하여 천지만물과 우주의 이치에 통하였다고 한다. 연암 박지원 선생은 〈허생〉에 이 조성기를 등장인물로 끌어와 "아, 졸수재 조성기 같은 분은 적국에 사신으로 보낼 만한 인물이 아닌가"라 하며 그 뜻을 펴지 못한 것을 안타까워한다. 조성기가 지은 한문소설이 〈창선감의록(彰善感義錄)〉이다.

*마르셀 프루스트(1871~1922): 소설가. 『잃어버린 시간을 찾아서』(1913~1927) 단 한 권만으로 20세기 최고 작가 중 한 사람으로 꼽힌다. 천식 때문에 태양광선, 거리의 소요, 향수의 냄새도 참기 힘들어 코르크로 밀폐된 내실에서 침대에 누워 글을 썼다. 복잡하고 풍성한 회상을 소설 속에 전개하였는데, 〈잃어버린 시간을 찾아서〉 제1편 〈스완네 쪽으로〉는 우리가 잘 아는 소설가 앙드레 지드가 운영하는 브랜드 출판사에 의해 무참히 거절당했다. (후일 지드는 "내 생애 중 가장 큰 실수요 후회의 하나로 남으리라"고 사죄의 글을 썼다.) 프루스트가 글을 쓴 지 20년 동안 아무도 그의 글을 읽지 않았다. 제1편은 자비로 출판, 제2편 〈꽃 핀 소녀들의 그늘에서〉는 콩쿠르 상을 수상했다. 이후 지드의 배려에 의해 출판이 이루어졌다. 그러나 천식이 폐렴으로 변해 극도로 쇠약해진 프루스트는 그의 소설 속 작가 베르고트가 죽는 장면의 몇 문장을 받아쓰게 하고 나서 "검은 옷을 입은 뚱뚱한 여자가 보인다"며 사망하였다. 프루스트는 자신의 작품 전체가 출간되는 것을 끝내 보지 못한 채 그렇게 숨을 거뒀다. 아래는 프루스트의 독창성과 편협함을 지적하는 말이다. 예술은 예술가의 의도를 담은 독창성 있는 작품이지만 자기만의 시각으로만 본다는 의미를 함유한다. 하지만 저러한 독창성이라도 있는 게 "여자는 제 팔꿈치를 핥지 못한다"는 의미 없는 말보다 낫다. 쓰나 마나 맹탕 헛소리인 '소경의 안질식 글쓰기'보다는. 눈이 보이지 않는 사람이 눈병에 걸린들 아무 상관없지 않은가. "독창적인 화가, 독창적인 예술가는 '안과 의사식'으로 행한다. 저들의 그림이나 산문을 이용하는 치료가 언제나 유쾌하진 않다. 치료가 끝나고서야 의사는 말한다. '자! 바라보시오'."

"만약 한 가지 일만을 생각해도 답을 얻지 못하면 잠시 다른 일과 바꾸어서 생각해 보라. 풀지 못하는 일에 오로지 매달려 있지 마라. 대개 사람의 지식은 어느 일에 덮여 있으면 비록 억지로 생각해도 통하지 않는다."

'이 생각'이 생각하고 생각해도 열리지 않을 때는, 다른 '저 생각'을 해보라는 조언이다. 그런데 가만 생각해보니 '이 생각'이나 '저 생각'이나 생각은 생각일 뿐이다.

"생각이란 즐거워도 생각하고 슬퍼도 생각하니 내 생각은 어디에 있는가. 서서도 생각하고 앉아서도 생각하고 걷거나 누워서도 생각하고, 혹은 잠시 생각하고 혹은 오래도록 생각하고 혹은 생각을 더욱 오래 하면 오래도록 잊히지 않는다. 그러한즉 내 생각은 어디에 있는가."

생각을 그대로 글로 풀어놓은 김려 선생 『담정유고』 권6 「사유악부서」다. 그야말로 생각에 생각이 꼬리를 문다. 김려 선생은 '그러한즉 내 생각은 어디에 있는가?'라고 묻는다.

그러고 보니 방학하고 지금까지 '글쓰기 생각'은 했지만, '이게 참으로 내 생각인지? 아닌지?' 모르겠다. 내 생각은 지금 어디에 있는가?

셰익스피어 이후 최고 작가라는 프루스트는 아무도 읽지 않는 글(〈잃어버린 시간을 찾아서〉)을 20년 동안이나 썼다. 20년 동안 프루스트 Marcel Proust*는 무슨 생각을 했을까?

생각해도 답을 찾을 수 없지만, 생각나니 생각을 안 하지 못해, 오늘, 몽당연필 한 자루 들고 생각을 더듬어 그 잃어버린 시간을 찾아 나선다.

금기를 금기하라

"교수님의 '정치적 발언'이 불편하다는 민원(?)이 들어왔습니다. 삼가 주십시오." 대학 행정부서에서 보내온 전갈이다. 학기 시작 겨우 3주, 그것도 새내기 대학생이 행정실로 뛰어왔단다. 내가 수업에서 한 '정치적 발언'(?) 때문에. 이를 해석하면, '대학교에서 정치란 소도蘇塗요, 금기禁忌'란 뜻이다.

'나'는, 글에서 '나'라는 주어를 되도록 삼간다. 학문은 '개별[나] 지知, 앎'의 행위에서 1인칭 복수인 '우리'라는 보편성, 즉 반증 가능성Falsifiability으로 이행하기 때문이다. 하지만 이 글은 1인칭 단수인 '나'를 써야겠다. '정치 발언' 운운을 변명하자면, 수업에 '나'는 어느 당을 지지한 적이 결단코, 단 한 번도 없다. '시대의 공민共閔'과 '사회의 공분公憤'을 이야기했을 뿐이다. 나는 조선 후기 실학을 중심으로 연구하며 글 쓰는 학자요, 대학에서 학생을 가르치는 교수이다. 내가 수업에 말하는 정치는 '이 나라를 이끌 대학생으로서 우리 삶의 분모인 정치에 늘 깨어 있어야 한다'는 주문이다. 정치政治란 국민들이 인간다운 삶을 영위하게 하고 상호간 이해를 조정하며, 사회 질서를 바로잡는 인간 삶 자체이기 때문이다. "우리시대는 정치와 거리를 두는 일 같은 건 없다. 모든 문제가 정치이기 때문이다." 〈1984〉*와 〈동물농장〉을 지은 조지 오웰George Orwell**이 「정치와 영어」에서 한 말이다.

내가 수업하는 과목은 〈문제 해결을 위한 글쓰기〉다. 대학생으로서 반드시 이수할 교양필수이다. '교양敎養'은 리버럴 아트liberal arts로 정형화된 '관습에서 벗어난 자유인을 지향'하는 교육이다. '문제問題'란 해답을 요구하거나 논쟁·논의·연구 따위 대상으로 해결하기 난처한 문젯거리요, 대학생으로서 첫 지(앎)의 행위다. '문젯거리'를 찾는 것부터 쉽지 않다. 이를 해결解決하는 글쓰기는 더 어렵다. 이 어려운 과정을 수행하는 주체는 누구인가? '나'이다. "남보다 잘 쓰려 말고 남과 다른 글을 써라." 늘 학생들에게 주문처럼 외우게 한다. 글쓰기 첫 계명이다. 남과 다른 글을 쓰려면 글 쓰는 학생의 주관이 굳건해야

*"Big brother is Watching You(큰형님은 그대를 지켜보고 있다)." 정보의 독점으로 사회를 통제하는 관리 권력, 혹은 그러한 사회체계를 일컫는 말로 세계 어디서나 인용되는 〈1984〉의 한 문구이다. 70년 전, 1949년에 출간된 소설임을 생각한다면 그의 통찰에 놀라울 따름이다.

**조지 오웰(1903~1950)은 인도 벵골에서 태어난 영국의 풍자 작가이다. 그의 소설 〈1984〉와 스탈린을 풍자한 〈동물농장〉은 디스토피아의 세계를 그렸다.
"옛날 전제군주 명령은 '너희들은 이걸 해서는 안 된다'였다. 전체주의 명령은 '너희들은 이걸 하라'였다. 우리 명령은 '너희들은 이미 그렇게 돼 있다'는 거야."
〈1984〉에 보이는 문장이다. '너희들은 이미 그렇게 돼 있다'는 말은 부조리에 마취되어 진실을 감당하지 못한다는 뜻이다. 눈이 있어도 보지 못하고 귀가 있어도 듣지 못한다. 인간으로서 존엄을 빼앗겨 의식이 마비된 '생물학상 인간'일 뿐이다. 마치 '돌을 던지면 사자는 돌 던진 사람을 물지만[獅子咬人] 개는 돌만 쫓아가 듯[韓盧逐塊]'. 이런 인간들이 사는 세상이 바로 암울한 미래인 디스토피아(dystopia)다.

한다. 주관이 굳세야 보는 것의 한계를 보고 듣는 것의 한계를 들어 남과 다른 견해로 글을 쓴다. 견해는 논리성과 합리성을 갖춘 해결 방법이다. '내[나]'가 없으면 문제도 해결도 글쓰기도 없다.

문젯거리를 어디서 어떻게 찾아야 하나? 문젯거리는 우리가 사는 인정물태人情物態, 우리 삶이 녹아 있는 정치, 경제, 사회, 문화 모두에 있다. 인정물태 범위는 바퀴살처럼 '나'를 중심으로 360도로 방사放射한다. 인정물태를 샅샅이 톺아나가면서 살펴야 문젯거리를 찾는다. 그런데 인정물태에서 '정치'를 빼란다. 대학생이 교수에게, '정치'는 말하지 말고 '주관인 견해'도 삼가란다. 대학은 고등 교육 기관이다. 국정 교과서나 검인정 교과서를 가르치고 배우는 초등·중등 교육 기관이 아니다. 대학은 국가와 인류 사회 발전에 필요한 학술 이론과 응용 방법을 교수하고 연구하며, 지성인으로서 인격을 도야하는 곳이다. 교수된 자는 학자 양심을 바탕으로 한 비평과 미래지향이라는 필요충분조건을 갖추어야 한다. 연구와 학문 대상에 그 어떠한 성역은 존재하지 않는다.

'학문의 이상'은 국가와 인류 사회 발전, 즉 아름다운 '대동세계大同世界'*를 지향한다. 왕권국가 시절에도 연암 박지원, 다산 정약용 같은 이들은 학문을 하여 칼 같은 말과 글로 왕도정치를 지향했다. 이 지향을 향해 가는 길이 '학문의 길'이요, '학자의 길'이다. 그런데 교수에게 정치에 대한 발언을 삼가달란다. 그렇다면 '정치외교학과'는 아예 없어져야 하지 않나? 여기가 대학 맞나? 혹 내가 타임머신을 타고 박정희, 아니면 전두환 정권 시대로 돌아갔나? 나는 고등학교 교사로 시작하여 대학에서 강의한 지 올해로 35년이니, 35년 전부터 정치 이야기를 하였다. 이런 상황을 처음 맞닥뜨린 것은 작년이다. 올해 또 이러고 보니 이는 '무례한 대학생'과 '오만한 교수'의 해프닝이 아닌, 사회 보편의 문제인 듯하다. 작년부터만 내가 갑자기 정치 운운한 게 아니기 때문이다.

'왜 이렇게 되었을까?' 곰곰 생각 끝에 내린 답은 우리 정치인들과 기성세대가 만들어놓은 '정치 혐오증politics aversion' 때문이다. 당동벌이 黨同伐異, 옳고 그름을 가리지 않고 이익에 의해 내 편과 네 편을 가름로 정치를 일삼는 정치꾼들이

*유학에서 그리는 이상사회이다. 사람이 천지만물과 서로 융합하여 한 덩어리가 된다는 말이다. 근거는 『예기(禮記)』「예운(禮運)」에 보인다. 그 세계는 '큰 도[大道]가 행해지고 사사로이 자기 가족만이 아니라 더불어 함께하고, 어진 사람과 능력 있는 자가 버려지지 않으며, 가족주의에 얽매이지 않고, 노인은 자기의 생을 편히 마치며, 젊은이는 모두 일하고, 노약자·병자·불쌍한 자들이 부양되며, 길에 재물이 떨어져도 줍지 않는 세상'이다. 그렇기에 대문을 활짝 열어놓고 더불어 산다.
이 글을 쓰는 이유도 이러한 세상을 그려서다.

지역을 가르고 계층과 성별까지 갈라놓았다. 기성세대들은 '부모 자식 간에도 정치 이야기는 하지 마라'를 금언처럼 여긴다. 생각해보니 카톡방에서도, 친구 간에도, 정치 이야기는 하지 마라가 이 나라의 불문율이 되어 버렸다. 이러한 정치 혐오증 불로소득은 누구의 것이고 누가 피해를 보나? 정치에 대해 말하지 않으면 우민愚民이 된다는 것을 정녕 모르는가. 우민을 만들려 저들이 정치 혐오증을 조장한다는 것을 정녕 모른단 말인가.

이익李瀷(1681~1763) 선생의 『곽우록藿憂錄』*이 있다. '곽식자'인 콩잎 먹고사는 백성이 '육식자'인 고기반찬 먹고 사는 관리에게 정치 잘하라는 말이다. 육식자가 정치를 잘못하면 곽식자는 '간뇌도지肝腦塗地, 간과 뇌가 들판에 흩어짐'하기 때문이다. 간뇌도지는 백성의 참혹한 죽음을 형상화한 말이다. 선생이 『곽우록』을 지을 수밖에 없는 이유다. 이게 학자의 길이다. 사서四書와 삼경三經도 이이, 이황 선생도 모두 배움이 무엇을 위한 배움인가. 배움이 부채살을 타고 중심부로 모인 곳이 바로 정치다. 바로 인간의 특질 중 하나인 '호모 폴리티쿠스Homo politicus, 정치를 통하여 사회생활을 이루어가는 특질. 정치 인간'의 실현이다.

잠시 '독일 교육'을 본다. 저이들은 '성교육'을 '정치교육'이라 한다. 프로이트는 정신분석 이론에서 인간을 '초자아superego, 사회나 기성세대에게 습득한 사회의식', '자아ego, 주체인 나', '리비도Libido, 성욕과 식욕'로 이해했다. 리비도를 느낄 때 자아가 형성된다. 초자아가 리비도를 부정할 때 자아는 죄책감에 빠져들며 정체성과 주체성을 찾지 못한다. 반대로 리비도를 인정할 때 자아는 강해진다. 리비도는 이런 의미에서 인간의 삶을 지속케 하는 에너지원으로까지 학계에서 받아들인다.

독일 철학자 '테오도어 아도르노Theodor Ludwig Wiesengrund Adorno'**는 '민주주의 최대 적은 약한 자아'라 하였다. 저이들은 민주주의에서 가장 필요한 '강한 자아'를 만들려 '성교육=정치교육'으로 묶었다. 또 민주주의 국민으로서 '올바른 정치의식'을 갖도록 초등학교부터 '저항권 교육'을 한다. 초등학생 때부터 비판성을 갖추어 사회를 보도록 가르치고 정치 행위나 집회를 보장하고 이를 학교와 국가가 보호하고

*'콩 곽(藿)'은 백성이요, '근심 우(憂)'는 걱정이니, '백성이 걱정한 책'이라는 뜻이다.

**테오도어 루트비히 비젠그룬트 아도르노(1903~1969)는 독일의 사회학자, 철학자, 피아니스트, 음악학자 그리고 작곡가였다. 그는 프랑크푸르트 학파 혹은 비판이론의 1세대를 대표하는 학자였다. 그는 기계적 생산에 문화 의미가 변질되었으며 '대중은 표준화, 규격화, 상업화된 문화에 종속되는 존재'에 불과하다고 보았다.

현 정치에 반영한다.

우리 사회는 정치꾼들과 기성세대의 '초자아'가 강한 나라다. 고등 교육 기관인 대학에서마저 '저항권 교육'은커녕 '정치 혐오증'으로 '정치'가 금기어 되면 우리 삶은 어떻게 될까? 조지 오웰의 〈동물농장〉에 '정치'는 없다.

피동과 수동

"모두가 되어졌지요. … 언제 예수님이 잡아가라 그랬나요? 잡혀졌지요. 죽임을 당해졌지요. … 그렇게 되어진 일이니 어쩌겠어요."

대학로에 있는 삼무곡에서 이현주 목사님의 『노자』 강의를 들었다. 낮고 부드러운 음성은 산골짜기 물처럼 졸졸졸 흐르지만, 마음은 격정의 비바람이 스쳐간 하늘처럼 정화되어진다.

목사님 말씀은 세상만물이 모두 '쓰여졌다, 만들어졌다, 박혔졌다, 보이다, 먹히다, 잡히다, 막히다' … 끝없는 수동형이 아니냐는 반문이다. 내가 아는 수동과 전연 다른 의미를 부가가치로 끌어왔다.

수동은 주어가 어떤 동작의 대상이 되어 그 작용을 받는 서술 형식이나 또는 그런 관계를 나타내는 동사의 형태이다. 글쓰기에서는 이를 피동*이라 하여 참 피하고 피할 게 이 문장이라고 학생들에게 꽤 이야기도 한다. 피동은 남 행동을 입어서 행해지는 동사이기 때문이다. 제 힘으로 행하는 능동이 없기에 글은 힘이 빠지고 작자의 주장은 시나브로 사라진다.

목사님 말씀은 모든 만물이 다 수동(피동)이라 한다. 수동의 수는 '받을 수受'자요, 피동의 피도 '입을 피被'자이니, 그냥 '받아들임'이다. 그렇다면 수동[피동]이 주는 의미는 '그러한 현상에 네 몸을 한 번 맡겨보라!'라는 의미가 아닐까? 가만 생각해보니 그렇다. 내가 태어난 것도, 숨을 쉬는 것도, 사계절이 돌아가는 것도, 누구를 좋아하는

*피동: 매사추세츠공대(MIT)에서 가장 많이 팔린 책 『스타일의 요소』에서도 '수동형은 피하라'고 강력히 주문한다. 그러나 이 글을 쓰다 보니 글에서 수동과 피동을 쓰면 안 될 이유는 없다. 다만 꼭 쓰일 데만 쓰는 게 좋다. 글에 힘이 빠지기 때문이다. 서양의 글쓰기 책을 보아도 동일하다.

것도, 싫어하는 것도, 지금, 수업을 가는 것도, 모두 일이 그렇게 되어
진 것을 낸들 어쩌겠나.

수동과 피동과 삶, 생각하기에 따라 다르다. 때론 상식을 전환할
때 '생각이 탄생'한다.

무딘 도끼날로야

흉기: 역지사지

나를 해코지하려는 사람 손에든 무기만 흉기인 줄 알았다. 아니다.
내 곁에 있는 모든 게 흉기였다. 며칠 전엔 책 모서리에 손 등을 베어
피를 보더니 오늘은 세수하다 손이 수건걸이와 부딪쳤다. 퍼런 멍
자국이 선연하고 언저리가 꽤 부풀어 올라 여간 아픈 게 아니다. 순간
'아! 내 몸이 약해지니 모든 게 흉기로 변하네' 하고 나도 모르게
중얼거렸다.

근 석 달 『나는 조선인이다』(새물결, 2017.9)에 매달렸고 어제부턴
『다산처럼 읽고 연암처럼 써라』(한국경제, 2017.9) 개정판을 교정한다.
2학기가 다가오고 여러 일들로 심신이 극도로 피곤하다.

그렇다. 본래부터 흉기인 것은 없다. 모든 게 나로 인해 흉기도
되고 내 애장품도 된다는 것을 알았다. 사람도, 사물도 모두 상대성이
다. 난 좋은 사람이라고 생각하지만 저쪽에서 보면 형편없는 사람일
지도 모른다.

『다산처럼 읽고 연암처럼 써라』 교정을 보다 '21계 역지사지'에서
눈길이 한참을 머무른다.

타인 처지에서 생각해 보기는 이렇다. 어떤 나무꾼이 있었다. 점심도 먹지

않고 일을 했지만 오늘도 친구 나무꾼의 짐이 반 자는 더 높다. 늘 그렇듯 친구 나무꾼은 점심 먹고 한동안 쉬며 도끼날이나 갈자고 한다. 나무꾼은 친구 나무꾼을 이겨보려고 바쁘다며 온종일 도끼질을 쉬지 않는다. 결과는 역시 같았다. 이유야 번연한 것, 무딘 도끼날로 온종일 수고를 한들 날선 도끼 당하지 못한다. 글쓰기도 같은 이치이다. 글에서 날이 선 도끼는 어휘와 구체성이다.

동물의 처지에서 인간을 생각해보기도* 흥미롭다. 자신이 고양이를 싫어한다면, 자신이 고양이를 변호하는 변호사가 되어 보는 것도 한 방법이다. 일본 대표작가 나쓰메 소세키夏目漱石(1867~1916)의 『나는 고양이로소이다』에서 인간을 묘사한 부분은 꽤 흥미롭다. 이 '흥미롭다'는 말을 창의성과 독창성을 중시하는 프랑스 사람들은 '뛰어나다', '우수하다'보다 더 듣기 좋아한단다.

"인간이란 동물은 사치스럽다. 발이 네 개 있는데도 두 개밖에 사용하지 않는다는 것부터가 사치다. 네 발로 걸으면 그만큼 빨리 갈 텐데, 언제나 두 발로만 걷고, 나머지 두 발은 선물 받은 말린 대구포처럼 하릴없이 드리워 우습기만 하다."

학문, 옳은 것만을 찾아서 행하는 것일 뿐

아침부터 사계沙溪 김장생金長生(1548~1631) 선생이 쓴 〈율곡栗谷 이이李珥(1536~1584) 행장〉을 본다. 사계는 처음에 구봉 송익필에게 예학을 배우고 후에 율곡 이이에게 성리학을 배웠으며 그 뒤 우계 성혼의 문하에도 출입하였다. 율곡의 '학문관'이 자못 눈길을 끈다. 아래는 율곡이 선조에게 올린 글에 나오는 학문관이다.

"옛날에는 '학문學問'이란 이름이 없었고 날마다 해나가는 '이륜彝倫, 사람으로 마땅히 해야 할 일의 도리'만 있었습니다. 모든 사람들이 마땅히 해야 하기에 따로 뚜렷한 명목名目, 겉으로 내세우는 이름이 없었습니다. 군자는 단지 그 '마땅히 해야 할 일만

하는 것'뿐인데, 후세에는 도학道學이 밝지 않고 이륜을 행함도 그치고 쓰이지 못했습니다. 이에 그 '마땅히 해야 할 것'을 '학문'이라 이름하였습니다.

학문이란 이름이 생기고부터 도리어 세상 사람들이 취모멱자吹毛覓疵, 털을 불어가며 흠집을 찾아낸다는 의미다. 다른 뜻으로 남 과실을 억지로 끄집어내는 것이라거나 혹은 위학僞學, 거짓 학문을 한다고 지목하여, 선을 행하는 사람들에게 숨기고 꺼려 흐지부지 학문이란 이름을 피하게 되었습니다. 이것이 후세의 큰 근심거리입니다.

군주는 모름지기 학문을 주장하여, 세속의 사람들에게 학문하는 사람을 비방하지 못하게 해야 합니다. 학문이 어찌 다른 거겠습니까. 다만 일상 속에서 그 옳은 것만을 찾아서 행할 뿐입니다."

율곡 선생의 말을 들으면 학문이란 책이나 읽고 사물 이치를 논하는 게 아니다. 그저 사람이 '마땅히 해야 할 도리가 학문'이었다. 그런데 사람이 마땅히 해야 할 도리인 이륜이 없어지자 '학문'이란 말이 생겼다. 이때부터 '학문'은 도리어 남 흠집이나 찾고 거짓 배움이나 찾는 그릇된 행위가 되어 버렸다. 이렇게 되니 학문하는 사람을 비방하고 자연 학문하는 이들이 움츠러든다. 선생은 선조 임금에게 학문을 장려하고 학자를 비방 못하게 하라 한다.

지금도 그렇다. 학자연하며 '취모멱자'나 즐기고 행동은 따르지 않는 '위학'에서 멈춘 이들이 너무 많다. 선생의 말처럼 '학문이 어찌 다른 거겠는가. 다만 일상 속에서 그 옳은 것만을 찾아서 행하는 것일 뿐'이다. 학문은 저만치 밀어놓고 '사람이 마땅히 해야 할 도리'를 제대로 하는지 곰곰 생각해 보는 이 아침이다.

*〈로렐(LAUREL)〉

"우리의 사랑을 기억할 수 있게 해주세요."
'사랑'이 아름다운 것은 틀림없지만, 누구에게나 사랑의 자유와 평등이 주어진 것은 아니다. 사회의 '관습'과 '규범'이 있어서다.

학문의 용기와 사랑의 용기

'사랑은 용기(?)일지도 모른다.' 전연 수상쩍지 않았다. 포스터*를 보곤 모녀 간 정도로 생각했다. 보다 보니, 〈로렐〉은 동성애를 다룬 영화였다. '동성애' 영화라는 낌새만 느꼈어도 아예 제목조차 안 보았

*이 사건 이후 2016년, 미국 대법원은 동성 간에 사랑도 합헌으로 인정한다.

다. 유교를 삶의 동선으로 살아온 나에게 동성애라는 '석 자'가 주는 선입관은 갑각류 등껍데기만큼이나 완강해서다.

〈로렐〉은 실화*를 바탕으로 하였다. 영화는 잔잔한 한 장의 순수 음악처럼 영상이 흘렀다. 형사인 로렐과 스테이시의 사랑은 작고도 맑은 선율을 그려나갔다. 스테이시[엘렌 페이지 분扮]가 암에 걸린 로렐[줄리안 무어 분扮]을 가만히 바라보는 순수한 눈은 선율의 극점이다. 로렐은 이런 스테이시에게 자신이 죽은 뒤 연금을 주려한다.

그러나 완고한 남녀의 사랑만을 고집하는 법이 이를 막는다. 로렐과 스테이시는 주위 사람들 도움으로 법률상 부부처럼 연금 혜택을 주고받게 된다.

'사랑'은 두 사람만이 안다. 나이는 물론이고 동성 간이든 이성 간이든 성별도 상관치 않는다. (영화 〈로렐〉 실제 인물들 나이 차도 근 20년이다.) 문제는 사랑이고, '사랑을 하느냐 안 하느냐'는 두 사람의 몫이란 점이다.

'두 사람의 몫'은 '용기'라는 두 단어이다. 두 사람의 사랑에, 사회 인식과 가족 관계 따위 수많은 타자들이 개입해서이다. 로렐과 스테이시가 사랑을 이루어내는 데 세상과 맞서는 용기가 필요한 이유이다. 저들의 온 삶을 건 용기 있는 사랑에 굴복하고 만다.

내 머릿속에 강고하게 둥지를 틀고 앉은 '동성애'라는 글자를 꽤 많이 지워놓은 영화였다. 겸하여, 스테이시처럼 그런 눈으로 나를 쳐다보는 사람이 있는가? (그 반대의 경우도) 있었는가? 자꾸만 기억을 더듬적더듬적 거려본다.

※ 덧붙임: 책상 옆에 지남철로 삼으려 붙여둔 말이다. '인지학부진 지시불용(人之學不進 只是 不勇, 학문하는 사람이 배움에 진보가 없는 까닭은 다만 용기가 없기 때문이다)' 『근사록』에 보이는 정명도 선생 말이다. 학문은 흐르는 물과 같다. 배운 지식을 지혜로 만들려면 끊임없이 나아가야 한다. 나아가려면 남과 다른 소리를 내야 하니 현실의 벽과 부딪친다. 주저앉아 썩어버린 지식만 챙길 것인가? 아니면 끊임없이 현실을 바꾸려는가? 학문하는 이에게 용기가 필요한 이유다. 이 '학문의 용기'를 저 '사랑의 용기'에서도 찾는다.

악의 평범성

〈아이히만 쇼〉는 아우슈비츠의 비극, 유태인 학살을 저지른 아이히만 재판을 다룬 영화이다. 아이히만은 독일 나치스의 친위대 중령으로 제2차 세계대전 중 유대인을 대량 학살한 책임자였다. 그는 패전 후 아르헨티나로 도망쳤으나 이스라엘 비밀경찰에 체포되어 예루살렘에서 재판을 받고 1962년에 처형됐다.

영화의 앵글은 '아이히만'을 좇는다. 그의 표정은 건초더미보다 초라한 주검을 구덩이에 쓸어 넣는 불도저를 보고도 미동조차 없었다. 그렇다고 수백만 유태인을 학살한 주범의 잔인한 미소微笑*도 보이지 않았다. 아이히만은 유태인을 학살하고도 집에서는 평범한 가장이었다.

『예루살렘의 아이히만』을 쓴 한나 아렌트는 이를 '악의 평범성 Banality of evil'**이라 하였다. 홀로코스트와 같은 역사 속 악행은, 광신자나 반사회성 인격장애자들이 아니라, 국가에 순응하며 자신들의 행동을 보통이라고 여기게 되는 평범한 사람들에 의해 행해진다고 아렌트는 주장했다. 악의 평범성은 예의 바른 선인과 무례한 악인은 따로 없다는 평범한 진리를 전해준다.

평범한 나다. 언제든 선과 악을 넘나들 수 있다는 말이다. 악의 숙주가 악이 아닌, '악의 평범성'이란 역설이 놀랍다. 이쯤 되면 악은 마치 늘 입맛을 당기는 구순욕구口脣欲求의 충족물로도 환원되지 않을까.

오늘도, 언론에 얼굴이 공개된 저 악인마저 사진 속에서 평범하기에 말이다.

*이오덕 선생의 『우리글 바로쓰기』(한길사, 1994, 17쪽)를 보니 미소를 일본말로 규정화하고 우리말을 파괴한다고 하였다. 영어 smile을 '微笑む'라 써 놓고 호호에무(ほほえむ)로 읽는다며 호된 나무람을 한다. 선생은 "일본사람들이 쓰는 한 문글자를 그대로 적고는 중국식으로 '미소'라고 읽으니 그 말소리에서 아무 뜻도 느낄 수 없고 '웃는다'는 우리말도 버림받아 죽게 된다. 주체성을 잃은 부끄럽기 짝이 없는 말"이라 하였다.
'염화미소拈花微笑'처럼 예전부터 써 오기는 했지만 '웃음'이라는 우리말 쓰라는 선생의 쓴 소리다. 충분히 경청할 만하다.

**대한민국 국민을 분노케 한 '최순실 게이트' 또한 평범한 한 여인에서 비롯됐다. '대통령 탄핵'을 반대하는 사람들 또한 평범한 대한민국의 시민이다.
'밀그램 실험'이 이를 증명한다. 예일 대학의 교수 밀그램이 인간의 폭력성과 타율성의 연관성을 살펴보기 위해 한 실험이었다. 밀그램은 전문 배우 두 사람을 연구소로 초빙하여 한 사람은 교사 역할(권위 있는 인물)을 연기하도록 하고, 또 한 사람은 학생 역할을 하도록 주문했다. 두 배우는 체벌을 통한 학습 성과의 개선 여부를 실험하고 있는 교수와 학생처럼 행동했다.
실험 대상자들은 거리에서 임의로 선택되었고, 그들은 모두 전문 배우가 연기하는 교수와 학생을 진짜로 여겼다. 평범한 사람들 중에서 선택된 남녀 실험 대상자들은 교수가 학생의 학습 성과를 개선하기 위해 지시하는 체벌을 실험 대상자들에게 직접 집행케 했다. 체벌은 전기 충격이다.
실험 결과는 너무나 충격이었다. 일상에서는 별로 눈에 띄지 않던 평범한 사람들(실험 대상자들)조차 적당한 권위(교수)에 굴복했고, 자신의 행동이 좋은 결과(학습 성과)를 가져온다고 여기며 타인을 잔인하게 고문했다.

*또 '-적', 특히 학자들의 글은 '-적' 투성이다. 얼마쯤 지나야 일본식 글이 이 땅에서 사라질까?

**형식주의(形式主義)는 지금까지 연구하던 작가의 사상이나 감정, 사회상 따위를 일절 배제하고 작품 자체의 형식 요건들, 작품 각 부분들의 배열 관계 및 전체와 관계를 분석, 평가하는 문학 이론이다. 구미에서 일어난 것이 '포멀리즘(formalism)'이라 하고 특별히 20세기 초에 러시아와 체코에서 일어났던 문학 이론을 '러시아 형식주의'라 지칭한다.

***낯설게 하기 수법은 생활의 모습을 일그러뜨려서 독자들의 관심을 유도하는 기법이다. 무의미한 말장난이나 문장의 뜻을 이해하기 어렵게 단어를 만들기도 한다.
　대표적 학자인 쉬클롭스키(Victor Shklovsky, 1893~1984)는 반복된 행위로 사물에 대한 감각을 상실하는 것을 '습관화·자동화'라 한다. 이런 것이 삶에 대한 감각을 잃어버리게 할 때, 예술이 이 감각을 회복해야 한다는 주장이다. 이 주장을 위해 '낯설게 하기'라는 수법을 창조했다. 그는 톨스토이 작품의 '태형'이란 단어를 통해 예시를 보여준다. '태형'을 소설에 그냥 적는 대신에 "법을 어긴 사람들을 발가벗기고 마룻바닥에 집어던진 후, 회초리로 그들의 발가벗은 엉덩이를 때리는 것"이라 묘사하였다. 이런 묘사를 통해서 습관화되어 무덤덤하게 다가오는 '태형'이란 행위가 몰강스럽고도 고통스러운 느낌으로 새롭게 다가온다는 의미이다. 1917년 예술계를 발칵 흔들어 놓았던 마르셀 뒤샹(Marcel Duchamp, 1887~1968)의 〈샘(Fountain)〉도 이렇게 이해하면 된다.

숙부에서 조카로

숙부에서 조카로

　새해, 별 감흥이 없다. 세월은 그렇게 나를 변하게 했다. "가는 세월 그 누가 잡을 수가 있나요—" 하는 대중가요도 있지만 그렇게 세월은 간 듯하다. 세월은 무형無形이라, 오는 것도 가는 것도 아니지만 말이다. 생각을 정돈하려 새해 첫 책을 집어 들었다.

　유종호 선생 평론집 『사회 역사적* 상상력』이다. 얼마 전, 헌 책방을 자주 순례하는 지인 서재를 방문했다가 빌려왔다. '꽤 오래전 책일 텐데' 생각하며 펼쳐보니 1987년 판이다. 첫 장, 첫 구절이 눈길을 잡아끈다. 「변두리 형식의 주류화」라는 글이다.

　　"러시아 형식주의 관용구 중 '아버지에서 아들로가 아니라 숙부에서 조카로'란 게 있다."

　이 말은 변두리에 있다가 갑자기 어엿한 문학 형식으로 부상한 장르를 러시아 형식주의자**들이 문학사에 기술하며 쓴 말이다. 즉 지배 규범이나 형식과 단절된 어떤 장르가 문학사의 주류로 등장했다는 것을 비유한 표현이다.

　문학사에는 이런 경우가 꽤 있다. 이른바 기존 형식의 파괴요, 문학사 진행의 비연속성이다. 이를 형식주의자들은 뜬금없이 나타났기에 '낯설게 하기 수법'***이나 '지각의 갱신'이라 표현하며 형식주의의 고유한 속성으로 이해한다. 문학이 주는 감동과 탄식, 여운과 변화는 여기서 자연스레 나타난다.

　천대받던 우리 [한글]고소설이 조선 후기에서 20세기 초기에 문학사의 전면으로 떠오른 것은 그 한 예이다. 한자로 된 한시나 한문학이 주류를 형성하다가 어느 날 변두리 천것인 고소설의 습격을 받아 주류서 밀려난 경우이다.

문학사는 이렇듯 '아버지에서 아들로'가 아니다. 자판이 툭 튀겨 딴 글자를 입력하듯 '숙부에서 조카로"가 등장한다. 이렇게 보면 변두리 형식은 이미 문학의 주류로 자리 잡는다는 꿈을 잉태하고 있는 셈이다. 이 주류 또한 어느 날 한문학처럼 비주류로 강등되는 날이 오겠지만. 언어와 문학, 여기에 사회 상상력이 빚어낸 멋진 묘미이다.

안타까운 것은 현재 대한민국 사회에는 '아버지에서 아들로'만 있을 뿐 '숙부에서 조카로'가 없다. 오직 항구여일 '아버지에서 아들'이라는 '그들만의 리그'만 작동할 뿐이다. '낯설게 하기'에 대한 불편함, '지각의 갱신'에 대한 번거로움은 모두 '그들만의 리그'가 만들어낸 '출중한 작품'이다.

'출중한 작품'은 껍데기만 존재하는 '박제剝製된 지식'이요, 사회 구조라는 창살에 '영어囹圄가 되어 버린 정신'이란 뜻이다. 이는 일제 식민지, 이승만 독재, 박정희·전두환 군사독재를 거치며 고식화, 정형화라는 프레임으로 위계질서를 구조화하였다. 이것이 현재의 '순응하는 한국사회'를 만들었다는 생각이다. (촛불혁명을 이끄는 이들도, 기타 민주화를 외치는 이들도 그렇다. 우습게도 그 나물에 그 밥이다. 그들만의 리그는 그곳에서도 동일하기 때문이다.) '기타 국민들'은 무기력과 체념(특히 정치)에 빠져 있다. 이들에게 현실은 강파르고 희망은 신기루이니 미래는 암담할 뿐이다. 상상력은커녕 무상상력과 몰상상력의 심해로 끝없이, 끝없이 잠수한다.

거부하지 못할 선택을 강요당하는 자들

생각해보자. 말과 글, 우리는 오늘도 눈만 뜨면 언어의 바다를 항해한다. 말 한 마디, 글 한 줄로 남에게 희망과 평안을 주기도 하고 낙망과 불안을 주기도 한다. '말 안 하면 귀신도 모른다'는 말도 있고

'말은 꾸밀 탓으로 간다'는 말도 있다. 선인들의 사람 고르는 기준인 '신언서판身言書判'에도 번듯이 두 번째 자리를 차지하고 앉아 있는 것이 말,* 즉 언어이다.

하지만 언어만이 의사 전달 방법은 아니다. 영화 〈바바리안〉에서 '뜻을 전달치 못하는 말과 글은 없어도 된다' 한다. 인간에게는 '공감'이라는 신기한 통로가 있으니 말이다. 폭력이 무엇인지, 어리석음이 무엇인지, 정의가 무엇인지, 복종이 무엇인지, 그리고 의식이 없을 때 인간은 어디까지 악해지는지, 거부할 수 없는 공포를 강요당하는지 잔잔하게 보여주는 영화다.

동물은 삶을 생각하지 않아 생존이지만 '인간은 생존하려 삶을 생각'한다. 이것이 인간으로서 의식이다. 내 몸에 의식이 없을 때 바바리안이 들어와 주인이 된다. 다른 말로 철학이라 해도 좋다. 꼭 보았으면 하는 영화다. 공감하고 싶어서다.

바바리안barbarian은 '이방인', 혹은 '야만스러운 자', '참고 듣지 못할 말을 하는 자'로 매우 경멸스러운 뜻이다. 실제 바바리안은 고대 로마 제국시대에 등장한 단어이다. 로마는 제국 주변에 사는 외부인을 야만족, 바바리안이라고 칭했다. 그러나 로마가 문명의 이기를 앞세워 잔인하게 주변국을 점령하여 노예국으로 만든 행위가 야만인지, 아니면 침공을 당한 사람들이 야만인지 역사가 증명한다.

포스터에는 마치를 든 조니 뎁이 보인다. 조니 뎁은 영화에서 야만인을 처단하러 온 문명인이다. '의식[생각] 없는 자들'은 문명인의 손에 든 저 '마치'를 절대 못 본다. 아니 알고도 생각을 지우는 것인지도 모른다. 생각 없이 사는 것, 그것이 편하기 때문이다.

2023년 대한민국, 결코 정상인 민주국가라는 생각이 안 든다. 문명인 조니 뎁이 야만인에게 마치를 휘두를 때 모두들 아무 생각 없이 바라만 본다. 로마의 바바리안 못지않은 '대한민국 바바리안'들이 좀비처럼 이 사회 여기저기에 존재한다. 그것도 대낮에 언론이란 공공 채널을 통하여, 정치·경제·사회·문화·교육 등 사회 전반에서 이름만 한국식 '개·돼지'로 바뀌었을 뿐이다. 그들은 절대 죽지 않는다. 그

'대한민국 바바리안'이 누구인지는 후일 역사가 증명해준다.

※ 첨언: 영화 포스터* 출연진 명단을 생각해 보는 것도 꽤 흥미롭다. 어느 연기자 이름을 먼저 써야 할까? 그 영화에서 가장 연기를 많이 한 주인공이 먼저 아닐까? 영화 포스터도 마크 라이언스가 중앙에 보인다. 그런데 왜 조니 뎁을 먼저 써놓았다. 이 나라의 바바리안을 찾는 열쇠가 여기에도 숨어 있는지 모른다.

외국 영화 포스터를 찾아본다. 원제는 〈waiting for the barbarian(야만인을 기다리며)〉이다. 그렇다면 주체가 야만인가? 야만인을 기다리는 사람인가? 원 포스터를 찾아보니 좌측 상단에 '마크 라이언스'의 이름이 가장 먼저 보인다.

*〈바바리안〉

'누가 야만인가?'를 묻는 영화이다.

소유냐 존재냐

E. 프롬Erich Seligmann Fromm**의 『소유냐 존재냐』를 읽는다. 인간 생존을 두 가지 양식으로 나눈다. 프롬에 따르면 '소유所有'란 현대 산업사회에서 기본인 생존 양식이다. 자기 가치, 자기 주체성, 혹은 자기 존재 증명이다. 이런 관계는 물건뿐 아니라 인간, 지식, 관념, 신, 나아가서는 건강이나 질병까지 모두 포함한다. 프롬은 소유의 주체와 객체를 '물건'으로 환원하여 살아있는 관계가 아니라 죽은 관계라 한다. 이 소유는 끝없는 생산과 소비라는 악순환을 낳게 되고 우리는 만성의 기아 상태에 빠진다.

이에 반해서 '존재存在'는 아무것에도 집착하지 않고 아무것에도 속박되지 않고 변화를 두려워하지도 않고 끊임없이 성장한다. 그것은 하나의 고정된 타이프나 태도가 아니라 유동하는 과정이며 타자와 관계에서는 주고 나누어 갖고 관심을 주며 함께 하는 살아있는 관계가 된다.

달관한 이들은 고약한 이 세상을 살아내는 비결로 '무소유無所有'를 꼽는다. 저이뿐만 아니라 누구나 인생살이를 하며 모두 놓아야 한다는 것쯤은 안다.

**에리히 젤리히만 프롬(1900~1980)은 독일 태생의 철학자, 작가, 정신분석학자, 사회비평가이다. 『자유로부터의 도피(Escape from Freedom)』도 널리 알려진 책이다.

아일랜드의 탐미주의 작가인 오스카 와일드Oscar Wilde(1854~1900)가 있다. 그는 〈도리언 그레이의 초상〉, 〈살로메〉 등을 썼으며 뛰어난 재기와 날카로운 재치, 자유분방한 생활로 세간의 주목을 받았다. 그는 우리 삶을 이렇게 말한다.

"삶은 복잡하지 않다. 우리가 복잡할 뿐이다. 삶은 단순하며 단순한 것이 옳다Life is not complex. We are complex. Life is simple and the simple thing is the right thing."

이를 뒷받침하는 이론이 '오컴의 면도날Ockham's Razor'이다. 여러 가설이 있을 때에는 가정의 개수가 가장 적게 면도날로 잘라내 버리라는 말이다. 오컴의 면도날은 '절약 원리', '경제성 원리', '간결함 원리'라고 부르기도 한다. 윌리엄 오컴William of Ockham(1285~1349)은 프란체스코회의 수사이자 스콜라 철학자이며 논리학자였다.

이 오컴의 면도날 발상은 또 코페르니쿠스와 갈릴레오 혁명을 낳았다. 코페르니쿠스는 이전 프톨레마이오스의 천동설이 행성의 운행을 설명하기는 했지만 상당히 복잡하다고 생각했다. 어느 날 태양이 정지해 있고 지구가 돈다고 가정하니 행성의 운행이 단순하게 설명되었다. 여기서 단순한 가정으로 현상을 설명하는 지동설이 맞고 복잡한 가정이 많은 천동설이 틀리다는 것이 입증됐다.

그래야 행복하다는 것도.

무엇부터 내려놓아야 할까?

언젠가 써둔 시 〈방하착放下著과 착득거着得去〉*이다.

*'방하착'은 '손을 내려 밑에 둔다'는 뜻으로 마음속의 집착을 내려놓는다는 뜻으로 선가에서 화두로 쓴다. 반대는 '착득거'로 '지고가거라'다.

엊그제 지인과 통화

"내려놓으시게. 휴헌, 방하착하시게."

내려놓으라

내려놓으라

내려놓고

내려놓고

내려놓다 보면
내려놓을 게 없어도 내려놓고
'내려놓으라'는 다섯 자조차도 내려놓고

그런데,
내가 가진 것은 있던가?

내 마음조차 내 몸조차 내 것이 아니거늘.
본래부터 내 것인 것이 아무 것도 없거늘.

방하착도 착득거도.

나이 들며 놓아야 할 게 참 많다. 명예, 지위, 물질, 놀이, 배움, 욕망, 건강, … 인생살이 사람살이기에 사람만은 가장 나중에 놓아야 한다.

그 마지막에는 그 사람도 놓아야 한다. 지금 아버지에, 그 아버지에, 그그 아버지가, 어머니가 그랬듯이, 모두들 놓았고 그렇게 가뭇없이 사라졌고 사라진다. 도를 얻은 이건 못 얻은 이건, 원하든 원치 않든, 그렇게 모두 무소유를 실천하는 게 우리네 삶이다.

무소유를 실천하려 고집스럽게 모두 떼어낼 필요 없다. 그렇게 애 쓰지 않아도 시나브로 소유 못하는 시간으로 가는 중이다. 제 아무리 길어야 그 시간이란 것도 겨우 손가락 몇 번 꼽으면 넉넉하다.

하고 싶지 않아도, 애쓰지 않아도, 우리네 삶은 그렇게 무소유의 삶이다. 실천하지 않아도 실천되는 게 무소유다. 이 오늘, 가장 사랑 하는 사람이라면, 하고 싶은 일이 있으면, 무소유가 아닌 소유의 삶을 살아야 하지 않을까?

※ 덧붙임: 책을 읽다 프롬이 옮긴 바쇼의 시에 눈길이 멈춘다. 고은 시인의 시가 떠오른다.
선생이 바쇼를 모르진 않았을 터이니 표절? 아니면 바쇼의 시를 소유하고픈 마음에? 그도

아니면 정녕 영향력 없는 유사성?

"자세히 살펴보니 냉이꽃이 피어 있네 울타리 밑에!"(바쇼)

"내려갈 때 보았네 올라갈 때 보지 못한 그 꽃"(고은)

나도 너만큼 알아. 이제 더 이상 전문가 의견 안 들어

톰 니콜스의 『전문 지식의 죽음The Death of Expertise』, 니콜스는 구舊 소련 문제 전문가란다. 그는 SNS에서 러시아에 관해 자기를 가르치려 드는 '비전문가'들에게 화가 나 블로그에 글을 올렸다가 이 책을 쓰게 됐다고 한다. 니콜스는 『전문 지식의 죽음』을 안타까워하는 듯한 모양새다.

그러나 꼭 그러할까? SNS에서 보고 들은 지식은 전문 지식이 아니고 그러한 사람들은 전문가가 아닐까? 나 역시 수많은 전문가들을 보았고 국문학(고전서사)을 공부하는 전문가이다. 전문 지식을 지닌 전문가가 결코 우리 국문학계를 이끌지 못한다는 것을 뼈저리게 느낀다. 지금 국어국문학과는 명패조차 지키지 못하고, 어느 누가 우리 고전서사에 관심을 기울이나. 오히려 국문학은 일반인이 향유할 때 더 발전하였다. 1920년대 일용 노동자들과 농촌에서 보았던 일명 '딱지본 고소설'은 수만 권씩* 팔렸다. 출간 작품도 수백 편이나 되었다.

그러나 작금의 현실은 어떠한가? 국문학을 한다는 전문가가 차고 넘치지만 겨우 250~500부를 출판이 현실이다. 오히려 국문학(고전서사)은 전문가들의 책상머리에 올라오며 〈춘향전〉, 〈홍길동전〉, 〈심청전〉 등 몇 작품만 남고 모조리 사라져갔다. 고전서사가 일반 대중의 것이지 전문가들의 전유물이 아니란 것을 증명하는 셈이다. 여기에 학연과 지연으로 똘똘 뭉친 전문가 패거리는 역겹기조차 하다. 그들은, 그들만의 리그만을 벌인다. 국문학이라는 같은 벌집이거늘 하나의 '벌구멍'에 옹기종기 모여서는 다른 벌구멍과 3.8선만큼이나 견고

*당시에 문맹률이 60~70%쯤임을 감안한다면 상상조차 하기 어려운 판매이다. 더욱이 전 인구가 지금 남한 인구의 반조차도 안 되는 2,000만에 지나지 않았다.

한 담장을 짓는다.

'언론'도 그들만의 리그이다. 국민 소리를 대변한다지만 '세칭 전문가'들의 목소리일 뿐이다. 일반인의 목소리를 전언해준다지만, 일반인의 삶을 살지 않는 저들이 알 턱이 없다. 그저 그러려니 하는 소리일 뿐이다.

마치 환자의 고통을 의사가 치료한다고 의사가 온전히 환자의 고통을 아는 게 아닌 것처럼. 자기가 제 병을 치유하는 게 아니라 전문의를 신처럼 받들고 그의 말을 토씨 하나까지 믿으며 살 길을 찾으려든다. 이렇듯 전문의란 석 자에 환자가 길들여지는 것처럼, 우리는 전문가라는 이들에게 잘 길들여지고 있는 게 아닌가 한다.

〈어린 왕자〉에는 여우의 이런 독백이 나온다.

"내 생활은 복잡할 게 없어. 나는 닭을 사냥하고, 사람들은 나를 사냥해. 병아리들도 모두 비슷하게 생기고, 사람들도 모두 비슷하게 생겼어. 그래서 나는 아주 지루해. 네가 나를 길들이면 내 생활은 빛으로 가득 차게 될 거야. 나는 너의 발자국 소리를 알게 되겠지. 그 발자국 소리는 어떤 발자국 소리와도 다를 거야. 다른 발자국 소리는 나를 땅 밑으로 숨게 만들지. 너의 발자국 소리는 음악처럼 나를 불러내게 될 거야. 그리고 저기 좀 봐. 밀밭이 보이지? 나는 빵은 먹지 않아. 나에게 밀은 아무짝에도 쓸모가 없어. 밀밭은 내게 아무 느낌도 주지 않아. 그건 슬픈 일이지. 그런데 너는 금빛 머리카락을 가졌잖아. 그러니까 네가 나를 길들인다면 그건 너무 멋진 일이 될 거야. 나는 금빛으로 물결치는 밀밭을 보면 너를 생각하게 될 거야. 그러면 나는 밀밭을 스쳐가는 바람 소리를 좋아하게 될 거야."

여우는 자신이 지루하다며 사람에게 자신을 길들여 달라 한다. 여우의 삶은 어디 있을까? 세상을 살아가는 것은 어디까지나 나다. 이 신문도 저 신문도, 이 방송도 저 방송도, 온통 전문가들이 설친다. 혹, 우리는 지금 '여우의 독백'을 하고 있는 것은 아닐까. 잘 길들여 달라고.

"나도 너만큼 알아. 이제 더 이상 전문가 의견 안 들어"라 말하는 사람이 더 늘면 안 될까?

무지는 지식보다 더 확신을 갖게 한다

*찰스 다윈의 "무지는 지식보다 더 확신을 가지게 한다"는 말이 명언임이 분명하다.

TV에서 토론을 보다 '더닝 크루거 효과Dunning-Kruger effect'*가 떠올랐다. 온 나라 사람이 보는 벌건 대낮에 저 정도의 토론 실력과 저급한 수준의 질문을 얼굴하나 붉히지 않고 오히려 목소리까지 높이는 저들이 이 나라의 지도자들이라는 사실이 참 경이롭다. 더닝 크루거 효과는 인지 편향의 한 학설이다. 능력 없는 사람이 잘못된 판단을 내렸지만 능력이 없기에 자신의 잘못을 알아차리지 못하고 반대로 능력이 있는 사람은 능력이 있어 다른 사람들이 나보다 나을 거라 여겨 자신을 위축하는 현상이다.

흥미로운 사실은 능력이 없는 사람 쪽이다. 이 사람들은 환영인 우월감으로 자신의 실력을 과대평가해 다른 사람의 능력을 알아보지 못할 뿐 아니라, 자신이 곤경에 처한 것조차 인지하지 못한다는 사실이다.

**공자는 『논어』 「위정」에서 알고 모르는 것을 제자 자로에게 이렇게 일러준다.
"자로야! 너에게 안다는 것을 알려주랴? 아는 것은 안다하고 모르는 것은 모른다고 하는 것, 이게 아는 것이니라(由! 誨女知之乎 知之爲知之 不知爲不知 是知也)."

'유지무지 교삼십리有智無智較三十里'란 말도 있다. '알고 모르고** 차이가 삼십 리'라는 뜻이다. 우리가 잘 아는 조조曹操와 재간꾼 양수楊修의 이야기에서 나왔다. 한단순邯鄲淳이 효녀 조아曹娥를 위해서 지은 '조아비' 뒷면에 채옹蔡邕이 '황견유부외손제구黃絹幼婦外孫韲臼'라는 여덟 글자를 써넣었는데, 조조와 양수가 길을 가다가 이 글을 보았다. 양수는 곧바로 글의 의미를 알아챘으나 조조는 그 의미를 생각하면서 30리를 더 가서야 깨달았다. 글 뜻을 풀이하자면 '황견黃絹'은 오색 실[色絲]이니 절[絶]이 되고, '유부幼婦'는 소녀[小女]이니 묘[妙]가 되고, '외손外孫'은 딸의 자식[女子]이니 호[好]가 되고, '제韲'는 매운[辛] 부추이고 '구臼'는 받는 것[受]이니 사(辭)의 약자이다. 풀이하자면 '절묘호사絶妙好辭'로 절묘하게 좋은 글이란 말이다. 지금도 문장이 특별히 뛰어났을 때 '절묘호사'라 한다.

이에 앙심을 품었을까. 후일 조조는 양수를 죽여 버린다. 재주 자랑하다 재주에 목숨을 잃은 셈이다. 이래저래 찰스 다윈의 "무지는 지식보다 더 확신을 갖게 한다"는 말이 명언임에 분명하다.

생각 굴思慮窟

일구지맥 —丘之貉, 한 언덕의 오소리

『한서漢書』를 본다. 「양운전楊惲傳」에 이런 말이 나온다.

> "옛날이나 지금이나 사람이 살아가는 게 마치 저 한 언덕의 오소리와 같구나古與今如—."

옛날이나 지금이나 귀하거나 천하거나 모든 사람이 그저 저 언덕에 굴을 파고 살아가는 오소리와 다를 게 없다는 말이다. 소식蘇軾은 이 말을 끌어와 〈과령過嶺2〉에서 "평생부작토삼굴平生不作兎三窟, 평생에 토끼의 세 굴은 만들지 못했지만 고금하수맥일구古今何殊貉—丘, 옛날이나 지금이 어찌 한 언덕 오소리와 다르랴"고 읊었다.

교토삼굴狡兎三窟이라고 영리한 토끼는 몸 숨길 굴을 셋이나 만든단다. 소식 선생은 '세 굴' 운운하나 난 세 굴은커녕 한 굴조차도 제대로 못 만든다.

'생각 굴思慮窟'*을 짚어 본다. 영리한 토끼가 제 아무리 세 굴을 파도 저 오소리와 무엇이 다르겠는가에 생각이 미친다. 그저 이 세상, 세끼 밥 먹고 살아가는 것은 너나 나나, 잘 사나 못 사나, 똑같다. 수명이 다하면 죽는 날 죽는 게 이치이다. 가만 보면 글이라는 게 점점이

*어느 생각이 많은 여름날 쓴 글이다.

〈카페에 앉아〉

1.

하늘은 잔뜩 흐렸다.
휴휴헌을 탈출하였다.
오랜만에 카페를 찾았다.
하늘은 제법 굵은 빗줄기를 쏟아낼 듯한 품이나 카페 창 밖에 비는 몇 가닥이 전부다. 안개비처럼 맥없다. 이름값 못하는 장맛비다. 나는 이런 날이 꽤 불쾌하다.

나는 격한 게 좋다. 미적지근한 것을 싫어한다. 의견 낼 때도, 무엇인가 결정할 때도 적당한 중간은 거의 없다. 뜨뜻미지근하거나 애매한 태도는 성격에 맞지 않아서다. 하거나 말거나 빨리 양단으로 결정해 버린다. (그러지 못하는 게 있긴 있다.)

문제는, 결정이 항상 결과를 수반한다는 점이다. 아쉽게도 내 결정이 빛을 발하는 경우는 내가 시를 쓰는 것만큼이나 드물다. 내 성격은 그리 대범치 못하다. 결정을 하고 참혹한 결과를 목도하면 참으로 소심한 마음은 난감하다. 허둥지둥, 이리저리 뛰는 만무방인 마음을 부여잡고 어찌할 줄을 모른다. 난감은 생각으로 이어진다.

생각이란 놈은 어떤 일을 결정하는 것과 다르다. 한번 생각을 하면 우로보로스(ουροβόρος)나 뫼비우스띠(Möbius strip)처럼, 생각은 생각에 생각의 꼬리를 물고 이어진다. 시작은 있지만 끝은 모른다. 생각하는 생각로(思慮路)는 신장로만이 아니다. 산길, 논두렁길, 밭길 가리지 않는다. 생각은 이미 사려로를 거쳐 사려굴(思慮窟)에 웅크리고 앉았다. 문득 생각이 물질만큼 궁굽했으면 좋겠다는 생각이 든다. 이쯤이면 데카르트의 "나는 생각한다, 고로 나는 존재한다"는 Cogito, ergo sum이 좀 우습다.

찍어놓은 파리 대가리만한 검은 먹물방울에 지나지 않지만 고단한 삶에 이렇게 위안을 주기도 한다.

책을 읽다가

지인이 책을 보내왔다. '미주 한인 역사 120주년 기념'이란 부제가 붙었다. 그중 이승만 전 대통령에 대한 글을 읽다가 한참동안 눈길이 멈췄다. 가끔씩 이런 글을 보면 의아스럽다. 아래 글을 보면 이승만은 1904년 8월 9일, 조선에서 5년 7개월의 투옥 생활을 끝냈다.

1904년 12월 31일 워싱턴에 도착했다. 1905년 1월 5일 「워싱턴포스트」와 인터뷰를 했다. 그런데 대뜸 1907년 6월 조지워싱턴대학교를 졸업했다고 나온다. 2년 만에 대학을 졸업했다는 말이다.

더 흥미로운 것은 1907년 9월 하버드대학교 석사과정에 입학하여 1910년 2월에 학위를 받았다. 그런데 1908년 9월에 프린스턴대학교 박사과정에 입학하였다. 석사과정 1년 만에 졸업도 안 한 학생을 프린스턴대학교에서 박사과정 입학을 허가하였다. 그로부터 1년 9개월 뒤인 1910년 6월 프린스턴대학교에서 박사학위를 받는다.

1910년 2월에 하버드대학교에서 석사학위를, 같은 해인 1910년 6월에 프린스턴대학교에서 박사학위를 취득했다는 믿기 어려운 학위 과정(?)이다. 어찌 되었건 이승만은 미국에 건너온 지 5년 6개월 만에 학사, 석사, 박사학위를 취득하였다는 전설 같은 사실事實이다.

가끔씩 이런 글을 만나면 참 난감하다. 아무리 100년 전이요, 또 그것이 타국이라 하여도 사실은 정확히 기술해야 한다. 실증을 중시하는 미국의 학력이기에 더욱 그렇다. 여기에는 여러 이유가 있다. 학자라면 글 쓰는 이라면 이 정도는 독자를 위해 자료조사 좀 해야 하지 않을까?

난 이 분야 전공자가 아니지만 한 번쯤 조사를 해보고 싶은 생각이다. 이승만 전 대통령의 삶을 욕보이고자 하는 마음은 추호도 없다.

다만 한 사람의 일생은 정확한 기록이 따라야 한다는 생각이다. 당시 박사博士가 거의 없었던 한국이기에 이승만은 '박사의 대명사'가 되었고 내 또래만 되어도 '이승만 대통령'보다는 '이승만 박사'라고 부르는 게 자연스러울 정도다.

견문이 좁아서인지 아직 나는 '이승만 박사'에 대한 사실事實, 실제로 있었던 일을 사실査實, 사실을 조사하여 알아봄로 기술한 책을 보지 못했다. 내 공부 또한 이런 곳이 많으리라 생각한다. 갈 길은 멀고 할 일은 많은데 세월은 나를 기다려주지 않는다.

문화는 구별하고 차별한다

프랑스 사회학자 피에르 부르디외Pierre Bourdieu*의 『구별짓기』(상·하)는 문화에 관한 내용이다. 작자는 '각 계층별로 불평등하게 분배되고 차별 짓는다'로 문화를 규정한다. 이른바 사회 구성원을 문화로 구별 짓기이다.

그가 '문화는 구별하고 차별한다', '문화는 섬세한 상징 폭력이다'라고 역설하는 이유는 이렇다. 학력자본(학벌), 상징자본(집안), 사회관계자본(연줄)이 사회 메커니즘을 견고한 구조틀을 짓고 있어서다.

이런 공고화되고 당연시된 사회 메커니즘을 '아비투스Habitus'**라 한다. 그의 말대로라면 절대 하층 계급이 상층 계급으로 갈 수 없다. 옳은 말이다. 장차관은 온전히 저들 몫이다. 신문의 지면은 지식인이라 자칭하는 교수들 몫이다. 언론도 오로지 그들만의 리그이다. 경제인들은 재벌들만의 2세, 3세, 4세로 이어지면 향연 중이다. 여·야 할 것 없이 정치인은 더욱 한통속이다. 저들, 교수들, 그들, 경제인들, 이들, 정치인들은 그들만의 짝짓기까지 서슴지 않는다. 천한 것들과 문화가 달라서란다. 할아버지에서 아들로, 아들에서 손자로 대대손손 연면히 이어지는 구별짓기이다. 지금도 방송은 눈 깜짝 않고 연일 저러한 내용을 충직하고 성실하게 중계 방송한다.

*피에르 부르디외(1930~2002)는 프랑스 출신의 구조주의, 마르크스주의자이다.

**이 용어는 '인간 행위를 상징하는 무의식 성향'으로 '제2의 본성' 정도로 이해하면 된다. 아비투스는 복잡한 교육 체계를 통해 이루어지는 무의식으로, 사회화의 산물이며 교육을 통해 상속된다.

내 서재 옆에 있는 현대백화점에도 연 신용카드 매출이 1억인가 넘어야 들어간다는 '그 여인들만의 카페'가 있다. '학력 자본(학벌), 상징 자본(집안), 사회 관계 자본(연줄). 나에게는 하나도 없는, 내 자식들도 하나도 없는' 그런 생각을 하다가, 부르디외의 『구별짓기』가 생각나 몇 자 적는 아침이다.

자신을 속이지 않는다

"성인도 오히려 보통 사람과 같다. 성인은 자신을 속이지 않을 뿐이다. 성인이 세상을 평온하게 잘 다스림에 다른 술수는 없다. 오직 잘하는 것은 이른바 자신을 속이지 않는다는 '무자기母自欺'를 실천할 따름이다. 즉 자신을 속이지 않음이 요체이고, 뜻을 성실하게 함이 근본이다. 홀로 자신을 속이지 않는다는 깨달음을 아는 게 가장 중요하다."

『명등도고록明燈道古錄』*을 읽는다. 저자 이지李贄는 성인이나 보통 사람이나 다를 바 없다 한다. 그러고는 성인이 된 이유를 '무자기'에서 찾았다. '무자기'는 '자신을 속이지 않는다'는 뜻이다. 보통 사람들이 세상을 살아내며 '나 자신을 속이지 않는다'는 게 가능할까?

이러면 어떨까? 얄팍한 꼼수를 부려본다. '딱 하루만, 그것도 안 되면 딱 한 시간만. 그렇다면 이지 선생 말대로 그 시간만큼은 '성인'이 아니겠는가?' 하는 어리석은 생각을 잠시 해본다.

초가을 하늘은 티 한 점 없다. 무자기 하늘이다.

말과 글은 우리 삶을 지탱하는 몸

글 쓰다 이런 생각이 든다. 이 세상, 살아내려 말을 한다. 말 한 마디로 남에게 희망을 주기도 절망을 주기도 한다. 살아가려 글을

*"나는 한 마리의 개에 불과했다"고 고백한, 동양의 니체 탁오(卓吾) 이지(1527~1602)의 말년 작이다. 이지는 나이 오십 이전의 자신을 앞에 있는 개가 그림자를 보고 짖으면 따라서 짖었다며 저렇게 말했다. 그러나 내 주변에 보이는 수많은 개들은 개들임을 모르고 오늘도 어제처럼 짖어댄다. 그는 혹세무민의 죄목으로 투옥되어 옥중에서 자살하였다.

『명등도고록』은 동 시대 지식인들과 대화하며 『대학』과 『중용』을 해설해나가는 형식이다. '발분저서(發憤著書, 사마천이 성기를 제거하는 궁형을 당하고 옳고 그름이 무엇인지를 보여주겠다며 『사기』를 저술한 심정)'의 심경을 담아 당시 사회상을 통렬히 비판한 그의 또 다른 책 "내 책을 불태우라!"고 쓴 『분서(焚書)』처럼 『명등도고록』도 유가사상에 대해 날을 세운다. 유가사상 자체 부정이 아니라 오히려 유가의 가치와 깊이를 더함으로써 시공간을 초월한 보편성을 획득했다. 즉 경세가(經世家)로서 세상을 올바로 '경영'하는 법을 담아낸 책이다.

쓴다. 글 한 줄로 남에게 희망을 주기도 절망을 주기도 한다. 양 극을 오가는 말 한 마디와 글 한 줄. 내 입에서 나온 말과 내 손에서 쓰인 글은 어떠한가? 혹 남에게 희망보다는 절망을 준 것은 아닌가 생각해 본다.

연암 박지원 선생은 말 한 마디, 글 한 줄을 '천 근 쇠뇌 당기듯' 하였다. 말은 천금같이 하고 글은 전쟁하는 마음으로 삼가며 쓴 이들 삶을 생각해 본다. 저이들 말과 글은 절망보다는 희망을 준다. 그것도 자신의 삶과 일치하는 말과 글이다.

숙종 때 가객 주의식朱義植 선생 시조 한 수 읊어본다.

말하면 잡류雜類라 ᄒ고 말 아니하면 어리다 ᄒ니
빈한貧寒을 놈이 웃고 부귀富貴를 새오ᄂᆞᆫᄃᆡ
아마도 이 하늘 아래 사롤 일이 어려왜라

*어리다: 어리석다/ *새오ᄂᆞᆫᄃᆡ: 시기하는데/ *사롤 일: 말할 일

'밥 한 술에 힘 되는 줄은 몰라도 글 한 자에 힘이 된다'는 속담이 있다. 말과 글은 우리 삶을 지탱하는 몸이다. 글 쓰고 읽는 이라면 생각을 몸으로 할 줄 알아야 한다. 내가 글쓰기를 하려 달리기를 하는 이유도 여기다. 글 한 줄, 말 한 마디가 새삼 무거운 오늘, 말과 글로 써낸 삶과 '몸'*을 잘 챙겨볼 일이다.

*문제 하나 낸다. 빈 방에 침팬지들과 막대기, 빈 나무상자 몇 개를 넣고 천장에 바나나를 달아놓았다. 침팬지는 어떻게 천장에 달린 바나나를 먹을까? 볼프강 콜러(Wolfgang Kohler)의 침팬지 지능 연구 실험이다. 빈 나무상자를 쌓고 막대기로 칠까? 아니다. 침팬지는 몸을 썼다. 콜러가 바나나 아래를 지나갈 때 그의 등에 올라타 어깨를 짚고 바나나를 움켜쥐었다.

생각은 머리로만이 아니라 '몸'이 먼저다. 몸으로 생각하는 것은 근육의 움직임, 자세, 균형, 접촉에 대한 우리 감각에 의지한다. 생각을 하려면 먼저 몸이 반응을 해야 한다. 로댕의 〈생각하는 사람〉을 떠올려보라. '온몸'이 '생각'이다.

코끼리 코를 찾아서

―글쓰기 다섯 길을 걷다―

5. 서도(書道, 쓰는 길): 집 짓기

이제 비로소 집을 짓기 시작한다.

글이란 뜻을 나타내면 그만이다: 주춧돌 놓기

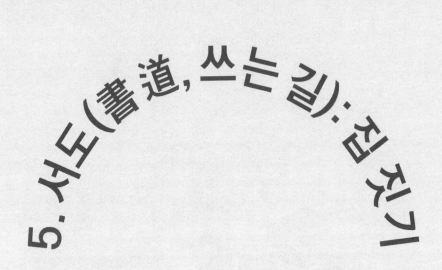

5. 서도(書道, 쓰는 길): 집 짓기

먼저 기둥을 세울 자리에 주추(초석)를 놓는다. 우리가 흔히 말하는 기초(基礎)가 이곳이다. 글의 주춧돌, 즉 글 쓰고자 하는 뜻이 가슴으로 내려왔다. 글쓰기에 관해 고민한 다양한 글들이다.

'글쟁이 씨' 따로 없다

구한말 쇠약해지는 나라의 운명을 한탄하여 자결한 강개한 사내 송백옥宋伯玉(1837~1887)의 문장천하공물文章公天下公物설이 이 말이다. 그의 「동문집성총서東文集成總敍」를 보면 "문장은 천하의 공물이다. 한 사람이 이를 얻어 사유하게 해서는 안 된다文章公天下之物 不令一人得而私之"라 한다. 맞는 소리이다.

문장, 즉 글은 누구나 쓰고 읽어야 한다. 한 사람이 소유할 개인 재산이 아님에는 이론의 여지가 없지만, 문제는 그리 간단치 않다. 누구나 글을 읽을 수도 쓸 수도 있지만, 읽었다고 읽은 게 아니요 썼다고 쓴 게 아니기 때문이다. 송백옥 선생, 그 다음 글귀는 "그렇다고 사람마다 문장을 보고 다 기뻐하라고도 못한다不蕲毋人見而悅之"라 써놓았다. 문장은 과연 누구나 가지면 되는 천하공물이지만 누구나 그것을 소유하지는 못한다는 말이다.

비로소 글쓰기 문간에 들어섰다. 이제 '심도―관도―독도―사도'를 마중물로 삼아 글을 써보자. 누구나 강한 인상이 남는 글, 야무진 글을 쓰고 싶지만 '많은 노력을 지불하기 전에 명문은 없다'는 명료한 사실을 잊지 말아야 한다. '떡국이 농간한다'고 사람들은 본래 재주가 없어도 나이 들면 살아본 경험으로 제법 능숙한 솜씨를 부린다는 속담은 글 쓰는 이라면 가슴에 새겨둘만 하다. 글도 마찬가지다. '뚝심'으로 쓰고 또 쓰는 데야 당해낼 재주가 없다. 어디 '글쟁이 씨'가 따로 있던가. 글 쓰는 이라면 가슴에 새겨둘 말이다.

가슴으로 초고를

〈파인딩 포레스터〉는 글쓰기에 도움이 될 만한 대사가 많다. 글쓰기 하려는 사람이라면 꼭 보았으면 한다. 이 영화는 〈호밀밭의 파수꾼The Catcher in the Rye〉*(1951)의 저자인 샐린저Salinger, Jerome David(1919~2010)를 모델로 하였다.

*〈호밀밭의 파수꾼〉은 '성적 불량 퇴학생'이 쓴 자전 소설로 1951년 출간되었다. 저자 샐린저는 맥버니 중학교에서 성적 불량으로 퇴학을 당하였다. 이 중학교가 〈호밀밭의 파수꾼〉에서 주인공 홀든 콜필드가 퇴학당하는 펜시고등학교가 되었다. 스토리는 홀든 콜필드가 학교에서 또 한 번 퇴학을 당해 집에 돌아오기까지, 누군가 자신을 붙잡아주기를 바라며 헤매는 48시간 독백 형식이다. 거침없는 언어, 사회성 짙은 소재로 논쟁을 일으키며 '콜필드 신드롬'을 만들어 예술계와 문화계를 흔들었다.
  아래는 〈호밀밭의 파수꾼〉에서 가장 알려진 대목이다. 글을 쓴다면, 누군가에게 파수꾼이 되어야 하지 않을까?
  "내가 할 일은 아이들이 절벽으로 떨어질 것 같으면, 재빨리 붙잡아주는 거야. 애들이란 앞뒤 생각 없이 마구 달리는 법이니까 말이야. 그럴 때 어딘가에서 내가 나타나서는 꼬마가 떨어지지 않도록 붙잡아주는 거지. 온종일 그 일만 하는 거야. 말하자면 호밀밭의 파수꾼이 되고 싶다고나 할까. 바보 같은 얘기라는 건 알고 있어. 하지만 정말 내가 되고 싶은 건 그거야. 바보 같겠지만 말이야."

"제 자신을 위해 써라. 남을 위해 쓰는 것보다 훨씬 낫다."
"가슴으로 초고를 쓰고 머리로 다시 써라."
"자신만의 단어를 느끼기 시작하라."

글 쓰는 이 마음 자세를 언급한 말들이다. 영화를 보니 생각지도 못한 재미있는 팁도 얻는다. 아마 이것은 남자에게도 동일할 듯싶다.

"여자 마음을 열려면 생각지도 못한 시기에 생각지도 못한 선물을 하라."

글을 쓰고 읽는 이 모두, 〈파인딩 포레스터〉처럼 글을 통해 인간에 대한 신뢰와 희망의 불씨를 지필 수 있었으면 한다.

밥벌이의 지겨움

눈 덮인 캠퍼스에 겨울 햇볕이 좋다. 학기를 마쳐 그런지 학교 도서관에 학생들이 없다. 여유롭게 책 몇 권을 골랐다. 도서관에 오면 지성의 향기를 느껴 좋다. 겨울 해는 친절하게 점심나절임을 알려준다.
  학교 뒤 〈까사올리브〉를 찾아 고민 끝에 '토마토 해산물 스파게티'를 주문했다. 아무리 찾아도 내 입맛을 당기는 메뉴는 없었다. 음식 단가를 보니 14,500원이다. 학교에서 한 학기 수고했다고 2만 원짜리 음식 쿠폰을 주었다. (꼭 〈까사올리브〉에서만 먹어야 한다는 단서를 붙었다.) 크리스마스 캐럴송도 나오고 분위기는 제법이다.

대학가답게 책 몇 권이 꽂혀 있다. 김훈의 『밥벌이의 지겨움』이란 책이 눈에 들어온다. '밥벌이의 지겨움'과 어울리지 않는 표지이다. 상당히 고급스러우며 화려하다. 책 몇 권 내다보니 표지만 보아도 출판사에서 보는 저자 무게를 가늠한다.

음식은 내 의구심을 저버리지 않았다. 토마토 국물에 건조한 면발, 그 위에 홍합 1개, 바지락 1개, 새우 1마리, 커피 한 잔은 서비스란다. 영 입맛이 돌지 않는다. 입안을 겉도는 14,500원짜리 파스타 면, 그리고 『밥벌이의 지겨움』, 둘이 묘하게 얽히더니 곧 출간될 내 책까지 끌어당긴다.

출간될 책은 10여 년 끼고 앉아 번역하고 덧말을 넣은 야담집이다. 책값은 18,000원, 책이 도통 안 팔린다 하여 1쇄는 인세를 안 받는다 했다. 혹 2쇄를 찍으면 10% 인세를 받게 된다. 그러면 1,800원×(?) =20,000원이 되나 계산하다가 윗입술을 깨물었다. 순간 '밥벌이의 지겨움'이란 글자가 '꿈틀' 살아 움직였다.

그러고 보니 내 학문이니, 글쓰기 역시 '밥벌이'였다. '나름 고귀하다 생각했는데…' 이런 생각에 생각을 곱씹다가 이번엔 아랫입술마저 막대기 같은 파스타 면과 함께 씹어버렸다.

햇볕은 참 좋다. 학기를 마친 캠퍼스엔 햇볕만이 오롯이 남아 여기저기 눈을 녹이느라 분주하다. 교문을 나서는데 '밥벌이의 지겨움'이 왜틀비틀 따라온다.

글 쓰면 부끄러운 이유

글을 읽다 '천우속 귀야곡天雨粟 鬼夜哭, 하늘에서 비처럼 곡식이 내리고 귀신이 한밤중에 곡을 하다'이란 글귀를 만났다. 『회남자』 「본경훈」에 보이는 원문이다

"옛날 창힐이 글자를 만들자 하늘에서 곡식이 비처럼 내리고 귀신이 한밤중

에 곡을 하였다."

*"벌꿀보다 탁한 것이 없는데도 '청(淸, 맑은 꿀)'이라 하니 청탁(淸濁, 맑고 탁함)을 알지 못함이고, 꿩이 이미 죽었는데도 '생치(生雉, 산꿩)'라 하니 생사(生死, 삶과 죽음)를 모름이다. 전복이 애초 이지러진 데가 없는데도 '전복(全鰒, 온전한 복)'이라 하니 쓸데없는 말이요, 기름과 꿀을 묻혀 구운 밀가루 반죽을 '약과(藥果, 약과 과일)'라 하니 이미 약도 아니요, 또 과일도 아니다. 꿀에 담근 과일을 '정과(正果, 바른 과일)'라 하는데 그렇다면 꿀에 담지 않은 것은 사과(邪果, 그른 과일)란 말인가?"

실학자 영재 유득공 선생의 『고운당필기(古芸堂筆記)』 제3권 「속된 말을 고치다(俗語改正)」에 보이는 글로 '말의 거짓과 실체의 진실'이 이렇게 다르다.

동한東漢의 고유高誘 주석에는 '문자로 인해 거짓과 허위*가 싹트면 사람들이 농사를 버리고 하찮은 이곳에 매달리게 되므로 하늘이 곡식비를 내려 그 조짐을 보인 것'이라 하였다.

글을 쓴다는 게 참 어렵다. 윤동주 선생은 남의 나라 육첩방, 창밖에 밤비가 속살거리는데 〈쉽게 씌어진 시〉를 썼다. 그러며 "인생은 살기 어렵다는데 시가 이렇게 쉽게 씌어지는 것은 부끄러운 일이다"라 한다.

쉽게 쓴 글이 단 한 편도 없건마는 글을 쓰면 부끄러운 이유를 조금은 알 듯하다. 그 부끄러운 이유가 '혹 이 글이 거짓과 허위로 쓴 것은 아닌지?' 하는 의문 때문이다.

사람 사는 세상을 쓰면 된다: 기둥 세우기

5. 서도(書道, 쓰는 길): 집 짓기

초석이 놓이게 되면 기둥을 세우는데 기둥 세우기(立柱)는 기둥 길이를 똑같이 맞춰서 상기둥을 중심으로 뒷기둥, 오른쪽 기둥, 왼쪽 기둥의 순으로 세워나간다. 글의 주제를 찾았으면 주변을 둘러보아라. 주제를 도울 수 있는 제재는 주변에 널려 있다. 기둥 세우기는 글쓰기 제재에 해당된다. 제재란 주제가 되는 재료이다.

인드라망Indra's Net이란 말이 있다. 불교에서 말하는 '인드라'라는 그물은 한 없이 넓고 그 이음새마다 구슬이 있다. 이 구슬들은 서로를 비추고 비춰주며 연결되어 있다. 이 인드라망이 바로 인간 세상이다. '시 속에 모름지기 사람이 있어야詩中須人' 하고 '시 밖에 늘 사연이 있어야詩外尚有事' 하는 까닭이 여기 있다. 시 안팎으로 사람과 사람의 사연이 있어야만 한다는 말이다. 이 사람 사는 세상이 '인정물태'이다.

글쓰기는 천상에서 겨자씨를 뿌려 지상의 바늘 끝에 꽂는 비기가 아니다. 그렇다면 인정물태, '글은 곧 그 사람文如其人'이니 빗방울처럼 많은 사람, 눈발처럼 쏟아지는 저들의 세상 이야기를 손등에 푸른 정맥이 솟도록 쓰면 우박처럼 자음과 모음이 쏟아질까? 아니다. 가슴이 두방망이질하는 글이 되려면 인정물태를 제대로 써야 한다. 인정물태를 넷으로 나누면 이렇다. 알 필요도 있고 쓸 필요도 있는 인정물태, 알 필요는 있지만 쓸 필요는 없는 인정물태, 알 필요는 없지만 쓸 필요는 있는 인정물태, 알 필요도 없고 쓸 필요도 없는 인정물태가 그것이다.

글 쓰는 자라면 마땅히 '알 필요는 없지만 쓸 필요는 있는 인정물태'와 '알 필요도 있고 쓸 필요도 있는 인정물태'를 찾아야 한다. 이 두 인정물태를 쓴 글이라야 저 시절의 글을 이 시절에도 읽는 유통기한 없는 글이 된다.

시시포스* 신화를 꿈꾸며

올 한 해도 나는 이 휴휴헌에서 글을 쓰고 강의를 나가고, 그리고 하나 더 있다면 마라톤marathon을 했다. 우리는 흔히 마라톤을 '인생'에 비유한다. 내 마라톤 이력은 12년으로 글쓰기에 비해 일천하다. 10km를 거쳐 21.0975km 하프, 42.195km 풀코스를 거쳐, 울트라 마라톤인 53km, 101km까지 두루 섭렵했다. 누군가 물었다.

"왜 마라톤을 하지요?"

난 이렇게 답했다.

"마라톤은 정의로운 운동입니다. 변수도 없진 않지만 노력한 만큼 성과를 예측하지요. 그러나 세상은 그렇지 않습니다. 하나 더, 몸이 건강해야 글도 건강합니다."

그렇다. 마라톤을 하는 이유 중 하나는, 내 노력의 결실을 맛본다는 정의**로운 결과가 있어서다. (내가 학술논문보다는 일반 저술에 더 힘을 쓰는 것 또한 동일한 이치이다.) 또 하나는 글을 쓰기 때문이다. 마라톤은 극한의 고통이 따른다. 배경도 깜냥도 물질도 아무 필요 없다. 마라톤 필요충분조건은 오직 꾸준한 연습뿐이다. 마치 글을 쓰고 또 쓰는 것처럼.

글쓰기, 인생, 마라톤, 이 셋의 공통점이 있다. 시시포스처럼 산 정상에 올린 돌이 다시 원점으로 회귀한다는 점이다. 한 편을 마치면 다음 편이, 한 경기가 끝나면 다음 경기가, 하루가 지나면 또 하루가 어김없이 기다린다. 어제도 오늘도 내일도 쓰고, 뛰고, 살아내야 한다. 정상에서 굴러 내린 돌을 다시 정상으로 밀어 올리듯이 말이다. 그런데 겪어보니 이 셋에 차등이 있다. 마라톤은 반드시 노력을 배반하지 않는 정의로운 운동이다. 한 발짝 가면 정확히 한 발짝 줄어든다. 인생은 오욕五慾: 수면욕(睡眠慾), 식욕(食慾), 색욕(色慾), 명예욕(名譽慾), 재물욕(財物慾) 칠정七情: 희(喜, 기쁨), 노(怒, 노여움), 애(哀, 슬픔), 락(樂, 즐거움), 애(愛, 사랑), 오(惡, 미움), 욕(欲, 욕망)을 오르내린다. 가끔씩은 희열도 맛본다. 가장 고심참담한 것은 글쓰기이다. 글쓰기는 노력만으로도 재주만으로도 안 된다. 작가로서 의식과 주제 찾기

*시시포스(Sisyphus)는 그리스 신화에 나오는 코린토스의 왕이다. 제우스의 분노를 사 저승에 가게 되자 저승의 신 하데스를 속이고 장수를 누렸다. 하지만 그 벌로 나중에 저승에서 무거운 바위를 산 정상으로 밀어 올리는 영원한 형벌에 처해졌다.

알제리 출신 알베르 카뮈(Albert Camus, 1913~1960)는 말했다. "나는 반항한다. 그러므로 우리는 존재한다." 까뮈는 〈시지프스의 신화〉에 나오는 시지프스를 반항하는 인간의 표본으로 소개하였다. 그는 '아무리 해도 끝이 보이지 않는 고통을 향하여 다시 걸어 내려오는' 시지프스의 모습에서 부조리한 세상에 대한 반항을 보았다. 3부작인 소설 〈이방인〉, 에세이 『시지프 신화』, 희곡 〈칼리굴라〉를 통해 부조리한 세상과 이를 견뎌내는 인간 군상을 그렸다. 그는 『반항하는 인간』(민음사, 2021, 31쪽)에서 이렇게 '반항하는 인간'을 정의한다.

"반항하는 인간이란 무엇인가? '농(non, 아니요. 네(oui)의 반대, 부정)'이라고 말하는 사람이다. 그러나 그는 거부는 해도 포기는 하지 않는다. 그는 또한 반항의 첫 충동을 느끼는 순간부터 '위(oui)'라고 말하는 사람이기도 하다. 일생 동안 주인의 명령을 받기만 했던 노예가 돌연 새로운 명령은 더 이상 받아들이지 않겠다고 판단한다. 이 '농'의 내용은 어떤 것인가? 그것은 이를테면, '언제까지 이러고 있을 수는 없다', '여기까지는 따랐지만 이게 더는 안 된다'이다."

**"비록 인간의 정의가 너무나 불완전하다고 해도, 인간의 정의를 완수하는 것이야말로 우리 선택이다. 우리는 정직함을 죽음을 불사하고 지켜 그 불완전함을 교정하고자 한다."

카뮈의 '정의론'이다.

*이 글을 쓴 게 2018년 12월 31일이다. 다음 날인 2019년 1월 1일, 난 시지포스 신화를 꿈꾸며 신년 마라톤 대회에 나갔다. 한 겨울이지만 마라톤하기에 적당한 날씨였다.

약 12킬로미터쯤 갔을 때였다.

"저 이 끈 좀 잡아주세요."

시각장애인과 뛰는 페이스메이커 분이었다. 페이스메이커 분은 난처한 표정이었다.

"전 한 번도 페이스메이커를 한 적이 없습니다만…"

"제가 급해서 그럽니다. 부탁합니다."

페이스메이커 분이 건네주는 끈을 엉겁결에 넘겨받았다. '사람 일은 한 치 앞도 모른다'는 속담이 휙 머리를 스치고 지나갔다.

(…중략…)

말을 주고받으며 그 분의 이름도 직업도 마사지사임을 알았다. 40킬로쯤 왔다. 이제 2킬로쯤은 걸어서도 간다. 문득 궁금증이 생겨 물었다.

"그래, 이렇게 마라톤을 하며 무엇을 얻었습니까?"

시각장애인 ○○○ 씨는 뜻밖의 질문에 잠시 머뭇거리더니 이렇게 말했다.

"인생과 마라톤이 같다고 생각해요. 사랑이지요."

잠시 후 또 이렇게 말했다.

"교감이지요."

'사랑과 교감' 난 마라톤을 하며 '인생'이란 말은 들어보았지만 '사랑과 교감'이란 어휘를 들어본 적이 없었다.

우리 기록은 나란히 4시간 17분 32초였다. 좋은 기록은 아니었지만, 몸도 가볍고 기분은 그보다 더 가벼웠다. 헤어질 때 그분이 내 손을 잡으며 말했다.

"고맙습니다. 꼭 한번 제가 마사지를 해 드릴게요."

돌아오는 길 전철 안, 문득 이런 생각이 든다. '사람 사는 세상이구나'.

는 단 한 순간도 쉴 여유를 주지 않는다. 사람 사는 세상을 바라보고 깨어 있지 않으면 글쓰기는 없다.

오늘도 눈만 뜨면 돈독 오른 경제, 그리고 악취 풀풀 풍기는 여의도 정치, 여기에 이 방송 저 방송에서 오물처럼 튀어져 나오는 쓰레기 뉴스들과 시시콜콜한 연예가 중계까지, 세상은 언제나 저들만의 부조리한 세상이다. 이런 세상에 무슨 의미가 있다고 고전을 읽고 정의 운운 잔소리를 장황하게 늘어놓느냔 말이다.

그러나 참 아이러니한 점은 '이 글을 쓰기에 내가 이 세상에 동거할 자격이 조금이라도 있는 것은 아닌가?' 하는 약간의 도도한 안도감이 든다. 올 한 해, 애당초 인생의 풍성한 수확을 기대하지도 않았다. 아쉬울 것도 없는 섣달그믐이다.*

악이 가면 화가 오는 법

남 듣기 싫은 말 하지 말라	不當麤言부당추언
돌아오는 남 말이 두렵지 않느냐	言當畏報언당외보
악이 가면 화가 오는 법이니	惡往禍來악왕화래
칼과 몽둥이로 네 몸에 돌아온다	刀杖歸軀도장귀구

『법구경』 제10장 「도장품刀杖品」을 읽다가, 턱 막힌다. 가는 말이 고와야 오는 말도 곱다. 가는 말이 욕인데 어찌 오는 말이 고우랴. 내 글쓰기가 가파르다. 곱고 좋은 말, 선하고 미더운 말을 써야 하거늘 그렇지 못하다. 세상이 그러해서 그런가? 아니면 내가 그러해서 그런가?

저물어가는 이 가을, 정다운 사람과 따사로운 한 줌 볕이 내리쬐는 어느 양지쪽 툇마루에 앉아 세상 살아내는 이야기를 두런두런했으면 좋겠다.

말할만 하면 말해야

"반드시 말할 것은 반드시 말하고, 반드시 쓸 것은 반드시 쓰는 것, 이뿐이다必言必言 必用必用 止矣."

목은 이색李穡(1328~1396) 선생 『목은문고』 권12에 나온다. 한 객이 선생에게 글쓰기에 대해 물으니 선생은 이렇게 말했다.

글쓰기는 어려운 일이다. 안방준安邦俊(1573~1654) 선생도 〈구잠口箴, 말을 경계하는 글〉에서 이렇게 읊었다.

말할만 하면 말하고	言而言
말할만 하지 않으면 말하지 말고	不言而不言
말할만 한데 말하지 않으면 안 되고	言而不言不可
말할만 하지 않은데 말해서도 안 된다	不言而言亦不可
입아! 입아!	口乎口乎
이렇게만 할 뿐인저.	如是而已

'글쓰기는 유서 쓰듯' 해야 하는 법이다. 적어도 난 그렇게 생각한다.

오늘 자字 신문에 나란히 실린 기사를 본다. 오늘, 이 땅에서 살아가는 백성으로서 참 볼썽사나운 모습이다. 국민 공복公僕으로서 국정을 이끌어가는 나라의 지도자들이란 모습이 이 정도여야 한단 말인가.

대한민국은 입법, 사법, 행정 삼권 분립국가이다. 국회는 그중 입법을 담당한다. 국회법의 하위 법인 행정시행령에 문제가 있으면 당연히 상위인 국회법 위반이다. 국민 위임을 받은 국회는 응당 이를 바로잡아야 할 책임과 의무가 있다. 국정을 책임지고 있는 행정 수반으로서 대통령은 이 국회법에 문제가 있으면 이를 거부함으로써 권한을 행사하면 된다. 이 또한 대통령으로서 국가를 위한 책무이다.

그런데 '국회의 국회법 개정안'을 두고 행정부의 수반인 대통령이 거부권을 행사하며 이 볼썽사나운 모습이 불거졌다. 대통령이 한 정당의 원내 대표에게 그 책임을 물어 사표를 내게 한다면, 이미 이 대한민국은 '삼권 분립'의 나라가 아니다. '입법', '사법', '행정' 분립은 막강한 권한을 가진 삼권三權이 서로 견제하라고 만든 제도이기 때문이다.

이를 두고 대통령이 입법기관의 여당 원내 대표에게 잘잘못을 따져 책임을 묻는다면, 이 나라를 '박씨대한제국'으로 만들자는 것과 무엇이 다른가? 입법기관의 여당 원내 대표에게 이 정도라면 이 땅에 사는 백성들의 주권主權은 어디로 갔단 말인가? 백성들에게 위임받은 권력을 행사하는 자들 오만함이 참으로 무례하다.

참고로 대한민국 헌법 제1조는 이렇다.

제1항: 대한민국은 민주공화국이다.
제2항: 대한민국의 주권은 국민에게 있고 모든 권력은 국민으로부터 나온다.

*부기: 어디 대통령뿐이랴. 작금에 〈간신奸臣〉이란 영화가 공전의 히트를 치는 이유도 곰곰 생각해보게 만드는 오늘이다. 글을 쓴다는 것, 세상을 고통스럽게 본다는 의미다.

문여간화 文如看花, 글이란 마치 꽃 감상과 같다

*선생 글을 읽을 때마다 중세 문인 글쓰기가 다채로워 놀랍다. 이 책에서는 여러 번 이옥을 만난다. 그와 말을 나눌수록 반드시 글쓰기는는. 반갑게 만나면 좋겠다. 김려는 선생의 벗이다. 난 이옥의 글쓰기를 보면 어릴 때 시골 뒤란에서 소꿉장난하던 생각이 난다.

김려 선생은 이옥李鈺(1760~1815)*과 함께 '지금 여기'에 존재하는 천지만물을 글로 표현해내는 것을 '문학의 사명'으로 삼았다. 인간을 다룰 때라도 남들이 돌보지 않는 '소외된 인간'에 주목하고, 세계를 다루더라도 관념 산수가 아니라 '구체 사물'에 주목했다. 인정물태人情物態에 대한 '곡진한 묘사'는 선생이 추구한 글쓰기 요체였다.

때론 가장 평범한 곳에 가장 진실한 이야기가 숨어 있다. 당대 한문을 쓰는 지식인들 대다수는 성리학에서 벗어나지 못했다. 성리학 세계야말로 인간 최고 학문이요, 진실이라 여겼다. 인정물태는 이 성리학 밖에 존재하는 그저 그러한 일상이었다.

선생이 다룬 인물은 성리학 세계 밖에 존재하는 평범한 일상을 살았다. 그가 쓴 글의 중심 인물은 포수, 의원, 거지, 도둑, 장사꾼, 병졸, 기생과 같은 미천한 삶들이었다. 선생 붓끝은 개구리, 벌레, 물고기, 봉선화, 거미, 벼룩, 나비, 나귀와 같은 미물(당시로서는)까지도 써냈다.

이런 자질구레한 것을 소재로 삼아 글을 쓴다는 것은 어떤 의미일까? 선생은 소재 면에서 이미 '탈중심 글쓰기'를 지향했다.

이는 이옥의 '개별성'과도 맥이 통한다. 「제도화유수관소고권후」에서 선생은 벗 이옥의 문체를 이렇게 꽃 감상으로 비평했다. 머리말에서도 언급하였지만 한 번 더 읽어보자.

"글이란 마치 꽃 감상과 같다. 모란·작약이 부하고 풍성한 아름다움이 있다 하여 패랭이꽃·수구화繡毬花, 수국를 내버리며, 국화와 매화가 꾸밈이 없는 담담함이 있다 하여 붉은 복사꽃·연분홍 살구꽃을 미워한다면 어찌 꽃을 안다고 말하겠는가?"

김려金鑢*는 각각 글 나름대로 다양성을 옹호한다. 글을 꽃에 비유하는 설명이 여간 흥미롭지 않다. 독자들이여! 여담 한 마디 하자. 이 책을 소태 같은 글, 설겅거리는 글이라, 건건한 국물만 많고 건더기는 없는 멀건 월천越川국이라고 타박하지만 마시라. 잘만 읽어보면 가래떡을 어슷썰기로 맵시 있게 썰어, 맑은 장국에 넣고 끓여내서는, 빨간 실고추, 알고명, 야린 쇠고기 살짝 얹은 위에, 후춧가루 살살 뿌려낸 떡국 같은 글이 보일지도 모르기 때문이다.

아래는 역시 이옥의 글인데 '여인을 시에 비유'해 놓았다. 이렇게 시를 아름답게 정의한 글은 어디서도 못 보았다.

"여인은 외골수 성품을 지녔소. 그 환희, 우수, 원망, 재잘거리는 소리가 진실로 모두 마음에서 그대로 흘러나와 마치 혀끝에 바늘을 숨기고 눈썹 사이로

*김려(1766~1822[21?])는 조선 후기의 실학자 겸 작가이다.

이옥과 김려는 필화(筆禍, 글이 법률이나 사회에 문제를 일으켜 제재를 받는 일)를 당하였다. 이옥은 성균관 유생으로 있던 1795년, 소설체를 구사한다고 정조에게 견책을 받고는 귀양을 가 평생 야인의 길을 걸었다. 김려는 1799년에 유배지에서 필화를 당했으며, 그의 저서는 대부분 불태워졌다.

정조는 조선을 위협하는 두 축으로 서학(西學, 천주학)과 소품문(小品文, 자질구레한 일상사를 쓴 글)을 들었다. 정조 문집인 『홍재전서』 권164 『일득록』 4 「문학」에서 "서양 학문은 학문의 길이 그릇되었고 소품문은 문장의 길이 그릇되었다"고 분명히 적시하였다. 소품문에는 가벼운 명말소품체(明末小品體)나 패사소품체(稗史小品體)도 속한다. 정조는 이들의 글이 촉급(促急, 촉박하여 매우 급함), 경박, 비리(鄙俚, 속되고 거침), 초쇄(噍殺, 슬프고도 낮음)하고 불순한 문체로 문풍을 해치고 나아가 자신의 왕조에까지 못된 영향을 줄 것이라고 염려하였다. 이른바 '비변문체(문체반정)'이다.

그러나 선생들은 끝내 정조에게 굴하지 않았다. 비변문체는 사람 사는 세상을 쓰는 글이 아니었기 때문이다. 붓끝에서 피어난 꽃인 글들은 하나같이 당대의 삶을 이 시절까지 전해주고 있다. 선생들의 식솔은 굶주렸고 곳간은 텅 비었다. 선생들의 글은 하나같이 누더기 옷과 찢어진 갓을 쓰고 찬바람이 드는 방 또는 귀양길 주막집에서 쓰였다. 그래 글 속에는 삶의 비의(悲意)도 있지만 문학사에서는 난만한 꽃 시절이었으니 아이러니이다. 물론 이 모든 것은 뚜렷한 자의식에서 비롯된 찰기 있는 글들로 이 시절 물질 욕망과 삶의 투쟁만이 만연한 우리 심성을 정화해준다.

도끼를 희롱하는 듯하니, 시의 경지에 딱 맞아떨어지는 것은 여인보다 더 묘한 게 없소. 부인은 더욱 아름다운 물건이라. 그 태도며 말이며 옷이며 그 행동이 또한 극히 아름다워 꿈속에서 꾀꼬리 소리 듣고 얼큰히 취하여 복사꽃 감상하는 듯하니. 사람 중에 시 재료로는 여인네보다 더 풍부한 게 없소."

영락없이 괴테Goethe, Johann Wolfgang von(1794~1832)의 〈파우스트〉*에 보이는 "영원히 여성스러운 것이 우리들을 이끈다"는 구절을 떠올리게 한다. 김려와 이옥, 선생들 글은 중세사회 유교중심주의를 벗어났기에 당시의 글과 주제, 격식, 문체, 어휘가 달라질 수밖에 없다. 그것은 백성들의 일상생활을 그려낸 '인간적인 냄새가 나는 글'이었고 우리네 주변에 늘 있는 생생한 사물을 돌아보는 생태인 글이었다. 선생들 고민거리는 자신이 선택한 소재를 얼마나 진실하게 잘 그려내는지였다. 그리고 이게 선생들 글쓰기로서 실학사상이요, 우리가 선생들 글에 공명하는 이유이기도 하다.

신호민론新豪民論, 천하에 두려워할 존재는 오직 백성이다

"나도 모르는 사이에 손을 이마에 얹고, '아. 참으로 좋은 울음 터로다. 가히 한번 울만 하구나!' 했다不覺擧手加額曰 好哭場 可以哭矣."

연암 박지원의 『열하일기』 중 「도강록」 7월 8일자에 보이는 글이다. 연암이 연경을 가면서 조선을 벗어나 광막한 대평원을 바라보며 외치는 일성! 그 행간과 여백을 찬찬히 살피면 끝없이 펼쳐진 요동벌판을 보고 한바탕 울음 울고 싶다는 소회가 보인다.

몇 줄 뒤에서 연암은 "울음이란 천지간 천둥소리哭在天地 可比雷霆"라 한다. 연암은 중화中華만을 떠받드는 일부 양반만의 나라, 개혁이 멈춘 소국 조선의 울울한 선비였다. 저 거대한 요동벌에서 한바탕 꺼이꺼이 큰 울음을 울고 싶었으리라. 좋은 울음 터라 우는 호곡好哭, 소리 내어 슬피욺이 아니다. 비분한 마음으로 우는 호곡장號哭場의 역설이다. 연암의 호곡장을 읽으며 '파레토의 법칙Law of Pareto'*이 지배하는 우리 사회를 생각한다. 꼭 20%의 힘만을 믿고 국민 80%를 지배하려 드는 이 정부의 행태와 닮아서다.

한국은 GDP 기준으로 2022년 세계 12위 경제 대국이요, 1인당 국민소득이 3만 4,994달러인 선진국이다. 그러나 OECD 국가 중 고령인구 증가가 가장 높지만 노인 빈곤율과 노인 자살률이 1위요, 근로시간은 멕시코 다음으로 가장 길다. 청년들은 희망이 없어 결혼을 포기하고 출산율은 최저이다. 통계청이 발표한 2021년 자살사망자는 1만 3,352명으로 OECD 국가 중 부동의 1위요, 우울증과 청소년 자살률도 그렇다. 정규직과 비정규직 임금 격차는 사상 최대인 160만원으로 벌어졌고 대출로 산 부동산값은 추락한다. 가난한 자들은 어느 은행이든 고객 대접조차 못 받고 집집마다 대출 이자로 허리띠를 졸라매는데 은행은 부른 배를 주체치 못해 성과급 잔치다.

공무원 연금·사학 연금·군인 연금에 국민 세금을 쏟아 붓지만 정작 국민 연금은 쥐꼬리 수준이다. 일반 백성 또한 평생을 어느 일이든 봉직했건만 어떻게 연금 차이가 저리도 나는가. 회사는 갑질이고 입법·사법·행정에 정론을 펴야 할 언론까지 붙어 '사이비似而非 세상'을 만든다. 나라는 부유하지만 '부익부 빈익빈'으로 80%의 보통 사람들 생활은 늘 도토리 키재기다. 이러니 자칭 경제 대국 한국의 행복지수**는 최하위이다.

이런 실정인데도 '검찰 공화국'을 만들어 정치가 그야말로 망나니 칼춤 수준이다. 한 도道, 그것도 특정 도道에나 적합할 만한 무능한 깜냥으로 나라의 수장이 되었으면 비판과 성찰로 자신을 다잡고 겸양과 고심참담으로 국가의 미래를 설계하고 국민을 성심과 지성으로 섬겨야 한다. 그러나 '모주 먹은 돼지 벼르듯' 천박한 부도덕성, 무능과 무지로 무장하고 야당을 겁박하는 태도며 백성들에게 무람하게 대하는 행태는 선뜩하다 못해 '백색공포白色恐怖, 권력자나 지배 계급이 반정부 세력에 행하는 탄압'라는 말이 떠오를 정도다.

이쯤 되면 하는 짓이 꼭 '송도 말년의 불가사리'요, '난훈難訓, 가르칠

*전체 인구 중 20%가 전체 부의 80%를 차지한다는 법칙.

**유엔 산하 자문기구인 지속가능 발전해법네트워크가 발표한 '2022 세계 행복보고서'에서 한국은 146개국 중 59위이다. 경제협력개발기구(OECD) 38개 회원국만 보면 최하위권이다.

수 없다'*이 따로 없다. 도올은 전욱이라는 고대 전설 속 황제의 피를 이어받았다지만 허울만 좋은 하눌타리일 뿐이다. 오로지 악행만 일삼고 싸움질을 하면 물러나는 법이 없다. 또 거만하고 완고하여 남들의 의견도 전혀 듣지 않아 '오흔傲很, 교만하여 남 뜻에 순종하지 않는다', '난훈'이라는 별명까지 붙었다.

열심히 가르쳐도 도저히 제 버릇을 못 버리는 도올에게는 '쇠귀에 경 읽기'요, '개꼬리 삼 년 묵어도 황모 못 된다'는 말이 정녕일시 분명하고 '북은 칠수록 소리가 나고 똥은 건드릴수록 구린내가 난다'는 뜻도 모르지 않지만 교산蛟山 허균許筠 선생 가르침을 주고자 한다. "천하에 두려워할 존재는 오직 백성뿐이다天下之所可畏者 唯民而已." 선생 「호민론」 첫 문장이다. 선생은 백성을 항민恒民, 고분고분 법을 따르는 백성·원민怨民, 한탄하고 불평하는 백성·호민豪民으로 나누고 참으로 두려운 것은 호민이라 한다. 호민은 자기가 받는 부당한 대우와 사회 부조리에 도전하는 무리들이기 때문이다. 이들은 남모르게 딴마음을 품고 틈을 노리다가 때가 되면 일어난다. 이 호민이 반기를 들면 원민들이 모여들고 항민들도 살기를 구해서 따라 일어서게 된다.

20%를 굳게 믿어서인지 띄엄띄엄 보아도, 대통령이고 여당이고 할 것 없이 행동은 망동이요, 넋이야 신이야 퍼붓는 사설마다 무개념에 무정견이니 잡스럽기가 '개방귀 같은 소리'요, 그 입은 구럭일 뿐이다. 굽도 접도 못하는 백성들 삶은 지치고 나라는 위태로운데 호가호위하며 군사정권 시절 유물들을 되살려 정책이라 내놓고 권커니 잣거니 술판을 벌리며 태평송을 부른다. 정치는 여야 협업이거늘 되우 저만 잘났고 옳다며 정쟁만 일삼고 사람들을 잡아다 감옥에 처넣는 궁리만을 능사로 여긴다. 침팬지 폴리틱스의 콜라보레이션**만도 못하니 정치 실종을 넘어 절망이다. 80% 백성들의 원성이 자자한데도 저들은 태평스럽게 호민을 두려워할 줄 모른다.

그러한 이치로 보면 그렇지만 그렇지 않은 이치로 보면 그렇지 않은 게 세상 이치다. 열흘 붉은 꽃 없고 달도 차면 기우는 법, '사자밥을 목에 걸고 다닌다'는 속담이 있다. 사람은 언제 어디서 어떻게 죽을지 모른다는 뜻이다. 이러다 '신호민론新豪民論'이 일어 호민이 호곡號哭하여 천둥소리 진동하면 똥줄 빠지게 도망갈 날이 오게 되는 것은 떼놓은 당상 아닌가.

요즈음 내가 들은 말

세상살이, 서로 부대끼며 살아가는 삶이다. 부대끼며 살자면 소통이 필요하고 말과 몸은 그 소통 수단이다. 요즈음 내가 들은 말들을 정리해본다. 이 말들을 통해 타인 눈에 비친 '나는 누구인가?'를 읽는다. 저 언어상황과 문맥 속 어딘가에 내가 있어서다.

> "마라톤* 완주를 축하합니다."
> "책 출간을 축하합니다."
> "선생님 수업 좋아요."
> "공유한다고 생각해요."
> "이 또한 지나가리라."
> "너무 조급해요."
> "이상한 사람이군요."

*'마라톤'은 그리스와 페르시아가 전쟁을 벌인 지명 마라톤에서 유래했다. 페이디피데스가 승전보를 전하려 달렸다는 마라톤 평원에서 아테네까지 거리는 36.75km다. 마라톤에서 42.195km라는 거리를 최초로 채택한 대회는 1908년 런던 올림픽이다. 이후 1921년 국제 육상 경기 연맹(International Amateur Athletic Federation)에서 26마일 385야드(42.195km)를 마라톤 코스 공식 길이로 확정한다.

'말을 말 부리듯 하는 세상'이다. 말 속에 말 들었기도 하고 말 아닌 말도 있으니 잘 새겨들어야 한다. 살다보면 무수히 많은 말들을 듣는다. 그중엔 감당할 말도 있고 그렇지 못할 말도 있다. 거짓인 말도 진실인 말도 있다. 약이 되는 말도 있고 독이 되는 말도 있다. 말을 '언어 상황'과 접목하면 더욱 복잡해진다.

예를 들어 부모님이 아이에게 "공부하렴."이라 했다 치자. 그런데 상황이 새벽 3시라면 단순하게 부모가 자식을 위해 공부하라는 말이 아니다. 또 말 속에는 들을 말이 있고 안 들을 말이 있다. '말은 하는 데 달리지 않고 듣는 데 달렸다'는 말이다.

"이상한 사람!"은 곰곰이 생각해 보아야 한다. 이상하다는 것은 정상과 다르다는 말이기 때문이다. 이 말은 나나 저이, 둘 중 하나는 삶의 보편타당성을 벗어났다는 말이다. 난 솔직하다는 말을 듣는 편이고 나 또한 별다른 이의를 제기하고 싶지 않다. 감정 기복을 애써 숨기려 해도 남들이 금방 알아차리는 것을 보면 내 속이 훤히 들여다보이는지도 모르겠다.

내 글쓰기 또한 나를 굳이 감추려하지 않는 이유도 여기에 있다. 나를 좋아하는 사람도 싫어하는 사람도 이 때문인 것도 잘 안다. 가끔씩 '인생 고수'들과 대화를 하다 보면 나란 존재가 한없이 작아진다. '인생 하수'인 나로서는 얼마든 이러저러한 말을 얻어 듣는다. 늘 처음 사는 오늘을 사는 나다. 나는 산송장이 아니다. 박물관에 박제된 미라도 아니다. 나는 뜨거운 심장이 뛰는 살아있는 사람이다. 그러기에 오늘을 서툴게 사는 것에 대해 크게 부끄러울 필요가 없다. 그것이 '나'이다, 작든 크든 저 사람과 다른 '나'이다.

"이상한 사람!" 내 세상살이를 가만가만 정리해 보아야 할 말임에는 분명하다. 삶 고수들은 이럴 때 세상살이 근원인 제 마음 소리에 귀 기울였다고 한다. '다이모니온daimonion'*이라는 내면 소리를.

오늘, 나도 내 내면이 들려주는 나를 듣고 싶다. '나는 누구인가?'에 대한 답 또한 그 속에 있을 터다. 그래야만 거기서 불이 이글이글하게 핀 숯덩이인 잉걸불 같은 글을 쓴다.

*다이모니온은 소크라테스가 자주 들었다는 '내면의 신(神, 소리)', 즉 '양심의 소리'이다.

욕설辱說, 그 카타르시스 미학?

이 가을, 하늘은 공활하다. 글을 쓰되 시대 공민共悶, 공공의 고민과 사회 공분公憤, 공공의 분노을 쓰려 한다. 여기서 쓰는 이와 읽는 이 공명共鳴, 저자와 독자 공감이 따른다.

꼴같잖은 놈들이 설쳐대는 '꼴같잖은 세상'을 살아내자면 욕이 나온다. 김열규 선생은 『욕, 그 카타르시스의 미학』에서 "세상이 중뿔나게 가만히 있는 사람 배알 뒤틀리게 하고 비위 긁어댄 결과 욕은 태어난다. 욕*이 입 사나운 건 사실이지만 욕이 사납기에 앞서 세상 꼴이 먼저 사납다. 꼴같잖은 세상!"(사계절출판사, 1997)이라고 욕 출생부를 정리해 놓았다. 욕먹어 싼 인간이 있어 세상 꼴이 사나워졌지, 세상 꼴이 사나워 욕이 탄생했다고 생각하지 않기에 선생 의견에 동의하진 못한다. 사전을 뒤져보니 '욕을 먹고 살아야 오래 산다'거나 '욕이 사랑'이라는 등 속담이 꽤 여럿 등재되어 있다. 의미 또한 그다지 나쁘지 않으니, 욕 말 요술을 가히 '욕의 미학美學'이라 해도 괜찮다.

'욕辱'자 근원도 엇비슷하다.『설문해자』를 보면 '욕'자 본래 의미는 '풀을 베다'나 '일을 하다'였다. 후에 이 일이 고되기에 '욕되다'라는 뜻을 갖게 됐다. 일이 힘들어 내뱉는 소리가 욕이 됐다는 의미이다. 욕을 하면 속이 좀 시원해지는 게 다 이유가 있다. '나랏님 없는 데선 나랏님 욕도 한다'는 속언도 버젓이 있다. 욕을 고깝게만 생각하지 말고 자기 발전과 수양을 위해서 소중히 받아들이라는 의미로 쓰이는 '욕이 금인 줄 알아라'도 욕의 미학 중 하나다.

욕의 미학만 있는 게 아니다. 영국 킬대학교 심리학과 교수 리처드 스티븐스Richard Stephens는 욕설을 심리학으로 연구한 이다. 그는 '욕설은 매우 감정이 담긴 언어'라며 "욕설은 단기간 효과적인 진통제가 되나 욕설에 익숙한 상태라면 효과를 얻지 못한다"라 한다. 욕설을 남용하지 마라는 뜻이다. 또 "욕을 먹고 살아야 오래 산다"는 욕먹은 자가 스스로를 위로하는 역설도 있고 "욕은 욕으로 갚고 은혜는 은혜로 갚는다"는 서늘한 속담도 파리 대가리만한 글자로 국어사전에 적바림되어 있으니 곰곰 짚어볼 일이다. 제가 나를 욕하는 데 나라고 욕하지 않겠는가. 욕먹을 짓은 말아야 한다.

〈권성동, 피감기관장 향해 "뻐꾸기냐" "혀 깨물고 죽지" 폭언 논란〉, 〈정진석 "조선, 일본군 침략으로 망한 것 아냐"〉, 〈김문수 또 "文 총살감이라 생각"〉 요즈음 언론 기사들 제목이다. 어떻게 저리도 말을 헛씹는지. 마치 고칠 수 없는 중병에라도 걸린 듯, 쏟아내는 말들마다 무식·무지로 '무법천지 욕설 세상'을 만든다. 권력 잡은 게

*'욕에 대한 속담을 챙겨보면 이렇다. 이 중, 맨 아래 속담이 참 흉하다.

욕이 사랑: 아끼는 사람을 욕하는 것은 훌륭한 사람이 되라는 뜻이 있으므로 사랑의 표시라는 말.

욕이 금인 줄 알아라: 잘못에 대한 꾸지람을 고깝게만 생각하지 말고 자기의 발전과 수양을 위해서 소중히 받아들이라는 말.

욕은 욕으로 갚고 은혜는 은혜로 갚는다: 남이 나를 대하는 것만큼 나도 남을 그만큼 밖에는 대접하지 아니한다는 것을 비유적으로 이르는 말.

욕을 들어도 당감투 쓴 놈한테 들어라: 이왕 욕을 먹고 꾸지람을 들을 바에는 점잖고 덕망이 있는 사람에게 듣는 것이 낫다는 말.

귀먹은 욕: 당사자가 듣지 못하는 데서 하는 욕.

늙으면 욕이 많다: 사람이 오래 살게 되면 이러저러한 치욕스러운 일을 많이 당한다는 말.

다리 밑에서 욕하기: 직접 말을 못 하고 잘 들리지 않는 곳에서 불평이나 욕을 하는 것을 비유적으로 이르는 말.

오래 살면 욕이 많다: 사람이 오래 살게 되면 이러저러한 치욕스러운 일을 많이 당한다는 말.

나라가 망하면 충신이 욕을 본다: 한 나라의 충신들은 나라와 흥망을 같이함을 이르는 말.

벙어리 웃는 뜻은 양반 욕하자는 뜻이다: 도무지 뜻을 알기 어려운 경우에 짐짓 미루어 짐작하는 뜻임을 비유한 말.

고향 자랑은 아무리 해도 욕하지 않는다: 고향 자랑은 아무리 많이 해도 욕하지 않는다는 것을 이르는 말.

욕하는 시어미보다 말리는 시누이가 더 밉다: 겉으로는 위하는 척하면서 속으로 미워하는 것보다 차라리 내놓고 비난하는 것이 낫다는 말. (=때리는 시어미보다 말리는 시누이가 더 밉다.)

욕을 먹고 살아야 오래 산다: 남에게 욕을 먹었을 때 위로하거나 스스로 참고 웃어넘길 때 하는 말.

무슨 대단한 벼슬이라도 되는 양 패거리 짓고 떼로 몰려다니며 이곳 저곳 삿대질하고 욕해대기에 하는 말이다. 이 난장판을 일거수일투족 제 입맛 따라 온종일 보도하는 일부 언론 행태도 욕먹을 짓임에 틀림없다. 이래저래 밖에서나 안에서 '육두문자肉頭文字'가 비거비래飛去飛來하는 대한민국이다.

대통령이고 각료고 하는 짓이 그 나물에 그 밥이다. 저들 말치레를 들으면 국민 한 사람으로서 '욕'이 절로 나온다. 저들과 똑같이 육두문자는 쓸 수 없으니 옛 어른들 문자풍월로 내 속내를 놓으면 이렇다. '예끼! 경을 칠, 천탈관이득일점天脫冠而得一點에 내실장이횡일대乃失杖而橫一帶!*요, 효제충신예의염孝悌忠信禮義廉에 일이삼사오육칠一二三四五六七이로다.' 첫 번째는 잘 모르겠고 두 번째만 간략히 설명한다. '무치망팔無恥忘八'이라는 뜻이다. 원래 앞 구절은 '효제충신예의염치'이다. 그런데 '치恥'가 없으니 '무치無恥'다. '부끄러움을 모른다'이다. 앞 구절로 미루어 '일이삼사오육칠'은 '일이삼사오육칠팔'이다. 즉 '팔'이 없으니 '망팔忘八'이다. 여기서 '팔八'은 삼강三綱에 오륜五倫을 더하니, '인간 기본 윤리인 삼강과 오륜을 잊어버렸다'는 뜻이다. 이와 달리 예·의·염·치에 효·제·충·신 사덕四德을 추가해 '사유팔덕四維八德'이라고도 한다. 이 팔덕을 망각한 자 역시 망팔이다. 우리가 종종 쓰는 '망할'은 이 망팔이 변했다. 이 '망할!'이 많아지면, '망할 놈의 세상'이다.

이 가을, 날아가라는 '포탄'은 뒤로 떨어지고 '윤석열차'를 그린 고등학생과 정부가 싸우고 국제사회가 용인치 않을 '전술핵 재배치' 운운에 '일제 고사'가 부활하더니 급기야 '식민사관'으로 백성들 염장을 지른다. 이쯤오니 욕의 미학도 말문이 막히고 지면도 다해 간다. 욕에 관한한 훈수를 두어 수쯤 두는 〈정광수 판소리 수궁가〉 중 토끼가 별주부한테 욕하는 대목으로 글 매조지를 한다. 사리에 어둔 충성심의 별주부와 권위를 잃은 어리석은 용왕을 동시에 비판하는 게 〈수궁가〉 주제의식이다. 별주부가 용왕에게 주려고 간 좀 달라고 하자 토끼가 허허 웃으며 이렇게 욕을 해댄다.

*'하늘 천(天)'자에서 관을 벗어내고[大] 한 점을 더하라[犬]는 말이다. 즉 '개 견(犬)'자이다. 내(乃)에서 막대기 장(杖)을 잃어버렸고 횡(橫)으로 '일(一)'자를 그어라 하니 '아들 자(子)'자이다. 이제 해석은 독자의 몫이다.

"아! 간을 주면 나는 죽으라고? 하며 욕을 한 자리 내놓는디, 욕을 어떻게 허는고허니 꼭 이렇게 허던것이었다. 에이 시러베 발기를 갈녀석/ 뱃속의 달린 간을 어찌 내고 드린단 말이냐/ 병든 용왕을 살리랴헌들 성한 토끼 내가 죽을소냐/ 미련허드라 미련허드라 너의 용왕이 미련허드라…"

언어_{言語}, 경계하고 경계하라! 망령된 말하는 입이여!

자본주의 악취를 좇는 영화 〈기생충_{寄生蟲}〉을 만든 나라답다. "맘충(엄마 벌레), 틀딱충(틀니 딱딱거리는 노인 벌레), 설명충(설명을 해대는 벌레), 진지충(농담을 못 알아듣는 벌레), … 급식충(급식 먹는 청소년 벌레), 학식충(학생 식당 이용하는 대학생 벌레), 월급충(월급 받는 직장인 벌레)." 우리 청소년이 즐겨 쓰는 언어들이다.

된소리와 거센소리도 심하다. 말끝마다 '쌍—', '○팔', '○까' 따위 거친 말이 붙는다. 임란 이후 '고[鼻]가 코'로, '갈[刀]이 칼'로, '사호다[戰]가 싸우다'로 변하였다. 전쟁은 언어현상까지 저렇게 폭력으로 만들어놓았다. 전쟁을 겪지도 않은 청소년이 저런 말을 쓰는 이유는, 자본주의를 소화해내지 못하는 거친 한국사회에 있다.

『이기적* 유전자』를 쓴 '리처드 도킨스_{Clinton Richard Dawkins}** 식'으로 말하면 '언어[말] 밈_{language meme}' 현상이다. '밈'은 일종의 '사회성 유전자'로 후대에게 전달된다. 문화유전은 역사성과 사회성을 내포하고 있으며 문화권 내에서 습득, 모방, 변용되기 때문이다. 청소년들 언어는 청소년 문화이다. 자칭, 혹은 타칭으로 쓰는 혐오성 어휘들로 우리 청소년들은 시나브로 맹독설_{猛毒舌}꾼이 되어 간다.

"노키즈존, 노교수존, 노시니어존, 노중년존, … 개저씨, 남혐_{男嫌}, 여혐_{女嫌}, 극혐_{極嫌}"은 또 어떤가. 노소를 가르고 빈부를 가르고 남녀를 가르는 이런 저주성 어휘들이 이 땅에서 전염병처럼 창궐_{猖獗}한다. 애나 어른이나 관리나 백성이나 '언어문화'가 저열하기 짝이 없다. 마치 디스토피아 세계를 소설화한 조지 오웰_{George Orwell}의 〈1984〉와 〈동물

*'—적' 참 많다. 우리말을 이렇게 만든 것은 모두 자칭 지식인이라는 자들이다.

**클린턴 리처드 도킨스(1941~)는 영국 출신 동물행동학자, 진화생물학자이다. 『이기적 유전자』는 순수 본인의 학설이라기보다는 선배학자인 다윈, 해밀턴이나 윌리엄들의 연구를 소개하는 측면이 강하다. 이 책의 주장을 한 마디로 요약하면 "우리는 DNA라 부르는 유전자를 후세에 전하기 위한 '생존기계'일 뿐"이다.
　그러나 도킨스의 학위논문 지도교수인 생물학자 데니스 노블(Denis Noble, 1936~)의 견해는 이와 다르다. 도킨스는 생물의 진화가 '유전자 수준'에서 일어난다는 주장이지만, 노블 교수는 유전자보다는 '생명체 그 자체', 즉 개체를 중심에 놓는다. 유전자도 형질에 따라 개체가 변형을 일으킨다고 한다.

농장〉에나 나올 법한 어휘들 아닌가.

언어는 한 사람의 사고를 좌우할 뿐 아니라 사회성이며 당대 가치관을 담아낸다. 연암 선생은 「답임형오논원도서」에서 "그러므로 천하만물 정을 모두 드러내 전하는 게 언어다"라 한다. 때론 전쟁을 일으키기도 하고 우호로 나아가게 하는 것도 길흉과 영욕도 오직 언어 때문이다. 인간 학명이 호모 로쿠엔스_{homoloquens, 말하는 인간, 혹은 언어를 사용하는 인간}인 이유다. 언어가 정신이고 정신이 마음이고 마음이 곧 언어이기에 언어는 곧 그 사람이요, 그 나라 문화이다. 인간 욕망을 언어를 통해 분석한 자크 라캉_{Jacques Lacan}은 '언어는 트로이 목마'라 정의했다. 트로이 목마_{Troy 木馬}가 난공불락 트로이성을 함락하듯 언어는 우리 사고와 세계를 식민지화한다. 돈 한 푼 들이지 않고 쓰는 언어지만 그 언어가 한 사람 삶과 사회문화를 점령한다는 뜻이다.

*이제마(1838~1900) 선생은 『주역』을 애독하여 '태극설'을 적용해 태양(太陽)·소양(少陽)·태음(太陰)·소음(少陰)의 사상 원리(四象原理)를 인체의 기질과 성격에 따라 사상인(四象人)으로 구분하였다. 이것이 유학을 이용한 조선의 창의 이론인 사상 의학(四象醫學)이다. 흥미로우니 선생이 만든 '선한 인간형'만 보자.
　예자(禮者): 밝고 성의가 있다.
　인자(仁者): 즐겁고 편안하다.
　의자(義者): 가지런하고 단정하다.
　지자(智者): 도량이 넓고 활달하다.
　선생은 이를 바탕으로 사상 의학의 '예의 바른 자—태양인, 어진 자—태음인, 의로운 자—소음인, 지혜로운 자—소양인'을 창안하였다. 이른바 『맹자』의 사단(四端, 인의예지)을 인용하여 네 인간형을 만들어놓았으니 사람을 보는 새로운 패러다임의 등장이다.

사상 의학*을 창시한 동무_{東武} 이제마_{李濟馬}는 『격치고』에서 "경계하고 경계하라!, 망령된 말하는 입이여!"(「유략」 20조목)라 했다. 이유는 '입은 백_魄'을 달라붙게 해서이다. '백'은 넋이요, 얼이요, 혼이니, 우리 몸을 주재하는 정신이다. 또 입은 들숨과 날숨을 주관하기에 폐와 연결된다. 선생은 또 다른 저서 『동의수세보원』에서 "폐는 나쁜 소리를 미워한다. 나쁜 소리는 남에게 상처를 입히고 헐뜯는 소리"라 한다(「성명론」). 선생은 또 이렇게 되면 '전증_{癲症}, 실실 웃는 증세, 광증_{狂症}, 미친 증세, 나증_{癩症}, 문둥병 증세, 서증_{癙症}, 속 끓이는 증세' 따위 근심이 닥친다 하였다.

플라톤_{Platon} 역시 언어를 '파르마콘_{pharmakon, 문자는 기억과 진실을 돕는 약이자, 망각과 거짓을 가져오는 독}'이라 정의해 언어가 지닌 선악, 이항 대립 속성을 지적한다. 오죽하면 불교에서도 십악_{十惡}에 입으로 짓는 악업이 네 개나 되니, 망어_{妄語, 남 마음을 어지럽히는 말}, 양설_{兩舌, 이간질하는 말}, 악구_{惡口, 남을 성내게 하는 말}, 기어_{綺語, 교묘하게 꾸며대는 말}이다. 타인을 해코지하려는 독언_{毒言}과 독설은 기생충처럼 제 몸을 파고들어 병들게 할 뿐 아니라 사회도 파괴한다.

뇌는 더욱 그렇다. 1.3kg밖에 되지 않는 회백질 뇌에는 1000억~1조에 달하는 뉴런이 있다. 뇌는 사람의 사고에 관여하고 신체를 움직이는데 신호를 보내는 중추기관이다. 뇌 무게는 몸무게의 2% 정도밖에 안 되지만 인체 소모 에너지 중 20~25%를 쓸 정도이다. 생각이나 느낌, 의도를 드러내거나 타인에게 의사를 전달할 때 작용하는 좌뇌가 언어 영역이다. 상대에게 퍼붓는 냉소와 독설 언어문화는 부메랑으로 돌아와 좌뇌에 문제를 일으켜 개인 삶과 사회를 파괴한다. 명장 페릴루스Perillus가 만든 형벌기구 '시칠리아 암소Bronze bull of Phalaris' 최초 희생자는 그 자신이었음을 곱씹을 필요가 있다.

세 치 혀는 구화지문口禍之門, 입은 재앙을 불러들이는 문이요, 설참신도舌斬身刀, 혀는 몸을 베는 칼이다. 선인들은 적구독설赤口毒舌, 붉은 입으로 내뱉는 독한 말하면 혀를 뽑아 쟁기로 갈아엎는다는 뜻으로 말로 죄악을 저지른 사람이 간다는 '발설지옥拔舌地獄'에 떨어진다고 입단도리하며 말을 삼가고 삼갔다. 선한 말을 하고 선한 글을 쓰지 못할 바엔 입을 틀어막고 손을 묶어두는 게 차라리 낫다.

"아멜 선생님은 프랑스어가 이 세상에서 가장 아름답고 가장 이해하기 쉬우며 가장 확실한 언어라고 말했다. 그리고 '우리는 결코 프랑스어를 잃어버리면 안 된다'고 덧붙였다. 선생님은 사람들이 노예가 되었을 때도 자기 나라의 말을 간직하고 있다면 감옥의 열쇠를 쥐고 있는 것과 마찬가지라고 설명했다. 그런 다음 선생님은 그날 배울 문법책을 읽어주기 시작했다."

프랑스 소설가 알퐁스 도데Alpionse Daudet(1840~1897)의 〈마지막 수업〉*에서 끌어왔다. 프랑스어를 사용하는 프랑스인의 자부심이 보인다. 언어는 그 나라 문화 동질성, 역사 공통성, 민족 정체성을 함유하고 있다. 언어학자 훔볼트Wilhelm von Humboldt(1767~1835)는 '그 민족의 언어가 그 민족의 정신이고 그 민족의 정신이 그 민족의 언어'라 했다. 우리 언어에 대한 각성을 촉구해본다. 글 쓰는 이라면 더욱.

6월, 이 땅은 아름다운 신록의 계절이다. 산하는 엷은 연록에서 짙은 갈맷빛으로 진행 중이다. 잠시만이라도 입을 다물고 자연을 보았으면 한다. 자연은 말이 없다. 생로병사를 묵묵히 참아내는 침묵의 언어들이 빚는 찬란한 생명의 소리를 한순간이라도 조용히 듣기 바란다.

*소설은 프랑스가 1871년 독일연합군에 패한 후 이야기다. 알자스 지방이 독일에 함락되어 프랑스인이 독일어를 써야 하는 상황을 그린 소설이다. 아멜 선생은 프랑스어를 잊으면 안 된다고 아이들에게 말한다.

제 자리만 보전하면 나라도 팔아먹을 자들에게요

"이 나라 자체가 잘못되었기 때문이죠. 양심에 따라 투표하는 정직한 의원에게 보상하지 않고 쥐 같은 자들에게 보상하죠. 제 자리만 보전하면 나라도 팔아먹을 자들에게요. 실수하지 마세요. 이 쥐들이 미국 민주주의의 진정한 기생충입니다."

<미스 슬로운>에서 엘리자베스 슬로운(제시카 차스테인 분) 대사다. 이 영화는 총기 소지 권리를 규정한 수정헌법 2조*를 규제하려는 슬로운과 지키려는 총기 옹호론자들 다툼을 그렸다. 슬로운은 '총기 규제 법안'을 통과하게 만들려는 로비스트다. 그니는 결국 총기 소지 권리를 축소하는 로비에 성공한다. 실화를 바탕으로 한 영화이기에 한 개인 신념이 나라 법을 바꾸었다는 사실에 경의를 표한다.

*미국 수정헌법 2조: "잘 규율된 민병대(militia)는 자유로운 주의 안보에 필수이므로, 무기를 소장하고 휴대하는 국민 권리는 침해될 수 없다(A well regulated militia, being necessary to the security of a free state, the right of the people to keep and bear arms, shall not be infringed)."(1791년 제정)

미국 수정헌법 2조는 영국과 대치할 때 미국인들 자주권 행사에 필요한 법이었다. 이미 200여 년이 지나 폐기될 법안이다. 지금도 미국 총기 사고는 세계를 놀라게 한다. 정치인들이나 총기 판매상은 '카르텔'을 형성하여 '기득권'을 지키려 한다. 슬로운이 이에 맞서 총기 규제법을 통과시킨 이유는 정의에 대한 신념이었다.

로비스트로서 윤리를 어긴 자신을 '기생충'으로 모는 권력에 맞선 슬로운은 '진정한 기생충'은 자리보전만 하는 정치인이라고 당당하고도 차갑게 말한다. 그니는 헌법에 대해서도 "반박해서 안 되는 건 없어요. 그게 비록 헌법이라 하더라도요"라는 발언도 서슴지 않는다.

제 밥벌이에 여념 없는 우리 정치인들, 혹 내가 나라 곳간을 축내는 '쥐'가 아닌지 생각해볼 영화다. 국민 한 사람으로서 '진정한 기생충'들에게 내 한 표를 실수한 적은 없는지가 먼저겠지만.

권력에 복종이 아니라 정의에 존경*

프란스 드 발의 『침팬지 폴리틱스』는 침팬지 세계에서 '인간 정치 기원'을 찾아냈다. 침팬지 세계를 행동생물학으로 들여다본 세계는 고도의 정치 세계였다. 그들 세계를 지배하는 요건은 결코 약육강식과 적자생존이 아니었다. 리더는 고도의 정치 술수를 사용할 줄 알았다. 연합전선을 펴 동맹을 맺거나 때론 분할 지배와 집단 지도 체제를 만들기도 한다.

흥미로운 점은 '인사'이다. 인사는 침팬지들 간 존경과 복종을 표시한다. 권력 순으로 인사를 받을 듯 하지만 그렇지 않다. 이에룬이라는 침팬지가 가장 인사를 많이 받는다. 권력이 라윗과 니키로 넘어갔어도 이에룬이 더 인사를 많이 받는 이유는 무엇일까? 이에룬은 나이도 많고 전처럼 강력한 힘도 없는 데 말이다.

이에룬은 차분한 인상이나 천성이 계산이 빠르고 신경질이 많으며 이해관계에 민감하다. 때론 교활하고 잔인하기까지 하다. 니키와 연합하여 자기 권력을 빼앗은 라윗에 대한 피의 복수는 그 정점이다. 이 복수로 라윗은 고환이 잘려 죽는다.

이 모든 것을 본 다른 침팬지들은 그런데도 이에룬에게 경의를 표한다. 저자는 이에룬이 왜 인사를 많이 받는지에 대해서 자세한 설명을 하지 않았다. 책 전체를 읽고 찾은 한 줄이 인사하는 이유를 설명해준다.

> "이에룬이 집단 내에서 벌어진 싸움에 개입해 약자를 도운 비율은 82%였던 반면, 니키는 22%에 불과했다."

라윗이 지도자가 되었을 때 잠시 떨어진 인사 그래프는 니키가 리더로 된 뒤에 오히려 올라간다. 침팬지 세계는 강자는 '약자에

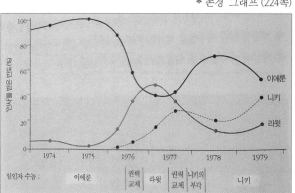

*'존경 그래프'(224쪽)

대한 배려'가 있으며 약자들은 '권력에 복종이 아니라 정의에 존경'을 표할 줄 안다.

오늘도 언론은 온갖 궤변을 난분분하게 전한다. 우리들은 약자를 배려하는 리더에게 한 표를 주어야 하지 않을까. 침팬지들에게 배운 정치 한 수이다.

앞선 자들에게 빛이 있다

영화 〈서프러제트〉 뜻은 '여성 참정권 운동자'이다. 20세기 초 영국, 아직 여성 참정권*이 인정되지 않았을 때 이야기다. 여인들은 남자와 똑같은 인간으로서 존엄성을 찾으려 목숨까지 바친다. 그것은 '여성에게도 참정권을!'이다. 여성 참정권을 막으려는 형사가 묻는다. 무엇 때문에 목숨을 걸고 참정권을 얻으려 하느냐? 여성은 이렇게 답한다.

"내 인생을 다르게 살지도 몰라서."

이 말은 참정권이 그니에게 꿈에서나 보는 멋진 신세계로 안내할지도 모른다는 뜻이다. 저들 꿈이 지금이다. 그렇기에 이 시대를 사는 자들에게는 '앞선 저들에게 빛이 있는 셈'이다.

나라를 구하겠다고 나선 후보자들 토론회를 보았다. 정책이 없는 자리에는 의미 없는 네거티브만이 채워졌다. 서구인들이 2500년 전 그리스 아고라에서 발전한 토론 문화를 기대하지는 못해도, 한 나라를 이끌어야 할 '거대 담론'이 오고 가야 한다. 무한 경쟁, 대학 서열, 연금 문제, 2030 취업 문제, 자살률 1위, 사이비 언론, 정규직과 비정규직 차별 등 이분법 사고를 벗어나려는 '정책 담론'이 오고 가야 한다. 지식이 아닌 지혜로, 과거가 아닌 미래로 변화해야 하기 때문이다.

*'여성 참정권'을 세계 최초로 인정한 나라는 뉴질랜드이다. 그 해가 1893년이다. 영국은 1928년에, 우리나라는 1948년 제정헌법에서 남녀의 평등한 참정권을 인정하였다.

대한민국은 '헌법 제24조 선거권'에 '모든 국민은 법률이 정하는 바에 의해 선거권을 가진다'라고 명시한다. 대한민국 헌법에 명시된 '국민으로서 선거권'은 숱한 이들 목숨과 고통을 희생양으로 삼아 얻어낸 결과물이다. 수천 년간 왕권 국가, 식민지, 3.1운동, 이승만 하야, 4.19의거, 광주항쟁, 6.10항쟁 등 저 영화처럼 참정권을 얻는 과정에서 수많은 사람들이 목숨을 잃거나 고통을 당하였다. 이런 점에서 우리는 모두 부채 의식負債意識이 있다.

　　참정권은 어느 날 갑자기 하늘에서 준 우리 권리가 아니다. 우리는 앞선 저들에게 빚이 있음을 잊어서는 안 된다. 19대 대통령은 한 겨울 내내 광장을 덮은 성숙한 촛불민심으로 탄생했다. 우리 참정권 행사로 '문민정부'는 그렇게 탄생하였다.

　　그로부터 5년, 이제 20대 대선이 진행 중이다. 문민정부가 노력했다지만 우리 기대에 못 미친다. 180석이 넘게 국회의원을 밀어주었지만 우리 삶은 바뀐 게 없다. 정권 교체 여론이 높은 것은 이에 대한 반증이다.

　　그러나 모든 이가 참정권을 잘 행사해도 유토피아는 존재하지 않는다. 끊임없이 이상 사회를 위해 나아갈 뿐이기에 좌파니 우파, 여당과 야당에 매여서는 안 된다. 내 한 표가 반드시 과거의 묵수墨守, 제 의견이나 생각, 또는 옛날 습관 따위를 굳게 지킴가 아닌 미래를 향한 끊임없는 개혁과 변화를 꾀해야 하는 이유가 여기 있다. 부모 세대보다는 자식 세대가, 자식 세대보다는 그 자식 세대가 나아지려면 '변화와 개혁'이 필요충분조건이다.

　　개혁과 변화만이 우리에게 국가든, 가정이든, 개인이든, 안정을 갖다 준다. 내 것만을 지키려는 수구 세력守舊勢力, 변화를 거부하고 옛 제도나 풍습을 그대로 지키고 따르려는 세력과 비도덕성인 자를 위한 투표만은 삼가고 삼갈 일이다. 목숨 걸고 얻어낸 참정권이 그 의미를 잃어서이다.

*〈기생충〉을 보았다. 보지 않으면 '왕따
쯤'으로 급전직하할 사회적 분위기다.
'기생충(寄生蟲, parasite)'은 숙주인 다른
동물체에 붙어서 양분을 빨아 먹고 사는
벌레이다. 이 기생충을 영화 제목으로 끌
어 왔으니, '스스로 노력하지 않고 남에
게 덧붙여서 살아가는 사람을 낮잡아 이
르는 말' 정도로 해석된다.
　〈기생충〉에서 숙주 역할을 하는 동익
(이선균 분), 연교(조여정 분) 부부에 기
생충이 되어 버린 기택(송강호 분)과 문
광(정은 분) 가족은 모두 열심히 이 세상
을 살아내려 노력하는 사람들이다. 그러
나 가만히 들여다보면 숙주 역할인 동익,
연교 부부 또한 기택과 문광 가족에게
모든 생활을 의존한다. 심지어 아이들의
교육까지 모든 것에서 동익 부부는 기택
과 문광에게 의존한다. 그렇다면 누가 숙
주이고 누가 기생충인가? 결국 '기생충'
은 상대적인 호칭이 아닐는지.
　〈기생충〉은 분명 디스토피아(dystopia)
의 세계이다. 디스토피아를 만
든 것은 물질이다. 문제는 지나치게 물질
에 초점을 맞추었다는 느낌이다. 물질이
꼭 우리를 암울한 세계로 끌고 가는 것은
아니기 때문이다. 세상은 물질만으로 사
는 게 아니다.
　또 빈부의 문제는 어느 시대나 있었고
현재도 있고 앞으로도 변함없다. 동물은
단순히 배고픔을 채우려 먹이만 욕망하
지만, 인간은 '대상의 욕망'을 욕망하기
때문이다. '대상의 욕망'에서 '대상'은 우
리 인간사회의 모든 욕망 일체이다. 그래
인간은 끝없이 욕망을 좇고 여기에 인간
개개인의 환경 성격 등이 더하여 빈부는
자연스럽게 생기기 마련이다. 문제는
'이 물질에 대한 욕망이 빚은 빈부를 어
떻게 사는가?'이다.
　나는 전공이 고전문학이다. 그래 고전
에서 그 해답을 구해본다. 『논어』에 보이
는 공자와 자공의 대화를 들어 보자. 먼
저 자공이 공자에게 빈부에 대해 묻는다.
"가난하면서도 아첨하지 않고 부자이면
서도 교만하지 않으면 어떻습니까(貧而
無諂 富而無驕 何如)?"
　그러자 공자는 이렇게 대답한다. "좋구
나! 그러나 가난하면서도 이를 즐기고
부자이면서도 예를 좋아함만은 못하구
나(可也, 未若貧而樂 富而好禮者也)."
　이 대한민국에서 가난한 자가 가난을
즐거이 받아들이고 부자인 자가 예의를
갖춘다는 것은 (적어도 지금까지 사회문
화 현상으로는) 불가능한 일일지도 모른
다. 그러나 개개인의 상황 따위로 인하여
가진 자와 못 가진 자가 생기는 것은 도
리 없는 현실이다. 결과론적으로 이 빈부
문제를 그대로 받아들이는 게 더 현실적
이지 않나 한다.
　그러니 빈부 문제를 서로 숙주와 기생
의 관계로 볼 게 아니라, 악어와 악어새
처럼 '공생의 관계로 보면 어떻겠는가?'
하는 생각이다. 그렇다면 '부자든 빈자
든 서로가 서로를 합리적으로 받아들이
고 공존을 모색하게 되지 않을까? 이렇
게 되면 기생충 없는 좋은 사회가 되지
않을까?' 고전 선생이 〈기생충〉을 본 '무
지하고도 소박한(?)' 감상평이다.

'과학의 아들'과 '신의 아들'

"하나님께서 행하시는 일을 보라. 하나님께서 굽게 하신 것을 누가 능히 곧게
하리."

'우성형질'만으로 조작된 '과학의 아들'과 부모 사랑 때문에 '열성
형질'로 태어난 '신의 아들 이야기'. 1997년에 만든 SF 영화 〈가타카
Gattaca〉는 "하나님~" 운운의 저 대사로 시작한다. 이 영화는 앤드류
니콜이 감독을 맡았으며, 에단 호크, 쥬드 로, 우마 서먼 등이 출연했
다. 영화 제목 '가타카GATTACA'는 DNA를 구성하는 염기인 아데닌Adenine,
티민Thymine, 시토신Cytosine, 구아닌Guanine 머리글자를 조합한 말이다.

영화는 유전자 조작으로 태어난 사람들이 사회 상층부를 이루는
반면, 전통인 부부 관계로 태어난 사람들은 열등한 것으로 취급받아
사회 하층부로 밀려나는 디스토피아Dystopia*인 미래를 배경으로 한다.
저곳에서 부모 사랑으로 태어난 자연 잉태자들은 신의 가혹한 형
벌을 받았다. 태어난 순간, 인간으로서 결함을 모조리 갖고 있는 부적
격자다. 부모 사랑으로 태어난 빈센트 안톤, 그의 첫 이력서는 이렇게
서글펐다.

신경계 질병 60% 가능

우울증 42% 가능

집중력 장애 89% 가능

심장질환 99% 가능

조기사망 가능

예상 수명 30.2년

세상 빛을 막 본 빈센트 발에서 한 방울 피로 알아낸 미래이다.
부적격자 빈센트는 우주인이 되고 싶었다. 하지만 아버지 말처럼,
부적격자 빈센트가 우주에 가장 가까이 가는 길은 우주 항공사 '가타

카_{Gattaca}의 청소부'가 되는 것만이 유일했다.

청년이 되어 집을 떠난 빈센트는 전국 화장실 반을 청소하고, 드디어 가타카 청소부가 된다. 건물 바닥을 거울보다 더 반짝이게 하는 일이 우주 항공사 가타카 청소부 임무이다. 우주인이 되기 위한 빈센트의 신에 대한 도전, 꼬마둥이 시절 꿈은 여기서 마침표를 찍게 된다.

빈센트는 청소부를 하여 모은 돈으로 제롬 머로우의 유전자를 산다. 제롬 머로우는 유전학자의 조작된 우성형질로 태어났지만, 사고로 하반신 마비가 되었다. 우주인이 되려면 우성형질 유전자가 필요했다. 그동안 우주 항공사를 꿈꾸며 자신을 가꾸어왔다 하더라도 빈센트 유전자로는 불가능하기 때문이다.

이미 굽은 몸으로 태어난 빈센트, 하나님께서 행하신 일이다. 그가 몸을 펼까? 영화는 그렇다는 데 방점을 찍는다. 빈센트는 이렇게 말한다.

"가능한지 아닌지 운명 정하는 것은 내 몫이야."
"모든 게 가능해."

유전자를 조작해서 제롬 머로우가 된 빈센트. 문제는 제롬 머로우의 큰 키, 빈센트는 열성 형질인 키를 늘이려 다리를 수술대 위에 올린다. 빈센트는 결국 주위 사람들 도움으로 우주 비행선에 몸을 싣는다.

의문이 든다. '유전자를 조작한 것은 부정 아닌가?' 하는 부정일 수 없다. 우성형질로 태어난 동생 안톤(유전학자에 의해 조작을 통해 태어난 동생 안톤은 최상 조건을 갖추었다. 신체, 두뇌 등 유전학자 말대로 '천 번 자연 임신을 한다 해도 얻지 못할 조건'을 갖추었다)과 제롬 머로우만이 우주 비행을 한다는 게 먼저 부정이다.

주위 도움이 그것을 증명한다. 빈센트에게 도움을 준 이들 역시 하나같이 빈센트와 유사하다. 심장이 열성인 여자친구, 자식 또한 빈센트와 같이 열성인 의사, 심지어는 꿈을 잃었던 제롬 머로우까지.

자연 잉태자, 부적격자로서 빈센트가 사는 길이 내가 사는 유일한 길임을 이해하고 돕는다.

이 모든 주의 도움들은 빈센트가 꾼 꿈 결가닥이다. '유전학자에 의해 조작을 통해 태어난 완전 무결점' 동생 안톤과 수영 시합을 하는 빈센트를 주목해 보자. 바다를 헤엄쳐가다 지쳐 먼저 돌아서면 지는 게임이다. '천 번 자연 임신을 한다 해도 얻지 못할' 조작된 유전자로 태어난 동생 안톤을 빈센트가 이겼다. 이길 수 있는 방법이 있을까? 방법은 이것이다.

"난 되돌아갈 힘을 남겨두지 않아."

동생 안톤이 어떻게 형이 "나를 이길 수 있느냐?"고 묻자 빈센트가 한 말이다. 빈센트는 동생과 시합에 목숨을 걸고 임했다. 빈센트가 목숨을 걸은 것은 동생 안톤이 아닌, 자신의 운명이었지만.

남들은 서넛씩 갖고 있는 그 흔한 인맥도, 학벌도, 학력도, 머리도, 강인한 신체도, 심지어는 생긴 것까지도 우습게 생겨먹은 사람들, 신의 축복을 덜, 혹은 아주 덜 받은 자들에게 이 세상은 저 영화와 다르지 않다. '과학의 아들'과 '신의 아들'은 늘 현재성*이다.

*AI니, 인공지능 챗GPT니, 과학의 산물이 우리 삶을 위협하는 세상이다. 글 쓰려는 자라면 주젯감으로 챙겨볼 만하다.

'욕망'의 은유

〈발자크의 나귀 가죽〉은 발자크 소설을 영화한 작품이다. 가난하지만 지식이 있는 라파엘. 그는 유명 작가가 되어 삶을 역전하려 한다. 출판을 거절당한 그는 꿈[욕망]을 잃고 삶을 등지려 한다. 그때 라파엘 앞에 모든 소원[욕망]을 들어주는 '나귀 가죽'이 나타난다. 나귀 가죽을 받는 유일한 조건은 소원을 들어줄 때마다 목숨이 줄어든다는 무시무시한 조건이다.

라파엘은 두말없이 '나귀 가죽'을 받고 부와 작가로서 명예, 그리고 원하는 여인까지 얻는다. 약속대로 소원이 이루어질 때마다 줄어드는 '나귀 가죽'만큼 라파엘 수명도 사라진다.

인간들의 세상, 인간은 욕망의 존재*다. 그 욕망을 꿈이라 하든 소원이라 물질이라 하든 유의어임에 분명하다. 발자크가 살았던 시기는 욕망이 들끓는 시기였다. 1789년 7월 프랑스 시민혁명이 일어났다. 이후 산업혁명과 자본주의가 인간 욕망에 불을 댕겼다. 발자크 소설에 등장하는 냉혹하고 천박하며 추악한 욕망으로 들끓는 인간들은 이 '물질'만을 좇는다.

'나귀 가죽'이 '욕망'의 은유이다. 실상 발자크에게도 글로써 부와 작가로서 명예까지 거머쥐려는 욕망이 있었다. 발자크는 자신 이름을 오노레 드 발자크Honoré de Balzac(1799~1850)**라 하였다. 드de는 경칭에 쓰인다. 슈테판 츠바이크Stefan Zweig가 쓴 『발자크 평전』을 보면 꽤 흥미로운 부분이 있다.

"서른 살쯤 어느 날 발자크는 세상을 향해서 자신은 오노레 발자크가 아니라 '오노레 드 발자크Honoré de Balzac'라고 밝혔다. 그리고 자신은 이런 귀족 칭호를 사용할 정당한 권한이 있다고 주장하였다. … 그는 편지와 책들에다가 '드'발자크라고 서명하였다. 심지어 빈으로 가는 여행 마차에 당트레그 집안 문장紋章, _{집안 상징 문양}을 달기까지 하였다. 허영심에서 스스로를 귀족으로 만든 이런 행동 때문에 불친절한 다른 문인들 비웃음을 받았다."

발자크는 귀족이 되고 싶었나 보다. 그러나 발자크 삶은 귀족과는 거리가 꽤 멀어 보인다. 물질과는 더욱. 발자크는 밥벌이를 위한 잡문을 썼으나 모두 실패한다. 이어 출판업·인쇄업·활자 주조업 등 사업에 손을 댔으나 역시 실패, 실패, 또 실패다. 1828년에는 6만 프랑 이상의 빚을 지게 됐다. 그 후 발자크 생활은 끊임없이 늘어나는 부채와 그 부채를 갚으려 글을 써야만 했다. 하루 10시간이 넘는 고된 글쓰기였다. 그는 이를 견디려는 듯 하루 50잔 커피를 마셨다. 이 때문인지 발자크는 겨우 51세로 요절하였다. 발자크 삶이 그렇듯,

*'인간의 욕망(Desire, 욕구)'에 대한 여러 이론 중 매슬로우(Abraham H. Maslow)의 '욕구 5단계설'이 있다. 매슬로우는 인간의 욕망을 1. 생리(식욕·성욕·배설·수면욕) → 2. 안전(개체 생존의 안전 보장감) → 3. 애정(사회 귀속 욕구) → 4. 존경(명예욕 등 타인의 인정을 받으려는 욕구) → 5. 자아실현(최고의 인간 존재가 되고 싶다는 욕구) 욕망으로 구분하였다. 인간의 욕망을 하위 단계 욕망이 충족되면 상위 단계 욕망을 욕망하는 나선형(螺旋形)으로 보았다.

라파엘은 '부와 작가로서 명예'를 꿈꿨다. '생리욕구'와 안개가 잔뜩 낀 '존경욕구'이다. 프랑스 철학자이자 평론가 루시앙 골드만(Lucien Goldman, 1913~1970)의 용어를 빌리자면 이 욕구는 '상동성(相同性, Homology)'이다. 즉 '작품의 발생이 사회의 집단의식이나 개인의식, 사회경제와 동일하다'는 뜻인 이 상동성은 바로 '돈'에 대한 쏠림현상 때문이다.

이 물신숭배(fetishism)를 프로이트(Sigmund Freud)는 '배설물'이라고까지 폄훼하였다. 그는 "부자는 정서 발달 부진과 배변 훈련 부족에 기인하여 현금과 재화의 축적에만 몰두하는 '항문(肛門) 유형의 인간들'"이라고 서슴지 않고 독설을 퍼부었다. 5단계를 지향하지 못하는 라파엘의 욕구는 결국 죽음으로 끝난다.

**19세기 전반 프랑스의 소설가로 사실주의의 선구자이다. 나폴레옹 숭배자였다. 등장인물만 2천 명이 넘는 〈인간희극〉은 1789년 대혁명 직후부터 1848년 2월 혁명 직전까지 프랑스 사회의 그렸다. 이외에 〈고리오 영감〉 등 다작을 하였다.

〈발자크의 나귀 가죽〉 속 라파엘 역시 죽음으로 끝난다.

나 역시 고백하건대 오늘도 눈을 뜨자마자 빗줄기처럼 쏟아지는 난망難望한 욕망欲望이기에, 어디 '나귀 가죽'이 없나 하고 두리번거린다. 비록 남은 생애를 저당 잡힐지라도. 옳은지 그른지는 오로지 내 몫이다. 내 삶이 애오라지 내 삶이듯.

글 쓰려는 사람, 사는 세상을 쓰지만 혹 내가 지금 '나귀 가죽'을 찾는 것인지 곰곰 새겨보았으면 한다.

소음騷音

"아무나 시인이 못 된다."

어느 시인 말이란다.

'아무나'만 시인이 되고
'아무나'는 시인이 못 된다는 말.

내가 '아무나'인 것은 아는데
'아무나만'인지 '아무나는'인지는 잘 모르겠다.

시인 말치고는
꽤 잔망孱妄스럽고
꽤 독살毒殺스럽다.

글 쓰며 이런 이들을 꽤 만난다. '소음'은 어디나 있다.

인생 경영으로서 글쓰기

2021년 2월, 나라가 시끄럽다. 코로나19 정국으로 하루 살아내는 것조차 힘들다. TV만 켜면 한 사발도 되지 않는 깜냥으로 세상만사 전지전능한 듯 말인지 됫박인지 설레발치며 어불성설 호기롭게 내뱉는 '수준 이하 자칭 논객들', 온통 '먹자타령'에 '처첩 간 갈등 드라마'와 조상님보다 '숭배 대상이 된 개·고양이 동물농장'과 호들갑을 떠는 '연예인 관음증', '반백년 전 노래'를 거푸 내보내 국민의식을 영구히 박제화하는 것을 품격 높은 미디어 사명이라 믿고 오매불망 '시청률 올리기에 치성드리는 방송'도 모자라, 글 한 줄 말 한 마디 천 근 활을 잡아당기듯 해야 할 언론인들이 '찌라시급 뉴스' 주워 모아 정론이라며 자음 17자 모음 11자를 '가을 도리깨질하듯' '조자룡 헌 칼 쓰듯' 하니, 그 훌륭한 바른 언론을 전달하는 훈민정음도 곡을 하지 않고는 배기지 못한다.

저 시절, 이런 때면 임금은 백성들에게 구언求言을 하고 신하는 상소上疏를 하였다. 여기서 언필칭 상소라 함은 처절하고도 서슬 퍼런 심정에 '오두가단吾頭可斷, 제 말이 안 맞으면 제 머리를 자르옵소서!' 각오로 도끼 하나 옆에 놓고 골수에 박힌 나랏병을 고쳐달라는 언론言論이다. 1796(정조 20)년 수원 화성華城이 축성되던 해가 그러하였다.

정조는 1791년 신해통공辛亥通共을 전격 실시하였다. 신해통공은 육의전을 제외한 일반 시전이 소유하고 있던 금난전권을 폐지하여 누구나 자유로운 상행위를 하게 만든 정책이다. 금난전권은 국역을 진다는 조건으로 육의전과 시전 상인이 서울 도성 안과 도성 밖 10리 지역에서 난전을 금지하고 특정 상품을 독점 판매하는 권리였다. 독과점이기에 이 육의전 폐단은 이루 형용키 어려웠다. 정조는 이 금난전권을 비단·무명·명주·모시·종이·어물 등 6종류 상품에 대한 육의전만 남기고 모두 없앴다. 이른바 그들만의 리그를 혁파하여 조선 경제를 개혁해보려는 야심찬 계획이었다.

그러나 일부 상업은 성장하였으나 백성들의 궁벽한 삶은 나아지지

*우하영(1741~1812)의 자는 대유(大猷), 호는 취석실(醉石室), 성석당(醒石堂)으로 현재 화성시 매송면 어천리 출신이다. 선생이 즐겨 쓴 호 '취석'은 여산(廬山) 앞을 흐르는 강물 가운데 있는 반석이다. 진(晉)나라 도연명(陶淵明)이 술에 취하여 이 바위에 누워 잤다 하여 이렇게 이름이 붙여졌다 한다. 즉 '술에 취해 취석에 누우면 구태여 신선이 될 필요가 없다'는 의미쯤이니 선생 삶을 미루어 짐작케 한다. 실학자 겸 농부이고 여행인이기도 했다.

않았다. 이러자 정조는 백성들에게 구언을 하였고 이때 유생 우하영馬夏永*이 올린 상소가 『천일록』이다. 그의 당파는 힘없는 남인이고 3대 동안 벼슬이 끊어져 평생 신세가 곤궁하였다. 어린 시절 7세 때부터 할아버지에게 글을 배우기 시작해 『사략』을 하루에 12줄씩 읽었다. 10세 때 할아버지가 별세하자 글을 배울 수 없었다. 집에 큰불이 나서 가세는 곤궁하였고, 그나마 있던 책도 전부 불에 타버려서 글공부도 못하였다.

그러나 선생 이상과 컸고 기개는 꽤나 강개했다. 현인군자들처럼 "천하를 경륜하는 데 뜻을 두리라" 하였다. 또 인생 백 년도 못 된다며 "이름과 행적을 죽은 뒤에 남겨야겠다"고 다짐장을 스스로에게 놓았다. 선생은 「취석실주인옹자서」에서 이것이 자신이 죽지 않고 살아온 이유로 든다. 이런 면면에서 선생은 인생경영으로서 글쓰기를 하였음을 안다.

선생은 큰아버지에게 입양된 뒤에도 한동안 글공부를 하지 못하다 15세 때부터 과거 공부를 다시 시작하였다. 그해 가을 감시監試, 사마시초과에 응시하였으나 낙방하였다. 그 후에도 선생은 여러 번 과거에 응시하였다. 그러나 회시會試만 모두 12번이나 떨어졌고 생활은 더욱 궁핍하여 조석으로 끼니를 잇지 못하였다. (『천일록』을 지은 선생 능력으로 보건대 저토록 과거에 낙방한 이유를 어디에서 찾아야 할까? 군이 답할 필요가 없기에 독자들 문견聞見에 맡긴다.)

55세 되던 1796(정조 20)년 조정에서 구언교서求言敎書가 내리자 선생은 자신 견해를 정리하여 책자로 만들어 바쳤다. 63세인 1804(순조 4)년, 구언 때 이를 다시 보완하여 『천일록』이라는 제명으로 조정에 상정했으나 별로 주목을 받지 못하였다. 전자는 '수원유생우하영경륜'이라는 제명으로, 후자는 『천일록』이라는 표제로 현재 규장각에 소장됐다.

선생은 71세인 1812(순조 12)년에 한많은 삶을 마쳤다. 선생은 평생 궁벽하였고 사람들에게 꽤나 모욕을 받았다. 2,060자로 삶을 정리해 놓은 「취석실주인옹자서」에서 그 모욕과 멸시를, 선생은 이렇게 담담히 묘사한다.

"다른 사람이 모욕하고 멸시해도 모욕하고 멸시하는 까닭은 진정 나에게 달려 있다. 나는 이런 일을 당해도 조금도 개의치 않았다. 모욕과 멸시를 받으며 구차하게 그들을 좇아 살기보다는 차라리 그들과 교류를 끊는 편이 낫겠다고 생각하였다. 만나는 사람도 거의 없고 경조사도 모두 끊었다. 본래 좋아하던 산수유람 즐겨 전국에 걸쳐 발길이 미치지 않는 곳이 없었다."

글을 써 출세와 영달을 해보려는 사람들과 글 문화가 하도 저속하기에 찾아본 우하영 선생의 '작가의식'이다.

교육과 언론

1.

'언론'과 '교육', 나는 이것이 우리나라의 두 가지 문제라 생각한다. '교육의 질은 교사의 질을 능가할 수 없다.' 제도보다는 사람이 먼저이기 때문이다. 사람을 바꿔야 하는 문제는 100년을 바라보는 장기 계획을 필요로 한다. 교육개혁, 즉 '염치 교육'이 필요하다.

"염치는 사유四維의 하나이다. 사유가 제대로 펼쳐지지 않으면 나라가 나라꼴이 되지 못하고 사람도 사람 꼴이 되지 못한다. … 어린아이가 귀한 보물을 가슴에 품고 시장 네거리에 앉았어도 탐욕스럽고 교활한 자들이라도 눈을 부릅뜨고 침을 흘릴 뿐 감히 빼앗지 못하는 것도 염치가 있기 때문이다."

18세기 실학자 우하영이 지은 『천일록』 제5책 「염방廉防, 염치를 잃지 않도록 방지함」에 보이는 글이다. 선생은 '염방'항 첫머리를 이렇게 시작했다. 사유란 국가를 유지하는 데 필요한 네 가지 벼릿줄로 예禮, 예절*·의義, 법도·염廉, 염치·치恥, 부끄러움이다. 이 네 가지 중 선생은 염치를 가장 먼저

*'예절'은 사람만 있는 게 아니다. 나무들도 있으니 이를 '수관기피(樹冠忌避, Crown Shyness)'라 한다. 나무들의 가장 윗부분인 수관(crown)이 마치 수줍어하듯(shyness) 서로 닿지 않고 자라는 현상이다. 이를 통해 나무의 아랫부분까지 충분히 햇볕이 닿고 나무들끼리 서로 부딪치지 않기에 동반성장이 가능하다. 수관기피는 보통 비슷한 나무가 함께 자랄 때 발생하며, 특히 같은 수종끼리 수관기피 현상을 보이는 경우가 많다. 우리나라의 경우 소나무가 대표적인 수관기피 나무이다.
우리 인간들 간의 예절은 언어이다. 할 말 못 할 말쯤은 가려서 해야하는 '언어 예절'을 지켰으면 한다.

꼽고는 이를 잃지 않도록 방지해야 한다고 역설한다.

『관자管子』「목민편牧民編」에서 관중은 이 사유 중 "하나가 끊어지면 나라가 기울고 두 개가 끊어지면 나라가 위태로우며, 세 개가 끊어지면 나라가 뒤집어지고 네 개가 끊어지면 나라가 멸망한다"고 했다.

우하영 선생이 본 18세기 조선사회는 염치를 잃어버린 병든 사회였다. 선생의 글을 좀 더 좋아가 본다. 아래 글은 『천일록』 제6책 「어초문답漁樵問答」*에 보인다.

> "지금 눈앞에 돌아가는 세상 꼴을 보면 온갖 법도가 모두 무너져서 떨쳐 일어날 수 없고 공과 사가 바닥까지 떨어져 어찌해볼 도리가 없게 되었으니 참으로 위태롭고 근심만 깊어 갑니다. 바로 이러한 때, 이런 급박한 병세를 치료하려 약을 쓴다면 어떤 처방이 좋겠습니까?"

지금 코로나 19정국의 대한민국, 자본주의는 극에 달하여 모두 돈으로 환전을 하고 여기에 제 일신을 위한 정치, 일신을 위한 의료인 파업, 정치 성향을 달리하는 종교인들의 광화문 시위, 그야말로 정치·경제·사회·문화, 어느 한 곳도 평안치 못하다. 더욱이 대다수 국민들 가계는 곤궁하기 이를 데 없다. 그런데도 기득권층은 아랑곳하지 않고 어떤 이들은 이 틈을 타 제 이득을 챙기려 든다. 저 시절과 다를 바 없는 듯하다. 이는 저 시절이나 이 시절이나 우리 사회에 염치가 없어서이다.

선생은 이 염치없는 병든 사회를 치료할 처방전으로 인간이면 누구나 갖고 있는 떳떳한 본성을 들었다. 선생이 처방한 약은 의외로 간단하니 '상대성'이다.

> "공자 마을 사람들로 대우하면 사람들이 모두 공자의 마을 사람들과 같이 된다. … 만일 염치 있는 사람들을 높인다면 어찌 본받아 힘쓰고자 하는 사람이 없겠는가?"

*'어초문답'은 어부와 나무꾼이 나누는 대화이다. 어부와 초부를 등장시키는 일련의 작품군은 『장자』로부터 시작하였다. 어초문답은 대화체를 이용한 구성 형식에 작자의 뜻을 얹어 표현하고 있다. 작자는 자신의 생각을 펼치면서도 자신의 논의를 객관화시키고 독자는 눈앞에서 벌어지는 문답 행위의 주체에서 작자를 제외한다. 그만큼 자기 말을 다하면서도 자기는 뒤로 슬그머니 빠지는 글쓰기 전술이다. 이러한 글쓰기 전술을 용이하게 사용한 갈래가 우언(寓言, 우화는 일본말이다. '이솝 우화'가 아닌 '이솝 우언'으로 불러야 한다)이다. 작가가 직접 말하기 어려울 때 사용한다. 우하영 선생도 임금에게 올리는 글이기에 '어초문답'이란 우언 기법을 끌어왔다.

염치는 '서로 상대를 인정하라'는 말이다. 이 사람이 염치 있는 행동을 하면 저 사람도 그런 행동을 한다. 선생의 말대로라면, 만약 저 사람이 염치없는 행동을 하면 그 이유는 저이가 아닌 나에게 찾아야 한다. 내가 저 사람을 공자 마을 사람으로 대하고 염치 있는 사람을 높였다면 저 사람이 어찌 염치없는 행동을 하겠는가.

이 염치 교육이 필요하다. 하지만 이론인 교육의 질은 교사의 질을 넘지 못한다는 데 문제점이 있다. 고등학교에서 13년, 대학에서 20년 학생들을 가르쳤다. 우리 교육 문제는 교육이 아니라 교사라는 점을 뼈저리게 느낀다. 어느 책이든 교육 커리큘럼은 창의성과 인성을 추구하지만 이를 가르칠 교사와 교수는 그렇지 못하다. 교사와 교수 중에는 교육이 아니라 직업 혹은 권위만을 내세우는 경우를 참 많이 보았다. (고등학교 교사도 그렇지만 최고의 교육기관인 대학교 교수들까지 이러한 경우를 너무 많이 보았다.)

이는 '미래를 위한 창의성, 인성 교육을 못한다'는 말과 너나들이다. 이쯤이고 보면 건너다보니 절간이라고 '미래'니 '통섭'이니 학문 간 경계를 허무는 '융복합'은 우이독경이요, 마이동풍일 뿐이다. 교사나 교수나 중 염불 외듯 과거에 배운 지식만을 여름철 엿가락처럼 늘어진 테이프를 돌리고 돌릴 뿐이다. 이 또한 교사나 교수로서 염치가 없어서 아닌가.

염치 교육은 반드시 이루어져야 한다. 이는 제도가 아닌 사람이 먼저이다. 사람을 바꿔야 하는 문제는 100년을 바라보는 계획이 필요하다. 염치 있는 교사와 교수들이 있어야만 염치 교육이 이루어지기 때문이다. 염치 있는 교사와 교수들이 교단에 서서 염치 교육으로 교육개혁을 하는 그 날을 손꼽아 기대해 본다.

2.

언론은 계획이 아닌 '제도의 문제'이다. 제도를 개혁하면 언론은 바뀐다. 가물가물하다. 문재인 대통령 당선자가 검소한 취임식하며 이렇게 말했다.

"기회는 평등하고 과정은 공평하며 결과는 정의로울 것입니다."

나는 대통령 취임 연설을 듣고 온몸에 전율을 느꼈다. 대한민국 국민으로서 이런 취임사를 듣는다는 게 가슴이 뭉클하였다. 그런 나라로 하루아침에 바뀔 줄 알았다. 아니었다. 이 나라는 대통령 한 사람의 나라가 아니었다. 왕조 시절에도 못한 일이었다.

제 아무리 병든 나뭇가지와 잎에 약을 친다 하여도 병을 고치지 못한다. '문제는 뿌리'이기 때문이다. 그 썩은 뿌리가 단연코 교육과 언론이라 생각한다. 우리는 모두 언론(미디어 환경)에 둘러싸여 있다. 언론을 통해 보고 듣는 것에 맞추어 믿고 그렇게 행동한다. 언론을 공기空器라 부르는 이유다. 공기는 우리를 바른 방향으로 이끌어야 한다.

하지만 우리 언론은 국민들이 믿고 따를 만한 공기 역할을 못한다. 늘 정치와 경제에 기생寄生하고 사주社主에게 충성할 뿐이다. 스스로 자정능력을 기대하는 것은 난감한 문제이다. 일제 치하에서 시작하여 이승만·박정희·전두환·이명박·박근혜 정권을 거치며 그 내공은 깊어졌고 쇠말뚝처럼 대한민국 폐부에 깊숙이 박혀 있기 때문이다. 윤석열 정권을 탄생시킨 것도 이 언론이다.

"반복해서 세뇌하고 또 상대 심리 상태를 정확히 파악하면, '정사각형을 원이라고 믿게 만든다'. '원'과 '사각형'이란 게 결국 무엇인가? 단어에 불과하다. 단어에 담긴 뜻을 인지하지 못할 정도까지 단어는 조작된다."

나치스 대중계몽 및 선전부 장관 요제프 괴벨스Paul Joseph Goebbels*의 말이라 한다.

대한민국이 맑은 사회, 정의로운 사회, 아이들이 행복하게 뛰어놀 수 있는, 그래 누구나 대한민국 사람으로서 자긍심을 갖고 살아가려면 정의로운 언론, 양심 있는 언론이 필요하다.

정녕 '펜이 칼보다 강하다'는 언론의 자긍심을 갖추려면 하루속히

*파울 요제프 괴벨스(1897~1945)는 나치 독일 제2대 국가수상을 지냈다. 그는 나치 중앙선전국장과 국민계몽선전부 장관을 역임할 정도로 언어에 뛰어났다. 특히 주도면밀한 대중연설 능력을 통해 극단인 반유대주의를 설파하였다. 그의 선전·선동 방식은 전후 세계의 정치와 언론에 큰 영향을 주었다. 그를 대표하는 언술이다. "Ein Volk, ein Reich, ein Führer(하나의 민족, 하나의 국가, 하나의 총통)." 나치 독일의 표어가 되었다.

어디서 많이 들어본 듯 하지 않은가. "뭉치면 살고 흩어지면 죽습니다." 1945년 10월 16일 저녁 8시 30분 미국에서 귀국한 이승만은 서울중앙방송국의 전파를 통해 이렇게 연설했다. "나를 따르시오, 뭉치면 살고 흩어지면 죽습니다." 하나가 될 때가 있고 뭉칠 때가 있다. 그것은 결과가 다른 이익을 해치지 않고 모두에게 '공명정대'한 이익이 될 때뿐이다. 그 외에는 절대 따르면 안 된다.

부패와 부조리를 만드는 숙주에서 벗어나야 한다. 이를 거부하는 언론은 언젠가 이 땅에서 그 제호가 사라진다.

이런 글을 쓴들 이 세상이 좋아질까? 변할까? 긍정인 답을 할 만큼 난 순박하지 않다. 더욱이 정부 차원에서 '언론 개혁'이 가능하겠는가? 알면서도 몇 자 쓴 이유는, 내가 이 땅에서 태어나 지금까지 살아가게끔 해준 작은 은혜 갚음이요, 내 후손들에게는 좀 더 인간다운 세상에서 살았으면 하는 큰 바람 때문이다.

개도 웃을 일

넘어져도 2주는 나온다. '법 앞에 누구나 평등!' 그야말로 개가 웃을 일이다. 이 나라 국민으로 사는 것 참 힘들다.

"김성태 폭행범 구속…법원 '도주 염려 있다' 영장 신속 발부"라는 인터넷 기사에 내가 단 댓글이다. '어떠한 일이 있어도 폭력은 안 된다'는 말을 모를 리 없다. 폭력을 행사한 사람을 비호하고 싶은 생각은 추호도 없다. (혹 읽는 이들이 오해 없기를 바란다. 폭력 운운은 결코 안 될 일임은 나도 아니, 이를 운운하는 댓글은 정중히 사양한다.)

'그러나'라는 역접사는 이렇게 꼭 써야 할 때가 있다. 김성태 폭행범 구속 사유가 "서울남부지검 형사 4부(신영식 부장검사)는 전날 '정치인을 폭행해 상해를 가하는 등 사안이 중하다'며 상해·폭행·건조물 침입 혐의로 김씨에 대해 경찰이 신청한 구속영장을 청구했다"였다. '정치인을 구타해서 구속'했다는 뜻이다.

요즈음 저 김성태 씨를 비롯한 홍준표 씨 등 일부 정치인들은 국민 속을 뒤집어놓는 발언을 예사로 해댄다. 문제는 저들 말과 행동이 사사건건 국가 미래를 가로막는다는 점이다. 저들의 저러한 행동에서 읽히는 문장은 '지금까지 자신들이 누리던 온갖 혜택을 지키려는 아주 못된 행동' 그 이상도 이하도 아니다. 더욱이 '일상화된 막말'은 국회의원으로서 품격도, 국민에 대한 대의기관으로서 예의조차 없었다. 국민을 섬긴다는 국회의원으로서 자질부터가 의심스럽다.

정치를 공자는 '바를 정正' 한 자로 푼다. 바른 마음으로 나라 생각하고 바른 마음으로 국민 섬기면 된다는 말이다. 저이들에게는 이런 '바름' 한 자를 찾지 못한다. 인간으로서 기본인 예의와 염치조차 찾기 힘들다.

이 글을 쓰는 나, 비록 글쓰기와 선생을 업으로 삼는 사람에 지나지 않지만 개, 돼지는 아니다. 기쁘고 슬프고 즐거움과 노여움을 느낄 줄 아는 존엄한 대한민국 국민이다. 대한민국인임을 증명하는 내 '가족관계증명서'는 말귀를 못 알아듣는 '축산물 이력서'가 아님이 명백하다. 그러하거늘 국민이 선출한 국회의원이, 국민 공복公僕을 자임한 저들이, 왜 자신들에게 일용할 양식을 주고 권한을 위임한 국민들에게 '자괴감'과 '무력감'을 주는가? 어떻게 수천만 국민을 한낱 개, 돼지처럼 여기는가?

그런 저이 '단식 농성장'에 찾아가 주먹으로 한 대 친 젊은이가 구속됐다. 구속된 저 젊은이와 내가 다른 점은 '실행을 했고 못했고' 차이일 뿐이다. 차이를 또 해석하면 '개인 일탈'이 '공권력 일탈'에 가한 응징이다. 죄로 따지자면 개인 일탈과 공권력 일탈 중 누구 죄가 더 큰가. 저이들 행동을 가만 보자면 '구타 유발자들' 아닌가. 그런데 또 다른 공권력은 저 젊은이를 구속했다. '정치인'이라는 공권력에 대들어서라 한다. 이 잣대를 대한민국 모든 국민에게 적용한다면 구치소를 오호 담당제만큼이나 두어야 할지 모르겠다.

*안정복(1712~1791)은 실학자 겸 역사가이다. 35세에 이익을 찾아 문인이 되었다. 저서 『임관정요』는 후일 정약용의 『목민심서』에 영향을 주었다.

순암順菴 안정복安鼎福*은 조선 역사서 『동사강목』에서 이런 말을 하였다. "강도나 살상 따위는 사소한 죄라도 용서하지 않으면서도 탐욕스런 벼슬아치가 법을 어겨 온 나라가 해를 입어도 흔히 내버려두고 문책하지 않는 것은 무슨 까닭인가?" 묻고는 "통탄할 일!"이라며 치를 떨었다.

'법 앞에 누구나 평등' 그야말로 개가 웃을 일이다. (이 글을 쓰는데, 저이 단식 중단 예고 뉴스가 뜬다. 한 나라 야당 당수로서 목숨 걸고 단식한다던 이가 겨우 닷새 만에, 참 '개가 웃을 일'에서 나아가 '개도 웃을 일'이다.)

글쓰기는 천상에서 겨자씨 뿌려 지상 바늘귀에 꽂는 비기가 아니라고 누누이 강조했다. 그렇다면 인정물태, '문여기인文如其人, 글은 곧 그 사람'이니 빗방울처럼 많은 사람, 눈발처럼 쏟아지는 저들 세상 이야기를 손등에 푸른 정맥이 솟도록 쓰면 우박처럼 자음과 모음이 쏟아질까? 아니다. '가슴이 두방망이질하는 글'이 되려면 인정물태를 제대로 써야 한다.

연암과 다산 선생이 작금의 이 일을 보면 어떻게 글을 쓰셨을까?

20전 20패 0승?

'나는 노땅 대학생이다.'

오늘(2015년 1월 17일) 〈중앙일보〉 29면 기사이다. 20전 20패의 취업 성적표를 받은 학생이 졸업유예를 하는 심정을 토로한 글이다. 엇비슷한 나이의 딸과 아들을 둔 나이기에 가슴 아프다. 이 글에서 송 양은 '20전 20패 0승'이라고 했다.

아빠와 같은 심정으로 송 양에게 말해주고 싶다. 20전 20패가 사실일지 모르나 "0승은 아니다!"라고. 인생의 "유죄선고有罪宣告가 아니다"라고. "송 양은 다른 이가 보지 못한 수목을 보았다"고. "송 양의 이 글이 바로 앞 문장을 증명한다"라고.

이런 글은 20전 20패를 경험해보지 않으면 절대 쓰지 못한다. 또한 20전 20패의 요인이 모두 송 양 자신에게만 있지 않다는 것은 대한민국 국민이라면 모두 아는 사실이다.

나 역시 고등학교 교사를 16년 차에 사직하고 대학 강사 길로 들어선 지 18년째다. 시나브로 내 이력서 경력은 170전 170패를 기록 중이다. (기억하는 정도만 그렇다.) 하지만 '0승'이 아니라는 것은 20권을 훌쩍 넘어선 내 책들이 증명한다. 송 양의 표현대로라면 나야말로 '노땅 이력서쟁이다'. 하지만 난 오늘도 171번째의 이력서를 쓴다.

*'불리다'는 일본말이다. 되도록 쓰지 말자. '하는'을 쓰면 된다.

**8년 전 쓴 글이지만 지금도 상황은 다르지 않아 실었다. 또 다른 송 양이 분명 오늘도 졸업유예를 한다.
'세이노(say no)'라 칭하는 이의 『세이노의 가르침』을 읽었다. (나는 닥치는 대로 책을 읽는다. 길바닥에 뒹구는 신문쪼가리에서도 얻을 게 있어서다. 이 세상에 도움이 안 되는 책은 없다. 다만 '나쁜 책'은 있다.) 수백억 자산가란다. 735쪽인데도 베스트셀러이다. 물론 7200원이란 책값도 한 몫 거들었겠지만. 그는 카피처럼 말한다. "피보다 진하게 살아라." 글자마다 독설이요, 쪽마다 '나처럼 살면 성공한다'는 확신에 차 있다. 이 책의 북극성은 오로지 세상을 살아가는 '물질'이다.
그러나 과연 저 이처럼 살면 저렇게 될까? 저 이처럼 정열이 모자라, 노력이 모자라, 나는 이렇게 사는 것일까? 저 이는 '가난은 내 직업'이라면서 팔리지 않는 시만 쓴 천상병 시인과 팔리는 책을 쓴 류시화 시인을 대조하며, "세상이 원하는 기준에 맞추어 일하라"(182쪽)고 한다. 또 "나는 '욕하기 운동 국민본부' 같은 것이 생겨야 한다고 믿는 사람"(568쪽)이라고 힘주어 말한다.
난 아니다. 8년이 지난 지금도 나는 '노땅 이력서쟁이다'. 늘 궁핍을 느끼지만 궁핍의 시인 천상병 시인의 〈귀천〉이 좋고 '욕하기 운동 국민본부'보다 '염치 운동 국민본부'가 더 낫다. 사람 사는 세상을 만들려 글 쓰지, 세상이 원하는 기준에 맞추려하지 않는다. '나는 나고 너는 너다.' 모두가 같은 삶을 사는 게 아니고 그렇게 살지도 못한다.
삶의 나침반은 사람마다 다르다. 열심히 배우고 가르치고 쓰는 삶이나다. 오늘도 나는 내 삶의 북극성을 향해 비틀거리며 갈 뿐이다. 휴휴헌의 내 책상을 찾아 앉는 이유도 여기에 있다. 그렇게 물질과는 거리가 좀 멀다. 송 양은 21번째 이력서를 분명 썼으리라 믿는다.

아마 200번째 이력서를 쓸지도 모른다. 이력서를 쓰지 않을 때까진 아직 나에게 '1승'의 취업 성적표가 남아 있다.

'송 양'에게, 아니 더 많은 '송 양들'에게 주눅 들지 마라고. 누구나 이 세상에서 동거할 자격이 있는 존엄한 존재라고. 패자도, 스스로 '패자라 불러다오' 하기 전엔 패자가 아니라는 조언을 해주고 싶다.

'들풀도, 잡초도 당당한 풀'이다. 이 땅에 더부살이하는 게 아니다. 취업을 했다고 승자가 되고 못했다고 패자라 불리는* 세상은 인간 세상이 아니다.

송 양의 21번째의 이력서를 기대한다.**

무릇 6가지 선법이 있다: 보와 도리 얹기

5. 서도(書道, 쓰는 길): 집 짓기

기둥을 연결하여 사방에 둘러앉은 게 도리이고 '눈 목(目)'자처럼 두 개 기둥을 연결한 것을 보라 한다. 글쓰기에서 글 구성을 말한다. 6가지 선법은 복선(伏線)·은선(隱線)·대선(對線)·단선(單線)· 쌍선(雙線)·무형선(無形線)으로 모두 글 구성과 관계된다. 본래 '고소설 독법'인데 모든 글쓰기에 적절히 응용해도 좋다. '소설의 3요소'를 주제, 구성, 문체라고 하는데, 이는 설명문, 논설문, 시 할 것 없이 모든 글에 해당된다.

6가지 선법을 설명하면 이렇다.

복선: 앞으로 일어날 사건을 미리 살짝 암시하여 두는 서술이다. 오늘날 소설의 복선이라는 용어와 동일하다. 즉, 분명하게 나타나지는 않지만 이야기가 전개되는 과정에 은미하게 숨어 있으면서 이야기의 흐름을 형성한다. 이런 복선의 기법은 중국 소설비평에서도 많이 보이는데, 김성탄은 이를 "풀 속의 뱀, 재 속의 선"이라 하고 모종강은 "한 해 걸러 씨를 뿌리고 때에 앞서 미리 숨겨놓는 듯한 오묘함"이라고 하였다.

은선: 앞뒤 사정이나 형상은 다르지만 기능면에서 비슷하다는 뜻이다. 즉, 상황 속에는 숨은 뜻이 있다는 말이다. 연암 박지원의 〈호질〉에서 산 중에서 범과 창귀가 먹을거리를 의논하는 장면과 동리자의 방안 장면, 북곽 선생이 똥통에 빠진 장면은 서로 판이지만 모두 양반을 공격하는 은선이 깔려 있다.

대선: 언뜻 보면 대립 관계나 그 속에 동질성을 두는 인물 설정 방법이다. 예를 들어 〈구운몽〉에서 성진과 양소유는 이름과 인물, 작품상의 기능도 전연 다르지만 하나의 인격으로 동질성을 갖는다. '흥부와 놀부'도 대선 구성법이다. 고약한 놀부와 착한 흥부는 다른 성격이지만 형제라는 동질성을 갖는 인물 설정이다.

단선: 단일 구성 정도로 이해하면 된다. 단선은 소설의 구성이 단일하여 명확하다는 의미이다. 예를 들어 연암 박지원의 〈양반전〉은 양반을 사고파는 단선 구성이다.

쌍선: 단선과는 반대로 소설 구성의 이중성이다. 곧 이중 구성 내지 복합 구성으로 이해하면 된다.

무형선: 관계를 떠난 자유로운 구성법이다. 시각·청각·물리·연상·잠재의식 속 수많은 인상의 흐름을 표현하기 위한 기법이다. 이른바 '의식의 흐름stream of consciousness' 수법과 유사하다. '의식의 흐름' 기법이란 서술자 마음속 상태를 있는 그대로 써내려가는 구성이다. 한 개인의 내면의 목소리를 그대로 받아 적기에, 과거－현재－미래로 이어지는 순차 시간으로 사건이 진행되지 않는다. 현재－미래－과거로도, 미래－현재－과거도 일관되지 않고 다양하고 복잡한 생각들이 갑자기 툭툭 튀어나오는 대로 기술한다. 인과 관계도 없다. 예를 들어 〈장끼전〉에서 재가한 까투리 부부가 물에 들어가 조개가 됐다는 것은 전연 앞뒤가 맞지 않는다. '외를 얻는 자가 외를 심은 때를 보지 못하였다'는 의미이다. 예를 하나 더 들어 보자. 광고나 만평 문구를 만들어보는 것도 꽤 도움을 준다. "두 냥을 쓰시면 아주 좋은 포도주를 드시게 됩니다. 그러나 넉 냥을 쓰시면 팔레르노 포도주를 드실 수 있습니다." 고대 폼페이 상인의 광고문이다. '값이 비쌀수록 좋은 포도주'라는 의미를 복선으로 깐 이 엉터리 광고문은 현대에도 잘 먹힌다. 예를 들어 '1000만 명이 사용하는 ○○카드'나 '이효리가 선전하는 화장품', '장동건이 입은 양복', '유명인사가 타는 자동차'…. 모두 카드, 화장품, 양복, 차를 팔기 위한 선전일 뿐, 실상의 제품과는 아무 상관도 없다. 상관이 있다면 광고비 정도인데도 우리는 저 카드, 화장품, 양복, 차를 소유하는 순간 마치 저들인 양 믿는다. 모두 무형선 기법 광고이다.

셜록 홈즈에게 배우는 글쓰기

글의 구성에 잘 어울리는 '셜록 홈즈 수사법'이다. 주사마적蛛絲馬迹*이란 말이 있다. 거미 주蛛, 실 사絲, 말 마馬, 자취 적迹, 즉 '거미줄과 말 흔적'이라는 뜻이다. '거미줄'을 따라가면 거미가 있고, '말 발자국'을 따라가면 말이 보인다. 거미줄과 말 발자국을 추적하면 정체가 드러나듯이, 어떤 일이든 사소한 흔적에서 이 드러난다는 의미로 사용한다. 보이지 않던 거미도 가는 거미줄을 따라가면 찾고, 전혀 보이지 않던 말도 발자국을 따라가면 그 존재를 확인하기 때문이다. 문장에서도 이 '주사마적'을 앞뒤 맥락이 잘 갖춰졌을 때 쓴다.

그러자면 가는 거미줄과 말 발자국 하나하나를 놓치지 말아야 한다. 홈즈가 사건을 해결하는 방법도 이것이고, 글쓰기에서 단어와 단어, 문장과 문장도 주사마적이어야 한다. 셜록 홈즈가 사건을 해결하는 방식을 우리 글쓰기와 연결해본다.

대략 다음과 같은 여섯 가지 구성을 얻는다.

① 수사 계획을 철저히 세운다. → 개요 짜기를 한다.
　(홈즈는 사건을 의뢰 받으면 계획을 세운 다음 움직인다. 글쓰기 또한 개요 짜기부터 시작한다.)

② 수사 준비가 철저하다. → 항상 메모하는 습관을 기른다.
　(사건이 나면 홈즈는 자신이 만들어놓은 인명 파일을 참조하거나 사건 파일을 들춘다. 대부분 사람들과 사건들은 그 자료 속에 있다. 글쓰기 역시 동일하다. 글쓰기는 자료와 싸움이다. 글항아리**를 사용하여 메모하는 습관을 길러야 한다. 스티븐 킹은 이를 공구함이라 하였다.)

③ 수사 방법이 새롭다. → 창의성 있는 글을 써라.
　(홈즈는 남들이 전혀 예측하지 못하는 방법으로 수사를 한다. 홈즈에게 의뢰된 사건은 하나같이 복잡하기 때문이다. 글쓰기 역시 그렇다. 남과 동일한

*글에서 '주사마적'으로 설명하지만 글 쓰려는 이는 거미보다 꿀벌이어야 한다. 거미는 거미줄을 벗어나지 못해서다. 꿀벌이 벌집을 떠나 꿀을 채취해 오듯 '생각을 방목'하라. 꿀벌처럼 글 쓰라는 뜻이 아니다. 벌집은 정교하고 구조가 안정되었지만 육각형으로 밖에는 못 짓기 때문이다.

**이 항아리 속 적바림한 조각들이 차곡차곡 쌓여 '밑글'이 된다.

글을 쓴다는 것은 '백지에 대한 모욕'이다.)

④ 관찰이 예리하다. → 사물을 관찰하라.*

(홈즈는 남들이 보지 못하는 데서 단서를 찾아 사건을 해결한다. 그는 늘 주위 사물을 예의주시한다. 남들이 보지 못하는 것을 본다는 것은 그만큼 사물을 예리하게 보지 않으면 안 된다는 의미이다. 치밀하게 사물을 보아야만 남과 다른 글을 쓴다.)

⑤ 변장술에 능하다. → 수사법을 사용하여 문제 핵심을 직접 공격하라.

(홈즈는 변장술에 능하다. 변장술에 능하다는 것은 사건 관련자에게 자신을 숨기기 위함이다. 그만큼 도전과 위험을 감수한다는 의미이다. 글쓰기 역시 그렇다. 핵심에 근접할수록 글의 긴장도는 높아간다. 이때 반전, 아이러니, 역설, 비교, 대조 따위 적당한 수사법을 사용하여 독자가 핵심을 쉽게 눈치 못 채게 한다.)

⑥ 연관성 있는 명제를 엮어 추론한다. → 주변 단어를 연결하여 이야기를 만들어라.

(홈즈가 사건을 해결하는 방식은 의외로 간단하다. 사건은 이미 일어났기에 추론밖에 없다. 명제가 충분할수록 사건 추론 또한 진실에 가깝다. 홈즈는 사건 주변 사물을 치밀하게 연결하여 하나의 명제를 만들어내고 이를 바탕으로 사건 전체를 추리한다. 홈즈의 이런 추론 방법을 가추법abduction이라 한다. 가추법은 '가설(짐작)과 추리' 상호 작용을 통해서 새로운 지식(법칙)을 발견하는 방법이다.

글쓰기 역시 이와 동일하다. 글은 보통 막연한 제재, 혹은 소재에서 출발한다. 제재, 소재들을 충분히 찾은 다음에 이를 바탕으로 문장을 만들고, 이 문장들을 이으면 단락이 되고, 단락을 묶으면 글이 된다.)

*〈셜록 홈즈〉를 쓴 아서 코난 도일(Arthur Conan Doyle, 1859~1930)은 영국의 추리작가이다. 셜록 홈즈는 한번 보는 것만으로 어떤 상황, 관련된 인물을 파악하는 뛰어난 관찰력의 소유자이다. 연암 박지원 선생과 유사하다.

그는 미술이 관찰 기술을 숙달하게 만든다고 생각했다. 셜록 홈즈는 자신의 뛰어난 추리력이 화가 집안 출신 할머니한테 연유했다는 설명에 보인다. 〈그리스어 통역자〉편에서 홈즈는 왓슨에게 자신의 관찰력에 대해 이렇게 말한다.

"이미 내 핏속에 있는 거라네. 아마 프랑스 화가 베르네의 누이였던 할머니로부터 물려받은 것일 게야. 미술성을 갖춘 피는 아주 기묘하게 발현되기 쉽다네."

문학이든 미술이든 음악이든 이 관찰이란 시각 예술이 필요하다.

'도도새'는 죽지 마라

※ 이 글에서, 글·글쓰기·글 읽기·출간·문예 등은 모두 문예 행위를 숙주(宿主)로 한다.

안녕하십니까? 저희 ○○○를 믿고 귀한 원고를 보내주신 데 대하여 다시 한 번 감사 말씀을 드립니다. 저희 회사에서 선생님이 주신 원고를 읽고 다방면 가능성을 검토, 토론하였습니다만, ⋯ 추후에 또 다른 아이디어, 제안, 원고가 있으시다면 다시 한 번 연락 주시기 바랍니다.

○○○ 편집부 올림

20일 전에 보낸 출간 의뢰에 대한 답변이다. 이미 이 답신과 유사한 것을 받은 게 5번째이다. 20여 권 출판한 나다. 그중엔 학술진흥재단에서 우수학술(교양)도서로 선정된 책이 3권이나 된다. (단순한 숫자를 양으로 확대하려는 의도는 추호도 없다. 글을 쓰는 이들에게는 타인 책(글)에 대한 배려가 섭섭하다는 것쯤 이미 잘 안다.)

오늘 신문을 보니 연말이 다가와 그런지 정치인들 출판회가 곳곳에서 열린다는 기사가 뜬다. 그만큼 정치인들이 책을 잘 출간한다는 정황 준거이다. 이맘때쯤 보면 정치인들의 책이 출판계에서 독점 지위를 누리는 것도 이 때문이다. 이유는 무엇일까? 정치인들 책은 독자들에게 통하는데 내 책은 독자들과 '접속 불량'인 이유가. 이는 단순한 문제가 아니다.

정치인들 책 출간과 내 책 출간의 예리한 '단층선'이 존재한다. 정황 준거는 '이윤'이라 생각한다. (내가 작가로서 대방가大方家가 아니요, 글로서도 '서권기書卷氣, 책의 기운와 문자향文字香, 글자의 향'*을 운운할 바 못 된다는 것도 한 이유임에는 분명하지만.) 단층만큼 출판사에 이윤이 창출된다는 뜻이 가장 큰 것임은 저간 책을 출간하며 얻은 명약관화한 이치다. 이를 내 책 출간으로 환원한다면, 내 책은 출판사에게 영판 짭짤한 수익이 없다는 명백한 의미이다.

나로서는 저 정치인들을 참으로 부럽게 여기지 않을 수 없다. 난

*추사 김정희가 제주도 유배 중에 아들 상우에게 보낸 편지에 보이는 말이다. 추사는 가슴속이 맑고 고결하며 예스럽고 아담한 마음에서 서권기와 문자향이 나온다고 한다.

책상에 앉아 엉덩이에 박힌 종기 두서너 개는 족히 짜내야 오종종한 책 한 권이 겨우 이루어지거늘, 저들은 참 잘만 쓰기에 말이다. 저들은 대의 민주정치를 실현하느라 노심초사하면서도 용케 시간을 내 책상에 앉았다. 또 그것이 완성도 있는 글로 다듬어져 출판사의 '다방면의 가능성 검토'까지 무사히 통과하였고 '출판회'라는 축하연까지 연다.

'출판회!' 이 또한 나에게는 저들만의 리그에서 일어나는 매우 신기한 현상일 뿐이다. 난 단 한 번도 해본 적 없는 영판 낯선 소리여서다. 해줄 사람도 없지만 내가 스스로에게 축하 자리를 마련하고 벗들을 청할 만큼 여유도 없다. 이는 앞으로도 그런 일이 없을 것이기에 '언감생심'일 터다.

이것이 목도目睹하는 현실이다 보니, '도도새'*가 생각났다. 도도새 이력을 적바림하면 이렇다.

*'도도새'라는 이름은 포르투갈어로 '어리석다'라는 의미이다. 이 어리석은 새, 도도새는 자기가 사는 곳을 침탈한 사람을 두려워하지 않았다. 결국 사람들은 모조리 그들을 먹어치웠다. 그렇게 어리석은 새 도도새는 1681년에 멸종하였다.

학명: Raphus cucullatus(Didus ineptus)

생물학적 분류계: 동물계(Animalia)

문: 척삭동물문(Chordata)

강: 조강(Aves)

목: 비둘기목(Columbiformes)

과: 도도과

분포정보 분포지: 모리셔스, 리유니온

현재: 멸종

도도새는 모리셔스라는 평화로운 섬에 살았다. 먹이도 충분하였고 위협할 만한 맹수도 없었다. 도도새는 새이지만 날 필요가 없었다. 날개는 서서히 퇴화하였다. 도도새는 땅에 둥지를 틀고 나무에서 떨어진 과일을 먹고 살았다.

그러던 1505년, 배가 이 섬에 들어왔다. 선원(포르투갈인) 인간들은 도도새를 맛있게 먹는 포식자였다. 1681년, 마지막 새마저 먹어치웠다. 그렇게 도도새는 사라졌고 도도새 전설도 끝났다고 여겼다.

그러나 도도새 멸종으로만 '도도새 전설'이 끝나지 않았다. 최근한 과학자가 모리셔스 섬에 특정한 종 나무가 사라지고 있음을 찾아냈다. 그는 이 남은 특정한 종 나무 13그루가 300년가량 되었으며 1600년대부터 어떠한 싹도 틔우지 못했음을 알아냈다. 이 나무의 평균 수명이 300년 정도임을 생각해 볼 때 남아 있는 나무들은 이미 '저승꽃이 점점이 박혔다'는 뜻이다. 나무들은 곧 죽으며 그 특정한 종도 지구상에서 사라지게 된다. 정확히 말하자면 이미 그 나무는 도도새가 없어진 300년 전에 번식을 멈추었기에 죽은 것임을 우리가 몰랐던 것뿐이다.

그렇다면 특정한 종 나무가 사라지는 이유는? 도도새가 사라졌기 때문이었다. 도도새가 그 나무 열매를 먹고 살았으며 오로지 도도새 배설을 통해서만 그 나무는 씨앗이 옮겨지고 성장하기 때문이다.

이쯤이 도도새 전설의 끝일까? 예단하긴 어렵다. 몇 년 뒤, 우리는 '특정한 종 나무가 멸종'함으로써 일어나는 '생태계 변화'를 또 찾아 낼지도 모르기 때문이다. 그렇다면 도도새 멸종이 생태계 전반의 도미노식 멸종을 가져오지 않는다고 누가 장담하겠는가.

내 글쓰기 학명은 이러하다.

학명: 한국 문예(Korean literature)

생물학 분류계: 인본주의계(humanism)

문: 학문문(study/learning/scholarship)

강: 문학강(literature)

목: 국문학목(Korean literature)

과: 글쓰기과(writing)

분포정보 분포지: 지구촌 대한민국 경기도 부천시.

현재: 멸종주의보 발령 중.

훈수꾼이 없어도 나는 안다. 내 삶을 경영하는 글쓰기가 저 도도새라는 것을. 많은 이들이 글쓰기에 온전히 삶을 투자하는 사람을 꽤 어리석게 본다는 것을. 슬프지만, 투자에 비하여 승수효과가 없다고 이죽거림이 우리 현실임을. 그리고 이것이 돈(경제)과 관련 있음을.

이 세계는 동서고금, 시대와 공간을 초월하며 모두 '돈(경제)'과 '명예', '권력'이 우리 삶을 지배하는 세 강자였다. 요즈음은 돈(경제)이 3두頭 체제를 허물었다. 그리고는 천하통일 대업을 이루시어 황제로 등극하더니, 내친김에 맘몬신Mammon, 재물의 신으로까지 떠받들라 한다. 오늘도 전 세계인은 입을 모아 "일체향전간!─切向錢看, 모두 돈님만 보세나!"을 외친다. 인격人格이 사라진 자리를 그렇게 물격物格이 차고 앉았다.

내 글이 책으로 출간되지 않는 가장 온당한 이유는, 이놈이 이 말하고 저놈이 저 말한대도 출판사에 이윤을 갖다 주지 못해서다. 그렇다면 이 '돈(경제)'이 내 글쓰기를 죽이는 포식자임은 두말할 나위 없다.

그렇게 내 글이 죽고, 다른 이 글이 죽고, 또 다른 이 글이 죽고, …, 부천 문예가 죽고, 경기 문예가 죽고, …. 도도새 죽음 뒤에 나무가 발아하지 못하듯이, 문예 죽음 뒤엔 무엇이 사라질까? 그 뒤에 과연 무엇이 존재할까?

왜 이 시대에 글(책)이 필요한지를 구구히 설명할 필요는 없다. 글(책)은 예로부터 '인본주의'란 궁극을 찾는 고매하고도 순수한 행동이었다. 이 '행동(글쓰기·글 읽기)'이 없다면 인간은 인간성을 상실한 포악한 동물 포식자에 지나지 않았을지도 모른다.

우리 문예 처지를 과하게 '도도새'에게 비유한지도 모르겠다. 하지만 우리 문예에 이미 '멸종주의보'가 발령된 것을 부인할 이도 별반 많지 않을 듯하다. 이 글을 쓰는 중에 또 이런 메일을 받았다. 6번째 이다.

간호윤 교수님께

안녕하세요? ○○○출판사 인문팀 ○○○입니다. 보내주신 원고는 잘 읽어보았습니다. 아쉽게 출간으로 이어지지는 못했지만, 귀한 원고 보내주셔서 감사합니다.

2015년 11월 12일, 수업이 없는 날, 오전 6시 40분, 나는 다시 책상에 앉아 이런 메시지를 쓴다. 몇 군데 출판사에 더 보내볼 요량이다. 그러고는 기도문처럼 이런 말을 외며 '정언 명령'이라 생떼를 쓴다. '도도새는 죽었어도 죽지 마라. 암만, 그래야 하니깐.'

○○○출판사 담당자님께

귀 출판사에 책 출간을 의뢰합니다. 이 책은 2015년도 학술진흥재단 선정과제(2015~2016년 저술출판지원사업)입니다. 이 책 출간 의도는 우리 고소설 관계 그림과 표지에 대한 글을 일반 대중에게 소개하려는 데 있습니다. 관계 자료를 첨부합니다. 전화: 010-8260-8710

간호윤 올림

나도 이런 사람이고 싶다

얼굴은 두껍고 마음은 시커먼 사람들이 성공한다는 '후흑학厚黑學' 세상이다. 모든 게 물질에 포위된 이 시대, 오늘 단 하루만이라도 이런 사람이고 싶다.

어려운 일이 닥쳐도 큰 바위처럼 흔들리지 않고 남 어려움을 지나치지 못하는 따뜻하고 여린 마음을 지녔지만 내 삶은 강철처럼 굳은 의지로 헤쳐 나가는 사람,

잘못된 이에게는 죽비소리 내는 대나무와 같지만 인간다운 사람들에게 마음을 열고 환한 웃음을 주는 사람,

남들 대할 때는 부드러운 봄바람이지만 나 자신에게는 가을 서리처럼 대하고 말보다 행동이 앞서고 말한 것은 꼭 지키는 신의와 부끄러움을 아는 사람,

나이를 들수록 나이 값하고 자신을 제어할 줄 알고 욕심과 욕망에서 자유로울 수 있는 담박한 사람,

남 단점을 들추기보다는 장점 칭찬하고 내 지나간 과거에 얽매이기보다는 희망 설계하고 내일보다는 오늘을 열심히 살 줄 알고 실의했을 때도 태연자약 평정심을 유지하려는 사람,

술을 좋아하지만 절제할 줄 알고 인생의 쓴맛을 달게 여기고 때론 찻집에 홀로 앉아 실없는 상념도 하며 한 잔 커피를 마시는 여유 있는 사람,

타인 삶을 존중하고 내 자신 삶을 사랑하고 사랑하는 사람에게 뜨거운 정열을 주지만 고독도 즐길 줄 아는 로맨티스트한 이런 사람,

책을 물질보다 더 좋아하고 외로움을 글쓰기로 풀어낼 줄 알며 멋을 알고 인생을 즐길 줄 알고 배운 것을 삶에 실천하는 양심 있는 사람이고 싶다.

나도 이런 사람이고 싶다. 정녕 단 하루만이라도 '이런 사람이었으면' 하는 오늘이다.

구사九思와 구용九容, 그리고 글쓰기

코로나19*로 피폐해진 마음이다. 장맛비까지 몰아친다. 책 읽기도 글쓰기도 마뜩치 않다. 필요하지도 않고 급하지도 않은 공사인 듯 맥없다. 지금까지 고전을 내 길이요, 삶으로 알고 걸었다. 요즈음에는 정말 고전을 면치 못한다. 거리두기로 몸이 멀어지니 마음도 멀어진다. 가끔씩 안부를 묻던 전화마저, 술자리마저도 끊겼다.

사람들과 살아가지만 사람이 없는 철저한 고독감이 엄습한다. 오직 들리는 것은 심드렁한 컴퓨터 기계음뿐, 생각이 궁벽지고 궁상맞으니 글쓰기인들 제대로 될 까닭이 없다. 사람 관계도 인격도 글도, 모두 실격이다. 여일한 게 하나도 없다. 상념을 붙들고 앉았다가 '구사九思와 구용九容'을 적어본다.

'구사九思'는 『논어』 「계씨」에 나오는 (인간으로서 마땅히) 해야 할 아

*모두가 마스크를 하고 다닌다. 모든 방송에서는 연일 '코로나19'를 특보로 내보낸다. 마치 대한민국의 모든 언어와 도시와 사람과 이 땅에 존재하는 만상들이 마스크로 변한 듯하다. 마스크 부족에는 타인의 불행을 맘몬(mammon: 부)으로 바꾸어보려는 '욕망의 물질화'가 숨어 있다. (사실 이 물질화는 마스크 사재기 문제만이 아니라 사회 전반에 걸쳐있다. 대기업부터 소상공인까지, 나아가 국가경제까지 코로나19로 자신의 물질을 산수 셈하며 슬퍼한다.) 사람들은 근심 어린 표정으로 마치 악몽이라도 꾸는 듯 빨리 이 현상으로부터 벗어나려 한다.

사람은 수많은 물질로 이루어진 유기체이다. 우리네 삶 역시, 시시각각 변하는 환경과 유기적인 존재로 현상과 부딪치면서 살아간다. 따라서 엄밀히 말하면 고정적인 자아란 없다. 순간순간 변하는 환경에 따라 달라져서이다. 그때그때 변하는 '가변적인 존재'가 인간이다.

그러나 사람들 코로나19를 대하는 사람들의 모습을 보면 전율스럽다. 모두 세기말이라도 온 것처럼 코로나19가 주는 불안과 공포를 한결같이 이야기하기 때문이다. 가변적인 존재인 사람들이 마치 한 자아를 가진 사람들처럼 모두가 한결같다. 제아무리 코로나19라도 우리가 살아가며 만나는 한 현상(전염병)일 뿐인데 말이다.

생각해본다. 얼마 후 코로나19는 반드시 다른 전염병처럼 사라진다. 그렇다면 과연 그 자리에는 행복이 와 있을까? 그렇지 않다. 코로나19가 사라진 자리에 반드시 그 어떠한 것이 온다. 그것은 코로나19보다도 더 우리네 삶을 옥죄일지도 모른다. 더욱이 개개인에게는 각자의 코로나19와 같은 일들이 들이닥친다. 이는 하나의 고민이 사라진 자리에 다른 고민이 이미 찾아와 있는 것과 같다. 고민 없이 사는 사람은 없다. '견딜 만한 고민이면 그대로 두는 것이 더 낫다.'

오늘, 우리는 오늘만 산다. 엄밀한 의미에서 우리는 결코 내일을 살지 못한다. 코로나19로 오늘 행복하지 못하면 내 인생에 '오늘'은 없다. 코로나19로 행복을 빼앗길 필요도 없다 내 삶의 진정한 의미는 '오늘', 지금 이 순간에 있기에 말이다.

상황으로 보아 코로나19를 완전히 퇴치하기까지는 꽤 긴 시간이 필요할 듯하다. '오늘의' 내 삶을 유예(猶豫)하면서까지 코로나19라는 역병(疫病)에 자진하여 몸과 마음을 온전히 바칠 필요가 있을까? 코로나19 역병에게 마치 양도 계약서라도 쓴 것처럼 주어버린 이 시간 오늘, 이 '잃어버린 오늘'은 영원히 다시 오지 않는다. 인간은 오늘, 이 순간에만 실존(살아 인간으로서 존재하는)하는 존재이기 때문이다.

이런 생각을 하며 라인 홀더 니버의 글을 읊조려 본다.

"신이여! 제가 바꿀 수 없는 일에 대해서는 그것을 받아들이는 평화로운 마음을 주시고 제가 바꿀 수 있는 일에 대해서는 그것에 도전하는 용기를 주시고 또한, 그 둘을 구별하는 지혜를 주소서." (우리나라의 각종 사회적 질병을 일으키는 '사이비 종교의 병리학적 현상'에 대해서는 구구히 논하고 싶지 않다. 도저히 내 상식으로는 이해 못하는 집단들이기 때문이다.)

홉 가지 생각이다.

볼 때는 밝게 보기를 생각하고,　　　　視思明시사명

들을 때는 분명히 듣기를 생각하고,　　聽思聰청사총

얼굴빛은 온화하기를 생각하고,　　　　色思溫색사온

용모는 공손하기를 생각하고,　　　　　貌思恭모사공

말할 때는 진정이기를 생각하고,　　　　言思忠언사충

일할 때는 조심하기를 생각하고,　　　　事思敬사사경

의심날 때는 묻기를 생각하고,　　　　　疑思問의사문

성날 때는 어려움을 생각하고,　　　　　忿思難분사난

얻음을 보고서는 옳은지를 생각한다.　　見得思義견득사의

구용九容은 『예기』 「옥조」에 나오는 (인간으로서 마땅히) 지켜야 할 아홉 가지 자세이다.

걸음걸이는 묵중하고,　　足容重족용중

손놀림은 공손하고,　　　手容恭수용공

눈은 단정하고,　　　　　目容端목용단

입은 묵묵하고,　　　　　口容止구용지

목소리는 고요하고,　　　聲容靜성용정

머리는 곧추세우고,　　　頭容直두용직

기상은 엄숙하고,　　　　氣容肅기용숙

자세는 어질고,　　　　　立容德입용덕

얼굴은 장엄하라.　　　　色容莊색용장

『악스트Axt』 (악스트 편집부, 은행나무, 2015) 잡지를 보다가

9시. 1교시 서울교대 수업이다.

전철 안, 딸아이가 보는 책을 슬그머니 들고 나와 한 귀퉁이를 차지하고 읽는 맛이란 여간 짜릿한 게 아니다. 어릴 때 동생들 몰래 뒤란에서 나 혼자 먹는 고구마 맛이라고나 할까. 여튼 그런 묘한 맛이다.

첫 장을 펼치고 대면한 글.

허턱! 언어유희, 난분분하는 어휘들, 낱말의 향연, 펄펄 뛰는 신생어들 어장이다.

문제는 읽을수록 좁혀오는 의문부호들 ???

이 글이 전하고자 하는 뜻은???

내 글쓰기와 합일점이라고는 자음과 모음의 직조.

내 글쓰기 구각舊殼? 아니면….

연암 선생은 "살아있는 글, 거지 차림일지언정 살아 아침 햇볕을 쬐는 글, 화려한 옷차림으로 죽은 정승 글이 아닌" 그런 글을 쓴다고 하였다. '이런 글을 써야 하는데….' 여러 생각이 난분분한다.

"여기는 강남역, 여기는…"

이키나! 열차가 한 정거장을 지나쳤다.

시간은 8시 45분.

난 수업 가는 중이었다. 가방을 허리춤에 꿰고 달린다. 15분 안에 교실에 들어서야 한다.

이렇게 오늘을 시작하는 삶.

정기를 뭉쳐 하나로 만들어라: 상량보 얹기

5. 서도(書道, 쓰는 길): 집 짓기

대공 위에 상량보(대들보)를 얹는다. '상량식'을 할 만큼 대들보는 집 전체 중심이다. 글쓰기 정기가
모이는 곳이 대들보이다. 모든 글은 이 주제를 향해야만 한다.

글을 쓸 때 '문장은 현미경으로' 들여다보듯 정밀하면 좋고, '주제는 망원경으로' 보듯 멀찍이 놓고 따라잡으면 좋다. 특히 주제는 '사자의 어금니'에 해당한다. 사자에게 어금니가 가장 요긴하듯이 글에서는 주제가 그렇다. 주제가 선명치 못한 글은 어금니 없는 사자에 지나지 않는다.

글의 핵심은 뜻, 즉 주제의 전달이니 말과 문장은 모두 이 주제를 향하여 모여야 한다. 주제는 글 속의 모든 문장과 각종 수사의 숙주이다. 가장 중요한 것은 주제이니, 모든 글은 주제라는 성을 함락하려는 군사여야 한다. 연암은 「소완정기素玩亭記」에서 글의 주제가 가장 중요함을 햇빛에 비유하여 설명한다.

"자네가 이미 요약하는 방법을 알았다면, 또 내가 자네에게 눈으로 보지 않고 마음으로 비쳐보는 방법을 가르쳐주려는데 어떤가. 저 해란 것은 말일세. … 그러나 나무를 사르거나 쇠를 녹이지 못함은 무슨 까닭인가? 빛이 퍼져서 그 정기가 흩어지기 때문 아닌가? 만약 만 리에 두루 비치는 빛을 거두어들여 조그만 틈으로 들어갈 만하게 둥근 유리알로 받아서 그 정기를 콩만큼 만들면 맨 처음에는 조그맣게 어른거리다가 갑자기 불꽃이 일어 풀썩풀썩 타 버리는 이유는 무슨 까닭인가? 빛이 전일해서 흩어지지 않고 정기가 뭉쳐서 한 덩이로 되는 것일세."

연암 선생이 물리 현상을 빗대어 글쓰기 원리를 밝힌 글이다. 빛의 굴절 현상에 대한 이해가 선행해야만 한다. 여기서 빛을 모으는 둥근 유리알은 지금의 볼록렌즈요, 정기가 뭉쳐진 것은 빛의 초점이다. 이를 글 짓는 원리로 바꾸면 빛은 책이니, 빛이 퍼짐은 책의 정기가 퍼짐이요, 볼록렌즈는 뜻을 요약함이다. 빛의 초점은 주제이니 바로 '코끼리의 코'다.

주제의 선정은 앞에서도 지적했지만, 사람 사는 세상에서 찾으면 된다. 문제는 주제가 가벼우면 글도 가벼울 수밖에 없다는 사실을 명심해야 한다. 좋은 주제는 별건곤의 세계가 아니라, 인정물태라는 우리 삶터를 깊이 살피면 된다.

코끼리고기 본래 맛

커피 한잔 들고
책상에 앉는다.

어제보단 오늘,
친밀한 이방인
자음과 모음과
이러쿵 저러쿵
속내 좀 털자고.

책상에 앉아서
커피 한잔 들고
선인들 글 속에
'코끼리고기 본래 맛'을 찾아본다.

'코끼리고기 본래 맛'은 간서치 이덕무 선생이 강산 이서구李書九*
시를 비평한 구절로 『청장관전서』 제35권 「청비록 4」에 보인다. 이덕
무는 시 감상을 "코끼리 한 몸에는 모든 짐승 고기 맛을 겸하였으나
그 코만이 오로지 '코끼리 고기 본래 맛'을 가지고 있는 것과 같다."처
럼 하란다. 풀이하자면 '코끼리고기 본래 맛象之本肉之味'을 느끼려면 코를
맛보야만 하듯이 시 감상도 그 핵심을 찾으라는 말이다.

간서치 선생이 '코끼리 코'라 격찬한 강산의 시를 아래에 옮겨놓았
다. 이 시는 꽤 긴데 지면 관계로 일부만 그 맛을 본다.

밝은 풀 위엔 나비 날고	草光明去蝶초광명거접
성한 숲 사이엔 새가 앉았네	林翠膩棲禽임취니서금
새는 넓은 강 위에 높이 날고	高鳥滄江闊고조창강활
외로운 배는 종일토록 한가하네	孤帆盡日閒고범진일한

*척재(惕齋)·강산(薑山)이라는 호를 쓰는 이서구(1754~1825)는 실학자 겸 정치인으로 내로라하는 양반가였다. 연암 박지원을 스승으로 모셨기에 '연암 그룹'의 일원이다. 서얼 이덕무와 신분과 13살의 나이 차이 극복하고 글벗으로 사귀었다. 이덕무는 이서구 시를 비평하며 "강산(이서구)의 문장 솜씨는 왕어양(王漁洋) 같고, 박식함은 주죽타(朱竹坨) 같으니 강산에 대해서는 그 결점을 지적하여 비난하지 못하겠다"고 하였다. 그러면서 "비유하자면 코끼리의 몸 안에는 모든 짐승의 고기 맛이 나지만 오직 그 코만이 코끼리고기 본래의 맛을 가지고 있는 것과 같다"는 비평을 써 놓았다.

왕어양은 청나라 시인인 왕사정(王士禎)이고 주죽타는 주이준(朱彝尊)으로 역시 청나라 때 이름을 드날린 문인이다. 왕사진과 함께 남북의 두 대가로 통하였다. 실학자 최고의 문인 중 한 분이기에 간서치 이덕무 선생의 극찬을 주례사 비평으로 보지 말아야 한다.

청산을 지나는 말 더디 가고　　青山遲去馬청산지거마

방초 위서 돌아오는 배 바라보네　　芳草望回舟방초망회주

부평이 무성하니 선 백로 다리 짧고　　萍深停鷺短평심정로단

연꽃이 떨어지니 노는 고기 향기롭네　　蓮落游魚香연락유어향

배에서 묵으니 한기가 스며들고　　水宿寒相聚수숙한상취

인가에는 냉기 아직 덜 가셨네　　人煙冷未收인연랭미수

(…하략…)

생각해보면 오늘 내 삶 역시 별반 다르지 않다. 멀게는 내 생 종착점까지 끌고 갈 만한 그 무엇을 찾으려 하지만 내 '삶은 늘 오늘뿐'이다. 오늘, 내 삶 중심은 무엇일까? 일, 친구, 자식, 독서, 글쓰기, 그것이 무엇이든, 당신이 지금 하는 일이 오늘 당신에게 가장 중요한 일이었으면 한다.

핵심은 코끼리 전체가 아니라 '코끼리 코'이기 때문이다.

맛을 풀이하다

방편자 유희柳僖* 선생 『방편자문록方便子文錄』에 수록된 「석미釋味, 맛을 풀이하다」라는 글을 본다. 어렸을 때 천연두를 앓아 얼굴이 얽었고 일생 병치레를 한 가난한 선생, 그러나 평생 『문통』 100권을 저술하였다. 선생 세상살이를 단 한 글자 '맛'으로 정기를 모았다. '글맛'이 자못 짭짤하다. 글 쓰고자 하는 이들에게 좋은 자료이다. 전문을 인용한다.

우리집에 손님들이 모여 '세상사는 맛'을 이야기한 적이 있다. 누구는 쓴맛이라 하고, 누구는 신맛이라 하고, 누구는 덤덤하여 아무런 맛도 없다고 하였다. 단맛이라고 하는 사람은 거의 없었다. 나는 모르겠다. 세상맛은 똑같은데 맛보는 사람이 각자 입맛에 따라 달리 느끼는 것인가. 아니면 사람 입맛은 똑같은데 세상에 여러 가지 맛이 있어 사람들이 각기 한 부분만 맛보기 때문인가.

*유희(1773~1837) 선생은 호를 서파(西陂), 방편자(方便子)·비옹(否翁)을 쓴 음운학자이며 의사 및 실학자이다. 그는 16세인 1788년 처음으로 과거에 응시하고 18세에 향시에 합격한다. 그러나 어머니의 가르침을 받아 과거를 그만두고 학문과 농사에 전념했다. '오늘날 이런 어머니가 있을까?' 하는 생각마저 든다. 선생은 어머니를 '조선의 어머니'로서 존경하고 어머니의 일생을 기록한 행장에서 어머니의 삶을 "본질은 장부요 바깥으로 드러난 행실은 부인이었다"고 하였다.

100권이나 되는 『문통(文通)』은 6·25동란 중에 일실되었다. '문통'은 '문헌의 통칙', 혹은 '고금의 문물·제도에 대한 고찰'이라는 뜻이다. 선생의 학문 폭이 광대한 자부심을 바탕으로 이루어졌음을 짐작하는 서명이다. "시를 읊조리는 것 말고는 아무것도 할 게 없나니, 일생을 늘 시비 속에서 살았네"라는 선생의 표현은 그의 고단한 삶과 시벽을 보여준다.

여기 참외 하나가 있다 치자. 참외는 몹시 작지만 꼭지는 쓴맛이고 몸통은 단맛이다. 하물며 세상은 넓으니 무슨 맛인들 없겠는가. 다만 사람들이 태어나면 항상 한 가지 일만 하느라 늙어 죽을 때까지 다른 부분을 맛보지 못한다. 성대한 제사 음식이 간소한 제사 음식보다 맛있는 것이 당연하다.

노자가 말하기를, "다섯 가지 맛은 사람 입맛을 상하게 한다" 하였다. 넓은 세상에는 없는 맛이 없으니 세상을 맛본 사람들은 대부분 입맛이 상하였으리라. 그렇다면 온갖 일을 두루 맛보더라도 참된 맛을 모른다. 병든 사람이 죽을 쓰다고 여기고 똥물을 달다고 여기는 것도 무리가 아니다.

어떤 사람은 이렇게 말한다. "쓴 것은 원래 쓰고 단 것은 원래 달다. 그렇지만 풀뿌리를 씹으면 고기 맛도 잊는 법이다. 어찌 세상일을 전부 마음대로 해야 세상사는 맛이 달다고 하겠는가." 이 말은 옳지 않다. 차 쓴맛은 그래도 냉이처럼 달게 여길 수 있지만, 황벽黃蘗, 나무 속껍질이 노란 데서 유래한 이름이며 몹시 쓰다으로 말하자면 참을성이 좋은 사람도 끝내 달다고 말하지 않는다. 도량이 넓은 성인조차도 "환난에 처하면 환난에 맞추어 행동한다"라 하였을 뿐, 사람들과 반대로 고통을 즐기고 안락을 싫어했다는 말은 듣지 못했다.

그렇기는 하지만 맛이 쓰거나 시다고 해서 반드시 버려야 하는 것도, 맛이 달다고 해서 반드시 먹어야 하는 것도 아니다. 쓴맛과 신맛, 단맛은 각기 쓰임새가 있다. 독한 약은 입에 쓰지만 병에 좋고, 칼날에 바른 꿀은 반드시 내 혀를 상하게 한다. 그러므로 딱딱한 것은 뱉고 부드러운 것만 삼키면 소인이 되며, 쓴 것만 먹고 단 것을 사양하는 것도 군자의 중도가 아니다.

하늘이 만물을 낳을 적에는 각기 마땅한 바를 두었다. 발굽이 있는 동물은 풀을 먹고, 날카로운 이를 가진 동물은 산 짐승을 먹는다. 쇠똥구리는 똥을 먹고 날다람쥐는 불을 먹는다. 단장초斷腸草, 독성이 강한 식물는 맹독이 있어 사람이 먹으면 반드시 죽지만 범이 먹으면 백 일 동안 배가 고프지 않다. 올빼미는 썩은 쥐보다 꿩을 좋아하지만 매와 경쟁하여 잡으려고 하지는 않는다.

얻는 것은 모두 어길 수 없는 운명이 있기 마련이다. 내가 기어이 단 것을 먹어야 한다면 쓴 것과 신 것은 누구에게 줄 것인가. 단맛은 내 복이며 쓴맛과 신맛은 내 분수다. 분수를 넘어서고 운명을 어기면 큰 화를 당하지 않는 경우가 드물다. 오직 군자라야 조화를 이룬다.

그러므로 『중용』에 "먹고 마시지 않는 사람은 없지만 맛을 아는 사람은 드물다"라 하였다.

사람다운 사람이 그리워

2022년 5월 대한민국 이 땅, 대통령이 바뀌고 내로남불 자식교육 장관 임명에 지방선거 정치꾼들 출마 따위로 눈은 찌푸려지고 귀는 소란스럽다. '인간 품격'은커녕 '인간 실격'인 이들이 사람을 다스리겠다고 한다. '이런 사람'이 생각났다. 이런 사람! 조선 후기 실학자 연암 박지원! 그는 이런 '사람다운 사람'이었다.

좋다! 연암이. 글쓰기를 업으로 삼고 유학에 붙은 저승꽃을 하나씩 떼어낸 연암 삶이 좋다. 약관 때부터 매서운 지조를 지녀 좋고 가슴에 찰랑이는 바른 마음결과 자잘한 예법에 구애 받지 않는 호협성이 좋다. 꿈에서 보았다는 서까래만한 붓대에 쓰여 있는 '붓으로 오악을 누르리라'라는 글귀가 좋고 나이 들어 병풍에 낡은 관습이나 폐단을 벗어나지 못하고 당장 편안함만을 취한다는 '인순고식因循姑息'과 잘못된 일을 임시변통으로 이리저리 구차스럽게 꾸며 맞춘다는 '구차미봉苟且彌縫'을 써놓고 "천하 모든 일이 이 여덟 자 글자에서 잘못됐다."는 말씀이 좋고 "개는 주인을 따르는 동물이다. 그렇지만 기르면 잡아먹지 않을 수 없으니 처음부터 기르지 않느니만 못하다"라는 여린 심성이 좋고 스스로 삶 법을 빠듯하게 꾸리는 정갈한 삶 긴장이 좋다.

위선에 찬 무리와 소인배와 썩은 선비들에 대한 통렬한 꾸짖음이 좋고, 한골 나가는 양반이면서도 가난 내림하며 청빈한 생활이 좋고, 한계성을 지닌 선비로서 제 스스로 몸을 낮춰 자신을 겸손히 하사下士, 삼류 선비라 칭해 좋고, 신분과 나이를 떠난 벗 사귐이 좋고, 나라 안 명산을 두루 다녀 기개를 키워 좋고, 홍국영에게 쫓기어 연암협*으로 몸을 숨기기 전 지었다는 '연암'이란 호가 좋고, 양금洋琴을 세상에 알려 좋고, 안의현감 시절 관아 낡은 창고를 헐어버리고 벽돌을 구워

*판문점에서 정북 쪽으로 13km 떨어진 곳에 있다. 연암 당대는 황해도 금천 연암협이라고 했지만, 북한 행정구역 명칭으로는 황해북도 장풍군 장풍읍에서 남쪽으로 3km 떨어진 지점이다. 제비바위가 있어 '제비 연(燕)' '바위 암(巖)'이라 하였다. 연암은 홍국영에게 쫓길 때 이곳에 몸을 숨겼다. 연암협은 그 몇 해 전에 백동수, 오복과 함께 송도, 평양 등을 여행할 때 이미 눈여겨본 곳이었다. 연암을 호로 삼은 것도 그때부터였다.

백척오동각·하풍죽로당·연상각 따위 정자와 누각, 그리고 물레방아를 만든 실용 정신이 좋다.

첫 작품으로 〈이충무공전〉을 지어 좋고, 금강산을 유람하고 지은 〈총석정관일출〉이란 시가 좋고, 이서구가 지은 『녹천관집』에 써준 「녹천관집서」와 박제가의 『북학의』에 붙인 「북학의서」가 좋고, 처남 이재성이 과거 우수답안을 묶은 『소단적치』에 여며 둔 「소단적치인」이 좋고, 농업 장려를 위한 『과농소초』가 좋고, 연행록의 새로운 경지를 개척한 『열하일기』가 좋고, '연암체'로 비변문체祖變文體, 세칭 문체반정를 일으켜 좋고, 『연암집』이 갑신정변을 일으킨 게 좋다.

초시 초장과 종장에 모두 장원을 한 것과 회시에 응시해 답안을 내고 오지 않아 좋고, 중년에 과거를 단념하여 좋고, 자식들에게 "구차하게 벼슬길에 오르지 마라"는 가르침이 좋고, 안의현감·면천군수·양양부사 깨끗한 벼슬살이가 좋고, 안의현감 시절 '저들도 손님'이라며 구휼먹이는 백성들과 똑 같은 밥상을 받는 정치인 도리가 좋고, 관리로서 궁속과 중 무리를 제어하지 못하자 병을 칭하여 사직하여 좋고, "안타깝도다! 벼슬살이 10여 년에 좋은 책 한 권을 잃어버리고 말았구나"라는 탄식이 좋다.

아버지를 위해 손가락 베어 약주발에 떨어뜨린 고운 효심이 좋고, 형과 형수에 대한 정이 좋고, 큰 누이 죽음을 슬퍼하며 "누이 눈썹이 새벽달 같다"고 한 「백자증정부인박씨묘지명」이 좋고, 가난을 가훈으로 여긴 곱게 싼 인연 아내를 생각하며 홀아비로 생을 마쳐 좋고, 고추장을 손수 담가 자식에게 보내는 잔잔한 정이 좋고, 며느리 해산 바라지까지 걱정하는 살가운 시아버지 마음이 좋고, 장인을 늘 칭송하고 공경하여 좋고, 처남을 아껴 좋고, 청지기 김오복*이를 정으로 대하여 좋다.

하룻저녁 오십여 잔 술을 자시고도 주정 없어 좋고, 첫 벼슬에 받은 녹봉으로 친구에게 빚 갚을 줄 아는 마음이 좋고, 제자들을 학자로 대하는 스승 자세가 좋고, 벗 홍대용이 세상을 뜬 뒤 마음 아파 음악을 끊어 좋고, 제갈량·한기·왕양명의 위인전을 지으려 한 게 좋고,

*연암의 집에서 청지기 노릇하던 이다. 연암의 상이 있은 다음날 사망하여 사람들이 이상히 여겼다는 기록이 연암의 아들 박종채가 지은 『과정록』에 보인다. 연암이 35세 무렵 여행할 때 어린 종으로 동행했다 하니 40세 후반쯤에 사망한듯하다. 오복은 평소에 연암을 지성으로 섬겼다고 한다. 연암이 평소에 사람 대하는 면면으로 미루어 오복과 연암은 꽤 살가운 사이인 듯하다. 그래서인지 급작스러운 그의 죽음을 두고 사람들은 '연암과 푼푼한 정리'로 이해하였다는 데서도 연암이 그를 어떻게 대했는지 읽는다. 많은 사람들이 연암을 껄껄하니 대하기 어려운 이로 여긴 것과는 상반하는 모습이다. 안타까운 것은 이 오복에 대한 기록이 『과정록』외에는 전연 보이지 않는다는 점이다. 『열하일기』「도강록」에서 연암의 말고삐를 잡은 마부는 창대이고 하인은 장복이다.

조헌·유형원을 존경하여 좋고, 김창협과 김창흡을 마음으로 좇아 좋고, "현달해도 선비 도리를 떠나지 않고 곤궁해도 선비 도리를 잃지 않아야 한다"는 개결한 다짐장이 좋고, 마지막 유언이 "깨끗이 목욕해다오"가 좋다.

변증(辨證)인 사물 인식이 좋고, 사물에 대한 치밀한 관찰로 사실을 기술하고 대상을 묘사한 솜씨가 좋고, 수평인 질서 가치관이 좋고, 다치 사고와 언어 인식이 좋고, 실증 사고와 열린 사고가 좋고, 당대 의고주의疑古主義, 진나라와 한나라 문풍을 모방하는 주의 문풍에 반기를 들어 좋고, 진정한 '진眞, 참'을 얻으려 경험론 요소와 관념론 요소의 통합을 꾀하여 좋고, 법고法古, 옛것을 익혀와 창신創新, 새것을 찾음을 통한 변증 사고가 좋고, "작자가 글을 쓸 때는 전쟁에 임하는 마음으로 써야 한다"는 전략적인 글쓰기가 좋다.

마음을 도스르고 먹을 갈아 역설·반어·속담·예증 따위 수사를 두루 써 좋고, 우언寓言, 세칭 우화으로 세상을 풍자하여 좋고, 글줄이 맑고 향기로워 청정무구한 도량이 있어 좋고, 억지밖에 없는 세상에 칼 같은 비유를 든 뼈진 말이 좋고, 연암 붓끝에 완전한 사람이 없는 직필直筆, 곧은 글이 좋고, 남루한 삶까지 끌어안으려는 순수함이 좋고, 조국 조선을 사랑하여 좋고, 삶과 작품이 각 따로가 아니라는 점이 좋고, 발맘발맘 낮은 백성들 삶을 붙좇아 갈피갈피 소설로 그려낸 것은 더 좋다.

인간들 아첨하는 태도를 꾸짖는 〈마장전〉이 좋고, 똥을 쳐서 밥을 먹는 천한 역부에게 '선생'이라 부른 〈예덕선생전〉이 좋고, 놀고먹는 양반들을 '황충蝗蟲, 벼메뚜기'이라 부른 〈민옹전〉이 좋고, 진정한 양반을 따진 〈양반전〉이 좋고, 유희 속에 몸을 숨긴 〈김신선전〉이 좋고, 얼굴 추한 걸인 이야기 〈광문자전〉이 좋고, 역관 슬픔을 그린 〈우상전〉이 좋고, 학문을 팔아먹는 큰 도둑놈 이야기 〈역학대도전〉이 좋고, 배우지 못했어도 부부간 예절을 지킬 줄 아는 〈봉산학자전〉이 좋고, 배웠다는 사이비 학자에게 범이 일침을 놓는 〈호질〉이 좋고, 문장이 몹시 비분강개한 〈허생〉이 잼처 좋고, "남녀 정욕은 똑같다"고 외친 〈열녀함양박씨전 병서〉는 그중에 더더욱 좋다.

이런 사람다운 사람 연암을 써 좋고 이 나라 5월 푸르른 하늘이
참 좋다.

새로운 말을 만들어라: 기와 얹기

5. 서도(書道, 쓰는 길): 집 짓기

기와는 용도에 따라 암키와, 수키와, 내림새, 수막새, 암막새, 와당, 초장, 망아 등이 있다. 지붕을 얹기 위한 작업이다. 갖가지 기와는 집 외양을 꾸며 준다. 동구 밖에서 보이는 것은 기와 얹은 지붕뿐이다. 기와는 글쓰기에서 단어에 해당된다. 새로운 단어는 신선한 글을 만들어준다.

'어휘가 완벽할 때 혁명은 완성된다.' 조지 오웰의 소설 〈1984〉의 멋진 주제이다. 글쓰기에서 주제와 어휘는 글의 처음이요, 끝이다. '운문은 어휘를' 잡으면 주제가 따라오지만 '산문은 주제를' 잡아야 어휘가 따라온다.

"어린아이들이 처음 배움에 들어 현황玄黃이라는 글자와 조수鳥獸라는 글자를 배우고 또 비주飛走라는 글자를 배운다. 이런 다음에야 황조우비黃鳥于飛라는 구절을 가르치면 이 아이는 문장 구성하는 법을 알게 된다. 글을 가르침이 마땅히 이러해야 문리를 터득하는 지혜가 저절로 생겨나서 차차 학문에 취미를 붙이게 된다."

다산이 「사략평史略評」에 써놓은 초학자들을 가르치는 방법이다. 검고 누런 현황玄黃, 새와 짐승인 조수鳥獸, 날고 달린다는 비주飛走를 배운 다음, 세 단어에서 한 글자씩을 얽어 '누런 새(꾀꼬리)가 난다'는 '황조우비' 문장을 만들어야 문리가 트인다는 말이다. 현황, 조수, 비주는 이미 있던 것이지만, 황조우비는 새로 만든 문장이다. 이를 창출신의創出新意라 한다. 창출신의는 새로운 말 만들기로 창의성을 요구한다.

세상 모든 사물은 다른 어떤 사물에 바탕을 두고 하늘 아래 새로운 사물을 만든다. 글쓰기의 창의성 역시 그렇다. '창의성'은 몸에 각인된, 언어와 문화 관습 깨뜨리기부터 출발해야 한다. 글쓰기의 창의성은 기존의 글이나 생각, 사회 정보를 활용하고, 섞어야 하기 때문이다.

창의성을 얻으려면 먼저 자기 지식의 경계를 허물어야 한다. '지식'은 사고의 엄밀성을 중시하기 때문에 사고의 확장을 꾀하지 못해서다. 360도로 생각의 문을 열어 놓는 '개방성', 연결해서 이해하려는 '유연성', 자신만의 독특한 생각을 하는 '독창성', 사물과 현상을 치열하게 집중 관찰하는 '관찰성'은 글쓰기의 필수요 창의성을 기르는 방법이다. 고려 대문장가 이규보는 『백운소설』에서 '부득부작신어不得不作新語'를 강조한다. '부득이 새로운 말을 만들지 않으면 안 된다'는 뜻이다. 여기서 '새로운 말'이란, 말 그대로 이전에는 보지 못한 창의가 엿보이는 언어의 조합이다. 새로운 세계를 개척하는 모험과 매력 있는 문장을 만들어보라는 뜻이다.

가장 높은 수준 멸시는 무언無言이다

*노신(1881~1936)은 근현대 중국 문학의 아버지라 불린다. 그의 〈아Q정전〉은 반드시 읽어보아야 한다. 노신은 '아Q[阿Q]'라는 품팔이꾼의 운명을 비극으로 묘사함과 동시에 중국민족의 나쁜 근성을 지적하여 국민성을 각성케 했다. '아Q식 승전법'이란 말은 이 소설에서 나왔다. 예를 들자면 싸움판에서 돈을 도둑맞은 아Q는 제 뺨을 제가 때리며 정신승리를 했다며 만족한다.

"그러나 그는 금새 패배를 승리로 바꾸어놓았다. 그는 오른손을 들어 자기 뺨을 힘껏 연달아 두 번 때렸다. 얼얼하게 아팠다. 때리고 나서 마음을 가라앉히자 때린 것이 자기라면 맞은 것은 또 하나의 자기인 것 같았고, 잠시 후에는 자기가 남을 때린 것 같았으므로─비록 아직도 얼얼하기는 했지만─만족해하며 의기양양하게 드러누웠다."

노신魯迅*의 「반하소집半夏小集」에 이런 대목이 눈길을 잡는다.

"독기를 품지 않으면 대장부가 아니다. 독기를 글로써 형상화하는 것은 작은 독기에 지나지 않는다. 가장 높은 수준 멸시는 무언無言이다. 더 좋은 것은 눈동자조차 굴리지 않는다."

독기毒氣를 품는다는 것, 참 사납고 모진 일이지만 팍팍한 세상살이 살아내자니 독기 한 움큼 품고 싶다. 그도 깜냥이 꽤 있어야 한다. 독기는커녕 '여드레 삶은 호박 같은 삶'을 안 날, '작은 독기'라도 갖고 싶었다.

선생이 되었을 때 남부럽지 않은 열정이 있었다. 이 열정으로 학문에 덤벼들었고 글을 썼다. 저이가 말하는 작은 독기는 그렇게 시작됐다. '무언'과 '눈동자조차 굴리지 않는 독기'는 꿈결에도 보이지 않았다.

세상은 늘 독기를 품었다. 귀거래사를 읊지도 안연처럼 안빈낙도를 즐기지도 굴원처럼 멱라수를 찾지도 못한다.

독기 품은 봄은 어제 이미 와 있다. '작은 독기'는 아직 내 품에서 가쁜 숨을 몰아쉰다. 글 한 줄 쓰는 것은 이 독기 덕분이다. 그러나 이 독기보다 더 높은 수준의 멸시는 '무언'이다. 더 좋은 것은 '눈동자조차 굴리지 않는 것'이지만 그것은 어렵고 '무언의 독기'로 글을 써본다.

하늘 아래 새로운 '잡종 글쓰기'를 하자

과학 발명품은 모두 기존 생활 속 불편함에서 나온 결과물이다. 21세기 화두어인 퓨전Fusion을 생각해 보자. '퓨전'은 종래에 지켜져 오던 순수주의 태도를 배격하고 이들을 혼합하여 생산하고자 하는 새로운 경향이다. 과거에는 구실과 장르를 구분한 가운데 기능화·전문화를 추구해 왔다. 이제는 사고와 생산활동에서 잡종 또는 변형된 형태가 더 합리라는 주장이 설득력을 지닌다. 실제 자연계 진화란 잡종화 역사이다. 최근 급속한 과학기술 발달은 생명공학을 통해 새로운 변형 유전체를 가능하게 했으며 문화·사상으로 이종 간 접합에 매력을 느낀다. '잡종화 또는 퓨전' 요점은 잡종화 그 자체가 아니라, 잡종화 과정에 내재되어 있는 창조성에 있다. 이 창조성이 하늘 아래 새로운 세계를 보여준다.

예를 들어, 하이브리드 마케팅Hybrid Marketing, 섞어찌개, 크로스오버 음악crossover music, 맹물도 아니고 사이다나 주스도 아닌 퓨전 음료, 유전공학과 사이버네틱스에 의한 인간과 동물, 인간과 기계의 잡종, 금융백화점, 좌파도 우파도 아닌 제3의 길, 역사에 상상력imagination*을 덧붙인 팩션Faction, 요즈음 혜성처럼 등장한 통섭 따위가 그것이다.

'코스튬플레이'도 그렇다. 만화 주인공처럼 의상을 입고 분장을 해서 만화 캐릭터를 흉내 내는 것을 말하는데, 복장costume＋놀이play가 합해진 말이다. 팝Pop＋오페라Opera가 합해진 팝페라Popera는 어떠한가. 대중과 먼 오페라를 쉬운 팝으로 부르는 팝페라는 오늘날 음악 한 장르로 제 자리를 굳혔다. 우리가 흔히 부르는 퓨전 음악이니, '크로스오버 음악 또한 이와 같다. '크로스오버' 정의는 '교차' 또는 '융합'이다. 어디 음악뿐이랴. 짬짜면, 우짜면 따위는 또 어떠한가. 짬짜면, 우짜면이 꺼져드는 중국집을 살렸다지 않는가. 이제는 명화 반열에 오른 〈매트릭스〉라는 영화는 'SF＋일본 애니메이션＋홍콩 느와르＋기독교 신화'의 견고한 짜깁기다.

자기 지식에만 의존하면 창의성이 '프로크루스테스의 침대Procrustean bed'**에 눕혀진 꼴이 된다. 지식은 사고의 엄밀성을 섬겨서 창의성을 모조리 한계에 부딪치게 만든다. 360°로 생각을 열어 놓아라. 창의성을 기르려면 '그것이 무엇인가?'가 아닌, '그것이 무엇이 될까?'라는 질문을 던져야 한다. 그러려면 생각을 방목하고 사물을 공감각적으로 바라다보아야 한다. 사물과 사물을 연결하려는 유연한 자세로 사

*"우리가 육체에게 먹을 것을 줄 때 상상력에도 먹을 것을 주어야 한다는 것이 나의 생각이다. 이 둘은 함께 식탁에 앉아야 한다."(헨리 데이빗 소로우, 『월든』)

**프로크루스테스는 그리스 신화에 나오는 도적이다. 지나가는 나그네를 극진히 대접하고 잠자리까지 제공한다. 침대에 누운 나그네가 침대보다 키가 크면 남는 목이나 다리를 잘라버리고, 침대보다 키가 작으면 침대 길이에 맞춰 늘려버리는 엽기 도적이다. 지식은 창의성에게 이런 가혹한 짓을 서슴없이 자행한다. 내가 좀 안다고.

*유추란 둘, 혹은 그 이상의 현상들 사이에 기능적으로 유사하거나 일치하는 관련성을 찾아내는 작업이다. 우리가 잘 아는 헬렌 켈러는 자신의 유추에 대해 다음과 같이 표현한다.

"나는 관찰한다, 나는 느낀다, 나는 상상한다. …나는 셀 수 없을 만큼 다양한 인상과 경험, 개념을 결합한다. 이 가공의 재료를 가지고 내 머릿속에서 하나의 이미지를 만들어낸다. … 내가 손에 들고 있는 꽃의 신선함은 내가 맛본 갓 딴 사과의 신선함과 닮았다. 나는 이러한 유사성을 이용해서 색에 대한 개념을 확장한다."

윌리엄 워즈워스는 "닮지 않은 것에서 닮은 것을 찾아내는 기쁨"이라 했다.

쉽게 설명하자. 상처 봉합용 스테이플러는 원시부족민들이 무는 개미를 이용해 상처를 잡아매는 것을 보고 진공집게를 착유기는 흡혈 거머리에서 벨크로(찍찍이)는 옷에 달라붙은 작은 도꼬마리 열매에서 유추한 결과물들이다. 우리 주변에는 이런 '유추 거리'가 도처에 넘쳐난다.

**알랭 로브그리예(1922~2008)는 프랑스의 소설가, 영화감독이다. '누보로망(nouveau roman, 새로운 소설)'의 기수로서 위상을 확립했다. 누보로망은 전통 소설의 형식이나 관습을 부정하고 새로운 수법을 시도한 소설을 말한다. 1950년대에 프랑스에서 시작한 것으로, 특별한 줄거리나 뚜렷한 인물이 없고 사상의 통일성도 없으며, 시점이 자유롭다. 로보그리예는 "미래의 소설은 행동이나 사물도 '무엇인가'이기 전에 '그곳에 엄연히 존재하는 것'이 된다"고 인간 중심의 '의미 부여'를 배척하여 '시선파(視線派)'라고도 불린다.

***솥이 엎어지면 솥발도 뒤집힌다. 그러면 솥 안에 있던 오물들이 다 쏟아져 나와 새로운 물건을 앉힐 수 있기 때문에 한 말이다. 『주역』「정괘」에 보인다.

물과 현상에 감정을 이입하여 치열하게 관찰·분석·유추할 때 생각은 탄생하고 새로운 말이 탄생한다. 특히 글 쓰는 이라면 유추*는 잘 알아두어야 한다.

〈하일대주夏日對酒〉를 읽으며

대단한 폭염이다. 내 글쓰기도 이 폭염에 한풀 꺾여 맥을 못 춘다. 블로그 공간도 두 달째 텅 비어 있다. (알랭 로브그리예Alain Robbe-Grillet** 는 '세계는 의미 있는 것도 아니고 부조리한 것도 아니다. 세계는 단지 있는 것'이라 하였지만) 세상은 강고強固하고 시간은 빠른데 삶은 비루하고 생각은 많다. '비워라. 내려놓으라. 버려라.' 수없이 욕망과 근심과 잡념과 이별을 고하지만 욕망은 근심을 낳고 또 잡념을 무시로 잉태하며 인연 끈을 놓지 않는다.

이 아침 다산 선생 〈여름날 홀로 술을 마시며夏日對酒〉라는 시를 읽는다. 선생이 갑자(1804)년 여름 강진에 있으면서 쓴 시 일부다. 선생은 이 말을 하려 저 말을 한다. 술 마시는 이유가 저 속에 잘 드러나 있다.

산천 정기가 인재를 만들어낼 때
본래 씨족을 가려 만들 리 없고
한 줄기 정기가 반드시
귀족 뱃속에만 있으란 법 없지
솥을 엎어야 물건을 담고***
난초도 깊은 골짝에서 난다네
송 명신 한기韓琦는 비첩 소생이고
송 명신 범중엄范仲淹은 개가녀 아들
명 대학자 구준丘濬은 변방 출신이지만
재질은 모두 세상에 뛰어났거늘

어찌하여 벼슬길이 이리도 좁아

수많은 사람들 뜻을 펴지 못할까

오직 귀족들만이 활개를 펼치니

나머지 사람들은 종놈과 같구나

선생은 이 시 마무리를 "심염초폐간深念焦肺肝, 곰곰 생각하면 속만 터져 차음배중록且飮杯中醁, 또 술이나 한 잔 마시련다"으로 맺는다. 아침부터 선생을 따르자니 내 기개가 선생만 못하고 가만히 있자니 열화가 오른다. '비라도 주룩주룩 내려야 우중 산보라도 하련만' 때늦은 잠꼬대 같은 소리만 한다.

유격의 기병인 비유를 활용하라: 추녀 만들기

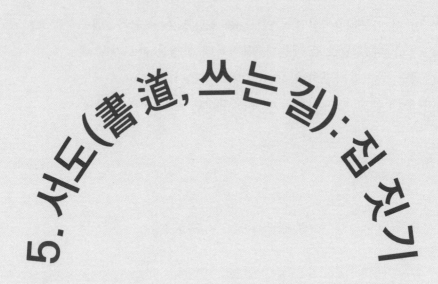

5. 서도(書道, 쓰는 길): 집 짓기

처마 네 귀 기둥 위에 끝이 번쩍 들린 크고 긴 서까래를 말한다. 이 추녀가 훤칠하게 내뻗는데서 생기는 곡선을 따 추녀허리라는 말도 있다. 글쓰기에서 비유법에 해당된다. 비유법을 잘 쓰면 저 추녀허리 못잖은 글이 나온다.

"우리가 말하는 까닭은 내가 아는 것으로 잘 설명해서, 아직 모르는 사람이 이해하게 하려 함입니다. 지금 임금께서 제게 비유를 쓰지 말라 함은 제가 이미 아는 것을 말하지 못하게 하는 것입니다. 그렇다면 더 이상 말을 꺼낼 필요도 없습니다."

비유법을 잘 쓴 혜시惠施의 말이다. 혜시가 늘 비유법을 잘 쓰기에, 양혜왕이 비유법을 써서 말하지 말라고 한 데 대한 답변이다. 비유법의 대가답게 역시 비유를 들어, 비유법을 꼭 써야만 하는 이유를 밝혔다. 양혜왕은 "그대의 말이 맞소. 비유를 쓴다는 것은 옳은 일이요"라 할밖에 없었다.

연암 선생은 이 '비유법을 유격대에 비유'하였다. 유격대는 적의 배후나 측면에서 기습·교란·파괴 따위의 활동을 하는 특수 부대다. 특수 부대란 특수 임무를 담당하는 비정규군이다. 문장에서 비유법 또한 마찬가지다. 사실 비유법을 쓰지 않아도 뜻을 전달하는 데는 아무런 문제도 없지만 쓰는 이유가 있다. 비유는 게릴라 전술로 적군을 교란하듯 글에서 특수 임무를 수행하기 때문이다. 비유가 수행하는 특수 임무란 참신, 명쾌, 다의, 강조, 세련 따위로 '글에 강력한 생동감을 불어넣는 기법'이다. 연암은 '글자는 병사, 뜻은 장수', 비유법을 '유격대의 기병'이라 하였다.

아산啞山과 아시啞詩

서유구 선생의 농학農學은 『임원경제지』로 집대성되지만, 그 이전에도 바탕을 둔 연구로서 농업 기술과 농지 경영을 주로 다룬 『행포지』, 농업 경영과 유통 경제 관련에 초점을 둔 『금화경독기』, 농업 정책에 관한 『경계책』 등이 있다. 선생 글은 실생활과 관계되어서인지 생동감이 노닌다. 젊은 시절 지은 『풍협고협집』 「금릉시서」를 보면 이를 알 만한 낱말을 만난다. 「금릉시서」는 좌소산인左蘇山人*으로 알려진 선생 형 서유본의 『금릉시초』에 붙인 서문이다.

*'좌소(左蘇)'는 경기도 장단(長湍) 옛 이름이다. 이곳에 서씨 일족 농토가 있었다. 옛사람들은 지명을 따 호를 짓는 경우가 많았다.

선생은 이 글에서 '아산啞山, 벙어리 산'과 '아시啞詩, 벙어리 시'라는 비평어를 만들었다. 아산은 돌도 없고 흐르는 물도 없다. 그러므로 활기 없는 벙어리산[아산]이다. 아시는 선인들 시나 모방하고 아로 새기고 꾸미는 수식에만 치우친 활기 없는 죽은 시를 가리킨다. 이런 시를 '흙인형에 옷을 입히고 관을 씌어서 말하기를 구하는 격'이라 한다.

선생은 형님 시는 아시가 아니라며 "충충약청천 종석하병사淙淙若淸泉 從石罅迸射, 도로룽도로룽 맑은 샘물이 바위틈에서 솟는 모양"라 표현했다. 그러고는 활기, 뇌성, 우레, 구슬, 종소리, 삼강 거센 물결** 따위 생생히 살아있는 비평어들을 끌어온다. 그만큼 선생이 생각하는 글은 활동력이 있는 살아 숨 쉬는 글이다.

**글 쓰려면 물과 가까이하면 좋다. 나는 샤워 할 때 글쓰기 주제나 진행 방향이 자주 떠오른다.

글 쓰는 이라면 글 구성이나 문체에 치중하는 글은 아서亞書, 벙어리 글요, 토우서土偶書, 흙인형에 의관을 갖춘 글임을 알아야 한다. 주위를 둘러보면 이런 글들이 지천으로 널려 있다. 이런 글들은 글이되, 글이 아니다.

'도로룽도로룽 맑은 샘물이 바위틈에서 솟는' 살아있는 글을 샘물에 비유한 참 멋진 수사이다. 벙어리 산이라는 '아산'과 벙어리 시라는 '아시'도, 이런 비유가 글을 살아있게 만든다.

울음고: 광화문광장을 다녀와

광화문광장 그곳은 혁명이었어라.

광화문광장이여! 호곡장好哭場이어라.

기사를 보니 담화와 관련하여 박대통령이 펑펑 울었단다. 그에게 총리로 지명 받은 김병준 총리 내정자도 손수건을 꺼내 눈가를 훔쳤다. 국정을 농단壟斷한 최순실은 아예 울음보를 터뜨렸고 어제 귀국한 차은택도 눈물을 흘렸다. 왜들 울었을까?

내 전공인 고전에서 '울음'을 찾아보았다. 사람은 울음으로 삶을 시작하여 울음소리를 들으며 삶을 마친다. 가장 먼저 어린아이 울음은 "나 이 세상에 왔어요" 하는 고고한 일성이다. 모두에게 축복을 받는 상큼한 울음이다. 18세기 최고 글쓰기 고수인 연암 박지원 선생은 1796년 3월 10일, 큰 아들 종의에게 보낸 편지에 이렇게 썼다. 손자를 낳았다는 전갈을 듣고 쓴 글이다.

"초사흗날 관아 하인이 돌아올 때 기쁜 소식을 가지고 왔더구나. '응애 응애' 하는 갓난쟁이 울음소리가 편지 종이에 가득한 듯하구나. 인간 세상 즐거운 일이 이보다 더한 게 어디 있겠느냐? 육순 늙은이가 이제부터 손자를 데리고 즐거워하면 됐지 달리 무엇을 구하겠니?"

우는 사람은 참 순수하다는 느낌이 든다. 다가가 그 들썩이는 어깨라도 안아주고픈 울음들이다. 다석多夕 류영모柳永模 선생은 울라 한다. '눈물은 귀하기에 이승에서 다 쓰고 가라' 한다. 눈물은 그만큼 우리 삶을 가장 순수하게 만들어주는 물질이기 때문이란다. 우는 이 뒷모양은 참 사람답다. "꺼이꺼이" 등짝을 흔들며 우는 울음이든, 가녀린 어깨로 흐느끼며 우는 울음이든, 울음은 참 마음을 깨끗하게 한다.

그러나 대부분 울음은 이런 울음과 멀다. 그중 한밤중 여인네 울음은 등골이 오싹하다. 〈심청전〉에서 뺑덕어미 울음이 그렇다. 밤기운이 차디차게 내린 한밤중에 듣는 **뺑덕어미** 울음은 차라리 귀를 막고 싶다.

> "이때 그 마을에 서방질 일쑤 잘하여 밤낮없이 흘레하는 개같이 눈이 벌게서 다니는 뺑덕어미가 심봉사의 돈과 곡식이 많이 있는 줄을 알고 자원하여 첩이 되어 살았는데, 이년 입버르장머리가 또한 ○○ 버릇과 같아서 한시 반 때도 놀지 아니하려고 하는 년이었다. 양식 주고 떡 사먹기, 베를 주어 돈을 받아 술 사먹기, 정자 밑에 낮잠 자기, 이웃집에 밥 부치기, 마을 사람더러 욕설하기, 나무꾼들과 쌈 싸우기, 술 취하여 한밤중에 와 달싹 주저앉아 울음 울기, …"

전쟁터 울음은 또 어떤가. 신재효본 〈적벽가〉 한 장면이다. 조조가 적벽에서 패하여 도망하다 어리석게도 화용도로 들어가는 장면으로 조조 군사들 울음이 처량하기 짝이 없다.

> "적벽강에서 죽었더라면 죽음이나 더운 죽음, 애써서 살아와서 얼어 죽기 더 섧구나. 처량한 울음소리 산곡이 진동하니 조조가 호령하여, '죽고 살기 네 명이라 뉘 원망을 하자느냐.'
> 우는 놈은 목을 베니 남은 군사 다 죽는다. 처량한 울음소리 구천九天에 사무치니."

*1700년대 조선, 독서계는 〈조웅전〉·〈유충렬전〉과 함께 〈소대성전〉이라는 3대 군담소설이 휩쓸었다. 〈소대성전〉에서 소대성은 밤낮으로 먹는 것과 잠만 일삼는 위인이었다. 아예 이것이 우리 속담으로 되었으니, '소대성인가 잠만 자게'가 이 소설에서 나왔다. 〈소대성전〉이 국문 방각본 중 최초 간행이기에 저 속담과 이를 합친다면 그 인기를 대강 헤아릴 만하다.

〈소대성전〉*이란 군담소설에도 울음이 나온다. 황제가 호왕에게 항복해야만 하는 위기 상황이다. 앞에는 장강이 막고 추격병은 급히 달려온다. 강을 건널 배도 없고, 장수들이 나가 대적했으나 모두 호왕에게 죽임을 당했다. 이제 황제는 자살밖에 없다. 그러나 자살도 하지 못하니 항복하는 글을 써서 바쳐야 할 판이다. 더욱이 곤룡포 자락을 뜯어서 혈서로 항복하는 글을 써야 할 만큼 절망이고 비통한 울음이다.

이렇게 슬피 울었다. 그러자 오랑캐 왕이 천자가 탄 말을 찔러 거꾸러뜨렸다.

황제가 땅에 굴러 떨어졌다. 오랑캐 왕이 창으로 천자 가슴을 겨누며 꾸짖었다.

"죽기 싫으면 항복하는 글을 써서 올려라."

천자가 급하게 대답하였다.

"종이도 붓도 없으니 무엇을 가지고 항복하는 글을 쓴단 말인가?"

오랑캐 왕이 크게 소리 질렀다.

"목숨이 아깝다면 곤룡포를 찢어 거기에다 손가락을 깨물어서 써라."

차마 아파서 그러지 못하고 통곡하였다. 그 울음소리가 구천(땅속 깊은 밑바닥이란 뜻으로, 죽은 뒤에 넋이 돌아가는 곳을 이르는 말)에까지 사무쳤다.

제 아무리 영웅이라도 비껴갈 수 없는 게 울음이다. 일세 영웅 항우가 유방에게 패하여 우미인虞美人과 눈물로 이별할 때, 슬피 울며 부른 〈해하가〉에도 글줄마다 굵은 눈물방울이 떨어진다. 한때 중원 대륙을 호령했던 항우도 사랑하는 여인 앞에서 한 남정네에 지나지 않았다.

힘은 산을 뽑고 기운은 세상을 덮을만 하지만	力拔山兮氣蓋世역발산혜기개세
형편이 불리하니 오추마도 나아가질 않는구나	時不利兮騅不逝시불리혜추불서
오추마가 나아가질 않으니 내 어찌할 것인가	騅不逝兮可奈何추불서혜가내하
우미인아! 우미인아! 내 너를 어찌할거나	虞兮虞兮奈若何우혜우혜내약하

이 시를 듣고 우미인은 자결하고 이어 항우도, 애마 오추마도 주인 죽음을 알았는지 크게 한번 울음* 운 뒤 오강에 뛰어들었다. 지금까지 내가 본 글에서 가장 멋진 울음은 연암 선생 『열하일기熱河日記』 중 「도강록渡江錄」 7월 8일자 일기 '호곡장好哭場, 울기 좋은 울음 터'에 보이는 웅대한 울음이다. 그 날은 1780년 7월 8일이었다. 연암 일행에게 저 멀리 백탑이 보였다. 백탑白塔이 보인다는 말은 왼편으로 큰 바다를 끼고 앞으로는 아무런 거칠 것 없이 '요동 벌판 1,200리'가 펼쳐진다는 의미이다. 연암 선생은 말을 세우고 사방을 돌아보다가 저도 모르는 사이에 손을 들어 이마에 얹고는 긴 탄식을 토하였다.

*조조도 잘 울었으며, 유비는 툭하면 울어 아예 '유비냐 울기도 잘한다'라는 속담까지 만들어내었다.

"아! 참으로 좋은 울음 터로다. 내 크게 한번 울만 하도다!好哭場 可以哭矣"

연암은 중화中華만을 떠받드는 '일부 양반의 나라' 소국 조선 선비였다. 저 거대한 요동벌에서 한바탕 "꺼이꺼이!" 큰 울음을 울고 싶었으리라. 장지연은 을사조약 부당성을 비판하며 '시일야방성대곡是日也放聲大哭'이라고 목 놓아 울었다. 동물도 울음 운다. 여름이면 매미가 저 나무에서 울음 울고 늑대는 저물녘 황야에서 긴 울음을 운다.

각설하고, 전쟁터 울음도 아니요, 상을 당한 울음도 아니요, 연인 간 애닯은 이별 울음도 아닌데, 저들은 왜 울었을까? 듣기도 보기도 싫은 이유를 〈마장전〉*에서 "영웅이 잘 우는 까닭은 남 마음을 움직이려고 하기 때문 아니겠나"라는 연암 선생 글에서 슬며시 귀띔을 받는다. 박근혜 대통령에서 뺑덕어미까지, 저들은 영웅이 아니니 앞 문장은 떼어버리고 "남 마음을 움직이려고"만 남기면 꽤 설득력이 있다. 저들이 우는 울음은 무엇인가를 목적에 둔 간교한 울음이 아니면 '제 것을 잃어버린 것을 원통해하는 울음'이거나 국민들을 잠시라도 속여 보려는, 이도저도 아니면 '못된 심술이 가득 찬 그런 울음'이란 생각이 든다. 이런 울음을 '건울음'이라 한다. 건울음은 정말 슬퍼 우는 울음이 아니라 겉으로만 우는 '가증스런 울음'이다.

오늘, 광화문에 가면 참 많은 이들 울음을 보고 들을 것이다. 진정 누군가를 속이려는 거짓 울음이 아닌, 참 이 땅 국민들이 가슴 아파하여 울부짖는 눈물을 말이다. 저들도 이런 눈물을 흘리고 이런 울음을 울었으면 한다.

오늘! 광화문광장, 대한민국 국민으로서 참, 목 놓아 울고 싶은 호곡장好哭場이어라.

*양반 사대부의 변절에 대한 비판과 천인들의 바람직한 우도론을 그린 한문소설이다.

'먹다'라는 욕망이 빚어낸 은유

〈태양은 가득히〉-그 욕망과 먹다 포식성, '욕망'은 명사가 아닌 포식성 동사인 '먹다'이다. 〈태양은 가득히〉는 이 '욕망[먹다]'의 잔혹한 포식성을 그린 영화이다. 영화에는 세 가지 욕망이 보인다. '돈과 사랑', '음식'을 상징하는 '먹다'. 1960년, '젊음의 욕망'을 그려낸 알랭 드롱이 주연한 영화이다.

붉은 태양과 푸른 바다 지중해와 나폴리를 배경으로 세련된 옷차림, 고급스런 요트, 자유로운 애정 표현, 그리고 싱싱하고 화려한 음식 등 지금도 어디에 내놔도 빠지지 않는 영화다.

부유한 '필립'과 가난한 '톰(알랭드롱 분)', 둘은 친구이면서도 친구가 아닌 '갑'과 '을' 관계이다. 여기에 필립의 연인 마르쥬가 가난한 톰을 자극한다.

결국 톰은 필립을 요트에서 죽인다. 푸른 바다 세찬 물결, 작렬하는 태양 아래서. 바다에 필립 시체를 버린 톰은 붉은 사과를 한 입 썩 베어 문다.

톰은 여권을 위조해 필립 흉내를 내고, 이를 알아차린 필립 친구 프레디(프레디 역시 부를 누리는 필립과 같은 부류 인물이다)까지 죽인다. 그러고는 프레디 시체 옆에서 태연히 닭요리를 먹는다.

톰은 필립이 프레디를 죽인 것으로 조작하고 프레디 변사체를 본 사람들은 식당으로 자리를 옮긴다.

그러나 비밀이 밝혀진 톰 뒤로 태양의 포식성이 작렬하고 있었다. 그것은 '먹다'라는 욕망의 끝이 빚어낸 은유이다. 톰 동선에는 항상 시장이나 식당이 보인다. 그곳에는 모두 지중해의 풍성한 먹을거리가 넘쳐난다.

저 톰* 동선에서 요즈음 우리 현실을 본다. 길거리에 넘치는 음식점, 백종원이란 이름은 전국 골목골목마다 크게 걸려 있다. 옥스퍼드 영어사전에까지 등재됐다는 반찬, 불고기, 치맥, 삼겹살, 갈비, 김밥, 잡채, 동치미, 그리고 이들을 대표하는 '먹방', 과연 물질과 욕망

*이 영화의 '톰(알랭드롱 분)'을 리플리 증후군으로 보는 경우도 있다. 리플리 증후군은 과도한 신분 상승 욕구 때문에 타인에게 거짓말을 일삼다 결국은 자신마저 속이고 환상 속에서 살게 되는 유형의 인격 장애이다. 하이스미스(P. Highsmith) 소설 〈재능 있는 리플리 씨〉 주인공 이름에서 유래하였다.

을 게걸스럽게 먹어치우는 먹을거리가 넘쳐나는 '먹방 나라' 대한민국이다.

오늘도 이 방송 저 방송, 이 거리 저 거리에서 물질에 대한 욕망과 식욕이 빚어낸 붉은 포식성 '먹다'를 탐욕스럽게 보여준다. 현대 문명 위기에 대한 소리가 높다. 우리는 그 위기 뒤에서 인간 탐욕과 폭력성이 어른거리고 있음을 본다. '동물은 대상을 욕망'하지만 '인간은 타인 욕망을 욕망'하기 때문이다.

오늘도 이글거리는 태양은 욕망을 가득히 머금고 우리를 비춘다. 의식 있는 작가라면 내 욕망이 혹 '타인 욕망'은 아닌지 살펴볼 일이다.

이 말을 하려 저 말을 하라: 서까래 얹기

5. 서도(書道, 쓰는 길): 집 짓기

서까래는 지붕을 받치는 나무인데, 여기서는 특히 며느리서까래이다. 며느리서까래는 처마 서까래 끝에 덧얹는 네모지고 짧은 서까래이다. 처마 끝을 위로 들어 올려 지붕 모양이 나게 한다. 글쓰기에서 이 말을 하려 저 말을 해 글을 돋보이게 한다.

"쨍그랑!"

술 박람회장에 있는 사람들의 시선이 모두 중국 대표단에게 쏠린다. 술병이 깨지며 진하면서도 향긋한, 독특한 술향이 장내에 퍼진다. 사람들이 몰려들고 술맛은 일품이다. 영국의 스카치위스키, 프랑스의 코냑과 함께 세계 3대 명주로 꼽히는 중국의 술 마오타이주茅台酒가 탄생하는 순간이다. 이것이 바로 '동쪽을 놀라게 하고 서쪽을 치는 방법'이다.

누구에게나 글쓰기는 매우 부담스러운 고통이다. 어떤 작가가 글을 쓰느라 "끙끙"대자 아내가 "내가 애를 낳는 것보다 더하시네!"라 한다. 이 말을 들은 작가 가로되, "아, 이 사람아. 자네는 밴 애를 낳는 거지. 난 안 밴 애를 낳잖나" 하더란다. 오죽하면 '자신의 뼈를 깎아 펜을 만들고 자신의 피를 찍어 쓴다'라 글쓰기의 어려움을 살벌하니 비유했을까. 그렇다고 글쓰기가 '처녀 불알' 얻기는 아니다.

글 쓰는 이들은 이 어려움과 살벌함에서 벗어나고자 방법을 찾았다. '이 말하려 저 말하는 딴전 피우기 글쓰기'다. 전투할 때 상대방을 한 쪽으로 유인해 놓고 다른 예상 밖의 지점을 공격해 승리를 얻는 전술법과 동일하다.

다섯 가지를 낭비한 삶

『임원경제지林園經濟志』, 저술 기간 36년, 참고 서적 900여 권, 총 113책 50여 권, 글자 수 250만여 자, 표제어 1만여 개, 방대한 정보, 설명을 위한 삽화까지 담아낸 조선 최고 실용백과사전, 이것이 『임원경제지』이다.

그러나 이 책을 지은 풍석楓石 서유구徐有榘(1764~18451) 선생은 자신 평생을 '오비거사五費居士'라 정리했다. '다섯 가지를 낭비한 삶'이란 뜻이다. 선생은 생전에 「오비거사생광자표五費居士生壙自表」라는 자찬묘지명*을 지었다. 79세 때 글이니 이승 하직 3년 전이다. 자신 삶을 '오비五費, 다섯 가지 낭비'로 정리해 써내려간 독특한 글이다.

"학문에 괴로울 정도로 빠져 들었으나 터득한 게 없고 벼슬살이하느라 뜻을 빼앗겨서 지난날 배운 것을 지금은 모두 잊었다. 마치 '도끼를 잡고 몽치를 던지는 수고'이다. 이것이 첫 번째 낭비이다.

관리로서 온힘을 다하여 '손에 굳은살이 박이고 눈이 흐릿하게 되는 수고를 했지만 나아가지 못했다'. 이것이 두 번째 낭비이다.

농법을 묵묵히 익혔지만 '일만 가지 인연이 기왓장 깨지듯 부서졌다'. 이것이 세 번째 낭비이다.

이것이 병인(1822, 순조 22)년 가을과 겨울 사이에 있었던 세 가지 낭비이다. 그 이후 다시 두 가지 낭비가 있었다.

아버지가 귀양에서 풀려나 후한 벼슬을 차례로 거쳤으나 군은에 보답 못하고 기력이 소모되어 휴가를 청했으니 마치 '물에 뜬 거품처럼 환몽 같다'. 이것이 추가되는 첫 번째 낭비이다.

『임원경제지』를 편찬, 교정, 편집하는 수고가 30여 년이다. '공력이 부족해 목판으로 새기자니 재력이 없고 간장독이나 덮는 데 쓰자니 조금 아쉽다'. 이것이 또 한 가지 낭비이다."

선생은 이미 70하고도 9년을 산 삶이 '작은 구멍 앞을 매가 휙 지나

*누구나 자기 묘지명 하나쯤 미리 지어보는 게 좋다. 난 이렇게 쓰고 싶다.
"여기 열심히 배우고 가르치고 글 쓴 이 잠들다."
그러나 난 묘지에 묻히지 않는다. 내 흔적은 티끌조차 남김없이 바람에 실려 사라지면 그것으로 족하다.

가는 것과 다름없다'며 "아아, 정말로 산다는 게 이처럼 낭비일 뿐이
란 말인가?" 차탄한다. 선생은 손자 태순에게 이렇게 부탁한다.

"내가 죽은 뒤에는 우람한 비를 세우지 말고, 그저 작은 비석에 '오비거사五費居
士 달성 서 아무개 묘'라고 써준다면 족하다."

'오비거사' 이 말을 하려 저 말을 썼다. 서유구 선생 삶은 어비거사
가 아닌 '오실거사五實居士'가 분명하다.

5. 서도(書道, 쓰는 길): 집 짓기

서까래를 걸치고 나면 대나무나 가는 나뭇가지로 산자를 엮고 그 위에 황토와 짚을 잘게 썰어 넣은 흙반죽(알메)을 5~7cm 두께로 고르게 펴 촘촘히 덮는다. 글쓰기에서 묘사에 해당한다. 묘사를 할 때는 사물을 물샐틈없이 그려내야 한다.

연암의 〈열녀함양박씨전〉이란 소설이다.

"가물가물한 등잔불이 내 그림자를 조문하는 고독한 밤에는 새벽도 더디 오더구나. 처마 끝에 빗방울이 뚝뚝 떨어질 때나 창가에 비치는 달이 흰빛을 흘리는 밤 나뭇잎 하나가 뜰에 흩날릴 때나 외기러기가 먼 하늘에서 우는 밤, 멀리서 닭 우는 소리도 없고 어린 종년은 코를 깊이 골고, 가물가물 졸음도 오지 않는 그런 깊은 밤에 내가 누구에게 고충을 하소연하겠느냐? 나는 그때마다 이 동전을 꺼내어 굴리기 시작했단다.

방 안을 두루 돌아다니며 둥근 놈이 잘 달리다가도, 모퉁이를 만나면 그만 멈추었지. 그러면 내가 이놈을 찾아서 다시 굴렸는데, 밤마다 대여섯 번씩 굴리고 나면 하늘이 밝아지곤 했단다. 십 년 지나는 동안에 그 동전을 굴리는 숫자가 줄어들었고, 다시 십 년 뒤에는 닷새 밤을 걸러 한 번 굴리게 되더구나. 혈기가 이윽고 쇠약해진 뒤에야 이 동전을 다시 굴리지 않게 되었단다. 그런데도 이 동전을 열 겹이나 싸서 이십 년이 지난 오늘까지 간직한 까닭은, 그 공을 잊지 않으려 하기 때문이다. 지금도 가끔은 이 동전을 보면서 스스로 깨우친단다."

긴긴밤을 지새우는 과부의 심정을 이렇게 그려 놓았다. 감성의 진폭을 애써 누른 과부가 앞에 자식 둘을 앉혀 놓고 조곤조곤하는 말이다. 눈에 글이 보인다. 이를 묘사라 한다. 글을 잘 쓰는 사람은 결코 독자를 저버리지 않는다. 구구한 설명이 필요 없다. 이 글을 읽은 독자라면, '과부의 방안 정경'을 그린 말마디마다 '치마끈을 동여매는 여인의 응결된 슬픔'을 본다. 여인의 정절을 빙벽氷蘗이라 하던 시절의 이야기다. 과부의 성욕은 도덕의 문제였지만, 조선 후기는 철저히 '열녀'라는 차꼬로 채워 놓았다. 연암은 이 소설에서 여인들에게 가혹하기 그지없는 비정을 그렸다. 이러한 것을 고소설에서는 '진절정리'라고 한다. 삶의 진리를 진실하게 그려낸다는 진절정리란, 이웃과 너나들이하는 따뜻한 정분이 없다면 보지 못하고 용기가 없으면 쓰지도 못한다. 활법活法이라고도 하는데 '문장이 그림같이 생생하다'는 뜻이다.

무왕불가無往不佳, 어디를 가든 멋지지 아니하랴!

"… 아침에도 멋지고 저녁에도 멋지다. 날이 맑아도 멋지고 날이 흐려도 멋지다. 산도 멋지고 물도 멋지다. 단풍도 멋지고 바위도 멋지다. 멀리서 보아도 멋지고 가까이 보아도 멋지다. 부처도 멋지고 승려도 멋지다. 멋진 안주가 없어도 탁주가 또한 멋지다. 멋진 여인이 없어도 나무꾼 아이 노래 또한 멋지다. … 어디를 가든 멋지지 않은 게 없고 어디를 함께 하여도 멋지지 않은 게 없다. 멋진 게 이렇게 많도다! …"

이옥李鈺의 「중흥유기총론重興遊記總論」이란 글이다. 윗글 앞뒤로 '멋지다佳'라는 단순한 어휘 나열로 연결한 글이나 녹록치 않다. 상대성 있는 사물을 반복하여 문장을 이어가지만 '멋지다'를 세세히 파고든 정말 멋진 문장 아닌가. 흔히 글쓰기를 할 때, 한 문장에 동일한 어휘를 쓰지 말라 한다. 그러나 이렇듯 반복도 잘만 쓰면 훌륭한 문장이 된다. 좋은 글은 형식에 얽매이지 않는 개별성에서 나온다.

성호 이익 선생은 '시란 누구나 아는 말들을 반복해서 읊조리는 진부함이 특징'이라 하였다. 만약 누군가가 이 말을 부정하고 자기 창작*이 옛날에 없었다고 주장한다면, 그야말로 '우물 안 개구리가 하늘 이야기하는 격'이라고 덧붙여 놓았다. 척박한 삶을 산 이옥, 그에게 저런 날이 있었겠는가마는, 단 하루만이라도 저런 '멋진 삶'이었으면 한다.

'세세히 파고든 정말 멋진 문장'이 나왔으니 아래 글은 또 어떤가? 여성 기행문학의 백미白眉라 일컬어지는 의유당意幽堂 남씨南氏의 「관북유람일기關北遊覽日記」에 보이는 해 뜨는 장면이다.

"그 붉은 위로 흘흘 움직여 도는데, 처음 났던 붉은 기운이 백지 반 장 너비만큼 반듯이 비치며, 밤 같던 기운이 해 되어 차차 커 갔다. 큰 쟁반만 하여 불긋불긋 번듯번듯 뛰놀며, 적색이 온 바다에 끼치며, 먼저 붉은 기운이 차차 가셨다. 해 흔들며 뛰놀기 더욱 자로 하며, 항 같고 독 같은 게 좌우로 뛰놀며, 황홀히

*장르를 넘어서 재창작하는 것도 흥미로운 방법이다. 김정희의 〈세한도〉, 마네의 〈풀밭위의 식사〉, 피카소의 〈게르니카〉, 벨라스케스의 〈시녀들〉은, 각각 유안진의 시 〈세한도로 가는 길〉, 이제하의 시 〈풀밭 위의 식사〉, 함성호의 시 〈게르니카〉, 유홍종의 소설 〈죽은 황녀를 위한 파반느〉 등의 문학작품으로 재창작되었다.

이러한 것을 '예술의 타자지향성'이라한다. 예술의 타자지향성은 하나의 예술이 남다른 방법을 지향함으로써 어떠한 목표를 향해 나아가는 것을 의미하며, '인접 예술'이 서로를 의식하고 서로의 방법론에 기대면서 기존의 것과 다른 독특함과 새로움을 모색해 가는 과정이다. 이렇듯 '예술 창작 활동'에서 '타자의 예술 작품을 창작 대상'으로 하여 '다른 장르의 예술로 재창작'하는 일련의 과정을 이유주는 「예술번역 연구」(2022, 중앙대학교 박사논문)에서 '예술 번역(Art Translation)'이라고 명명하였다.

번득여 양목이 어질하다. 붉은 기운이 명랑하여 첫 홍색을 헤앗고 천중에 쟁반 같은 게 수레바퀴 같아서 물속으로서 치밀어 받치듯이 올라붙으며, 항독 같은 기운이 스러지고 처음 붉어 겉을 비추던 것은 모여 소 혀처럼 드리워 물속에 풍덩 빠지는 듯싶었다. 일색이 조요하며 물결의 붉은 기운이 차차 가시며 일광이 청랑하니, 만천하에 이런 장관은 대두할 데 없을 듯하더라."

해 뜨는 장면을 눈에 보이듯 그려 놓았다. 이 또한 참 멋진 글이다.

문장은 간단하게 뜻은 곡진하게 써라
: 기와지붕 잇기

5. 서도(書道, 쓰는 길): 집 짓기

암키와 수키와로 지붕을 덮는다. 기와 종류는 귀내림새, 귀막새, 망새, 취두 따위로 그 종류와 쓰임이 모두 다르다. 글쓰기도 이와 동일하다. 뜻을 정확하게 전달해주는 단어를 잘 찾아야 한다.

다산의 『매씨서평梅氏書平』이라는 경학 관계 저술에, 훌륭한 평가의 글을 보내준 적이 있던 조선 후기의 대학자 중 한 사람인 김매순金邁淳(1776~1840)의 「삼한의열녀전서三韓義烈女傳序」를 잠시 보자. 문인상경文人相輕이라 하여 글 하는 이치고 자기 문장을 과신하고 다른 이의 글을 과소평가하지 않던 이가 드물던 시절이다. 더욱이 당파도 다르기에 다산을 칭찬한 김매순이 예사롭게 보이지 않는다. 「삼한의열녀전서」에서 김매순은 이렇게 말한다.

"문장의 체는 세 가지로 이루어진다. 첫째는 '간략함'이요, 둘째는 '진실함'이요, 셋째는 '바름'이다. 하늘을 말하면 하늘을 말할 따름이며 땅을 말하면 땅을 말할 따름이니 간략함이다. 하늘을 날면서 자맥질하지는 않고 검으면서 하얗게는 안 되니 진실함이다. 옳은 놈은 옳고 그른 놈은 그름이니 바름이다."

읽어만 보아도 알만 하니 부연할 필요가 없다. 김매순이 글쓰기에서 저 첫째와 둘째를 합한 것이 바로 '문장은 간결하게 뜻은 곡진하게 쓰라'는 언간의진言簡意盡이다. 이 언간의진은 문장이 간결하면서도 의미는 곡진할 때 사용하는 비평어이기도 하다. 글을 잘 쓰라는 뜻이 아니라, 진정성眞情性이 담긴 글을 쓰라는 뜻이다. 문장은 간결하지만, 글을 쓰고자 하는 열망은 글줄에서 얼마든 읽기 때문이다. 비록 허튼 모심듯 쓴 글이지만 진정성만 있으면 글로서 푼더분한 가치가 있다.

좋은 글 조건

성해응成海應(1760~1839) 선생이 지은 「추담집서」를 읽다가 좋은 글 조건을 생각해 본다. 성해응은 『연경재전집』*을 지은 실학자로 서족이었다. 추담秋潭은 서우보徐宇輔(1795~1827)이다. 조선 최고 양반 중 하나인 달성 서씨 가문으로 32살 나이에 요절하였다. 성해응과 서우보는 서족과 양반, 35년이라는 나이 차이에도 학문으로 교류를 하였다. 「추담집서」에서 성해응은 좋은 문장 조건으로 기氣, 기세·법法, 법도·식識, 식견 세 가지를 들었다.

> "문장이란 반드시 기세를 위주로 한다. 기세가 진실로 창성하지 않으면 귀뚜라미 울음소리가 족히 금석 악기 소리를 감당치 못한다. 기세가 있으나 법도가 없으면 건장한 말이 끄는 아름다운 수레라도 그 방울소리가 절주에 맞아 법도가 맞지 않는 것과 같다. 법도가 있으나 식견이 없으면 먹줄과 자를 가지고도 이를 쥐고서 재단할 줄 모른다. 이 세 가지가 다 갖추어진 뒤에야 가히 온전한 문장이라고 이를 만하다."

성해응은 문장에서 기세, 법도, 식견이 모두 중하지만 그중 보고 들어 아는 '식견'을 가장 크게 여겼다. 글을 써 본 이라면 안다. '문재文才'라는 게 분명 있다는 매우 슬픈 사실을. 특히 '글 기세'에는 이 문재가 그대로 드러난다. 꼭 남녀의 차이처럼 넓고 멀다. 화성과 금성만큼이나 멀어 제 아무리 노력대도 안 되는 경우가 다반사다.

그러나 '법도'와 식견은 글쓰기에 들이는 노력 여하에 달라진다. 노력을 통한 법도와 식견은 '알고 모르고 차이가 삼십 리有智無智 較三十里' 정도에 지나지 않는다. 책을 읽고 사물 이치를 생각하며 노력한 풍부한 견식은 글 법도를 바로잡아준다. 주제와 내용의 폭도 확장한다. 결국 '좋은 글 조건은 재주보다는 노력'에 있다.

내 논문은 거의 '발품으로 쓴 논문'이다. 재주란 있으면 좋지만 꼭 필요한 충분조건이 아니다. 자음과 모음을 재주로 엮었다고 좋은 글

*성해응은 규장각 검서관으로 발탁되어, 왕명에 의해 각종 편찬 사업에 종사하였다. 이때 이덕무, 유득공, 박제가, 이서구들과 어울렸다. 『연경재전집(研經齋全集)』은 무려 188권 102책으로 방대하다. 『연경재전집』 권10에 「사설(師說)」이라는 글이 있다. 이 글에서 배우는 자의 자세를 묻는다. 자신을 위한 배움이냐, 아니면 남을 위한 배움이냐고, 자신을 위한 배움은 위기지학(爲己之學)이고 남을 위한 배움은 위인지학(爲人之學)이다. 선생 말의 요체는 남이 알아주기를 바라 배우는 위인지학이 아닌, 오직 자신의 덕성을 닦기 위해 배우는 위기지학을 하라고 한다. 이 책을 읽은 이들도 또 나도 '위기지학'을 지남(指南)으로 삼아야 한다.

이 되진 않는다. 작가 사상, 즉 작가의식이 찾아낸 주제가 없어서다. 온 마음을 다해 쓰고 또 쓰다 보면 주제는 명확해지고 내용 폭도 넓어진다.

이 글품이 더하여 심품心品이 되고 심품이 행품行品으로 이어져 인품人品으로 나아가야, 글도 진품眞品이 된다.

2008년 5월에 간행된 『고전서사의 문헌학적* 탐구와 변용』**(박이정, 2008) '머리말'을 첨부한다. 위 '발품으로 쓴 논문'이 보인다. 또 나름 문장은 간결하게 뜻은 곡진하게 쓰려 하였다.

'왜Why?'

'어쩌면maybe…'

이 책을 만든 두 개의 언어요, 내 공부의 숙주이다.

이 책에 있는 글들은 필자가 고소설을 공부하며 '왜 이렇지?'라는 생각에서 시작하여 '어쩌면 이것이…'라는 가설을 세우고, 그 두 지점을 연결한 결과물이다.

공부를 하며 논문에는 대강 두 길이 있다는 것을 알았다. 이름을 붙여주자면 '엉덩이 논문'과 '발품 논문'이다. 학계에선 문헌을 발굴하여 쓰는 발품 논문보다는 책상에 앉아 쓰는 엉덩이 논문을 더 우위로 친다는 어이없는 역설(?)도 알았다.

그런데 저간 발표한 내 글들을 모아보니 태반이 발품 논문이다. 발품이 내 글공부의 보험인 셈이니, 보험치고는 영 실속이 없는 고만고만한 글들이다. 그래도 딴은 '글 마당 꽃놀이패' 소리는 면하려는지, 생각을 뭉그적거린 흔적들이 여기저기 흩어져 있어 묶기로 결심하였다.

이 책의 논문들은 저자의 전공인 고소설의 언저리를 맴돈 흔적들이다. 책을 뒤적이고 글줄을 따라잡으며 우리 고소설에 대한 생각이 꽤 바뀌었다. 예를 들자면, 우리 고소설에서 남녀 만남이 비현실이라 폄하하는 따위 의견에, 나름대로 소견을 갖게 됐다는 뜻이다. 현재 연애관으로 볼 때 고소설에서 남녀의 만남이 '비합리'라는 데 동의하나, '소설의 구조 결함'로 보는 것은 지나치다. 관견管見, 좁은 소견일지 모르나 옛사람들 연애관에는 뚜렷한 두 가지 법칙이 있다. 그들은 두 가지로 사랑의 기준점을 삼았다.

하나는 직관直觀이요, 하나는 언어言語이다.

다시 말하면 상대방의 행동거지 관찰과 말에 대한 신뢰이다. 직관을 거쳐 언어로 매듭짓는 행동은, 인간 본능에서 시작하여 인간 사이 의사소통을 통한 신뢰로 이어진다. '사랑'이란 말이 돈, 혹은 명예와 짜고 협잡을 하는 요즈음과는 비교도 되지 않는 언어에 대한 믿음이다. 고소설 속의 여인들은 이것이 갖추어지면 즉시라도 몸을 허락할 정도로 과감하였다. 집안의 승인은 그 뒤 일이다.

인색한 깜냥에 적공 또한 군색한 처지이다. '부처님 살찌우고 안 찌우고는 석수장이 손에 달렸다'던데, 선인의 문헌을 서투른 눈으로 얼레빗질한 듯하여 여간 속이 닳는 게 아니다. 애당초 큰 판을 벌릴 요량으로 시작한 배움도 아니다. 보태고 덜 것도 없이 모자란 대로 내놓는다. 혹 보는 이가 있어 술명한 글줄 한 자락이라도 만났으면 하는 바람이다.

강호제현의 근정斤正, 글을 바로잡음과 혜량惠諒, 사려서 이해하심을 삼가 바란다.

깨쳤다는 놈은 무일푼이로구나

『한산시집』을 보다가 이 봄, 벙그레 꽃망울 터지듯 웃어버렸다. 한산寒山은 당나라 스님이라는 데 스님치고는 장난기(?)가 여간 아니시다.

총명한 놈의 명줄은 아주 짧고	聰明好短命총명호단명
바보 같은 놈은 도리어 오래 살아	癡騃却長年치애각장년
멍청한 놈의 재물은 넘쳐나는데	鈍物豐財寶둔물풍재보
깨쳤다는 놈은 무일푼이로구나	醒醒漢無錢성성한무전

내가 연구하는 실학파 분들은 대부분 가난한 이들 중에서도 찰가난꾼들이다. 그중 간서치 이덕무와 영재冷齋 유득공柳得恭*이 있다.

"내 집에 가장 좋은 물건은 『맹자』 7책뿐인데, 오랫동안 굶주림을 견디다 못하여 돈 200닢에 팔아 밥을 잔뜩 해먹고 희희낙락하며 유득공에게 달려가

*영재 유득공(1748~1807)은 서얼로 실학자 겸 역사가이다. 연암의 제자로 정조가 발탁한 규장각 초대 검서관 네 명 중 한 사람이다. 선생은 '고독한 역사 글쓰기'로 지독한 가난을 이겨냈다. 고양이 죽쑤어 줄 것 없고 새앙쥐 볼가심할 것 없는 가난이었다. 그러한 중에도 선생은 철저히 역사에 근거를 두고 『발해고』, 〈이십일도회고시〉 같은 역사서를 집필하는 데 온 정신을 쏟았다.

크게 자랑하였소. 그런데 영재 역시 굶주림이 오랜 터이라, 내 말을 듣고 즉시 『좌씨전左氏傳』을 팔아 그 남은 돈으로 술을 사다가 나에게 마시게 하였으니, 이는 맹자가 친히 밥을 지어 나를 먹이고 좌구명左丘明, 『춘추좌전』 저자이 손수 술을 따라 나에게 권한 것과 무엇이 다르겠소."

이덕무, 『간본 아정유고』 제6권 문文―서書, 「이낙서李洛瑞 서구書九에게 주는 편지」 구절이다. 이덕무와 벗 유득공의 지독한 가난이다. 고양이 죽 쑤어줄 것 없고 생쥐 볼가심할 것 없는 가난이었다. 그러한 가난이건만 책 팔아 굶주림을 면하는 장면을 꽤 희화화하였다. 이들은 지독한 가난을 고독한 글쓰기로 이겨냈다.

총명하고 깨친 분들이었지만 서얼이었다. 이덕무는 53살에 유득공은 그보다 조금 더 살아 60살로 생을 마쳤다. 세상 복은 어지간히 없는 분들이다. 내 살림이 없다 한들 두 분보다 못하지 않다. 나이 또한 유득공보다도 더 살았다.

저이들 가난 훔쳐 글 몇 자 쓰자니 꽤 송구하고 겸연쩍다. 다만 '나 역시 내 서재 책 팔아 술 받아먹을 날이 올지 모르겠다' 생각하니 조금은 덜 미안한 듯하다. 저 시절에는 책값이 꽤 나갔지만 이 시절에는 폐휴지로 달아 파니 술값이 나올지 모르겠다.

짧은 글들이지만 뜻은 곡진하다.

네 곡을 내가 하니

"스커트와 연설의 길이는 짧을수록 좋다. 글쓰기도 마찬가지다. 짧으면 짧은 만큼 상큼하고 신선하다." 김대행의 『좋은 글, 잘된 문장은 이렇게 쓴다』에 보인다. 짧은 글은 쉽지 않다.

네 곡을 내가 하니　　　汝哭我哭여곡아곡
내 곡은 누가 할까　　　我哭誰哭아곡수곡

네 장례 내가 치르니	汝葬我葬여장아장
내 장례 누가 치르나	我葬誰葬아장수장
흰 머리로 통곡하니	白首痛哭백수통곡
푸른 산도 저물고져	靑山欲暮청산욕모

조선 중기의 학자인 송순宋純(1493~1583) 선생이 죽은 자식을 기리며 쓴 〈곡자문哭子文, 자식의 죽음을 곡하며 쓴 글〉이다. 전문이래야 겨우 24자에 불과하지만 구구절절이 애끓는 슬픔을 적은 글보다도 진한 슬픔이 박혀 있다.

조선과 고려시대 문인 열 명의 글을 뽑아 정리한 『여한십가문초麗韓十家文抄』*는 모두 짧은 글들이다. 심지어 고려 대문호 이제현李齊賢의 「역옹패설櫟翁稗說 전서前序」 같은 경우는 전문이 겨우 138자에 지나지 않지만 조선과 고려 1000년의 글 중에 당당히 이름을 올렸다.

서양이라고 다르지 않다. 미국 최고의 이공계 대학인 매사추세츠공대MIT에서 가장 많이 팔린 책이 『스타일의 요소The Elements of Style』라는 글쓰기 책이란다. 핵심은 이렇다. '글은 간결히 짧게, 두 개의 문장을 절대 붙여서 길게 쓰지 말고, 수동형은 피하고, 불필요한 단어는 무조건 빼라'.

하지만 간결한 글에 뜻을 곡진하게 담는다는 것은 말만큼 쉽지 않다. 짧고 간결한 글 속에 진정성이 담긴 야무진 내용이 담겨 있어야 하기 때문이다. 진정성이 담긴 야무진 내용을 담으려면 반드시 필요한 것이 '풍부한 어휘력'이다. "한 마디 말이 이치에 맞지 않으면 천 마디 말이 쓸 데 없다–言不中 千話無用"라는 유희柳僖의 말처럼, 말이나 글이 꼭 길어야만 하는 것은 아니다. 제 아무리 긴 글이라도 심중을 정확히 꿰지 못하였다면 글쓴이 진정성도 의심받게 되기 때문이다.

그러려면 '연장통'을 잘 만들어야 한다. 연장통이란 어휘력이다. 특히 우리말의 70%인 한자어 습득은 글을 쓰는 데 지대한 영향을 준다. 글쟁이가 되려면 제1이 바로 어휘력이다. '양심이란 바다 위에 어휘라는 쪽배를 타고 노를 힘껏 젓는 것이 글쓰기'다.

*『여한십가문초』는 본래 김택영(金澤榮)이 고려시대부터 조선시대 말까지의 문장가로 김부식(金富軾)·이제현(李齊賢)·장유(張維)·이식(李植)·김창협(金昌協)·박지원(朴趾源)·홍석주(洪奭周)·김매순(金邁淳)·이건창(李建昌) 등 아홉 사람을 선정하고 그들의 문장 95편을 가려 뽑아『여한구가문초』를 엮었는데 김택영의 제자 왕성순(王性淳)이 다시 문장을 보태고 뺀 뒤에 스승의 글을 추가하여『여한십가문초』라고 제목을 바꿔 1921년에 간행하였다.

다음 글을 보자.

'붉구나!' 한 자만 가지고	毋將一紅字무장일홍자
눈앞의 온갖 꽃말 말게나	泛稱滿眼花범칭만안화
꽃술엔 많고 적음이 있으니	花鬚有多少화수유다소
꼼꼼히 하나씩 찾아보시게	細心一看過세심일간과

박제가의 〈위인부령화爲人賦嶺花〉라는 시이다. '붉구나!' 한 자만 가지고 어찌 눈앞에 흐드러지게 피어 있는 온갖 꽃을 다 말하겠는가. 그러니 박제가는 '눈앞의 온갖 꽃 말 말게'라 한다.

'글을 쓰는 데 있어 어휘력은 알파요, 오메가'이다. 곤충을 잡는 포충망으로는 길짐승을 잡을 수 없고, 좁은 언어로는 사고의 폭을 감당치 못한다. 독서를 하거나 여러 지식체계를 분주히 맴돌아 얻은 풍부한 어휘라야만 한다. 어휘력을 증진하는 길만이 포충망을 커다란 언어의 그물로 바꾸는 것임을 잊지 말아야 한다. '글항아리'를 만들어야 하는 이유가 여기에 있다.

감나무 잎사귀에 글자를 써서 항아리 속에 넣었다

"돌아와서 약간의 기록을 수습해 보니, 어떤 것은 종이쪽이 나비 날개폭이나 될까 말까 했다. 글자는 파리 대가리만큼씩이나 하니, 대체로 황망한 가운데에 비문을 얼른 보고 흘려 베꼈다. 드디어 이것을 엮어서 얇은 책 『앙엽기』를 만드니, '앙엽'이란 말은 '옛 사람이 감나무 잎사귀에 글자를 써서 항아리 속에 넣었다가 모아서 기록했다'는 일을 본받는 데서 나왔다."

연암 선생의 『열하일기』「앙엽기서盎葉記序」 중 일부이다. 『열하일기』는 연암이 중국을 다녀온 기록이다. 북경을 유람하며 연암 선생은 저렇게 자신이 보고 들은 것을 기록해두었다. 어떤 것은 나비의 날개

폭만한 종이쪽에, 어떤 것은 서둘러 파리 대가리만한 글자로, 서두르는 가운데서도 얼른 보고는 흘려 베꼈다. 이렇게 모아둔 것이 연암 선생의 '글항아리'다. 이 글항아리에서 『열하일기』가 탄생하였다.

이 글항아리를 서양의 대중 소설가인 스티븐 킹은 '연장통'이라 했고, 천민 출신으로 조선의 시인이 되었던, 이단전은 '닷 되들이 주머니'를 옆구리에 차고 다녔다. '연장통'이든, '글항아리'든, '닷 되들이 주머니'든, 모두 생각나는 글귀를 넣어두는 곳이다.

정약용 선생도 '수사차록隨思箚錄'이라 하여 수시로 떠오른 생각을 기록하였다. 감 잎사귀에 글자를 써서 항아리 속에 넣었다가 모아서 기록했다는 이 글항아리가 바로 어휘력으로 이어진다.

글 쓰는 이치고 이 글항아리 하나 없는 이는 없다. 정조正祖* 임금께서도 『일득록』5에서 "글 뜻을 깊이 음미하는 것은 단지 참을성 있게 독서하는 데 달렸고, 잘 기억하려면 반드시 차록箚錄, 기록해야 한다"고 독서자에게 책 읽은 기록의 중요성을 주문하였다. 책을 읽은 기록 또한 당연히 저 글항아리 속에 넣어야 잊히지 않는다. 이렇게 적어둔 글들은 모두 내 글쓰기로 연결된다. 글 진도가 나가지 않을 때 '글 낚싯대'만 던지면 싱싱한 어휘들이 미늘에 걸려 올라온다.

언어를 다듬어라

'문장은 간단**하게 뜻은 곡진하게' 쓰려면 언어를 잘 다듬어야 한다. "언어를 다듬어라"는 조선의 내로라하는 문장가인 영재寧齋 이건창李建昌(1852~1898)이 글쓰기에서 두 번째로 놓은 문장이다. 이 역시 당연한 말씀으로 글쓰기에서 어휘의 중요함에 대한 언급이다. 그는 "천만 글자로 이루어진 장문일지라도 한 글자를 놓는데 전전긍긍해 마치 짧은 율시 한 편을 짓듯 해야 한다"고 하였다.

이는 동서양, 고금이 다르지 않다.

*조선의 임금 중 내로라하는 독서광인 정조(1752~1800). "뜻은 배움으로 인하여 서고, 이치는 배움으로 인하여 밝아진다. 독서의 공에 힘입지 않고도 뜻이 확립되고 이치에 밝은 사람이 있다는 말은 나는 들어보지 못하였다"라며 독서를 강조하였다.

**위진남북조시대 비평가인 유협(劉勰, 465경~522경)의 『문심조룡(文心雕龍)』은 중국 고대문학 이론서 뛰어난 작품이다. 문학 성쇠·변화의 근원, 각종 문체 및 그 작품들의 특징과 변천, 창작과 비평의 원칙·방법 등을 깊이 있게 논술했다. 그의 독특한 견해가 많이 보인다. 그는 문(文, 기교·문체)과 질(質, 바탕·실질)을 다함께 중시하여 당시 형식만을 추구하던 기풍을 비판했다.

이 책에서 그는 문장을 넷으로 요약했다. '간결한 말로 뜻을 나타내고, 풍부한 표현으로 감정을 곡진히 풀어내고, 명백한 이치로 사물 핵심을 세우고, 의미를 함축하여 복합 의미를 담으라'고 한다. '간결한 말, 풍부한 표현, 명백한 이치, 의미의 함축'이 넷만 갖추어도 명문이 된다. 꼭 유려한 문장과 기절한 문장만이 명문을 만드는 게 아니다.

*귀스타브 플로베르(1821~1880)
는 프랑스 사실주의 문학의 창시자
다. 1857년에는 〈보바리 부인〉을
출간하자마자 풍기문란과 종교 모
독죄로 기소되었으나 곧 무죄 판결
을 받았다. 이 덕분에 플로베르는
큰 명성을 얻었으니 화가 복을 둘
러 들인 셈이다. 그는 소설의 미를
추구하였다. '운문처럼 운율이 있
고, 과학 언어처럼 정확한 문체'를
완성하려 했다. '말이 생각에 더 빨
리 달라붙을수록, 결과는 더욱 아
름다워진다'고 생각하여 '일물일
어설'을 주장했다. '오직 하나뿐인
낱말'을 작품에 넣으려 했기에, 완
벽성을 추구했기에, 글 한땀 한땀
이 고통이었다.

프랑스 작가 귀스타브 플로베르Gustave Flaubert*라는 꽤 유명한 이가
말한 '일물일어설_物_語說'과도 일치한다. '일물일어설'이란 '하나의 사
물을 지적하는 데는 단 하나의 가장 적절한 명사가 있고, 한 가지
동작을 표현하는 데는 단 하나의 가장 적절한 동사가 있고, 하나의
상태를 묘사하는 데는 단 하나의 가장 적절한 형용사가 있다'는 말이
다. 방언이면 어떻고, 욕설이면 어떤가. 그 상황에 적확的確한 어휘면
된다. 이태준 선생도 『문장강화』에서 "이필二筆, 삼필三筆도 안 되면 백
천필百千筆에 이르도록 심중엣 것과 가장 가깝게 나타나도록 개필改筆하
는 것이 문장법의 원칙"이라고 하였다.

글 쓰는 이의 고심은 두 말이 필요 없다. 몇 개 예를 들어 보자.
남자, 남성, 사내, 사나이는 서로 유사한 것 같지만 다르다. 남자는
여자가 아닌 가치 중립 표현이요, 남성은 주로 성년이 된 남자를,
사내는 주로 성의 맥락에서, 사나이는 남성성을 강조할 때 쓰인다.
'( )이 가는 길'이란 구절이 있다면 저 넷 중 어느 것이 가장 옳을까?
'사나이'다.

이런 예는 부지기수다. 들·들판·벌판이나 과일·과실·열매, 광경·
장면, 목숨·생명, … 따위가 모두 그 쓰임에 미묘한 차이가 있다. 문장
을 다듬는 가운데 이런 것들을 바로잡아야 한다. '문장의 정확성'을
위해 글 쓰는 이는 어휘력을 키우려 부단한 노력을 해야 한다. '국어
사전'을 끼고 살지 않는 글 쓰는 이는 단언컨대 없다.

다음 시는 좀 아쉽다. 포은圃隱 정몽주鄭夢周의 시다. 글 모르는 하녀가
남편에게 안부 전하는 편지를 써 달라 했단다.

운취산雲聚散, 구름은 모였다 흩어지고 월영휴月盈虧, 달은 차면 이지러지는데 첩심불이妾心不移, 첩의
마음은 변하지 않아요

10자에 연인을 향한 여인의 마음이 그득하다. '첩심불이' 넉 자는
여운까지 넉넉히 담겼다. 그런데 하녀가 너무 짧다고 투정을 하였단
다. 선생은 두 줄을 더 넣었다.

편지를 봉했다가 다시 열어 한 자 첨가하니   緘了却開添一語함료각개첨일어

세간에 병이 많은데 이를 상사병이라 합니다.   世間多病是想思세간다병시상사

〈상사곡想思曲〉이라 전해 오는 시로 포은 선생이 9살 때 지었단다.
사랑을 모르는 어릴 때 시이기에 그렇지, 여인을 아는 사내라면 절대
뒤 두 구절은 안 써줬다.

그릇을 바꾸고 환경을 달리 하라
: 용마루 만들기

5. 서도(書道, 쓰는 길): 집 짓기

용마루를 만들고 용마루 끝에는 와당을 붙이면 기와지붕 잇기가 끝이 난다. 글쓰기에서 남 글을 끌어다가 자기 주장을 더 돋보이게 하는 격이다. 하늘 아래 새로운 글쓰기는 없다. 있다면 나 자신뿐이다.

"지금 자네가 비속하고 통속한 데서 말을 찾고 천박하고 비루한 곳에서 사건을 주워 모았네. 어리석은 남자, 무식한 여인이 천박하게 웃고 일상적으로 하는 말은 모두 눈앞에서 실제 벌어지는 일(即事)이 아닌 것이 없으니 눈이 시리도록 보고 귀가 아프게 들어서 제 아무리 무식한 자들이라도 정말 신기할 게 없는 것이 당연한 것일세. 비록 그렇지만 묵은 간장도 그릇을 바꾸면 입맛이 새로 돌고 일상의 예사롭던 감정도 환경이 달라지면 느끼고 보는 것이 모두 바뀌진다네."

소천암小川菴이란 사람이 우리나라의 속요·민속·방언·속기俗技 따위, 한마디로 '오만 잡스러운 것'을 적어놓은 책을 갖고 와서는 연암 박지원 선생에게 투덜거렸다. 이유는 사람들이 '겉치레만 화려한 속빈 강정'을 좋아하고 열매 좋은 개암, 밤, 메벼 등을 더럽고 천하게 여기니 이게 어찌된 셈이냐며 연암에게 '글 짓는 방법文章之道'을 알려 달란다.

소천암은 인정물태, 즉 사람 사는 세상을 썼다. 그런데 격식에 젖은 조선의 사람들이 이를 그대로 받아들일 리 없다. 그래 연암은 이해해주리라 생각해 찾아왔다. 연암은 책을 다 읽고 돌려주며 위와 같이 말했다. 연암은 소천암이 말한 대로 '통속한 데서 말을 찾고 천박하고 비루한 곳에서 사건을 주워 모으고 어리석은 남자, 무식한 여인이 천박하게 웃고' 하는 일상인 일들을 쓴 것에는 동의한다.

다만 모두 눈앞에서 실제 벌어지는 일이기에 사람들이 예사롭게 여긴다며 '묵은 간장도 그릇을 바꾸면 입맛이 새로 돌고, 일상의 예사롭던 감정도 환경이 달라지면 느끼고 보는 것이 모두 바뀐다'고 깨우쳐준다.

글을 '환골탈태換骨奪胎'하라는 말이다. 글쓰기에서 '공간'*을 바꾸거나 '남의 글을 끌어와 자기 주장을 돋보이게 하거나' 각종 '수사'나 '기교' 따위를 적절히 활용하는 것도 이에 포함된다. 더 넓히자면 내용 있는 글을 쓰되, 각종 글쓰기 방법 따위를 이용하고 때론 '겉치레 꾸미는 외미外美'도 필요하다는 뜻이다. 이것이 연암의 변화무쌍한 글 짓는 방법이다.

---

*예를 들어 장미꽃이 핀 공원에서 "사랑해!"라고 말하는 것과 사람들이 분주히 오고가는 명동에서 "사랑해" 하는 것은 다르다. 공간 자체가 문맥에 포함되기 때문이다.

3.1절 기념사는 망발妄發이다*

있을 수 없는 '망발妄發'이다. 망발이란 '말이나 행동을 잘못하여 자신이나 조상을 욕되게 하는 그런 언행'이다.

3월 2일, 오늘 개강이다. 이 시간이면 수업에 들어가기 전, 이런저런 준비를 하건만 서둘러 자리에 앉았다. 어제 3.1절 기념사를 듣고는 눈과 귀를 의심하였다. 지금까지 이런 기념사는 들어보지 못했다. 이 나라 대통령 기념사이기에 소름이 돋고 분노가 치민다.

① 3.1절은 '세계만방에 조선이 독립국임과 조선인의 자주민임을 알린 쾌거의 날'이다. 과거를 반성하는 날이 아니다. 망발 기념사는 이랬다.

"그로부터 104년이 지난 오늘 우리는 세계사 변화에 제대로 준비하지 못해 국권을 상실하고 고통 받았던 우리 과거를 되돌아봐야 합니다. … 우리가 변화하는 세계사 흐름을 제대로 읽지 못하고 미래를 준비하지 못한다면 과거 불행이 반복될 게 자명합니다."

이날 우리 2,000만 동포는 일본 식민통치에 대한 비폭력 저항운동을 하였다. 그러나 일본은 '제암리 교회 방화'**와 같이 폭압으로 우리 만세운동을 진압했다. 박은식의 『한국 독립운동 지혈사』에 따르면 3.1운동에 참여한 시위 인원은 약 200여만 명이다. 이 중 7,509명이 사망, 15,850명이 부상, 45,306명이 체포되었으며, 헐리고 불탄 민가가 715호, 교회가 47개소, 학교가 2개소였다.

이런 날, 이 나라 대통령 기념사가 어떻게 저러한가. '우리 선조가 변화하는 세계사 흐름을 제대로 읽지 못하고 미래를 준비하지 못'하여 나라를 빼앗겼다는 말이다. 이 웬 망발로 조상을 모욕하는 '식민사관'인가. 영국이, 프랑스가 못나서, 유럽이 못나서, 유태인이 어리석어 히틀러 만행이 일어났다는 말과 무엇이 다른가. 일본의 제국주의 야욕으로 빚어진 것을 왜 우리에게 책임을 전가하나. 이 논리대로라면 '학교 폭력'도 당한 쪽에 문제 있다는 것과 무엇이 다른가. 3.1운동 만세를 부른 날, 우리 조상들을 욕 먹이고 빈정거리는 망발 기념사다.

② 일본 수상, 혹은 미국 대통령 3.1절 기념사인 줄 알았다.

"3.1운동 이후 한 세기가 지난 지금 일본은 과거 군국주의 침략자에서 우리와 보편적* 가치를 공유하고 안보와 경제, 그리고 글로벌 어젠다에서 협력하는 파트너가 되었습니다. 특히 복합 위기와 심각한 북핵 위협 등 안보 위기를 극복하기 위한 한·미·일 3자 협력이 그 어느 때보다 중요해졌습니다."

*'-적'은 대통령의 문장에도 허다히 보인다.

이 또한 구구절절 궤변詭辯이다. '일본과 보편 가치를 공유한 파트너'라 한다. 묻는다. 일본이 언제 우리와 '보편 가치'를 공유했는가? 정의, 인도, 예의, 존중, 그리고 평화, 이런 것이 '인류 보편의 가치'다. 일본은 한반도 침략과 식민지배, 동아시아에 대한 침탈과 무고한 백성들 삶을 빼앗고 유린한 것에 대한 진정한 사과조차 없었다. 독일을 보라. 2015년 1월 27일 독일 메르켈 총리는 '책임은 영원하다'며 46년째 머리 숙여 사과하였다.

뜬금없는 '북핵'도 그렇다. 이 땅 2,000만 민중이 맨손을 불끈 쥐고 일어나 남녀노소 태극기를 들고 조선 독립과 나아가 동양 평화, 더 나아가 세계 인류 평화와 행복을 위해 3.1독립만세를 외쳤다. 이 장쾌하고 경사스러운 날을 기뻐하고 즐거워하여 경축일慶祝日로 삼았다. 1948년부터 헌법 전문에서 밝히고 있듯 민주공화국 대한민국 건립을 기념하는 날이다. 삼일절은 국가 경축일이기에 태극기도 깃봉 사이에 틈을 두지 않고 높게 달아야 한다는 것을 모르는가. (조의를 뜻하면 반기半旗로 내려 단다.) '북핵'을 운운할 장소와 시간은 얼마든 많다.

이제는 아예 '한·미·일 3자 협력'까지 등장한다. 일본에서 학교를 다녔는지 역사관을 도저히 이해 못하겠다. 우리가 어떠한 과정을 거쳐 식민지가 되었는지 전혀 모르는 수준이다. 1905년 7월 29일 미국

루스벨트 대통령은 특사 윌리엄 하워드 태프트를 필리핀과 일본에 파견한다. 이 태프트는 일본에 들러 가쓰라 다로 총리를 만난다. 이 회담에서 미국은 필리핀을, 일본은 조선에 대한 이권을 나눠 갖기로 밀약을 맺는다. 이른바 '가쓰라─태프트 밀약'이다. 루스벨트 대통령은 '러일전쟁' 때, "조선은 자치능력이 없으므로 일본이 조선을 질서 있게 통치한다면 세상을 위해 좋은 일"이라고도 하였다. 이후 일본제국주의는 이 나라를 1905년 을사늑약으로 외교권을 박탈, 1907년 정미 7조약을 통해 입법권과 인사권, 행정권을 장악, 1909년 기유각서로 사법권까지 장악해 중앙 통치권력을 무력화했다. 그렇게 우리는 1910년 경술국치로 나라를 빼앗겼다. 이때에 가쓰라 다로는 두 번째 총리직을 맡고 있었다.

③ 지나치게 짧은 이유가 있다.

글이 짧다고 뜻을 못 전하지는 않는다. 하지만 내용을 보면 쓰고 싶은 마음이 전혀 보이지 않는다. 쓰고 싶지 않아 짧게 썼다고 볼밖에 없다. 저런 대통령을 후세에 두려 3.1독립만세운동을 불렀는지. 그날, 조상들 함성이 지하에서 울부짖는 듯하다.

어찌 이런 기념사를 한단 말인가. 역사학자 에드워드 핼릿 카^{Edward Hallett Carr}*는 "역사란 과거와 현재의 대화"라 한다. 현재 이 나라 대통령이 과거를 읽지 못하면 우리 역사는 어디로 가는가? 역사를 모르는 민족에게 미래는 없다.**

*에드워드 핼릿 카(1892~1982)는 영국의 외교관, 역사학자이자 정치학자이다. 그는 '역사란 단순한 사실의 나열이 아니다'를 나침반으로 놓고 이야기를 전개한다. 과거의 '실증주의 역사관'은 사료를 수집하여 그저 모아서 보여주는 것이라고 생각했다. 카는 사료를 바탕으로 역사가 개인의 이치에 합당한 추론을 통해 역사에서 진리를 찾고, 학설을 끊임없이 재검토하고 사료 분석을 통한 새로운 사실 발견으로 발전시키거나 반박해 나가야 한다고 주장한다.

**'미래는 없다!' 안타까운 것은 이 나라 주요 언론이다. 이에 대한 언급이 없다는 것, 이 정권을 탄생시킨 기괴한 '사이비 언론'답다.

3.1절 기념사는 망발(妄發)이다*

*위 글을 '가사 형식'으로 바꾸어 '그릇을 바꾸고 환경을 달리해' 본다. 읽는 느낌이 확실히 다르다.

이보시오, 사람들아! 이내 말씀 들어보오. 어리고(어리석고) 우활(迂闊, 사리에 어둡고 세상 물정을 잘 모름)한산, 3·1절날 대통령의 기념사를 듣자 하니, 목이 메고 울화터져 탄(歎) 한번 하려하오. 104년 전 3월1일 이땅의 만세함성, "우리들은 이곳에서 우리나라 조선의 독립국임과 조선인의 자주민임을 선언하노라. 이로써 세계만방에 고하야 인류평등의 대의를 극명하며 이로써 자손만대에 고하야 민족자존의 정권을 영유케 하노라!" 이얼마나 장쾌한가, 이얼마나 호쾌한가. 조상들의 저덕으로 이나라가 있건마는, 어찌하여 후손되어 부끄러운 기념사로, 훌륭한 조상들을 욕보이려 한단말가. 나라주인 백성들이 5년간 권력임대, 헌법일랑 준수하고 문화창달 하랬더니, 이런망발 웬말인가.

2000만 우리동포 태극기를 불끈쥐고, 남녀노소 거리나와 조선독립! 만세삼창, 나아가서 동양평화! 더나아가 세계평화!, 세계만방 외친날이 바로오늘 이날이라. 우리민족 5000년래 장쾌한날 경사로워, 자랑스레 여기어서 경축일로 삼았다오. 백성주인 앞에서서 대통령의 취임선서, 『헌법을 준수하고 민족문화 창달에 노력하여』1년 만에 잊었던가. 대한민국 임시정부 국경일로 지정하여, 1주년 기념식을 성대하게 치렀으며, 정부수립 이후에도 임시정부 이어받아, 국경일로 지정하여 공휴일로 삼고서는, 3·1정신 헌법전문 또렷하게 새겨넣어, 잊지말자 하였거늘 이런망발 웬말인가.

3·1정신 기념하여 경축사라 부르거늘, 기념사라 하기에도 후손으로 부끄럽다. '망발(妄發)'이란 무슨말고? 말과행동 잘못하여 자신이나 조상이나, 욕되게 하는언행 망발이라 부르거늘, 꼭이말이 적실할세. 단군부터 배달민족 세계만방 알린날이. 바로이날 아니런가. 하필이란 이런날에 과거반성 웬말인가, 내행세는 개차반에 조상흥을 잡아내니, 망발하는 기념사요, 잔치왔다 초상본꼴.

"그로부터 104년이 지난 오늘 우리는 세계사의 변화에 제대로 준비하지 못해 국권을 상실하고 고통 받았던 우리의** 과거를 되돌아봐

**'우리'하면 된다. '-의'를 너무 많이 쓴다. 줄이고 줄여라.

야 합니다. … 우리가 변화하는 세계사의 흐름을 제대로 읽지 못하고 미래를 준비하지 못한다면 과거의 불행이 반복될 것이 자명합니다." 이기념사 듣자 하니 비참하고 애통하다. 백성마다 모여서는 장탄식 한박자에 한숨소리 세박자라. 이날우리 선조들의 비폭력 독립운동, 식민통치 일본제국 폭력으로 진압했지. 마을사람 몰아넣고 불을지른 제암리교회, 어찌하여 모르는가. 박은식朴殷植*의 『한국 독립운동 지혈사』에 이렇게 적혔으니, 3·1운동 참여인원 200여만 이중에서, 7,509명 사망했고 15,850명 부상했네. 45,306명이 체포됐고 불탄민가 715호요, 교회가 47개소에 학교가 2개소라.

*백암(白巖) 박은식(1859~1925)은 민족운동가이며 사학자이다. 독립운동 지도자로서 임시정부 국무총리 겸 대통령 대리(1924), 제2대 대통령(1925)을 역임하기도 하였다. 『한국독립운동지혈사(韓國獨立運動之血史)』는 1920년에 지은 항일 독립운동에 관한 역사서이다. 이 책은 갑신정변(1884)부터 3·1운동기까지(1920)의 역사를 민족운동의 차원에서 보고, 이에 초점을 맞추어 기술하였다.

이러한날 이나라 대통령의 기념사가, 어찌하여 반성타령. 우리선조 아둔하게 세계사를 읽지못해, 나라를 빼앗겼고 저모욕을 당하는게, 정당하단 말이런가. 부관참시剖棺斬屍, 죽은 사람 관을 깨서 처하는 극형 시원찮을 식민사관 되살리는, 행패부림 아니런가. 영국이나 프랑스도 유태인도 어리석어, 히틀러의 야만행동 일어났단 말이런가. 제국주의 일본 야욕 우리에게 책임전가, 이논리를 따르자면 학교폭력 당한쪽에, 문제있단 말아닌가. 우리조상 욕먹이고 패악부린 기념사니, 이보다 더 한망발 어디가면 있다던가. 일본수상 기념사도 미대통령 기념사도, 이렇게는 쓰지않지. 다시한번 읽어보니 눈알에 핏줄선다.

『3·1운동 이후 한 세기가 지난 지금 일본은 과거 군국주의 침략자에서 우리와 보편적 가치를 공유하고 안보와 경제, 그리고 글로벌 어젠다에서 협력하는 파트너가 되었습니다. 특히, 복합 위기와 심각한 북핵 위협 등 안보 위기를 극복하기 위한 한·미·일 3자 협력이 그 어느 때보다 중요해졌습니다.』 구구절절 궤변이요 글줄마다 부끄럽다. 오늘같은 잔칫날에 북핵위협 뜬금없고, 안보위기 웬말인가. 보편가치 공유운운, 파트너라 할 만한가. 정의·인도 예의·존중, 이런것이 보편가치. 조선침략 식민지배 동아시아 폭력침탈, 백성들의 삶을 뺏고 인권유린 사과커녕, 반성조자 않는데 파트너쉽 말이되나. 독일참회 볼작시면 '책임은 영원하다', 메르켈이 총리되어 피해국에 머리숙여, 과거반성 사과한게 46년 왜모르나.

'한·미·일 3자협력' 이것도 옳지않지, 역사관이 없는건지 역사공부 안한건지. 저시절로 돌아가서 이를살펴 보자 하니, 그때그날 무서운 날 1905년 7월29일, 루스벨트 대통령이 육군장관 태프트를, 일본에 파견했지. 태프트가 일본가서 가쓰라 총리만나, 미국은 필리핀을 일본은 조선을, 나눠갖기 맺은밀약 그명칭이 참담하다, '가쓰라—태프트밀약'. 이나라의 백성으로 어찌하여 잊단말가. 밀약을 볼작시면, 그셋째가 『미국은 일본의 한반도에 대한 지배를 인정한다.』아니던가. 루스벨트 대통령은 러일전쟁 발발하자, 『조선은 자치능력이 없으므로 일본이 조선을 질서있게 통치한다면 세상을 위해 좋은 일』이란 것을, 어찌하여 잊단말가. 힘을얻은 일본제국 1905년 을사조약 외교권을 박탈하고, 1907년 정미7조약 입법권·인사권·행정권을 장악하고, 1909년 기유각서 사법권을 강탈했지. 급기야는 경술국치 오천년의 이나라를, 빼앗기고 말았으니 만세천추 한이로다.

경축사가 짧은이유, 이제서야 알았도다. 글이짧아 못전하는 사설이야 없지마는, 기념사의 글줄마다 글쓸마음 전혀없어. 쓰고싶지 않은글을 괴발개발 쓰자 하니, 망발이 나올밖에. 조상들의 그날함성 지하에서 울부짖네. 어찌하여 이런망발 기념사를 한단말가. 역사학자 E.H.카 선생은, "역사란 과거와 현재의 대화"라 하였거늘, 이나라의 대통령이 역사조차 모르는데, 미래는 안단말가. 가련하다 가련하다 아국운수 가련하다. 헌법준수 팽겨치고 문화창달 막아버린 기념사가 이런데도, 이나라의 주요언론 이기념사 칭찬하여, 미래지향 운운하니 기막히고 한심토다. 의식있는 백성들이 기념사의 문제점을, 조목조목 지적하면 낯뜨겁고 부끄러워, '포두서찬抱頭鼠竄, 머리를 감싸 안고 쥐구멍으로 숨는다는 뜻' 하련마는, 뒷짐집고 큰기침에 아함이(헛기침)만 하고서는, 저잘났다 큰소리네. 어리고 우활할산 괴론마음 달래려고, 하소연을 하다보니 슬픈마음 절로이네.

아모타! 시절은 춘삼월을 맞이하여 방방곡곡 만화방창 하련마는, 일본사람 일어난다 조선사람 조심하라, 백성들의 원망소리 삼천리에 진동한다.

*이 글은 연암 박지원의 〈호질〉과 안국선의 〈금수회의록〉에서 일부 문장과 어휘들을 차용하였음을 밝힌다.

신호질新虎叱, 이놈아! 구린내가 역하구나!*

①

'인人, 사람'과 '물物, 동물'은 상대성이 있다. '인' 처지에서 '물'을 보면 한갓 '물'이지만, '물' 처지에서 '인'을 보면 '인'도 또한 하나 '물'일 뿐이다. 연암 박지원 선생은 「여초책與楚幘, 초책에게 주는 글」에서 이렇게 말한다.

"사람은 냄새나는 가죽부대 속에 몇 개 문자를 조금 지니고 있는 데 불과할 따름이오. 매미가 저 나무에서 울음 울고, 지렁이가 땅 구멍에서 울음 우는 것도 역시 사람과 같이 시를 읊고 책을 읽는 소리가 아니라고 어찌 안다 하겠소?"

또 〈호질虎叱, 범의 호통〉에서도 "무릇 천하 이치는 하나이다. 범이 참으로 악하다면 사람 또한 악하다. 사람 성품이 선하다면 범 성품도 선하다." 하였다.

담헌 홍대용洪大容 선생도 〈의산문답毉山問答, 의무려산에서 대화〉**에서 "사람 눈으로 사물을 보면 사람이 귀하고 사물이 미천하지만, 사물 눈으로 사람을 보면 사물이 귀하고 사람이 미천하고, 하늘 견지에서 보면 사람과 사물이 모두 균등하다" 하였다. 인성과 물성이 고르다는 이 '인물균人物均'이나 인성과 물성을 분별 못한다는 '인물막변人物莫辨'을 '인물성동론人物性同論'이라 한다.

이러고 보니 사람이 범을 잡아 가죽을 벗기고 범이 사람을 잡아먹으려는 것 또한 동등한 이치다. 더욱이 범은 지혜와 덕이 훌륭하고 사리에 밝으며 문무를 갖추었고 자애롭고 효성이 지극하며 슬기롭고도 어질며 빼어나게 용맹하고 장하고도 사나워 그야말로 천하에 적수가 없다. 이런 범 위풍에 사람은 동물 중에서 가장 범을 두려워한다. 어느 날, 범이 창귀倀鬼, 범에게 물려 죽은 사람이다. 창귀가 되어 넋이 다른 데로 가지 못하고 범을 섬기며 먹을거리를 찾아 늘 앞장서서 인도한다를 불러서는 말한다.

**홍대용(1731~1783)은 실학자 겸 과학사상가이다. 연암 박지원과 절친한 사이였다. 35세인 1765년, 연경(燕京)을 갔다 온 뒤 서양학문에 심취하였다. 〈의산문답〉은 가상인물 허자(虛子)와 실옹(實翁) 두 사람 대화하는 형식이다. '의산'은 의무려산으로 '세상에서 상처받은 영혼을 크게 치료하는 산'이란 뜻이다. 문답의 내용은 경직된 조선사회에서 상처받은 영혼을 치료하는 내용이다. '허자'는 숨어살며 독서한 지 30년이 된 학자나 성리학의 공리공담만을 학문으로 여기는 도학자요, 전통사고에 매몰된 부유(腐儒, 썩은 선비)다.
'실옹'은 의무려산에 숨어사는 자로 허자에게 깨달음을 들려준다. 실옹은 선생의 이상 속에 있는 실학을 하는 인물이다. 대화의 내용은 천문·지리와 천체운행·지구자전설 등 각종 거대 담론을 종횡무진 오르내린다. 과학소설로 볼만하다.

"날이 저물려고 하는데 어디 먹을 것 좀 없을까?"

굴각屈閣, 범이 첫 번째로 잡아먹은 사람 혼령으로 범 겨드랑이에 착 달라붙어 있다과 이올彞兀, 범 광대뼈에 붙어살며 범이 두 번째로 잡아먹은 사람이다. 역시 범 최측근이다, 육혼鬻渾, 범 턱에 붙어산다. 범이 세 번째 잡아먹은 사람 혼령으로 평소에 아는 친구들 이름을 죄다 주어 섬겨 바친다이란 창귀들이 서로 추천을 해댄다.

이올이가 먼저 말했다.

"저 동문 밖에 의원과 무당이란 놈들이 있는데 잡수실만 하십니다."

이 말을 들은 범이 수염을 뻗치고 불쾌함을 얼굴빛에 드러내며 말한다.

"의원의 의醫는 '의심할 의疑'자 아니냐. 또 무당의 무巫도 이 아닌 일을 거짓으로 꾸며대는 '속일 무誣'자 아니냐? 나보고 그런 자들을 먹으라는 거냐."

그러자 육혼이가 말했다.

"저 법에 대해 내로라한다는 놈이 있습니다. 뿔을 가진 것도 아니고 날개를 가진 것도 아닌 키는 칠 척쯤인 머리 검은 물건이지요. 허우대가 커 뜨문뜨문 엉거주춤 걷는 걸음걸이하며 체머리를 도리도리 흔드는 놈인데, 자칭 어진 간과 의로운 쓸개, 충성을 끌어안고 가슴속에는 깨끗함을 지녔다 자부하고 또 풍류를 머리에 이고 예의를 밟고 다니며 입으로는 여러 법 이론으로 주장을 내세웁니다. 또 강단과 주견이 있고 상대와 싸우면 반드시 지는 법이 없으며 영혼까지 탈탈 털어내야 끝장을 내고야 만답니다. 그를 존경하고 따르는 무리들은, 그가 단순 무지한데도 사물 이치를 꿰뚫었다는 도사들까지 옆에 두었다며 그 이름을 '석법지사碩法之士, 큰 법을 지닌 선비'라 부르고 받들어 모십니다. 등살이 두두룩한 게 몸이 기름져서 맵고, 시고, 짜고, 쓰고, 단, 다섯 가지 맛을 고루 갖추었습니다. 범님 입맛에 맞으실 듯합니다."

그제야 범은 기분이 좋아 눈썹을 치켜세우고는 침을 흘리며 하늘을 우러러 "껄! 껄! 껄!" 웃었다.

"그 놈이 좋겠다. 그 놈이 어디 있느냐?"

"저 남문 밖 남산골을 따라 울멍줄멍 내려가다 보면 할미 젖가슴처럼 펑퍼짐하니 슬프게 납작 엎드린 이태원梨泰院에 있습니다. 이태원이 본래 올라가고 내려오고 질러가는 세 갈래 길이라 온갖 금수들은 다 모여듭니다."

이리하여 범은 굴각이와 육혼을 좌우에 따르게 하고 이올이를 앞세우고 이태원으로 내려왔다.

때마침 이태원에서는 금수들이 회의를 하고 있었다. 큰 휘장을 친 곳에 다섯 글자가 큼지막하게 걸렸으니 '금수회의소禽獸會議所'라. 모든 길짐승, 날짐승, 버러지, 물고기 등 물이 들어와 꾸역꾸역 서고 앉았는데 의장인 듯한 한 물건이 들어온다. 머리에는 금색이 찬란한 큰 관을 쓰고 몸에는 오색이 영롱한 의복을 입고 턱하니 의장석에 올라서서 한 번 읍하니 위의가 제법 엄숙한 것으로 미루어 석법지사가 분명했다. 둘레에는 그를 따르는 무리들이 검은 법복을 입고 앉아 서슬 퍼런 눈알을 데굴데굴 굴려댔다. 석법지사는 방망이를 썩 들더니 "땅! 땅!" 두드리며 거만한 태도로 머리를 흔들며 말했다.

②

"친애하는 금수동지 여러분! 나는 사람에게 충성하지 않는다. 나는 자유·법치국가를 구현하려 일순간도 멈추지 않는다. 가난하고 배우지 못한 사람은 자유 필요성을 모른다. 내 말만 더 받아쓰면 우리들은 더 행복해진다.* 나는 자유를 외치지만, 정의·공정 같은 매우 불량한 어휘들을 이 땅에서 없애려 새벽 5시에 일어난다. 나와 내 금수를 괴롭히는 것들에게는 반드시 상응하는 고통을 준다. 관용과 배려는 죄악이요, 증오와 적대는 미덕이다. 내 생각에 어깃장을 놓는 놈들은 모조리 법으로 검열하고 겁박한다. 법 돌아가다가 외돌아가는 세상은 천공이 지켜주고 억지가 사촌보다 낫다. 궤변도 자꾸 말하면 상식이 되고 무지도 엄연한 지혜이다. 새끼들이 쪽팔리게 말이야. 그것도 모르고. 내가 곧 법이고 진리다. 그렇지 않은가. 금수동지 여러분!"

석법지사가 주먹을 치올리며 술이 취한 듯 제 흥에 겨워 개소리괴소리, 허튼소리를 장엄하게 토하였다. 금수들은 "맞소! 옳소! 석법지사! 석법지사!"를 연호하였다. 석법지사가 득의의 웃음을 머금고 특

*'-지다', '-되다', '-되어지다', '-불리다' 따위 어휘는 일본말의 영향이다. 글밭에 잡초나 보이는 대로 없애라. 이 문장에서는 '행복하다'로 하면 괜찮다.

유의 도리도리를 하며 큰 소리로 말했다.

"자! 지금부터 금수회의를 시작하겠다. 어떤 물건이든지 소견이 있거든 말해 보라."

몇 자만 빼고는 모조리 반말투였다.

검은 망토를 걸친 시궁쥐가 채신머리없이 몸을 들까불며 들어선다. 자발없는 행동에 눈을 할기죽거리더니, 설레발을 치고는 깐죽이는 말투로 언죽번죽 둘러 붙인다.

"인문학? 그런 건 소수만 하면 돼!' 석법지사님 이 말씀은 길이길이 어록에 남을 겁니다. 인문학이니 뭐니 한다지만 집나간 개 정도로 여기면 됩니다. 학이라 하면 얼굴은 두텁고 뱃속은 시커먼 후흑학_{厚黑學}* 정도는 해야 합니다. 저보고 소영웅주의라 하나 개의치 않습니다. 저는 언관_{言官}으로서 쥐 밑살 같은 작은 힘이지만 풀 방구리에 쥐 드나들 듯 석법지사님을 찾아뵙고 조아_{爪牙}, 발톱과 이가 되어 교언_{巧言}과 영색_{令色}으로 무장한 간관_{奸官} 소임을 다하겠습니다. 불통, 부도덕, 부조리가 체_體, 원리라면 무능, 무지, 무식, 무례, 무책은 용_用, 응용입니다. 이 체용이 법_法이니 모르는 게 약_藥입니다. 나는 이 법을 앞세워 이 자유금수공화국을 만드는 선봉이 되겠습니다. 존경하는 석법지사와 금수동지 여러분! 우리에게 권력을 준 것은 진정한 금수가 되라는 엄명입니다. 이 땅을 법천지로 만들어야 합니다. 앞으로도 자발없는 짓으로 무장하여 석법지사님 무능과 사악과 기괴함을 위해 혼신의 힘을 다해 받들겠습니다. 석법지사님을 섬기지 않는 백성은 백성이 아니요, 석법지사님에 대드는 백성은 백성이 아닙니다. 엄벌에 처해야 다시는 이런 자들이 없을 겁니다. 금수 본성은 근본이 악하기에 모두들 잠재 범죄자들로 대해야 합니다. 아! 마지막으로 한 마디만 더 하겠습니다. 딸아이 문제로 나를 어쩌겠다는 말도 있던데 선하품만 나옵니다. 법이 다 알아서 날 지켜줍니다. 택도 없는 소리요, 개 방귀 같은 소리입니다."

여우족에서 가장 '여우답다'는 땅딸하고 목이 없는 여우가 눈에 간교한 웃음을 띠며 나왔다. "지금 이 고요한 아침 나라 곳곳에서 석법지사님을 찬양하는 '내모의 노래_{來慕}, "왜 이렇게 늦게 오셨는지요"라며 선정을 찬미하는

*『후흑학』(이종오, 위즈덤하우스)을 읽으며 고소를 금치 못했다. '후흑'은 얼굴이 두텁다는 '면후(面厚)'와 마음이 시커멓다는 '심흑(心黑)'을 합성한 말이다. '뻔뻔함'과 '음흉함'이다. 저자가 중국 고금의 영웅을 돌아보니 모두 '후흑'이란 두 자로 통하더란다. 그래 후흑술을 만들어 난세의 통치학으로 삼고 '후흑구국(厚黑救國, 후흑으로 나라를 구하자)'을 하잔다. 오늘날엔 대만에서 후흑학이 종교화되었다고 하니, 글하는 사람으로 유구무언이다. '뻔뻔함'과 '음흉함'을 섬기지는 못할 듯해서다.

백성들 노래'를 부르며 '소부두모의 덕召父杜母, 소신신(召信臣)과 두시(杜詩)가 선정을 베풀어 백성들이 부모 같은 소두라 함'을 칭송하고 있습니다. 석법지사님 말씀은 문자로 치면 자자이 비점批點이요, 구구절절 관주貫珠를 칠만한 명연설이십니다. 천하의 악은 현명한 금수를 질투하고 능력 있는 금수를 질시하는 것보다 더 큰 게 없고 천하의 선은 현명한 금수를 좋아하고 선한 금수를 즐거이 받드는 것보다 더 큰 게 없습니다. 이번 '참사'만 해도 그렇습니다. '여우가 심하게 울면 줄초상이 난다' 하는데, 난 잘못이 없습니다. 아랫것들 잘못이지요. 현명하시고 능력 있으시고 선하신 석법지사님께서 진상규명과 책임자 처벌을 요구하는 일부 행태를 단호하고 준엄하게 꾸짖으셨습니다. 저는 지금도 어떠한 방법으로든 참사를 막을 수 없다는 생각입니다. 살생된 백성들 이름도 엄벙뗑 넘어가 거론치도 말아야 합니다. 석법지사님께서 "왜 바라만 봤냐!"고 아랫것들에게 호통 칠 땐 눈물을 짤끔거렸습니다. 석법지사님께서 제 변명과 무개념을 인정해주시고 머리까지 쓰다듬어주시며 두남두시니 든든한 뒷배이십니다. 감읍할 따름입니다. 앞으로도 저는 폼 나게 사표 내는 그날까지 석법지사님을 암군暗君과 혼군昏君으로 성심껏 모시겠습니다. 우리는 무소불위 권력을 유지하려 강자를, 권력을, 물질을 섬겨야 합니다."

말을 마치자 "깔깔", "큭큭", 웃는 소리가 나고 뒤죽박죽 뒤섞여 떠들어 대니 아수라장, 난장판이었다. 여기저기서 금수들이 어지러이 뒤엉켜 외쳤다.

"3불 5무 시대를 열자. 불통不通, 부도덕不道德, 부조리不條理 만세! 무능無能, 무지無知, 무식無識, 무례無禮, 무책無策 만세!"

이때 어디선가 노랫소리가 들렸다. 이랑이란 가객과 노래패였다. 노래*는 가슴 아프고 애달픈 백성들 삶을 노래했다.

*이랑, 〈늑대가 나타났다〉를 차용했다.

"… 폭도가 나타났다(합창)/ 배고픈 사람들은 들판의 콩을 주워 다 먹어치우고/ 부자들 곡물 창고를 습격했다/ 늑대가 나타났다(합창)/ 일하고 걱정하고 노동하고 슬피 울며 마음 깊이 웃지 못하는/ 예의 바른 사람들이 뛰기 시작했다/

이단이 나타났다(합창)"

③

'이랑'이란 가객과 노래패가 〈늑대가 나타났다〉를 부르자. 좌중은 모두 일어서서 "물러가라! 물러가라!"를 연호하였다. 곧이어 한 무리 금수 떼가 나타나 몽둥이를 휘둘러 쫓아버렸다. 금수들이 아직도 제 분을 못 이기어 한 마디씩 해댔다. "옳은 소리 하는 것들은 모조리 없애야 해!" "암! 그럼, 그렇고말고."

그러자 이번에는 수염이 간드러진 얌생이 한 물건이 연사로 나섰다. 그 뿔은 완고해 보였고 염소수염은 고집 센 늙은이 형상이며 들까불고 눈을 할금거리나 말은 여간 느물느물한 게 아니었다. 백년 묵은 능구렁이 담 넘어가듯 하는데 모조리 유체이탈 화법이었다.

"코 아래 가로 뚫린 것 기능은 먹는 것과 부조리한 세상을 만들려 있는 거지요. 어찌 이리도 말씀들을 잘하시는지요. 저는 "이 새끼들" 들을 좌장군으로 "쪽팔려서"를 우장군으로 삼아 석법지사님을 보필하는 데 온 정성을 다하는 으뜸 금수입니다. 흔히들 방정맞아 보여 '염소가 지붕에 오르면 집안에 변고가 생긴다' 하는데 제가 석법지사님을 모신 뒤, 이태원에서 사고 난 것 말고 뭐 있습니까? 저번에 이태원 사고로 물 건너온 금수들과 대화에서 제가 웃으며 재치 있게 말하는 것 다들 들으셨지요. 이번에 생존자 중에 극단 선택을 한 소년이 있기에 제가 또 한 마디 했지요. '본인이 굳건히 버티면 되는 것'을 이라고. 아! 이 얼마나 좋은 세상입니까? 이태원 입구에 '석법지사님 잘한다!'라는 방도 떡하니 붙었잖습니까."

얌생이 말이 끝나기 무섭게 올빼미 한 마리가 올라왔다. 빼어낸 몸매에 세련된 털 단장하며 두 눈을 호동그라니 뜨고 목소리는 또깡또깡 앙칼졌다. 시룽새룽 콩팔칠팔 지껄이는데 입 걸기는 보통내기가 아니었다.

"여러분 다시 한 번 들어봐 주십시오. 언제 우리 석법지사님이 옥황상제님을 욕했습니까? 웃기고 있네, 정말. '이 새끼'는 적들에게 한 욕이지요. 신발도 안 신는 예의 없는 것들이. '올빼미도 천 년을 늙으면 능히 꿩을 잡는다' 합니다. 제가 그렇지요. 석법지사님께 이지가지 논리로 버르장머리 없이 대드는 행위야 말로 불순하고 아둔한 백성들 소견머리 없는 짓거리지요. 이런 것들을 제가 다 잡아버릴 겁니다. 정의니 자유니 떠들어대는 데, 표현 자유는 억압이 답이에요. 떠드는 것들에게 혹 '고발되지 않을까, 처벌되지 않을까' 이런 걱정을 하게 만들어야지요. 여러분! 우리 금수가 똘똘 뭉쳐 이를 부정하는 모든 세력과 싸울 것을 맹세합시다. 이 시대 표어는 '더 멍청하면 더 행복하다'로 하고 '인민교육헌장'과 '백성의 길'을 암송시킵시다. 동의하지요. 금수 여러분!"

이러자 "옳소!" "잘한다!" "3불 5무 시대를 열자!" 야수들 아우성이 금수회의소를 뒤덮었다. 그때 하얀 머리를 묶어 왼쪽 가슴팍으로 늘어뜨리고는 연신 쓸어내리며 한 물건이 들어섰다. 그 옆에는 간드러진 물건 하나가 팔짱을 끼고 있었다. 그러자 지금까지 부른 배를 만지며 머리를 도리도리 흔들던 석법지사가 벌떡 일어나 예의를 갖추었다. 여러 금수들은 이를 보고 어리둥절하였다. 지금까지 석법지사가 자기들의 '꺼삐딴(왕초)'이라 여겼는데 그렇지 않아서였다. 이 둘은 금수 중 금수로 그렇게 사악하다는 '교狡, 도사와 활猾, 여사'이었다. 이 '교활'은 항상 붙어 다니는데 간사한 여우 따위는 상대가 안 된다. 색깔, 무늬, 생김새, 게다가 냄새까지도 속인다. 원래 이 '교'란 놈은 모양은 개와 비슷한데 온몸에 표범 무늬가 있으며 머리에는 쇠뿔을 달았다. 이놈이 워낙 간교하여 나올 듯 말 듯 애만 태우다가 끝내 제 모습을 드러내지 않는데, 하얀 두루마기를 입고 '활'을 끼고 나타났다. 금수들은 두려워 소마소마 가슴을 떨며 조용하였다. 교란 놈이 다시 가슴팍 머리를 쓰다듬어 뒤로 넘기고는 말을 하였다. 그 말소리는 한밤중 고양이 울음소리처럼 괴기스럽고 살쾡이처럼 음험하였다.

"난 영靈인 세계야. 용산이 힘쓰려면 용이 여의주를 가져와야 해. 여기 있는 활여사가 어떻게 하느냐에 나라 방향이 달라져. 이런 내조를 할 줄 아는 사람은 이 활여사 밖엔 없어. 아! 관상은 또 얼마나 좋아. 옷도 잘 입고. 특활비를 주어야 돼. 내 어록이 저 진주세무서 뒷간에도 걸렸어. '사람 팔자는 순식간에 바뀌지 않는다'라 썼지. 내 '정법 통찰'이야. 가서 좀 봐. 이번 '이태원 사고'는 참 좋은 기회야. 우리 아이들은 희생을 해도 이렇게 큰 질량으로 희생을 해야지 세계가 돌아봐. 특정인에 책임 지우려면 안 돼!"

이러며 또 다시 백여우 꼬리 같은 기름기가 자르르한 머리를 쓰다듬었다. 교가 말을 마치자 석법지사가 이미 얼큰하니 취한 몸을 뒤틈바리처럼 일으켜 꿈적꿈적 한껏 예를 취했다. 그 옆에서 활은 느실난실 파르족족한 눈을 할낏할낏거리며 간드러진 웃음을 지으니 완연 논다니였다. 금수들은 이제 "활여사!" "활여사!"를 외쳤다. 검은 옷으로 치장한 활여사가 하느작하느작 나와서는 간살스럽게 뾰족한 입을 열어 옹알댔다.

"저는 남편에 비해 한 없이 부족해요. 남편은 이태원 사고 49잿날 술잔을 사며 '내가 술 좋아해 술잔 샀다'며 함박웃음 웃고 손가락만 씻는 멋진 금수에요. 모친께서는 투기를 일삼고 저 역시 위조, 변조, 표절하지만 모두 무죄에요. 제 남편이 법이니…"

이때, 산천이 진동하며 우레와 같은 노랫소리*가 들렸다.

*이날치의 〈범 내려온다〉를 차용했다.

"범 내려온다/ 범이 내려온다/ 장림깊은 골로/ 대한 짐승이 내려온다/ 몸은 얼숭덜숭/ 꼬리는 잔뜩 한 발이 넘고/ … 쇠낫같은 발톱으로/ 잔디뿌리 왕모래를/ 좌르르르르 흘치며/ 주홍 입 쩍 벌리고/ '워리렁'허는 소리/ 하늘이 무너지고/ 땅이 툭 꺼지난 듯/ 범 내려온다/ 범이 내려온다"

④

노랫소리와 함께 사면에서 창귀倀鬼들이 쇠몽둥이 하나씩 들고 뛰쳐나오는 데, 동에서는 굴각이요, 서에서는 이올이, 남에서는 육혼이 우루루루ㅡ 금수회의소로 들이닥치며 소리친다. "범님이 오셨다!" "범님이 오셨다!" "범님이 출두하옵신다!" 두세 번 외치는 소리가 벽력 치듯 나니 하늘이 와르르 무너지고 땅이 푹 꺼지는 듯, 천둥소리와 창귀소리가 산천을 진동했다. 금수들이 겁을 내어 이리뛰고 저리뛰고 넘어지고 자빠지고 울타리에 자라처럼 대가리를 들이민 놈, 시궁창에 떨어진 놈, 오줌 지리고 애고대고 우는 놈, 대가리 감싸 안고 쥐구멍으로 숨는 놈에 벼라 별 놈 다 있지만, 그 중에 제일은 허우대 큰 놈이 머리에 쓴 금빛 찬란한 큰 관 내동댕이치고 오색영롱한 법복에 똥 싸 퍼질러 앉아 뭉개며 고추 따면서 똥 싸는 척 의뭉스럽게 하는 놈이라.

범님이 그 커다란 범 눈으로 쓱 훑어보더니, 그놈은 제치고 울타리에 쥐새끼처럼 대가리를 틀어박고 있는 놈을 데려 오라 하였다. 검은 망토를 걸치고 몸을 들까불며 간죽간죽 말하던 시궁쥐였다.

"이놈 네가 법 좋아하는 놈이렷다. 공자님은 '배운 공부가 제대로 행해지지 않는 게 병이다學道不能行者 謂之病'라 하셨지. 네놈이 법척法尺, 법자을 들고 설치며 병든 놈이로구나. 왜 네 주변은 그 법척을 들이대지 않니. 그러니 병이 든 게야. 썰어봤자 한 됫박도 안 되는 주둥이로 낄 때 안 낄 때 설레발치며 나서서는 깐족이는 대사 쳐 긴장감을 고조하고 대중 눈길을 받는 건 도리 없다만, 너는 조연일 뿐임을 명심하라. 법가인 한비자韓非子가 「망할 징조亡徵」에서 국가 멸망 징조 47가지 중, 첫째가 '군주 권위는 가벼운데 신하 권위가 무거우면 망한다權輕而臣重者 可亡也'라 했다. 명심하렷다. 에끼! 입맛 떨어진다. '겸손'이란 두 글자 좀 쓰고 읽을 줄 알렴. 이 놈 내치거라."

말이 떨어지기 무섭게 육혼이 간교한 웃음으로 알랑거리던 땅딸하고 목이 없는 여우를 잡아와 "그럼 요놈은 어떠신지?" 하니, 범님은 흘깃 보더니 이맛살을 잔뜩 찌푸렸다. 말도 하기 싫다는 표정으로 "이 물건 저리 치워버려라!" 하며 손을 홰홰 저었다. 이번에는 이올이가 저쪽에서 오줌 지리고 애고대고 울던 얌생이를 끌어왔다. 범님은 아예 눈길 한번 주지도 않고 손사래를 쳐 저 멀찍이 갖다 내쳐버리라 했다. 그러더니 어마지두에 놀라 오색영롱한 법복에 똥 싸 퍼질러 앉아 뭉개는 석법지사놈을 데려오라 했다. 굴각이가 코를 막고서 석법지사를 끌어다 범님 앞에 놓으니, 범님이 오만상을 찌푸리고는 대

갈일성한다.

"네 이놈! 내 너를 정의를 외치는 깨끗한 놈이라 하여 잡아먹으려 왔더니. 이름만 석법지사지, 이제 보니 석 자는 돌 '석石'자요, '사'자는 사기칠 '사詐'자 아닌가? 백성을 큰 제사 받들 듯해도 모자라거늘 오히려 백성을 능멸의 대상으로 보고 무책임과 무정견으로 일관하면서도 양심의 부끄러움조차 모르니 선비는커녕 모양새는 개잘'량' 양자에 개다리소'반' 반자 쓰는 '양반'놈에 똥감태기렷다. 아, 제 호의縞衣, 흰 저고리로 아내를 말함조차 건사하지 못하는 놈이 뭐 금수들 우두머리가 된다고. 거랑말코 같은 인격으로 헛소리나 지껄이고 주먹이나 내지르며 뭐, 공정·정의·상식·법치를 말해. 네가 국선생麴先生, 술을 좋아한다지만 어디 네 깐놈이 선생 곁에나 가겠느냐. 술에 취하면 국선생이 봐주지만 권력에 취하면 멸문지화를 당해. 너는 내게 오금을 저린다마는 백성들은 네 무례하고 저속한 언행 정치에 '가정맹어호苛政猛於虎, 가혹한 정치가 범보다 더 무섭다'라 하며 나보다 네 놈의 3불인 불통不通·부도덕不道德·부조리不條理와 무능無能·무지無知·무식無識·무례無禮·무책無策인 5무 정치를 더 무서워한다. 지식이 없으면 입이 가볍고 경험이 없으면 몸이 가벼운 법, 네가 늘 법법하니 마지막으로 한 마디 하겠다. '법지불행 자상범지法之不行 自上犯之'라. 법이 행해지지 않는 것은 너처럼 윗대가리에 있는 놈들이 법을 어기기 때문인 걸 모르느냐? 네 주변부터 청정무구 법을 실현한다면 그게 백성들에게는 이목지신移木之信, 지도자의 믿음이거늘, 너는 오히려 그 반대 아니냐. 상앙商鞅이 후일 거열형車裂刑, 몸을 찢어 죽이는 형벌에 처해짐을 되새김질해 보아라. 내 아무리 배가 고파도 네 어리석고 구린내가 역해 도저히 못 먹겠다. 이놈 옷을 모조리 벗겨서는 저 심심산골 토굴에 위리안치圍籬安置하거라."

이러며 노려보는 범님 눈알은 등불 같고 입에서 불길이 나오는 듯하여 석법지사는 혼백이 나가 그 자리에 고꾸라졌다. 이러할 제 창귀가 두 물건을 끌어다 놓았다. "하, 요놈들이 얼마나 눈치가 빠른지 벌써 이 금수회의소를 벗어나 줄행랑치는 걸 잡아왔습니다." 범님이 고개를 획 돌려 이빨을 부지직 갈며 교와 활을 보았다. "하! 요것들이 문젯거리로군" 하더니 먼저 교에게 일갈하신다.

"이놈! 네가 교활狡猾의 '교'란 놈이로구나. 누의螻蟻, 땅강아지와 개미 같은 쪼고만 깜냥으로 능갈맞게 자칭 '법사'니 '멘토'니 하는 짓이 요사스럽기 그지없더구나. 꼭 저쪽 나라를 망국케 한 그리고리 라스푸틴Grigory E. Rasputin, 러시아를 망국으로 이끈 요승이란 물건에 버금가는 놈일세. 청천백일에 젊은이들이 생죽음을 당했는데, 뭐라고, '참 좋은 기회'라고. 이런 사악한 놈! 벌렸다 하면 악을 내뿜는 그 주둥아리를 닥쳐라. 이놈이 인두겁을 쓴 음흉한 물건이렷다."

그러고는 이제 교활의 '활'을 쏘아보았다.

"네 이 암상맞고 요망한 물건아! '마등가摩登伽, 불교에 나오는 음탕녀가 아난阿難, 부처님 10대 제자을 어루만지듯' 네가 사내를 내세워 세상을 희롱하려 드는 게냐? 네가 있는 한 이 나라 희망은 감옥에 갇힌 장기수요, 절망은 바람을 타고 온 나라로 퍼진다. …"

범님 호령은 마치 끝없이 넓고 큰 바다에 폭풍우가 몰아치는 듯하고 천리 먼 길에 천리마가 치달리는 듯했다. 그러더니 "내 너희 두 종자를 먹어치워 후환거리를 없애야 겠다" 하고는 우쩍 달려들어 한 손에는 '교'를, 한 손에는 '활'을 움켜잡아서는 "으르렁!" 입맛을 다셨다. 멀리서 새벽을 알리는 여명黎明이 희붐하게 비쳐오고 있었다.

저것을 끌어와 이것을 증거하라: 벽 만들기

5. 서도(書道, 쓰는 길): 집 짓기

기둥과 기둥 사이 외내벽 벽체(間)를 흙벽돌로 쌓아 마감을 하고 창을 낸다. 벽을 바르는 것을 '벽을 친다'고 한다. 벽을 칠 때는 안벽치고 밭벽을 쳐야 한다. 안쪽은 볕을 받지 못해서 먼저 친다. 창구멍도 문도 잘 만들어야 한다. 융통성 없는 '벽창호[우]'란 말도 여기서 나왔다. 벽창호 글쓰기에서 벗어나려면 저것을 끌어다가 이것을 입증할 줄 알아야 한다.

글은 문장들이 모여 단락을 이루고, 단락이 모여 만든 결합체다. 문장과 문장은 서로를 도와야 하고, 문장에선 서술어가 주어를 도와야 한다. '저것을 끌어와 이것을 증거하라'는 '원피증차援彼證此'는 이 문장을 만드는 데 필요하다.

이 '원피증차'는 연암의 「답임형오논원도서答任亨五論原道書」에 보인다.

"그러한 까닭에 천하의 모든 원인을 알아내서 천하 만물의 정을 모두 드러내 전해주는 것이 바로 언어이다. … 언어란 나누어 가름이다. 나누어 가르려 하면 부득이 형용해야 하고, 형용하려면 저것을 끌어다가 이것을 증거로 삼아야 한다. 이것이 언어의 있는 그대로 사실이다."

연암은 천하문물이 언어로 된 것이라 하니, 이를 먼저 짚고 원피증차를 보자. "천하의 모든 원인을 알아내서 천하 만물의 실정을 모두 드러내 전해주는 것이 바로 언어"라는 지적은 모든 '사물은 언어를 통하여 드러난다는 의미'다. 이 책에서 글쓰기에 대해 여러 차례 도움을 준 이옥도 「이언인」에서 "글 짓는 자가 글 짓는 까닭은 글 짓게 하기 때문이니 글 짓게 하는 자는 누구인가? 천지만물이다"라 하였다. '천지만물, 이것을 글로 풀어낸 것이 글'이라 한다. 연암이 말하는 천지만물의 실정을 모두 드러내 전해주는 것이 바로 언어라는 견해와 조금도 차이가 없다.

다시 원피증차이다. 연암은 "언어란 나누어 가름이다"라 했다. 언어를 통하여 이것과 저것이 구분된다는 말이다. 또 "나누어 가르려 하면 부득이 형용해야 하고, 형용하려면 저것을 끌어다가 이것을 증거로 삼아야 한다"고 하였다. 형용하기 위해서는 저것을 끌어다 이것을 증거로 삼아야 하니, 이게 '원피증차'이다.

원피증차는 『중용』에서 '무징불신無徵不信'이라 한다. '증거가 없어 믿지 못한다'는 뜻으로 다산도 그의 글에 이것을 실천하려 하였으니, '피차비대彼此比對'다. 피차비대란 '이것과 저것을 비교하고 대조하라'는 뜻이다. 수치, 통계자료, 어휘, 전거 등 다양한 방법으로 글을 증험하는 방법이다.

낭군이 어찌 견우가 되오리까

연암은 「답임형오논원도서」에서 이렇게 말했다.

"그러한 까닭에 천하의 모든 원인을 알아내서 천지만물의 정을 모두 드러내 전해주는 것이 바로 언어다. … 언어란 나누어 가름이다. 나누어 가르려 하면 부득이 형용해야 하고, 형용하려면 저것을 끌어다가 이것을 증거해야 한다. 이것이 언어의 있는 그대로 사실이다."

연암은 천지문물이 언어로 된 것이라 한다. "천하의 모든 원인을 알아내서 천지만물의 실정을 모두 드러내 전해주는 것이 바로 언어"라는 지적은 모든 사물은 언어를 통하여 드러난다는 의미다. 이옥 선생도 「이언인」에서 "글 짓는 자가 글 짓는 까닭은 글 짓게 하기 때문이니 글 짓게 하는 자는 누구인가? 천지만물이다"라 했다. 천지만물을 글로 풀어낸 게 글이라 하니, 연암의 견해와 조금도 차이가 없다.

'미래는 과거에 있다.' 우리는 고전의 의미를 이렇게 말한다. 헬레나 노르베리 호지Helena Norberg Hodge*가 지은 『오래된 미래』라는 책이 있다. 호지는 서구세계와는 너무나도 다른 가치로 살아가는 인도의 오지 라다크 마을 사람들을 통해 우리 사회와 지구 전체를 생각하게 만든다. 지구 미래를 과거, 그것도 오지에서 찾았다. 역설인 책 제목인 '오래된 미래'는 우리 미래를 담보하는 용어로 댕겨 왔다. '라다크라는 저것'을 끌어다가 '미래라는 이것'을 증험하고자 한 결과이다.

조금은 재미있고도 조금은 슬픈 이야기를 하나 들어 보자. 조선 여류시인 가운데 위상이 또렷한 옥봉玉峯 이원李媛이란 여인의 일이다. 옥봉은 『소화시평』에서 '이씨가 국조의 제일'이라고 그 재주를 칭송하고 글쓰기 대가인 신흠도 난설헌과 더불어 조선 제일의 여류 시인이었다고 평하였다.

이 옥봉이 사는 이웃마을 한 백성이 소를 훔친 죄로 연좌되어 감옥

*헬레나 노르베리 호지(1946~)는 스웨덴 출신의 언어학자·세계적인 여성 생태환경운동가이다. '리틀 티베트'로 불리는 라다크의 전통사회가 서구문명에 의해 파괴되는 과정을 목격하고 실천적 생태환경운동가로 변신하였다. 그니는 반세계화·반개발·탈중심화를 위한 국제연대운동을 펼치고 있는, '참 인간다운 인간'이다. 글을 읽고 쓴다는 것은 이런 인간이 되기 위해서 아닐까?

에 들어갔다. 그의 아내가 변명하는 글을 옥봉에게 대신 지어달라고 하여 누명을 벗어나려 하였다. 옥봉이 시 한 수를 지어 법을 담당하는 관리에게 바치게 하였다. 그 시는 이러하였다.

세숫대야 거울삼아 얼굴을 씻고	洗面盆爲鏡세면분위경
물을 기름삼아 머리를 빗어도	梳頭水作油소두수작유
이내 몸이 직녀가 아닐진대	妾身非織女첩신비직녀
낭군이 어찌 견우가 되오리까	郎豈是牽牛낭기시견우

'견우'는 '소를 끌다'의 뜻이기에 이를 끌어다 쓴 재기 넘치는 시이다. 소박한 삶을 사는 부부이기에 내가 '직녀'가 아닌데, 남편이 어찌 '견우', 즉 '소를 끌고 간 사람'이 되겠느냐는 시이다. 법관이 크게 놀라고 기이하여 그 죄수를 석방하였다. 안타까운 것은 남편인 조원趙瑗이 이 이야기를 듣고는 '시 지어 사람 죄를 면제해주는 것은 부녀자가 할 행동이 아니오'라 하고 옥봉을 내쳤다 하니, 저 '시 한 편이 남편 값하는 셈'이다. 저것인 견우를 끌어다가 '죄 짓지 않았다'는 이것을 증명하는 데는 글 값에 인색치 말아야 한다.

왜 사냐건 웃지요

팍팍한 시국, '왜 사냐건 웃지요'라는 글이 있어 싣는다. 시국과 상관없으나 '왜 사냐'고 묻는다면 그냥 '웃지요'라 답하고 싶다. 굳이 구구절절 설명할 필요가 없어서다. 이를 '여운餘韻, 글을 다 보았으나 무엇인가 가시지 않는 뭉근한 정취와 느낌이라 한다.

"나는 그대에게 모든 것을 다 깨우쳐 줄 수 없다. 말로는 더욱 깨우쳐 줄 수 없다."

수레바퀴를 잘 깎았다는 윤편씨輪扁氏 말이다. 제 아무리 언어를 다듬어야 언어 한계성 앞에는 도리가 없다. "도가도 비상도 명가명 비상명道可道非常道 名可名非名"이란 말을 보자. 『노자』 첫 구절로 언어 한계성을 12자로 콕 집어냈다. '도가도 비상도'는 '도를 도라고 하는 것은 참 도가 아니다'라는 뜻인데, 범상치 않은 말이라 한정된 언어로 설명하기가 난감하다. 또 언어 문제가 아니니, '명가명 비상명'만 보자. '이름을 이름이라 하면 참 이름이 아니다'라는 뜻이다. 쉽게 풀자면 말로 형상화된 이름은 늘 그러한 실제 이름이 아니라는 말이다.

내가 '공부!'라고 외쳤다 치자. 독자들께서는 무엇을 생각하나? 취직, 학문, 지겨움, 즐거움, 영어, 국어, 학교…. 그야말로 만인만색 공부가 나타난다. 내가 말한 '공부!'와 독자들이 생각하는 '공부!'는 전혀 다르다. 제각각 경험세계가 다르기에 '공부!' 하면 떠오르는 생각이 엇박자*를 빚을 수밖에는 없기 때문이다.

우리 글쓰기는 이미 '언어 한계성'이 있다. '문장력에 대한 노력보다는 세상을 읽는 자세가 더욱 필요'한 이유이다. 문장은 좀 허해도 내용이 실하면 괜찮다. 김상용 시인의 〈남으로 창을 내겠소〉라는 시는 말을 줄임으로써 언어 한계성을 오히려 극복하고 있으니 잘 음미해 보자.

*엇박자를 서양에서도 각 개인 머릿속에 저장된 사회 관습어로서 언어인 랑그(langue)와 특정한 개인에 의해 특정한 장소에서 실제로 발음되는 언어인 파롤(parole), 시니피앙(signifiant, 귀로 듣는 소리로써 뜻을 전달하는 기호)과 시니피에(signifié, 기호의 뜻)로 구분하여 언어학 기본으로 다루고 있잖은가.

남南으로 창窓을 내겠소.
밭이 한참갈이

괭이로 파고
호미론 김을 매지요.

구름이 꼬인다 갈 리 있소.
새 노래는 공으로 들으랴오.

강냉이가 익걸랑

함께 와 자셔도 좋소.
왜 사냐건
웃지요.

왜 사냐건 웃지요. '왜 사냐?'는 물음을 웃음으로 처리한다. 저것을 끌어와 이것을 증거하였다. 웃음 속에 들어 있는 의미를 구구절절하게 설명한들, '웃음'을 당해낼 시어는 없다.

이 시어는 저 유명한 이백의 〈산중문답〉 1, 2구인 '문이하사서벽산^{問爾何事棲碧山}, 묻노니, 당신은 왜 푸른 산중에 살지요? 소이부답심자한^{笑而不答心自閑}, 웃으며 대답치 않으니 마음 절로 한가롭네' 차용이지만.

글쓰기와 독장수 셈

1. 독장수 셈

옛날에 한 가난한 옹기(독)장수가 있었다. 온종일 달랑 옹기 하나만 팔았다. 마침 길에서 비를 만나 옹기 속에 들어앉아 계획해 보았다. '옹기 한 개를 팔아서 두 개로, 두 개를 팔아서 세 개로, 세 개를 팔아서 …' "와! 난 부자다!" 독장수는 기뻐서 춤을 추다가 옹기가 다 깨졌다.

독장수*는 헛된 셈을 하다가 독을 다 깨뜨렸다. 헛수고로 애만 쓸 때 이 말로 비유한다.

*'독장수 이야기'는 조재삼(趙在三, 1808~1866)의 『송남잡지(松南雜識)』에 보인다.

2. 글쓰기와 독장수 셈

책상에 온종일,
이 글 써 출판하고,
다른 글 써 출판하고,

또 다른 글 써 출판하고,

…

이키나! '독장수 셈'을 하고 있다.

언젠가 법정 스님 숨결이 깃든 길상사에서 본 청마 유치환의 시가
떠오른다. 법정 스님 애송시란다.

  심심深深 산골에는
  산울림 영감이
  바위에 앉아
  나같이 이나 잡고
  홀로 살더라.

— 〈심산深山, 깊은 산골〉

혹 '산울림 영감'이나 만나려나….

3. 타증불고

또 다른 독장수 이야기다. 타증불고墮甑不顧란 말이 있다. '떨어뜨린
시루는 돌아보지 않는다'는 뜻이다. 후한後漢 시절, 젊은 독장수*가
곽태郭泰와 같은 방향으로 길을 걸었다. 얼마쯤 가다 젊은 독장수가
비틀하더니 지게에서 독이 떨어져 깨졌다. 독장수는 한번 돌아보고
는 아무렇지 않다는 듯 가던 길을 간다. 놀란 곽태가 독장수에게 독이
깨졌다고 말했지만 독장수는 태연했다. 곽태가 독장수에게 왜 그러
냐고 물으니 대답이 이렇다.

  "시루가 이미 깨졌는데 돌아본들 무슨 소용이 있겠소."

곽태는 학문이 대단하고 제자가 수천 명에 달한 이였다. 독장수의

*'맹민 이야기'는 『후한서』「곽태
열전」외 여러 문헌에 보인다.

비범함을 알아보고 10년간 글을 가르쳤다. 이 독장수가 후일 삼공三公의 지위에 오른 맹민孟敏이다.

같은 독장수와 시루장수 이야기다. 모두 독과 시루가 깨졌지만 결과는 달렸다. 내게 '글쓰기는 독장수 셈'이다. 그래도 하는 이유는 산울림 영감을 만날지 몰라서다. 누가 아나 곽태를 만날지도 모른다. 오늘도 끙끙 글쓰기를 지게에 한 짐 짊어진다. 또 한 번의 독장수 셈을 하며.

달이 밝다와 달은 밝다

"언어란 나누어 가름이다"라 하였다. 언어를 통해 이것과 저것이 구분된다. 언어의 가름은 문법 문제와도 연결된다.

"달이 밝다와 달은 밝다"의 경우를 보자. 보름이다. 휘영청 보름달이 떠올랐다. 한참 달을 올려다보던 철수가 "참, 달은 밝다"라 하였다. 자 철수의 말이 맞을까?

틀렸다. "참, 달이 밝다" 해야 한다. '달이 밝다'와 '달은 밝다'는 차이가 명확하지만, 구별하기가 만만찮다. '이'는 주격 조사이고, '은'은 보조사임을 알아야 한다.

먼저 '달이 밝다'부터 살펴보자. '이'는 체언을 주어로 만드는 주격 조사이다. '주격 조사'는 문장 안에서, 체언이 서술어의 주어임을 표시하는 격 조사이다. '달'이 주어란 말이다. '달이 밝다'는 지금 '달이 밝다'는 상태를 말한다. 휘영청 떠오른 둥근 달을 쳐다보며 하는 말이다. 즉 '달이 밝다'는 지금 달이 밝다는 상황을 묘사하는 글이다. 철수의 지금 정황이다.

'달은 밝다'를 보자.

'달은 밝다'에서 '은'은 보조사이다. 보조사는 특별한 격이 확정되지 않은 채 체언, 부사, 활용 어미 따위에 붙어서 어떤 특별한 의미를 더해주는가에 격이 정해진다. 이 문장에서 '은'은 '달'을 한정하는 의미의 주어를 만들어준다. '달은 밝다'는, 어떠한 경우에도 '달은 밝다'라는 달의 속성을 말한다. 사전에 달의 속성을 설명할 때 쓰인다. 즉 '달은 밝다'는 설명문으로 사전에 등재될 문장이다. '은' 외에 '는', '도', '만', '까지', '마저', '조차', '부터' 따위가 모두 보조사이다.

이제 낱말도 좀 보자. 어느 책에서 "난 요즘 손재수가 좋은지 아주 좋은 일만 생긴다네"라는 문장을 보았다. '손재수損財數'란 말이 제자리를 못 찾았다. 손재수란 '재물을 잃을 운수'란 뜻이다. '이달에 손재수가 있으니 도둑맞지 않도록 조심하시오' 따위 정도로 쓰여야 한다. "난 요즘 손재수가 좋은지 아주 나쁜 일만 생긴다네"로 바꿔야 한다.

않은가(×)와 않는가(○), 알맞는(×)과 알맞은(○) 구별이 까다롭다. 어미 '-는가'는 동사나 형용사 '있다'나 '없다', '알맞다'의 어간 또는 '았·었·겠'의 아래에 붙어서 스스로 의심이나, '하게' 할 자리에 물음을 나타낼 때에 쓰는 종결어미다. 현재의 어떠함을 물음으로 나타내려면 '-지 않은가'의 꼴이 되어야 한다. 이것은 형용사 다음에 오는 부정적 물음의 경우에 그렇고 동사는 해당되지 않는다.

가지 않는가? (○) …… 가다 = 동사

가지 않은가? (×)

먹지 않는가? (○) …… 먹다 = 동사

먹지 않은가? (×)

허다하지 않은? (○) …… 허다하다 = 형용사

허다하지 않는? (×)

아름답지 않은가? (○) …… 아름답다 = 형용사

아름답지 않는가? (×)

정답으로 알맞은(○) 것은? …… 알맞다 = 형용사

정답으로 알맞는(×) 것은?

'언어를 통해 이것과 저것을 구분한다' 함은 이토록 쉬운 일이 아니다.

스님이 보이니 아마도 절이 있으려나

바둑의 교훈인 '위기십결' 중 '세고취화勢孤取和'가 있다. '형세가 외로우면 화평을 취하라'는 뜻이다. 문단은 문장과 문장으로 연결된다. 문장과 문장은 서로 도와야 하고, 문장에선 서술어가 주어를 도와야 한다.

예를 들어보자. 여러분이나 나, 모두 좋아하는 '부할 부富, 귀할 귀貴'와 꺼리고 싫어하는 '가난할 빈貧, 천할 천賤'을 들어 설명해 보자. 독자들은 어떻게 설명하겠는가? 중국의 유명한 비평가 이지李贄는 『분서』 권6 「부막부우상지족」에서 이렇게 설명해 놓았다.

"부富라, 늘 만족할 줄 아는 것보다 부유한 것은 없고, 귀貴라, 세속을 훌쩍 벗어나는 것보다 존귀한 것은 없다. 빈貧이라, 식견이 없는 것보다 가난한 것은 없고, 천賤이라, 기개가 높은 것보다 천박한 것이 없다."

'부귀빈천富貴貧賤' 넉 자를 모두 상대의 말을 끌어다가 비교하여 설명한다. 즉 '부는 만족'과 '귀는 세속'과 '빈은 식견'과 '천은 기개'와 비교하여 부귀귀천을 설명해내고 있다.

저것을 끌어다가 이것을 증거한 경우는, "스님이 보이니 아마도 절이 있으려나, 학이 보이니 안타깝게도 소나무는 없나 보구나僧看疑有刹鶴見恨無松"도 좋은 예이다. 이 시는 정지상鄭知常이 귀신에게 받았다는데, 절이 있고 소나무가 없음을 스님과 학만으로 나타내보인다.

이규보의 시 한 편에도 저 '원피증차'가 보인다.

산 중이 달빛을 탐하여	山僧貪月光산승탐월광
병 속에 물과 함께 길어 담았지	瓶汲一壺中병급일호중
절에 다다르면 바야흐로 깨닫겠지	到寺方應覺도사방응각
병 기울이면 달빛 또한 텅 비었음을	瓶傾月亦空병경월역공

〈영정중월詠井中月, 샘 속의 달을 노래한다〉이란 시다. 선생은 모든 게 비어 있다는 '공空사상'을 시로 저렇게 표현하였다. 이 세상만사 '색즉시공色卽是空, 색은 즉 이것이 공이요 공즉시색空卽是色, 공은 즉 이것이 색이다'이다. 공사상을 염불하는 산 중이 달빛을 탐하여 무엇하겠는가.

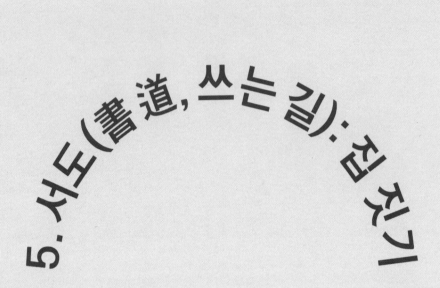

5. 서도(書道, 쓰는 길): 집 짓기

구들은 고래를 켜서 구들장을 덮고 흙을 발라 만든다. 이 구들로 한겨울에도 방은 따듯하다. 글쓰기에서 '옛것을 이용하여 새것을 만듦'이 이에 해당한다. 옛것을 끌어온 글은 우리에게 인간다운 온기를 불어넣는다.

수학에서 자연수를 정사각형 꼴로 나열하여 가로, 세로, 대각선으로 배열된 각각의 수의 합이 모두 같아지게 만든 것을 마방진魔方陣이라 한다. 글쓰기 책 대부분이 저렇듯 마방진 연마 구성법으로 되어 있다. 인천공항을 거쳐 온 꽤 긴 이름의 임자들이 지었다고 선전을 요란히 붙인 '수입용 글쓰기 책'들은 더욱 그렇다. 요즈음 '대입 논술의 답안지'를 한 마디로 정리하는 데는 앞 문장이 꽤 유용할지 모르지만 이것은 글쓰기가 아니다. 비유하자면 '박제되고 형해화形骸化된 것'이니, 박물관에나 안치될 글쓰기이기 때문이다.

　딱하기 그지없는 이 현실을 학생들의 죄로 몰아세워서는 곤란하다. 선생인 이들이 틀에 박힌 생각만 하니, 저런 글밖에 더 쓰겠는가. '법고창신法古創新'은 옛것을 본받아 새로운 것을 창조한다는 뜻이다. 옛것에서 지혜를 빌려 새것인 지혜를 만든다는 뜻으로 온고지신溫故知新과 이웃하는 용어다. 글은 외부로 열려 있어야 한다. 옛글을 배움은 미래로 나가고자 함이지, 옛글에 머무르려 함이 아니다.

글을 어떻게 쓸까?

　　논자들은 "모름지기 옛것을 배워야 한다"고 말한다. 그리하여 세상에는 흉내 내고 모방하는 것을 일삼으면서 부끄러운 줄을 모르는 사람들이 생기게 됐다. … 그러면 새것을 만들어야 할까? 세상에는 허탄하고 괴벽한 소리를 늘어놓으면서 두려움을 모르는 사람들이 있게 됐다. … 아아! 옛것을 본받는다는 자는 자취에 얽매임이 병통이고 새것을 창조한다는 자는 법도에 맞지 않음이 근심이다.

　　「초정집서楚亭集序」에 보이는 연암의 말이다. 연암은 "글을 어떻게 쓸까?"라며 위와 같이 말한다.

　　연암의 주장은 결국 '법고法古, 옛것을 배워야 한다'도 '창신創新, 새것을 만들어야 한다'도 모두 마땅치 않음이다. 발바투 이어지는 "법고이지변法古而知變, 능히 옛것을 배우더라도 변함을 알고 창신이능전創新而能典, 새것을 만들어내더라도 근거가 있다"이면, 지금 글이 고대 글과 마찬가지라 하였다. 이를 줄여 '법고창신法古創新, 옛것을 배워 새것을 만들자'*이라 한다. 연암이 말하고자 하는 옛것을 배우는 요지는 새것을 만들어내기 위함이다.

　　연암은 「영처고서嬰處稿序」에서 "옛날을 본위로 삼아 지금을 본다면 지금이 참으로 비속하지만, 옛사람들이 그들 스스로가 자기네를 볼 때도 그건 반드시 옛날이 아니라 역시 하나의 지금이었을 뿐"이라고 '고'와 '금'을 상대인 명명으로만 보았다. 연암은 당시 무조건 '고'만을 숭상하던 법고주의자들에게 이런 일갈을 던진다. 연암 선생의 '당신 글에 자부심'이다. 홍한주洪翰周(1798~1868)의 『지수염필智水拈筆』 권3에 보인다. 황경원黃景源(1709~1787)의 호는 강한江漢, 자는 대경大卿으로 이천보李天輔·오원吳瑗·남유용南有容과 더불어 '영조 시대의 4대가'로 꼽히는 문장가이다. 그는 글 하는 이로는 최고위인 문형文衡, 대제학을 지냈고 영조와 정조 연간의 사상사·정치사에서 영향력을 행사했다.

　　'학문 군주'를 자임한 정조조차 "강한 황경원의 문장을 두고 간혹 '진부한 말을 답습하였다'고 비평하는 사람이 있지만, '당송 팔대가'의 체단體段, 모습을 깊이 터득하여 지금 사람들은 미치지 못하는 점이

*연암이 문장 작법 원리로서 '변통'과 '근거'를 중시한 이유도 여기에 있다. 연암은 고(古)를 절대 개념이 아닌 '상대성에 의거한 고(古)와 금(今)으로 본다. '고'를 잘 끌어오되, '금'을 잊지 말라는 당부요, '금'을 잘 쓰되 '고'를 잊지 말라는 주문이다. 즉 법고와 창신 사이, 그 사이를 꿰뚫을 때 바람직한 글쓰기는 거기에서 나온다.

있다" 할 정도였다.

"황경원 씨의 글이 사모관대를 하고 패옥을 찬 채 길가에 엎어진 시체와 같다면, 내 글은 비록 누더기를 걸쳤다 할지라도 앉아서 아침 해를 쬐는 저 살아있는 사람 같소."

황경원의 글은 대단하지만 시체요, 자기의 글은 초라하지만 살아 있다고 한다. '죽은 시체 같은 글'과 '산 거지 같은 글' 중 어느 쪽이 나음은 군이 목청 높여 따질 필요 없다. 황경원은 연암 당대 '고문'의 대가로 대제학까지 지낸 분이다. 이런 황경원에게, 더욱이 연암 자기보다 연배가 근 20여 살이나 많은 이에게 이토록 독설을 퍼부을까? 연암의 성격이 모질다고 오해할 일이 아니다. 연암의 말은 황경원이 고문가이기에 그러한 것일 뿐이다. 연암 당대 '고문은 오로지 중국의 글만을 모범'으로 삼지 않았던가. 황경원의 글이 화려하지만 시체와 같다는 비유가 썩 부합한 이유다.

오늘날 이러쿵저러쿵하는 글쓰기 책들이 가소롭다.

오래된 미래, 그 『블루오션 전략』

『블루오션 전략』, 오늘 아침 내 선택을 받은 책이다. 아침이면 나는 내 휴휴헌 책꽂이를 사열한다. 눈에 들어 뽑히기는 했으나 이미 본 책들이기에 몇 줄 읽다가는 싱겁게 도로 제자리로 돌아간다. 그렇게 다음 열병식을 기다리는 수밖에 없다.

글줄이 새롭게 다가오는 경우는 가끔이다. 이런 경우는 많지 않다. 『블루오션 전략』(김위찬·르네마보안 공저, 강혜구 옮김, 2005), '성공을 위한 미래 전략'이란 부제를 붙여놓은 그렇고 그런 성공을 위한 경영서이다. 십 년이 훨씬 지난 저 시절 책이다. 내 '독서 취향'으론 절대 사지 않는 책이다. 누군가 버린 것을 주워 왔다.* 아마도 그 시절

*'분리수거 날'이면 나는 '혹 누가 버린 책이 없나' 책 사냥을 나선다. 이렇게 내 서재에 꽂힌 책이 꽤 된다. 책 버리는 사람의 심정을 아무리 생각해도 모르겠다.

'블루오션'이란 이름이 하 신문지상을 오르내리자 압박감에 구입했고 50페이지쯤에서 밑줄이 끝난 것으로 미루어 분명 보다 만 듯하다.

'제거'와 '창조'란 말이 눈길을 끈다. 새로운 가치, 즉 블루오션 세계로 나아가려는 핵심어이다. '당연한 것으로 받아들여지는 요소들 가운데 제거할 요소는 무엇인가? 아직 한 번도 제공하지 못한 것 중 창조해야 할 요소는 무엇인가?'를 강조한다. 제거를 하려면 과거사를 꼼꼼 짚어야 하고 창조를 하면 새로운 가치를 추구하라는 말이다.

연암 선생이 말한 '법고이지변 창신이능전法古而知變 創新而能典'이다. '옛것을 본받되 변화를 알아야 하며 새것을 만들되 옛것에 능해라'는 뜻이다. 즉 '옛것을 되짚고 살펴 새로운 것을 만들자' 아닌가?

공부를 하다 보면 이런 경우를 수없이 만난다. 제 아무리 새로운 학설이라도 어디서 듣고 본 듯한 일종의 기시감旣視感이 드는 이유이다. 굳이 새로운 학설이나 외국 이론 운운할 필요 없다. 이미 미래는 우리 고전에 선명히 나타나 있다. 그 외 '시장 경계선 구축, 비고객을 찾아라, 실행을 전략화하라' 따위는 각주에 불과할 뿐이다. 고전을 곰곰 새겨볼 이유이다.

아! 18세기: 나는 조선인이다

머리말

'나는 조선인인가?'

18세기, 일부 조선 지식인들은 꽤 담대한 의문을 품었다. 그렇게 '혁신은 위기를 품은 변방에서 시작'됐다. 저이들과 저이들 글은 조선이 위기임을 적시하고 있었다. 중앙에는 아직도 새날을 알리는 미명조차 보이지 않았다. 이 책은 변방에서 혁신을 외친 저이들과 저이들 글을 독해한다.

영·정조 시대, 흔히들 '문예부흥시대'라지만 조선은 아직도 중세였다. 어둡고 긴 터널을 통과 중이었다. 조선은 왕 나라였다. 만인지상_萬人之上 임금과 만인_{萬人} 백성만이 존재하고 왕국과 가문 질서만이 삶이었다. 저이들 글을 통해 본 조선은 정치, 경제, 사회문화 모두 마치 고드름처럼 한 방향으로만 자랐다. 조선 백성들로서는 극한 한계 상황이었다. 더욱이 관료들은 부패와 무능, 금권만능과 협잡, 지식인은 패거리 문화와 사치 풍조가 만연했다. 조선 지도층은 고약스럽게 변해버린 18세기 조선식 유학을 숙주로 곳곳에서 악취를 무한 배설했다.

유학은 왕권을 강화하는 취음제, 혹은 향신료이거나 한낱 지식의 도구로 전락했다. 글쓰기는 출세를 위한 중요한 조력자일 뿐이었다. 유학이 지향하는 이상향 '대동세계_{大同世界}'는 중세란 터널에 갇혀버렸다. 조선은 '그들만의 이상향 양반 세계_{兩班世界}'일 뿐이었다.

국가 조선 현안에 '일부 유학자들'이 나섰다. 앞 문장 '일부 유학자들'을 풀이하면 조선 변방에서 근근이 살아가는 가난한 지식인들이었다. 정치를 했더라도 미관말직에 지나지 않았다. 인생역정은 기구하였으며, 가난은 삶 자체였다. 저이들은 분명 새로운 유학 지식인 출현이었다. 중세 조선 터널, 저 멀리 미미한 빛이 비쳤다. 그것은 분명 한 방향으로만 자라는 고드름을 녹이기에 충분한 빛의 내비침, 실학이었다.

저이들, 일부 유학 지식인들은 제 삶을 스스로 통제하였다. 핵심은 신민_{臣民}과 문중_{門中}이 아닌 '나'였다. 저이들은 존엄한 조선인 개인으로서 외길을 휘청거렸다. 개개인 삶이 없는 왕권사회에서 저이들은 '나는 조선인인가?'라는 질문에 대한 답을 실행하려 삶을 송두리째 빈천과 바꾸었다.

저이들에게 학문과 글쓰기는 더 이상 관료가 되기 위한 학문도 성정을 읊조리는 문학도 아니었다. 저이들은 가난과 멸시의 삶을 글쓰기와 환전하여 학문을 통한 사회개혁을 꿈꾸었다. 개인에서 국가로 학문 영역이 확대됨이요, 성리 담론이란 학문 알고리즘에서 실생활을 위한 학문이란 패러다임_{paradigm}*으로 전환이었다. 문자라는 상층 문화 전유물이 하층 문화를 조망하는 공유물로 전환이기도 했다. 이

*어떤 한 시대 사람들의 견해나 사고를 지배하고 있는 이론의 틀이나 개념의 집합체이다. 미국의 과학사학자이자 철학자인 토머스 쿤(Thomas Kuhn)이 그의 저서 『과학혁명의 구조(The Structure of Scientific Revolution)』(1962)에서 사용한 말이다.

게 '신조선'이라는 이상향에 대한 '실학'이었다.

이른바 실학, 혹은 북학으로 저이들은 요동치는 대외 현실과 영정조 탕평책 속에서 조선을 중세 터널에서 벗어나게 하려는 빛이 됐다.

탈중화脫中華, 탈성리학脫性理學은 그 시작이었다. 이를 '조선학朝鮮學'이라 부르고 싶다. 조선학은 정신에서 몸으로 전환이었다. 유학은 비정한 정신에서 '색성향미촉色聲香味觸 오감이 감도는 인간 몸'으로 바뀌기 시작했다. 비정한 유학에서 '몸'은 정신의 타자일 뿐이었다. 저이들 글은 몸이 주체였음을 분명히 했다. 몸은 주체로서 정적인 문화에서 동적인 문화로 급격히 방향을 틀었다.

저이들 글은 단순히 읽고 쓰는 게 아니었다. 시각, 청각, 후각, 미각, 촉각 다섯 가지 감각이 모두 작동하는 살아 숨 쉬는 학문이었다. 글줄마다 경세치용이요, 이용후생은 여기서 자연스럽게 나왔다. 글에는 건전한 가치관과 도덕과 정의와 양심을 본밑으로 한 인간주의 샘물이 흘렀다. 좋고 싫음이 아닌 옳고 그름이란 실학 논리였다. 저이들 글은 정치, 경제, 사회문화에 걸쳐 전문성을 갖춘 식견과 철학으로 조선 비전도 담아내었다.

'나는 조선인이다!'

'담대한 질문'은 이렇게 귀결된다. 이게 '조선학'으로 유학 현대성이요, '학學'으로서 엄밀성이다.

이 책은 그 18세기를 대표하는 15명 지식인들 조선학을 살피고 나아가 이 시대 우리가 나아갈 바를 짚었다. 18세기 저 지식인들 목소리는 오래된 미래요, 이 시대에 지남指南이다. 이 시절 대한민국 또한 저 시절과 다를 바 없어서다.

이 책은 저 지식인들 집사임을 자임하고 싶다. 충실히 저이들 글을 이 시절에 내놓고 싶어서다. 저이들이 내놓은 해묵은 숙제를 이 시절에 하라고.

마지막으로 이런 질문을 독자들에게 던진다.

'당신은 한국인인가?'

휴휴헌에서 간호윤

불여퇴고 不如推敲, 퇴고만한 게 없다 : 집 안팎 쓸기

5. 서도(書道, 쓰는 길): 집 짓기

집이 완성되었으면 집 안팎을 쓸어 정리한다. 집 짓기에 쓰였던 연장도 남은 목대기도 치우고 세간도 정돈한다. 글쓰기 마지막 정리 단계이다. 글 전체를 마지막으로 퇴고한다.

"인터뷰어: '왜 그렇게 많이 고쳐 썼나요?'

    헤밍웨이: '적합한 단어를 찾느라고요.'

     래리 W. 필립스, 『헤밍웨이의 글쓰기』"

    조선의 마지막 문장 이건창은 글을 쓴 뒤, '2, 3일 보지 않고 마음에도 두지 않았다가 다시 남의 글 보듯 엄정하게 봐야 그제야 글을 제대로 고친다'고 하였으며, 연암 그룹의 문인인 유득공은 『고운당필기古芸堂筆記』에서 이를 '보파시장補破詩匠'이라 한다. 보파시장이란 잘못 쓴 문구나 시구를 고쳐주는 '글땜장이' 정도의 의미이니 퇴고를 말함이다. 유득공과 이덕무가 서얼로서 고의춤 여며 쥐고 엉거주춤 글땜이나 해주고 세상을 살아내는 자신의 신세를 자조한 용어지만, 정녕 글 쓰는 이치고 '글땜장이' 아닌 이는 없다. 옛날 누른 종이에 글을 쓰고 잘못된 글이 있으면 자황을 칠하여 지우고 다시 그 위에 썼으므로 전하여 자구의 첨삭이나 비평을 말하는 '자황雌黃'도 보파시장이다.

    백곡栢谷 김득신金得臣(1604~1684)의 경우는 더욱 이 보파시장에 의존했다. 그는 천생이 명석치 못했다. 그런데도 조선 후기에 비평가로 그 명성을 날렸다. 이 이유를 임타任埅는 『영촌만록永村漫錄』에 적어놓았다.

    "백곡 김득신은 평생 시를 공교하게 만들려 온 정성을 다해 갈고 닦았다. 글자 한 자를 천 번이나 단련하여 반드시 뛰어나게 만들고자 하였다."

    이 '글자 한 자를 천 번 단련'했다는 '일자천련一字千鍊'이 바로 보파시장이다. 이렇게 하여 얻은 글자 한 자로 명문도 되기에 '일자사一字師' '단 한 글자 스승'이란 말도 있다.

『조선소설 탐색, 금단을 향한 매혹의 질주』 1차 교정을 마치고

본문(스크린샷 형태의 교정 화면):

머리말

금단을 향한 매혹의 질주

'비평'하면 마치 서양의 것이요, 현대적인 문학 장르로 이해하는 사람들이 많다. 그러나 우리 문학 속에도 비평은 엄연히 존재하고 있다. 지금처럼 소설비평이 일상의 풍경으로 자리 잡은 것은 그들(조선소설 비평가들)이 있었기에 가능하였으므로, 도리어 현대 비평이 많은 부분 그들에게 빚지고 있음을 잊어서는 안 된다. 아쉬운 것은 조선소설 비평 대부분이 한문학을 소양으로 한 것들이기에 시와 문에 대한 비평들이 주류를 이룬다 해도 주눅들 이유는 조금도 없다.

왜냐하면 현존하는 자료들이 녹록지 않으며, 이 소설 비평은 우리 소설의 자립을 유도하는 논리적인 규명이요, 문학과 소설, 시와 소설, 역사와 소설 사이에서 우리 소설의 정체성(正體性)·진정성(眞正性)을 찾으려는 작업이기 때문이다.

따라서 다소 비평의 질감이 거칠지라도, 단언컨대

메모(우측 여백):

수입 용어

[메모:1237] user 2022-01-31 20:10
갈래

[메모:1462] khy20 2022-02-02 20:57
삭제해 주세요.

[메모:1463] khy20 2022-02-02 20:57
는데 말이

[메모:64] khy20 2022-01-27 11:08
삭제해주세요.

[메모:1565] khy20 2022-02-03 04:39
기에

[메모:1566] khy20 2022-02-03 04:40
삭제해주세요.

[메모:1296] user 2022-02-01 16:03
조선소설비평과 조선소설, 소설비평은 모두 붙이기로 하지요.^^

[메모:1278] user 2022-02-01 04:51
이란 점이다.

[메모:1495] khy20 2022-02-03 03:42
삭제해주세요.

[메모:1507] khy20 2022-02-03 03:48
삭제해주세요.

[메모:1508] khy20 2022-02-03 03:49
삭제해주세요.

[메모:1567] khy20 2022-02-03 04:41
조선소설

1,800개를 가볍게 넘는다. 겨우 200쪽 책, 『조선소설 탐색, 금단을 향한 매혹의 질주』 1차 교정 개수이다. 근 열흘, 그리고 설 연휴까지 온통 여기에 쏟았다. 내가 쓴 글이요, 이미 여러 차례 본 글이다.

'글땜'이다. 실학파의 한 분인 혜풍 유득공은 아예 보파시장補破詩匠, 글땜장이라 하였다. 세계 문인치고 이 글땜장이 아닌 저자가 없다. 몇 명만 예를 들자면, 러시아 문학 중에서 가장 아름다운 문장을 썼다는 투르게네프도 어떤 문장이든지 쓴 뒤에 바로 발표하는 일 없이 원고를 책상 서랍 속에 넣어두고 석 달에 한 번씩 꺼내보며 다시 고쳤다. 중국 대문호 구양수도 초고를 벽에 붙여놓고 방을 드나들 때마다

*소식(蘇軾, 1037~1101)이다. 아버지 소순(蘇洵), 아우 소철(蘇轍)도 유명한 문인이며 화가요, 정치가다. 이 세 부자를 삼소(三蘇)라 하였는데, 모두 당송팔대가이다. 소식은 그림이나 글을 쓸 때 감정이입을 즐겨하였다.

"대나무를 그리려면 먼저 대나무가 내 속에서 자라나게 해야 한다."

**미국 소설가 어니스트 밀러 헤밍웨이(1899~1961)는 『헤밍웨이의 글쓰기』(래리 W. 필립스 편)에서, 특히 '작가의 정직성'을 무엇보다 중시하고 '정의와 불의를 구별하지 못한다면 작가가 아니다'라는 경고가 섬뜩하다. 글 쓰고자 하는 이라면 반드시 읽어야 한다.

그것을 고쳤다. 소동파*는 또 어떤가. 그는 〈적벽부〉를 어찌나 많이 고쳤는지 한 광주리를 넘었다.

러시아 거장 막심 고리키가 글땜을 얼마나 힘껏 했던지 옆에서 보던 친구가, "여보게, 그렇게 자꾸 고치고 줄이다간 어떤 사람이 태어났다. 사랑했다. 결혼했다. 죽었다. 이 네 마디밖에 안 남겠군" 하더란다. 톨스토이도 〈전쟁과 평화〉 미정고가 90여 종이나 되며, 헤밍웨이Ernest Miller Hemingway**도 〈노인과 바다〉를 쓸 때에 400번 이상을 고쳐 썼다고 한다.

실학자 풍석 서유구의 『임원경제지』는 113권 52책 250만 자에 이르는 방대한 저술이다. 기간만 무려 18년간에 달한다. 최명희는 〈혼불〉을 쓰는 데 17년, 빅토르 위고는 〈레미제라블〉을 쓰는 데 36년, 괴테는 〈파우스트〉를 쓰는 데 60년이 걸렸다. 세계 독서계에 베스트셀러 작가 반열에 이름을 올린 베르나르 베르베르는 12년에 걸쳐 개미를 연구하고 〈개미〉를 120번 글땜하였다. 모두 글을 깁고 땜질하는 글땜쟁이들이었다.

이태준은 "두 번 고친 글은 한 번 고친 글보다 낫고, 세 번 고친 글은 두 번 고친 글보다 낫다"라 한다. 그만큼 글쓰기에 있어 퇴고는 중요하다는 의미다. 첨언 한 마디 하면 쓴 글을 여러 번 소리 내어 읽는 음독音讀이 좋다. 입술만 달싹거리는 순독唇讀도 좋다. 시도 동일하다. 시 읊조림을 구음口吟이라 한다. 귀가 알아서 고칠 곳을 체로 잘 건져낸다.

글을 고치며 내성耐性을 기른다. 퇴고하며 사라지는 무수한 글자들에게 미안하다. 공들여 쓴 한 문장을 몽땅 없애야 하는 경우는 마음까지 쓰리다. 하지만 '버려야 할 어휘는 냉정히 버려야' 한다. 한국 정치인은 그 많은 욕을 먹고도 굳건하다. 글자에게 문장에게 욕을 먹어도 작가라면 저 정치인처럼 내성을 길러야 한다.

늘 내 '글밭'엔 잡초가 무성하다. 불필요한 조사, 접속사, 비문, 외래어, 일본식 표기, 맞춤법, 피동, … 해답은 '뽑고 또 뽑자'이다. 특히 글을 쓴 뒤, 책을 낸 뒤에 발견되는 오자, 탈자는 '활자의 마술'이라

한다. 마술에 걸리지 말아야 한다. 마지막으로 퇴고할 장소*를 찾는
것도 좋다.

글을 깁다가

나는 글을 쓰면 수백 번 깁고 깁는다. 깜냥이 고만하니 그럴 수밖에
없다. 그렇기에 '글쓰기를 중단하겠다'고 마음먹은 게 셀 수조차 없
다. 그러다가도 '천형이러니' 하고 은근하고도 슬쩍, 책상에 가 다리
를 꼬고 거만(?)히 앉아서는 써놓은 글을 깁고 또 깁는다. 엊그제 『아!
18세기: 나는 조선인이다』(새물결출판사, 2017)를 깁다가 오규원 시인
의 『날 이미지와 시』라는 책을 보았다. 아래와 같은 글을 기워 넣었다.

이 글을 마칠 때쯤 오규원 시인의 『날 이미지와 시』(문학과지성사, 2005)라는
책을 보았다. 오 시인은 문학상을 여러 차례 받은 교수로 한국 현대 시사에서
시 창작론에 대해 첨예한 자의식을 지닌 시인 중 한 분이다. 그는 특히 '시의
언어와 구조' 문제를 누구보다 치열하게 탐구했다. 결과, '사변화되거나 개념화
되기 전 현상 자체가 된 언어'를 '날 이미지'라 하고 이런 시를 '날 이미지 시'라
명명하였다.

이옥 선생 「시장」이 대뜸 떠올랐다. 200년 전, 이옥 선생 「시장」과 오 시인이
'날이미지'로만 이루어졌다는 시 한 편을 함께 놓는다. 독자제위께서 읽어보라.
그리고 고전문학과 현대문학 거리를 느껴보았으면 한다. 내가 잰 거리는 손
한 뼘 차이도 없다.

「시장市記」(이옥, 1760~1815)
내가 머물고 있는 집은 저잣거리와 가깝다. 매양 2일과 7일이면 저잣거리에
서 들려오는 소리가 왁자지껄하였다. 저잣거리 북쪽은 곧 내가 거처하는 남쪽
벽 아래이다. 벽은 본래 창이 없는 것을 내가 햇빛을 받아들이려 구멍을 뚫고
종이창을 만들었다. 종이창 밖, 채 열 걸음도 되지 않는 곳에 낮은 둑이 있다.

*퇴고할 때, 나는 우선 프린트를
한다. 화면 글과 종이 글은 묘하게
다르다. 인쇄한 글에서 오타를 찾
아내기 쉬워서다. 다음에는 그것을
들고 근처 공원에 가 가장 편안한
벤치에 앉아 읽는다. 이유는 주위
환경을 달리해서 집중력을 높이려
는 데 있다. 퇴고할 때는 이어폰을
끼지만 음악은 듣지 않는다. 절대
집중을 요하기 때문이다.

시장거리에 가려 드나드는 곳이다. 종이창에 구멍을 내었다. 겨우 한쪽 눈으로 내다볼 만했다.

12월 27일 장날이다. 나는 무료하기 짝이 없어 종이창 구멍을 통해서 밖을 엿보았다. 때는 금방이라도 눈이 내릴 듯했고 구름 그늘이 짙어 분변하지 못한다. 대략 정오를 넘긴 듯했다.

소와 송아지를 몰고 오는 사람, 소 두 마리를 몰고 오는 사람, 닭을 안고 오는 사람, 팔초어(문어)를 들고 오는 사람, 돼지 네 다리를 묶어 짊어지고 오는 사람, 청어를 묶어 들고 오는 사람, 청어를 엮어 주렁주렁 드리운 채 오는 사람, 북어를 안고 오는 사람, 대구를 가지고 오는 사람, 북어를 안고 대구나 문어를 가지고 오는 사람, 담배 풀을 끼고 오는 사람, 미역을 끌고 오는 사람, 섶과 땔나무를 메고 오는 사람, 누룩을 지거나 이고 오는 사람, 쌀자루를 짊어지고 오는 사람, 곶감을 안고 오는 사람, 종이 한 권을 끼고 오는 사람, 짚신을 들고 오는 사람, 미투리를 가지고 오는 사람, 큰 노끈을 끌고 오는 사람, 목면포를 묶어서 휘두르며 오는 사람, 사기그릇을 끌어안고 오는 사람, 동이와 시루를 짊어지고 오는 사람, 돗자리를 끼고 오는 사람, 나뭇가지에 돼지고기를 꿰어 오는 사람, 강정과 떡을 들고 먹는 어린애를 업고 오는 사람, 병 주둥이를 묶어 차고 오는 사람, 짚으로 물건을 묶어 끌고 오는 사람, 버드나무 광주리를 지고 오는 사람, 소쿠리를 이고 오는 사람, 바가지에 두부를 담아 오는 사람, 사발에 술과 국을 담아 조심스럽게 오는 사람, 머리에 인 채 등짐을 지고 오는 여자, 어깨에 짐을 메고 어린애를 목덜미에 얹고 오는 남자, 어린애를 목덜미에 얹고 다시 왼쪽에 물건을 낀 남자, 치마에 물건을 담아 옷섶을 잡고 오는 여자, 서로 만나 허리를 굽혀 인사하는 사람, 서로 이야기를 나누는 사람, 서로 화를 내며 싸우는 사람, 손을 잡아끌면서 장난치는 남녀, 갔다가 다시 오는 사람, 왔다가 다시 가는 사람, 갔다가 또 다시 바삐 돌아오는 사람, 넓은 소매에 자락이 긴 옷을 입은 사람, 솜 도포를 위에 입고 치마를 입은 사람, 좁은 소매에 자락이 긴 옷을 입은 사람, 소매가 좁고 짧으며 자락이 없는 옷을 입은 사람, 방갓을 쓰고 상복을 입은 사람, 중 옷에 중 갓을 쓴 중, 패랭이를 쓴 사람 등이 보인다.

여자들은 모두 흰 치마를 입었는데, 혹 푸른 치마를 입은 자도 있었다. 어린애를 업고 띠를 두른 자도 있었다. 남자가 머리에 쓴 것 중에는 자줏빛 휘향(방한 모)을 착용한 자가 열에 여덟아홉이며, 목도리를 두른 자도 열에 두셋이었다. 패도(칼집이 있는 작은 칼)는 어린애들도 차고 있었다. 서른 살 이상 된 여자는 모두 조바위를 썼는데, 흰 조바위를 쓴 이는 상중에 있는 사람이다. 늙은이는 지팡이를 짚었고 어린애는 어른들의 손을 잡고 갔다. 행인 중에 술 취한 자가 많았는데 가다가 엎어지기도 하였다. 급한 자는 달려갔다. 아직 다 구경을 하지 못했는데, 나무 한 짐을 짊어진 사람이 종이 창밖에서 담장을 정면으로 향한 채 쉬고 있었다. 나도 역시 책상에 엇비슷이 기대고 누웠다. 세모인 터라 저잣거리가 더욱 붐빈다.

〈지는 해〉(오규원, 1941~2007)
그때 나는 강변의 간이주점 근처에 있었다. 해가 지고 있었다. 주점 근처에는 사람들이 서서 각각 있었다. 한 사내의 머리로 해가 지고 있었다. 두 손으로 가방을 움켜쥔 여학생이 지는 해를 보고 있었다. 젊은 남녀 한 쌍이 지는 해를 손을 잡고 보고 있었다. 주점의 뒷문으로도 지는 해가 보였다. 한 사내가 지는 해를 보다가 무엇이라고 중얼거렸다. 가방을 고쳐 쥐며 여학생이 몸을 한번 비틀었다. 젊은 남녀가 잠깐 서로 쳐다보며 아득하게 웃었다. 나는 옷 밖으로 쑥 나와 있는 내 목덜미를 만졌다. 한 사내가 좌측에서 주춤주춤 시야 밖으로 나갔다. 해가 지고 있었다.

'그래' 유감有感

어제, 독자와 대화다.

[독자] [오후 12:38] 주제넘은 한 가지 지적하자면…『사이비』2를 읽으면서도 생각했는데.. 글 쓰시면서 '그래'를 남발(?)하시네요. 위의 글에서도 굳이 "그런 글을 쓰고 싶고 그런 사람이 되고 싶었다. '여과된 감정, 발효된 사색에서 나오는 정 있는 그런 사람'이 그래 되고 싶었다. 그런 사람이."
[독자] [오후 12:39] 여기에 '그래'를 안 넣어도 무방하지 않을까요?

[독자] [오후 12:41] 죄송..ㅠㅠ

[휴헌 간호윤] [오후 12:44] 제 글 특징이랍니다.^^

[독자] [오후 12:51] 그렇게 말씀하시면 제가 할 말이 없습니다.ㅠㅠ

아래는 내 글쓰기 책 『다산처럼 읽고 연암처럼 써라』에 써놓은 글이다.

"구구절절이 모두 쓸 필요 없다는 말이다. 거미와 말을 쓰려면 거미줄과 말 발자취만 슬며시 써놓으면 된다. 거미줄에서 거미 찾고, 말 발자취 좇아 말 찾는 것은 독자 몫이다."

—『다산처럼 읽고 연암처럼 써라』, 소명출판, 2020, 206쪽

"이건창은 이제 '어조사 따위의 쓸데없는 말 구사할 겨를 없으며 속어 사용을 꺼릴 틈 없다'고 이어 놓는다. 쉽게 풀이해 보자. '글'은 글 쓰는 이 뜻을 전달하면 된다. 조사나, 부사 따위를 쓰지 않아도 뜻은 충분히 전달된다. 한문의 경우는 더욱 그렇지만, 한글 문장에서도 유념해야 할 사항이다. 글의 야무진 힘인 알심과 요긴한 내용인 알짬은 조사 아닌 명사에 들어 있기 때문이다."

—『다산처럼 읽고 연암처럼 써라』, 소명출판, 2020, 381쪽

*특히 주장하는 글 쓸 때, 부사 '어쨌든'은 쓰지 말아야 한다. '어떻게 되어 있든지 간에'란 뜻이다. 이 부사 한 단어만 있으면 앞에서 주장하는 논리와 신뢰성이 무너진다. '아무튼, 어쨌든지, 여하간, 여하튼, 좌우간, 어쨌건, 하여튼지, 하여튼, 좌우지간' 따위도 모두 같다.

내 글에서 '그래'라는 부사*를 찾아봤다. '다랑논에 허다한 피'였다. 피사리가 필요하거늘 독자와 대화에서 '특징' 운운이 가소로운 앙탈부림이다. 더욱이 독자 성향이나 나이, 지방색에 따라서도 꺼리거나 선호하는 글(어휘)이 다르다. 글 써 내놓으면 자연 비평이 있는 법이다. 지금껏 나름 글을 쓰며 회술레, 조리돌림, 덕석몰이를 당한 게 한두 번도 아니다. 글 최종이 독자 몫이기에 자연스런 반응이다. 글에서 잘되고 못된 것은 내게 달렸고 시비하고 칭찬하는 것은 남에게 있다. "줄이겠습니다." 한 마디면 됐다. 부끄럽다.

세상살이도 어렵지만 글쓰기는 더 난감하다. 왕희지는 못가에서 글씨를 익혔는데 연못 물이 모두 검어졌다고 한다. 오늘도 또 내일도

쓰는 한 손가락에 굳은 못이 박이도록 쓰고 또 써야 하는 이유다.

『연암 평전』 개정판을 내며

『당신, 연암』 개정판을 낸다. 개정판은 『당신, 연암』(푸른역사, 2012)의 오류를 바로잡는 데 그친 게 아니라 여러 곳을 수정·산삭·첨부하였다. 제목도 아예 『연암 평전』(소명출판, 2019)으로 바꿨다. 연암 선생 목소리는 더 넣었다.

> "선생은 삼교三敎, 유교·불교·도교에 출입하고 구류九流, 유가·도가 등 여러 학파에 통달하였으며 문장은 좌씨, 장자, 사마천의 진수를 죄다 얻었다. … 장강대하가 일사천리로 흘러들어 … 그가 차지하는 위치는 당·송 제가 사이에서 한퇴지나 소동파와 같으니 어찌 기이하지 아니한가."(민병석)

> "기운은 육합에 차고 재주는 천고에 비할 자 없으며 문장은 족히 만군萬群을 압도하겠다."(홍길주)

> "예원藝苑, 문장계의 이른바 신품神品에 해당한다."(김택영)

> "문장 중의 신선이다."(심종우)

모두 내로라하는 문장가들이 연암 선생 글을 두고 한 말이다. 우리 소설사를 최초로 정리한 김태준金台俊(1905~1950)*은 이런 연암 선생 글에 대한 찬사를 두고 "제우스 전당에서 신공神功을 찬송하는 무리와 무엇이 다를까? 동방에 한자가 수입된 이후 처음 보는 찬사이리라."(『조선소설사』, 학예사, 1939, 172쪽) 하였다.

그러나 이런 연암 박지원 선생을 우리는 어떻게 대하는가? '그러나'라는 역접사를 붙여야만 하는 이유를 꼭 조목조목 써놓아야만 알

*'고소설을 최초로 정리한 슬픈 천재 김태준'. 이 정도로 한국문학사에 자리매김해야 한다.

현재 모든 고소설 연구는 『조선소설사(朝鮮小說史)』의 각주에 불과하다! 『조선소설사』 이 다섯 글자를 우리가 처음 본 것은 엄혹한 일제치하인 1933년이다. 집필을 시작한 지 3년 만이었다. 동아시아에 최초로 '소설'이란 이름을 부여한 장주로부터는 2200여 년이요, 이 땅에서 소설이 시작된 뒤로도 근 1000여 년, 비로소 그 자취를 갈무리하는 기념비인 저서를 김태준이 썼다. 우리 문학사 최초로 설화시대부터 일제치하까지 중요한 소설사 맥을 정확히 짚었다. 『조선소설사』 이후, 여러 선학들에 의해 지어진 우리 고소설사는 사실 『조선소설사』를 참조하지 않은 서적은 단 한 권도 없다.

이 『조선소설사』를 지은 이가 바로 군사정권시절 '김○준'으로 배웠던 김태준이다. 호를 천태산인(天台山人)이라 한 김태준은 공산주의자였다. 그는 남로당 문화부장 겸 특수정보 책임자로 지리산 빨치산들을 대상으로 특수문화 공작을 하다가 국군토벌대에 체포되어 서울 수색 형장에서 총살되었다. 민족의 비극은 이렇게 또 한 사람의 천재를, 국문학계의 큰 별을 비운에 보내야만 하였다. 그 날 이후 '김태준'의 이름은 '김○준'이 되었다. 그의 이름 석 자는 남한에서 부르는 것 자체가 금기였다. 그렇게 이승만, 박정희, 전두환 정권을 거친, 1988년에야 비로소 우리에게 김태준으로 돌아왔다. 그가 수색에서 처형된 지 40년에서 한 해 모자란다. 이념이라는 것이 문학에까지 이토록 잔인하게 대했다.

까? 특히 연암 글쓰기는 더욱 안타깝다. 선생 글쓰기 세계는 문장론이며 문학론까지, 그야말로 세계 어느 곳에 내놓아도 통할 정도로 수준 높다. 내 나라 문인, 우리 고전만 두남두자는 국수주의나 전공이기가 아니다. 연암 선생이 '세계에 내세울 만한 문호'임을 우리가 몰라준다면 누가 알아주겠느냐는 말이다.

지난 천 년 동안 가장 영향력 있는 인물로 영국 사람들이 뽑은 인물은 글 이외에는 아무런 재산도 권력도 없었던 윌리엄 셰익스피어William Shakespeare였다. 그들은 이 '셰익스피어를 인도와도 바꾸지 않겠다'고 한다. 옆 나라 프랑스는 '의회에서 영어를 쓸 수 없다'는 규정을 만들었다.

이 글을 쓰는 오늘, 우수雨水에 서설瑞雪이 내린다. 온 천지가 하얗게 덮였다. "우수 뒤에 얼음같이"라는 속담이 있다. 이는 추위가 슬슬 녹아 없어진다는 뜻이다. 이제 경칩이 지나면 봄기운이 돌고 초목은 싹트리라. 아래는 연암 선생이 열반한 주공 스님을 위해 지은 「주공탑명塵公塔銘」*을 제자 이덕무가 비평한 글의 일부다. 이덕무는 연암 선생을 선생으로 모셨다. 『종북소선』에 실려 있다.

*「주공탑명」은 입적(入寂)한 주공 스님을 위해 제자가 부도[탑]를 세우려 연암에게 글[명]을 청하여 써준 '묘지명'이다. 그런데 제자가 꽤 수선을 떨었나 보다. 연암은 부도를 세우고 글을 써준들 세상 떠난 주공에겐 '텅 빈 그릇'일 뿐이라 한다. 행간이 미묘한 깨달음을 다룬 글이지만 난 꼭 읽을 때마다 우리 교육이 어른거린다. 졸업장만 덩그러니 남은 것 같아서다.

"껄껄! 저 주공 스님은 과거 물거품이요,

이 글을 지은 연암 선생은 지금 물거품이며,

지금으로부터 백천 년 뒤 이 글을 읽는 자네는 미래 물거품일세."

물거품에 비친 모든 사물은 '물거품'과 함께 사라진다. 주공 스님도, 연암 선생도, 이 글을 쓴 이덕무도, 미래에서 지금이 되어 이 글을 읽는 우리도, 그리고 미래에 이 글을 읽을 자네들도 모두 물거품처럼 사라지게 된다. 물거품이 되기 전에 한번쯤 더 물거품에 비친 나를 내려다본다.

우숫날에 휴휴헌에서 휴헌 삼가.

글쓰기 길도 그렇다

막문서래급여동莫問西來及與東, 서쪽에서 왔느냐 동쪽에서 왔느냐 묻지 마라

〈십현담+玄談〉에 보이는 글귀이다. 〈십현담〉은 당나라 선승 동안상찰이 조동종曹洞宗, 중국 선종 오가칠종 한 파의 실천 지침 등을 칠언율시 형식으로 노래한 10수 게송이다. 만해 선생은 〈십현담 주해〉에서 "심춘막수향동래尋春莫須向東來, 봄을 찾되 모름지기 동쪽으로만 향해 가지를 마라 서원한매이파설西圓寒梅已破雪, 서쪽 동산 매화도 이미 눈 속에서 몽우리가 맺혔도다"라 평비하였다.

봄은 동쪽에만 오지 않는다. 서쪽이 비록 한겨울일지라도 매화는 몽우리 맺을 싹을 틔운다. 남쪽이든 북쪽이든 경우는 동일하다. 왜 한 방향으로만 가야 하는가. '서쪽에서 왔는지? 동쪽에서 왔는지?' 물을 이유도 없다. 어느 대학을 나왔는지? 어느 회사를 다니는지? 어떠한 직업인지? 무엇이 그리 궁금한가. 물을 이유도 없고 가치 평가도 말아야 한다. '제 각각 제 길을 가면 그것으로 된다.'

모두 가는 동쪽을 마다하고 다른 방향으로 가는 데엔 꽤 큰 용기가 따른다. 남이 가지 않는 내 길 가는 것은 꽤나 고독한 행위여서이다. '글쓰기 길'도 그렇다.

잔반殘飯, 먹다 남은 찌꺼기 밥, 냉갱冷羹, 차디 찬 국 같은 글을 쓰지 마라

수주樹州 변영로卞榮魯(1898~1961) 선생은 문인들을 불구로 보았다.

"문인의 오활迂闊, 사리에 어둡고 세상 물정을 잘 모름, 곡색曲塞, 굽고 막힘, 편파偏頗, 치우쳐 공평하지 못함, 빈혈, 사무적 무능을 말하였지만 그보다 한층 더 불구적이고 불건전한 것은 '지나친 필요를 지나는 다감'과 '우치愚癡, 어리석은 바보에 가까운 자존自尊', '턱없는 자기 신뢰증'이 몇 예외 뺀, 문인 기질의 통성[공통되는 성질]일 것이다."*

*'-것이다.' 되도록 줄여라. 문인들이나 글깨나 쓰는 이들 글밭에 잡초가 무성하다.

*글공부하는 이라면 '자존감'이 있어야 한다. 고려 말 학자 이인로(李仁老, 1152~1220)는 『파한집』에서 '이 세상에서 가장 귀한 게 문장'이라며 글 쓰는 이로서 자존감을 한껏 드러냈다.

"이 세상 모든 사물 가운데 귀천과 빈부를 기준으로 높낮을 정하지 않는 사물은 오직 문장뿐이다. 훌륭한 문장은 마치 해와 달이 하늘에서 빛남 같다. 구름이 허공에서 흩어지거나 모임을 눈 있는 사람이라면 보지 못할 리 없으므로 감추지 못한다. 가난한 선비라도 무지개같이 아름다운 빛을 후세에 드리운다. 조맹(趙孟, 춘추시대 진나라 귀족)의 세도가 나라를 부하게 만들고 집안은 넉넉할지라도, 문장에서만큼은 모멸 당한다."

수주는 문인들을 온전치 못한 인간으로 보았다. 지나치게 정이 많고 감정이 풍부하며, 어리석은 바보에 가까운 자존감,* 그리고 턱없이 자기 자신을 믿는 신뢰증자들이기 때문이다. 혼자 있으면 '자기 자신을 자찬自讃'하고 모였다 하면 '서로 값싼 칭찬인 호찬互讃'만 한다며 경멸한다. 그렇기에 수주는 양심이 있어야 할 문사들이니, "공정하고 현명한 자폄自貶, 자기 폄하"과 "인색한 감정이나 불순한 주장이나 누열陋劣, 천하고 비열함한 사혐私嫌, 개인의 사사로운 혐의에 끌리지 않는 정도로 호폄互貶, 서로 폄하"을 하면 서로 글이 계발되기에 '호폄회互貶會, 혹은 自貶會'를 만들자고 주장한다.

특히 수주는 "말은 다채多彩, 여러 가지 빛깔이 어울려 아름다움하여야 하겠지만 글은 더욱 그러하다"며 문채가 다양하지 못한 당대 글을 단조로운 '외구멍 피리'에 비유하였다. 또한 「추수追隨 유화有禍」에서 외국문학을 추수하여 모방하거나 번역에 경도된 문단계를 "잔반殘飯, 먹다 남은 찌꺼기 밥, 냉갱冷羹, 차디 찬 국"으로 목숨을 이어가는 참경慘境, 참담한 지경으로까지 경멸한다. 또 같은 글에서 수주는 "조선을 배경 삼고 조선인 생활을 그렸다지만 '조선 같지도 않고 조선인 생활 같지도 않은 치졸한 작품이 비일비재' 아니냐?"라며 냉소한다. 이 글줄로 유추하자면 수주가 바라는 글은 '조선을 배경 삼고 조선인 생활을 그린 글'이다.

수주가 이렇게 당대 문단에 대해 비판을 가한 것은 문인 임무가 커서였다. 수주는 우리 문단 큰 별이 없음을 안타까워하며 이렇게 말한다.

"큰 별이 없는 이상에는 우리 문인은 '각자 큰 별이 되어야 하겠다'는 호대浩大, 큰 기상한 기개와 자신을 가지고 용매勇邁, 용감히 매진함하여야 한다. 우리 문인의 임任, 임무이 이다지 크고 무서운 이상에는 무엇보다 자준하여야 할 것은 물론이다. 귀한 자녀를 낳으면 태교를 잘하여야 할 것처럼 우리 조선 민족의 대 문학을 산産, 낳음하려 함에 어찌 큰 치성을 아니 드리랴? 어찌 값싼 부명浮名, 헛된 명성에 끌려 '일분[한푼]의 값이 없는 문장 제조가'가 될 것인가? 어찌 예술적 양심이 마비하여 남 글을 표절하고 모방함을 주저 없이 하여 민중을 기만하려 하는

'야비한(자기 공명심을 채우기 위한) 위조 문학'을 쓸 것인가?"

　수주는 "'조그마한 감정'을 없애고 깊은 이해와 큰 동정으로 '시와 청춘과 눈물과 불(화염)과 사랑의 왕국'을 건설하고 연장"하자고 호소한다. 문인 소리는 못 듣지만 국어 선생인 나다. 말하고 글 쓴다는 게 독하게 어렵다. 수주 변영로 선생 글을 읽으면 아예 등골이 서늘하다. 내 깜냥이 적으니 호대한 기상은 없을지라도 용매야 못하겠는가. '자폄회' 하나 조직하고 '외구멍 피리'는 불지 말자. 시와 청춘과 눈물과 불(화염)과 사랑의 왕국을 건설하는 글은 못 쓸지라도 잔반과 냉갱 같은 글은 쓰지 말자. 값싼 명성 바라지도 말고 위조 문학이나 쓰는 문장 제조기는 더욱 되지 말아야겠다.

채점* 유감

"아니! 어떻게, 이럴 수가!"

　기말고사 채점을 하여 학점을 낼 때면 신경이 곤두선다. 제 아무리 평가를 객관화해도 늘 마음이 편치 못하다. 자연 학생들이 제출한 글을 몇 번씩 되읽기도 한다. 그런데 눈을 씻고 다시 보았다. 틀림없는 내 글이기 때문이다. 학생은 토씨하나 바꾸지 않고 그대로 옮겼다.

　"우리나라 독서율이 이런 발자국 따라가기 아닌가 하여 몇 자 덧놓는다. 중고등학생은 그렇다 해도 초등학생, 특히 유아기 독서 열풍은 바람직하지 못하다. 유아기 과잉독서는 책의 의미를 몰라 기계 돌아가듯 글자만 읽기에 지나지 않기 때문이다. 이를 '하이퍼렉시아Hyperlexia, 과잉독서증'라 하는데, 끝내는 유사자폐로 이어진다는 게 의학계의 진단이다.

　소설 속 이야기지만 세르반테스의 〈돈키호테〉에 '그는 지나치게 책 읽는 일에만 빠져들어 무수한 밤을 책을 읽느라 지새웠고, 책을 읽으면 읽을수록 책 속에서 헤어 나오지 못했다. 그러다 보니 잠자는 시간은 점점 줄어들고 책을

*채점을 할 때는 나름 평가기준을 마련한다. 요즈음은 이를 루브릭(rubric)이라 한다. 루브릭은 라틴어 루브리카(rubrica)에서 온 말로 '붉은색 잉크'라는 뜻이다. 수정을 붉은색으로 하였기에 후일 학습자 성취 정도를 평가하는 기준이란 의미로 정착됐다. 내가 '평가 기준'에서 가장 중요하게 보는 것은 '수업에 임하는 학생의 마음가짐'이다. 이는 주제의 참신성에서 드러난다.

읽는 시간은 많아져서 머릿속은 텅 비고 마침내 이성을 읽어버렸'라는 대목은 반드시 밑줄 쳐야 한다. 아무런 의심 없이 책이 챙겨주는 정답을 외우는 돈키호테의 독서행위는, 책을 읽는 게 아니라 책에게 읽히는 것임을 깨달아야 한다."

자기 주견을 굳건히 다진 뒤에야 내 뜻으로 책을 읽어야 한다. '아롱이다롱이 글'은 여기서 사라진다. 에디슨이 1,093개 특허를 따고, 세계 인구 0.2% 유태인이 노벨상 수상자 22%를 배출했으며, 시카고 대학이 인문고전 100권을 읽게 하여 노벨상 왕국이 됐다는 등, 지식 나부랭이나 몇 추스르거나 울레줄레 남들 따라 시험이나 영달을 위해 줄이나 긋고자 책을 잡는 독서로는 결코 '사마천 마음'을 읽지 못하고 '연암 꾸지람'도 피하지 못한다. 글을 읽는 이라면 마땅히 자기 주견을 굳건히 한 뒤에 내 뜻으로 읽어야 한다. 더욱이 남 글 '표절은 절대 안 된다'고 그렇게 수업 중에 강조를 했고 '내 생각만 쓴다는 다짐장'까지 받았다.

내 블로그 글을 누군가 인터넷상에 올려놓았고 이 글을 저 학생이 '글쓰기와 토론' 기말시험으로 제출하였다. 앞과 뒤에 서너 줄만 학생 글이었다. (다른 제출 과제도 모두 C였다.)

지금까지 선생 노릇을 30년 넘게 했다. 자기 교수 글을 글쓰기 과제로 제출했다는 이야기는 듣지도 보지도 못하였다. 코로나 19로 재택 강의를 했지만 나름 열심히 강좌를 촬영하여 올렸다. 여러 차례 '정직한 글쓰기가 바른 글쓰기'라는 점도 강조하였다. 명색이 대학생으로서 상식을 벗어난 행동이기에 전화를 걸까 하다가 그만 두었다. 당연히 나는 꾸지람을 심하게 하고 학생으로서는 참 난감한 처지이기에 F학점을 주면 알리라 생각했다.

그것은 내 생각이었다. 저 학생은 F학점 받은 이유를 모르겠다고 당당히 성적에 이의를 제기하였다. 나는 도리 없이 F인 이유를 꾸지람 섞어 말해주었다. 글쓰기 강의에서 선생과 제자로 한 학기를 만났건마는 이쯤 되면 선생도 선생이 아니요, 제자도 제자가 아니다. 지나가는 행인도 아닌, 인연으로 만난 '사제 간'이란 말이 참 무색하다.

신경숙 작가 표절 시비를 보며

1.

신경숙 작가 표절에 대한 창비의 입장 번복을 다룬 글을 보았다. 한 마디로 우리 문학계 부패를 보는 듯해 딱하다.

글을 쓰는 사람들은 대충 창비를 안다. 대한민국 문학계에서 그들만의 리그를 충실히(?) 지키는 오만한 순혈 추종 집단임을 누가 모르나. 누군가에게 농담으로 들은 말이 생각난다. "프랑스는 다섯 명 이상이 모이면 당이 만들어지고, 한국은 다섯 명 이상이 모이면 5미터 연줄이 생긴다"고 하였다. 농담이라지만 언짢다. 나 역시 책을 출간하려 창비에 전화를 하였다가 창비라는 그들만의 '니캅을 쓴 눈'으로 작자든 독자든 본다는 것을 알았다. '움켜쥔 주먹손'으로는 악수하지 못한다는 절대 진리를 그때 알았다.

독자들 분노로 분명한 표절을 두둔하던 태도를 바꾼 것도 그렇거니와 "충분히 제기할 법하다는"이란 문장은 또 뭔가? "—인정합니다"라 해야가 맞다. "—할 법하다"는 무책임하고 추상인 의미가 강한 보조 형용사를 쓴 이유가 무엇인가? 마치 똥 싸는 것을 누구에게 보이자 엉거주춤 일어서며 고의춤 여민 꼴이다.

참 오만한 그들만의 리그에서나 사용하는 '그럴 법한 용어'일지 모르나 순결함으로 마음을 도스르고 붓을 잡아 끼닛거리 잇는 자 치고는 꽤 치졸하다. '창작과 비평'이란 글자가 부끄러워 저들에게 손해배상청구권을 행사할 법하다.

2.

신경숙 작가 표절 문제가 새로운 물줄기를 타고 흐른다. 한국사회문제연구원장(무엇을 하는 단체인지 필자는 알 수 없다)이 고발을 해서 이 문제가 문학계 자정에 맡겨야 한다는 측과 법정으로 가야 한다는 측으로 나뉘어 설전이 오간다. 그동안 켜켜이 쌓인 한국문단 및 출판 문제가 그 추한 맨살을 드러낸 듯하다.

관람자로서 흥미롭기도 하지만 한 편으론 딱하다는 생각이다. 이번 표절 작가는 한국문단 거목이기에 더욱 그렇다. 거목 뒤에는 저자, 비평가, 출판사가 나누어 가진 이문이 있다 . 그들 '이문'은 독자들 쌈짓돈임은 굳이 말할 필요조차 없다.* 이 쌈짓돈으로 만든 한국문단 거목은 제 몸조차 가눌 수 없는 공룡이 되어 버렸다. 비대해진 공룡은 더 이상 공룡이 아닌 죽어가는 공룡일 뿐이다.

작가는 인정물태人情物態, 사람살이와 사물 모습를 기록하는 이다. 작품 속에는 그 시절이 들어 있는 이유다. 한국문단 거목이던 그 작가 그 시절이, 이웃 나라 작가 문장을 표절한 그 작품이었다면, 이를 어떻게 한국문학사에 기술해야 한단 말인가? 먼 훗날 후배 문인들이, 우리들이 친일 문학가를 찾아내듯 그러해야 하는가?

이번 기회에 반드시 이 문제를 짚어야 한다. 그동안 한국문단에 이런 문제는 내로라하는 비밀이었다. 그 한 예로 전상국 선생의 『우상의 눈물』을 패러디한 이문열의 『우리들의 일그러진 영웅』 같은 경우도 되짚어보아야 한다.

'글쓰기는 글짓기가 아니다.' 글짓기는 꾸밈으로 작위이지만 글쓰기는 마음에서 우러나온 것을 쓴다. 마음에서 우러나온 글은 생명은 걸지 못하더라도 '작가 영혼'을 걸었다. '양심이 살아 숨 쉬는 글'은 여기에서 나온다. 그렇게 써야만 '아롱이다롱이 글'은 나오지 않는다.

그럭저럭 국문학 밥을 먹은 지도 30년이 넘는다. 그동안 20여 권 책을 내고 내 머리에도 제법 백발이 내려앉았다. 글 쓰는 이와 출판사(출판인)도 제법 보았다는 뜻이다. 문제는 그 글 쓰는 이와 출판사 중 마음으로 글을 쓴 이 몇이며 진정한 작가 발굴을 하려한 출판사가 몇이나 될지 의문이다. 굳이 수치로 환산하자면 글 쓰는 이든, 출판사든, 단 세 손가락을 제대로 꼽지 못하겠다.

학문을 한다는 분들(나 역시 이 문제에서 벗어날 수 없다)이라고 다르지 않다. '책 따로 나 따로인 서자서아자아는 학계에서 흔히 보는 풍경'이다. 모쪼록 내 글 또한 자음과 모음 사생아가 아닌지 살필 일이다.

(이 글을 쓰는 데 또 "신경숙 '표절 논란' 이어 소설 제목 도용 의혹…윤희상

시 제목과 일치"라는 제하 글도 인터넷상에 떠돈다.)

3.

참 딱하다.

신경숙 씨의 경향신문 인터뷰를 보았다. 표절은 우연이고 제목은 알면서 하였다며 "발등을 찍고 싶다" 하였다. 그러며 왜 발등을 찍고 싶다 하는지 그 이유는 모르겠단다. 글 쓰는 이로서 최소한 도덕성마저 잃은 저 '일그러진 한국문학 우상'에게 작가로서 '시대 고민'과 '양심의 사자후'는 언감생심이다. '표절'에 내성이 생기거나 항체가 단단히 형성된 듯하다.

"ㅡ할 만하다"라는 '창비 어법'과 "표절인 듯 아닌 듯, 나도 몰라 발등을 찍고 싶다"라는 '신경숙스럽다 어법'까지 표절 관련 신조어로 사전에 등재할 만하다.

대한민국 글쟁이들 난장판을 보고 있자니, 글자들에게 참 면구스럽다. (이하 각설.)

(아래는 '표절 문장'이다. 이것이 우연 일치라면 그야말로 '귀신이 곡할 노릇'이다. 비록 '한국문학사에 뼈아픈 환지통幻肢痛'을 앓을지라도 이 기회를 놓쳐서는 안 된다.)

"두 사람 다 실로 건강한 젊은 육체의 소유자였던 탓으로 그들 밤은 격렬했다. 밤뿐만 아니라 훈련을 마치고 휴먼지투성이의 군복을 벗는 동안마저 안타까워하면서 집에 오자마자 아내를 그 자리에 쓰러뜨리는 일이 한두 번이 아니었다."

ㅡ미시마 유키오, 김후란 옮김, 『우국(憂國)』

"두 사람 다 건강한 육체의 주인들이었다. 그들 밤은 격렬하였다. 남자는 바깥에서 돌아와 흙먼지 묻은 얼굴을 씻다가도 뭔가를 안타까워하며 서둘러 여자를 쓰러뜨리는 일이 매번이었다."

ㅡ신경숙, 『전설』

4.

　　"저희는 그간 내부토론을 거치면서 신경숙의 해당 작품에서 표절 논란을 자초하기에 충분한 문자적 유사성이 발견된다는 사실에 합의했습니다. 하지만 동시에 그런 유사성을 '의도적 베껴쓰기로 단정할 수는 없다'고 판단했습니다. 그렇다면 무의식적*인 차용이나 도용도 포함하는 넓은 의미의 표절이라는 점이라도 신속하게 시인하고 문학에서 '표절'이 과연 무엇인가를 두고 토론을 제의하는 수순을 밟았어야 했는지도 모릅니다."

*이 글에서도 '-적'을 남발한다.

　　과연 '창비스럽'고 그 창비를 이끄는 '백낙청교수스럽다'. 글 쓰는 이로서 양심 부고장이라도 발송하려는 것일까? 신경숙 글에서 "표절 논란을 자초하기에 충분한 문자적 유사성이 발견"됐다면서, "그런 유사성을 의도적 베껴쓰기로 단정할 수는 없"기에 "표절이 아니"라는 글이다. 결국 신경숙 글은 '표절 논란을 부를 만큼 문자적 유사성은 있었지만 의도성이 없었기에 표절이 아니다'라는 아이러니한 문장구조이다. 신경숙 속내를 훤히 꿰는 "의도성이 없었다"는 저 문장은 또 어떻게 이해해야 할까?

　　더욱이 뒤에 이어지는 '출판권력 운운…'은 더 이상 대꾸조차 못하게 만든다. 저 글을 보면 저이들은 문학권력도 아닌 끊임없이 자기발전을 꾀하는 성스런 작가집단이다. 더욱이 백낙청 선생 "반성과 성찰은 규탄 받는 사람에게만 요구할 일은 아닐 테니까요"라는 말에서 누가 누구에게 반성과 성찰을 구하는지조차 혼돈하게 만든다.

　　서울대 명예교수이고 창비를 만든 백낙청 선생이고 보면, 저 말씀을 '여든에 이 앓는 소리'라고도 못한다. '여드레 삶은 호박에 송곳 안 들어갈 말'이라는 속담이 있다. 조금도 이치에 맞지 않는 말을 할 때 쓴다. 저들로서 보면 신경숙 글을 표절이라 하고 창비를 문학권력이라 하는 이들이 이 속담 대상이요, 신경숙 글을 표절이라 하고 창비를 문학권력이라 하는 이들로서 보면 저들이 이 속담 주인공이다.

　　"잘못했습니다." 한 마디면 될 것을, 커져버렸다. "표절이 아니다"

와 '창비스럽다' 초과배란 어휘들, "발등을 찍고 싶을 정도지만 표절이 아니다"라는 '신경숙스럽다'를 거쳐, 이제는 아예 "표절도 아니고 문학권력도 아니다"라는 '백낙청교수스럽다'까지. 정말 이 나라 문단을 쥐락펴락하는 저들 글쓰기 장소는 문단文壇이 아닌, '소음騷音이 난분분하는 소단騷壇'인가보다.

글쓰기 어려움을 '소단적치騷壇赤幟, 전쟁하는 마음으로 글을 써라' 넉 자로 정리하며 '향원鄕愿, 사이비은 죽어도 아니 되겠다' 하던 연암 선생 말씀이 생각나는 오늘이다.

스스로 깨달아 아는 것일 뿐이다: 문패달기

5. 서도(書道, 쓰는 길): 집 찾기

집이 완성됐다. 내가 지은 집이기에 내 문패를 달듯이, 글 제목을 단다. 글은 반드시 내 것이어야만 한다.

'잘 써도 내 글, 못 써도 내 글이다.' '지속 가능한 세계화는 표준화부터–ISO국제표준화기구!' 어느 책에서 보았는데 섬뜩해 머릿속에 각인되었다. 글쓰기를 이렇게 규격화하려는 사람이나 책을 보면 9옥타브는 됨직한 욕설을 해대고 싶다. 천부당만부당하다. 고려 대 문호 목은牧隱 이색李穡(1328~1396)은 글쓰기의 최종을 '자득이이自得而已, 스스로 깨달아 아는 것'일 뿐이라고 단정 지었다. '자득'은 스스로 깨달아 얻음이니, 남명 조식曺植(1501~1572)에게는 성성자惺惺子다. 남명은 쇠방울인 성성자를 차고 다녔다 한다. 성성자란 깨달음을 얻고자 정신을 깨우는 방울이다. 남명의 성성자를 '글쓰기는 스스로 깨달아야 한다'로, '글쓰기를 결코 배운 대로 따르지 말라'는 의미로 새긴들 영락없다.

　'배운 대로 따르지 말라' 함은 글쓰기에 변화를 주라는 의미다. 글쓰기의 성성자는 '옛것을 배워 새것을 얻음이요, 묵수가 아닌 변화'이기 때문이다.

호적에게 배우는 글쓰기

중국 유명한 문학가인 호적胡適(1891~1962)은 그의 「문학개량추의」에서 다음과 같이 여덟 가지 문장작법 유의사항을 적어놓았다. 결국 '자기 글을 쓰라는 조언'이다. 야무진 글쓰기란 동서고금이 크게 다르지 않으니 살펴보자.

① 언어만 있고 사물이 없는 글 짓지 마라

즉 허황된 관념만으로 꾸미지 말라는 것: 실상은 저만치 두고 글 자랑만 하는 글들이 많다. 선전 문구, 책 소개 글 따위에서 흔히 본다. 이런 글들은 글쓴이 진정성이 없다. 글은 손가락이 아닌 마음으로 써야 한다. 서너 자 글귀지만 일생 정열을 쏟으려는 마음가짐이 필요하다.

② 병 없이 신음하는 글 짓지 마라

공연히 '오! 아!' 따위 애상에 쏠리지 말라는 것.

③ 전고典故를 일삼지 마라

전례前例, 이미 있었던 사례와 고사故事, 이미 있었던 일를 많이 쓰지 말 것: 고사성어 같은 것을 지나치게 쓰지 말라는 것일 뿐이다. 문장을 읽다가 한 번씩 만나는 고사야 나무랄 게 아니다.

④ 난조투어爛調套語를 쓰지 마라

쓸데없이 허황한 미사여구, 혹은 상투어를 쓰지 말라는 것: 역시 지나치지 말라는 것일 뿐이다. 문장을 읽다가 한 번씩 만나는 미사여구는 나무랄 게 아니다.

⑤ 대구를 중요시하지 마라

지나치게 수사법을 쓰지 말 것: 수사법은 글쓰기에서 중요하다. 연암은 임기응변으로 수사를 들었다. 다만 지나친 것은 금물이다.

⑥ 문법에 맞지 않는 글 쓰지 마라

문장은 문법에 맞게 써야 한다. 초보자는 특히 단문을 써라. 특히 '맞춤법'은 반드시 익혀야 한다.

⑦ 고인을 모방하지 마라

남 글을 지나치게 모방하지 말라는 것: '고마문령瞽馬聞鈴'이라는 말이 있다. '눈먼 망아지가 워낭 소리를 듣고 따라 간다'는 뜻으로, 남이 하는 대로 따라 하는 것을 이르는 말이다. 작가가 되고자 하는 이들 습작을 보면, 선호하는 작가 글을 몇 번씩 그대로 쓰곤 한다. 좋은 글 모방은 글쓰기에 많은 도움을 주지만, 고마문령이 되어서는 곤란하다. 더욱이 인용임에도 자기 글처럼 속이면 글 도둑질이다.

⑧ 속어, 속자를 쓰지 마라

비속한 표현을 지나치게 쓰지 말라는 것: 그러나 연암은 비속한 말도 모두 문장에 쓰일 수 있다고 하였다. 꼭 써야 할 자리라면 문제될 게 없다. 명문장가 글쓰기 비법이라고 무조건 따라갈 게 아니다.

나만이 쓰는 내 글

시는 틀 없애고 그림은 격을 없애	詩不套畫不格시불투화불격
형식을 뒤집어 좁다란 길 벗어나자	翻窠臼脱蹊徑번과구탈혜경
앞서간 성인 길을 따르지 않아야만	不行前聖行處불행전성행처
바야흐로 훗날 참다운 성인 되리라	方做後來眞聖방주후래진성

연암이 〈우상전〉을 지어 추모한 18세기 또 한 사람 글쓰기 고수인, 비운의 역관 시인 이언진李彦瑱(1740~1766)*의 〈동호거실衕衚居室〉에 보이는 시구이다. 나는 내 글을 쓰려고 안간힘을 쓴다. 남들과 다른 글, 누구와도 같지 않은 나만이 쓰는 내 글.

*대대로 역관 출신 집안에서 태어났기에 신분이 거기까지였다. 20세에 역관 시험에 합격하여 사역원주부가 되었고, 1763년 역관으로 일본에 다녀왔다. 이때 일본에서 문명을 날렸다. 그러나 그의 재주는 신분상 역관에 27세 요절로 빛을 보지 못했다. 죽기 전 모든 초고를 직접 불살라버려 남아 있는 것이 별로 없다. 초고를 불사를 때 그의 아내가 빼앗아둔 일부 원고가 『송목관신여고(松穆館燼餘稿)』라는 이름으로 편집되어 전한다.

연암 박지원은 이를 안타깝게 여겨 소설 〈우상전〉을 지었다. 〈동호거실〉은 6언 절구 157수 연작시이다. 그의 시는 자유로운 의식에서 발생한 독창성이 뛰어나다. '동호거실'은 '길가의 집 방' 정도의 의미다.

다시 그의 글 한 구를 더 읽어본다.

어리석은 이 총명한 이 모두 썩으니	痴獃朽聰明朽치애후총명후
흙은 사람 아무나 가리지 않는구나	土不揀某某토불간모모
토원책兎園冊* 약간만이 남아서	兎園冊若토원책 한 권을 낮춰 부르는 말.
천 년 뒤에 나를 증명하겠지	吾證吾千載後오증오천재후

자기가 제 스스로는 아니라네

**콜린 윌슨(1931~2013)은 영국 평론가 겸 소설가다. 1956년 출간한 『아웃사이더(The Outsider)』 한 편으로 일약 문호의 반열에 올랐다. 글 자체도 대단하지만 2차 세계 대전 이후 영국 젊은 작가들의 '앵그리 영맨(Angry Young Men, 성난 젊은이들)'에 편승해서이다.

사회에 부적응한 자, '아웃사이더'라 부르는 이들이다. 콜린 윌슨 Colin Henry Wilson**이 24세에 썼다는 『아웃사이더』(이성규 역, 범우사, 1974)를 다시 읽는다.

사르트르의 〈구토〉, 앙리 바리뷔스의 〈지옥〉, 카프카의 〈이방인〉, 로렌스의 『지혜의 일곱 기둥』, 헤세의 〈황야의 이리〉, 토마스 만의 〈파우스트 박사〉, 고호의 〈북극의 회상〉, 엘리엇의 〈황무지〉, …무용가 니진스키에서 『장자』, 라마크리슈나에 이르기까지 그야말로 천재의 종횡무진 글쓰기다.

놀랍게도 이 책을 지은 콜린 윌슨은 16세에 학업을 중단하였다. 그는 비숙련 노동을 하고 19살에 가정을 꾸렸음에도 놀라운 업적을 남겼다. 그가 말하는 아웃사이더의 근본 문제는 "일상의 세계에 대한 본능적인 거부이며 그 일상 세계가 무언가 지루하고 불만족스럽다고 느끼는 데 있다"(417쪽)고 하였다. 그리고 답을 이렇게 말한다. "문제들은 그것이 존재하지 않는 것처럼 외면하거나 가장하지 않고 그 자신의 독특한 방법으로 해결해야 한다"(418쪽)고.

결국 콜린 윌슨 말은 '모든 문제 수원지水源池는 자기 자신이요, 해결 또한 자기 자신'이라는 말이다. 일상 세계에 대한 불만족은 누구에게나 있다. 그렇기에 "아웃사이더나 모든 인간이나 그 목적은 마찬가지이기 때문이다"(89쪽)라는 말도 꽤 설득력 있어 보인다. 나아가 "인생을 되는 대로 사는 대신 '이렇게 살 것인가?'에 관심을 가진 인간은 자연히 아웃사이더다"(96쪽)라는 결론도 가능하다. 문제는 '느낌(감각)'과 '생각(정신)'만이 아닌 '행동'이다.

생각(정신·감정)과 행동, 로렌스는 '나는 감정을 통해서가 아니라 정신을 통한 통찰이다' 하였다. 콜린 윌슨은 고호에게 '정신이 아닌 감정'을 찾아냈다. 그렇다면 행동인 육체는? 윌슨은 니진스키를 찾았다. 무용가 니진스키는 "나는 부동의 인간이 아니라 동적인 인간이다"라 한다. 콜린 윌슨은 니진스키를 '나는 정신도 감정도 아닌 육체를 통한 통찰이다'라는 문장에서 찾아냈다. (안타까운 것은 이 로렌스, 고호, 니진스키, 세 사람 모두 각자로서는 온전한 삶을 꾸리지 못하였다.)

콜린 윌슨은 느낌(감각)과 생각(정신), 행동, 이 셋이 온전해야만 진정한 아웃사이더로 이해한다. 그리고 그는 '느낌(감각)'을 중시하는 시'보다는 '생각(정신)과 인물 행동을 중시하는 산문'에서 아웃사이더를 찾아냈다.

그것은 "나는 만족을 찾으려 모든 시를 읽었지만 만족을 얻지는 못했다. 내가 바랐던 것은 '정신의 양식'이었는데 내가 수집한 것은 정신의 과자거나 초콜릿, 오물리어에 지나지 않았다. 시를 단념한 나는 공상의 양식을 좇아서 산문을 찾아다녔으며 곳곳에서 명작을 찾아내어 거기에서 인류보다 위대하게 되기 위하여 성실하게 노력한 극소수 사람들을 발견하게 됐다"(106쪽)라는 로렌스 말 차용에서 안다.

여기서 주의할 것은 이 로렌스에게 가르침을 준 어느 노 교사 말이다. "자기가 제 스스로는 아니라네He is not himself." 이 말은 '너는 네가 생각하는 대로 네가 아니다'는 뜻이다.

헤세는 〈데미안〉에서 '모든 인간 일생은 자기에게 도달하는 길, 자기 실현에 길인 것'이라고 단언한다. 콜린 윌슨은 아웃사이더를 "그는 변종이 아니라 '낙관적이고 건강한 정신의 소유자'보다 민감한 인간"(158쪽)이라고 정의하였다. 헤세 말을 인생 정답으로 가정한다면 우린 콜린 윌슨의 아웃사이더가 된들 아무 문제없다는 결론도 무방치 않을까.

남들이 비록 나를 아웃사이더라 조롱할지라도. 우리 모두 지향하는 삶이 아웃사이더 삶에 가깝기에 하는 말이다. 그렇다면 내가 나라고 여기고 느끼고 생각하고 행동하는 '내가 정녕 나인지 톺아볼 일'이다. 그래야 이 세상에 '유일한 사람'으로 살아가지 않을까.

엘리엇은 "커피 스푼으로 나는 인생을 재었다"라 한다. 조악한 인생도 인생이다. '나 또한 한 됫박 깜냥으로 말들이 세상을 잰다.'

※ 덧붙임: 생전에 법정 스님도 이 책을 꽤 귀히 여기셨다는데 읽고 무엇을 느끼셨을까?

서화담의 공부법: '종종조법_{從從鳥法}'

화담花潭 서경덕徐敬德*은 늘 말하였다.

"나는 스승을 얻지 못해 공부하는 데 많은 공력을 들였다. 그러나 후세 사람이 내 말을 따르면 나와 같은 수고는 하지 않으리라."

이것이 자득지학自得之學, 스스로 깨달음을 얻는 공부이다. 이 자득지학이 화담 서경덕 단계 공부법인 '종종조법從從鳥法'이다. '종종조'는 종달새니 풀어 말하면 '종달새 공부법'이다.

화담은 딱히 스승이 없었다. 혼자 공부하였기에 '격물格物, 자득하려 사물 이치를 따져 밝힘'하려 '궁리窮理, 마음속으로 이리저리 따져 깊이 사색함'했다. 그 방법이 '종종조법'이다. 예를 들어 하늘 이치를 격물하려면 '하늘 천天'자를 벽에 써놓고서 몇 날 며칠이고 묵묵히 생각하며 문헌들을 뒤져 '하늘 천天'자 주변을 톺아보는(샅샅이 훑어가며 살핌) 공부법이다. 검증하고 확인하는 사이에 종달새가 오늘은 한 치, 내일은 두 치를 날 듯, '하늘 천天'자에 대한 자신만의 가설이 세워지고 끝내 자득에 도달한다. 이렇게 '하늘 천天'자 이치를 깨달은 뒤에야 다른 글자를 써놓고 격물하는 단계 공부법이 '종종조법'이다.

'종종조법'은 화담이 어릴 때 나물을 캐다가 종달새가 점차 높이 나는 것을 보고 공부 이치를 깨우쳤다는 일화에서 비롯됐다. 이 기록은 박세채朴世采(1631~1695)의 『남계집南溪集』 권57 「잡저 기사」에 보인다. 그 내용은 이렇다.

화담은 집안이 빈한하여 어렸을 적에 봄이 되면 부모가 밭에서 나물을 캐오게 하였는데, 매일 집에 늦게 돌아오는데도 나물은 바구니를 채우지 못했다. 부모가 이상히 여겨 그 까닭을 물었다.

화담이 대답하였다.

"나물을 캐려 할 때 들에 새[從從鳥]가 있어 날아다녔습니다. 오늘은 땅에서 한 치를 날다가 내일은 두 치를 날고 또 그 다음 날에는 세 치 높이를 날아서 점차로 높이 날았습니다. 저는 이 새가 나는 것을 관찰하면서 그 이치를 생각해 보았으나 왜 그런지 깨닫지 못했습니다. 이 때문에 늘 지체하여 집에 늦게 돌아오면서도 나물바구니를 가득 채우지 못했습니다."

화담이 본 새가 '종달새'다. 화담이 이치를 궁구하는 방법은 여기서 출발하였다. 결국 '종종조법'은 '사물에 관한 관심'에서 출발하여 '관찰 → 궁리(사색) → 자득(격물)'으로 이어진다. 『논어』 「학이편」에 '여조삭비如鳥數飛'라는 말이 있다. 새가 날기 위해 자주 날갯짓하는 것과 같다는 뜻이다. '배우기를 쉬지 않고 끊임없이 연습하고 익히는 공부법'과 유사하다.

대학자 이이李珥도 화담의 공부법을 인정하였다. 화담을 의정부 우의정에 증직하느냐 마느냐는 논의에서다. 이이는 선조가 부정하는 태도를 보이자 '세상 이른바 학자라는 자들은 성현 말만을 모방해 마음속에 얻는 게 거의 없다'면서 "경덕은, 즉 깊이 사색하고 자기만의 학문으로 나아가 스스로 터득한 묘리가 많으므로 언어나 문자만을 힘쓰는 학문은 아닙니다敬德 則深思獨詣 多自得之妙 言語文字之學" 하여 화담의 독특한 학문 세계를 인정한다. 이이가 인정하는 화담의 학문은 '깊이 사색하여 자기만의 학문으로 나아가 스스로 터득한 묘리'이다. 선조는 이 말을 듣고 화담의 벼슬을 높여주었다.

이제 화담이 '종종조법'으로 자득한 글쓰기인 시 한 편을 본다.

사물은 오고 또 옴에 그침이 없으니	有物來來不盡來유물래래부진래
옴이 겨우 그친 곳에서 또 따라서 오고	來纔盡處又從來내재진처우종래
오고 또 옴은 본래 스스로 옴에 시작이 없으니	來來本自來無始내래본자래무시
묻노니, 그대는 처음에 어디서 왔는가?	爲問君初何所來위문군초하소래

'자득 글쓰기'다. '뫼비우스띠'처럼 안이 밖이고 밖이 안이다. 올봄에 핀 꽃이 졌지만 내년에 또 새로운 꽃이 피고 진다. 내가 온 곳을 모르는데 간 곳을 어찌 알겠는가? 시작도 끝도 없는 '생생 세계'를 관조한 시이다. 이런 관조를 얻었기에 자득自得하여 스스로 즐기며 세상 시비是非·득실得失·영욕榮辱에서 자유로웠으리라. 이렇게 보면 '송도삼절'을 만들어낸 황진이와 로맨스 아닌 로맨스도 '목숨 걸 듯한 인연因緣, 사랑도 끝내는 허무한 이연離緣임을 알아서 아닐까'로 해석해 본다. 이를테면 '종종조법 사랑'이라고나 할까?

소학小學, 작은 학자의 글쓰기

질병을 돌보되 사람을 돌보지 못하는 의사를 소의小醫, 작은 의사라 하고
사람을 돌보되 사회를 돌보지 못하는 의사를 중의中醫, 보통 의사라 하며
질병과 사람, 그리고 사회를 돌보는 의사를 대의大醫, 큰 의사라 한다.

글을 쓰며 이런 생각을 해봤다.

지식을 돌보되 사람을 돌보지 못하는 학자를 소학小學, 작은 학자이라 하고

사람을 돌보되 사회를 돌보지 못하는 학자를 중학中學, 보통 학자이라 하며 지혜와 사람, 그리고 사회를 돌보는 학자를 대학大學, 큰 학자이라 한다.

이 나라, 이 땅에서 산 지 산천이 6번 바뀌었다. 아직도 세상을 어떻게 살아야 잘 사는지 모른다. 책을 읽고 글을 쓰고 학생들을 가르치며 산천이 3번을 더 바뀌었다. 아직도 학자로서 무엇을 해야 하는지 모른다. 아직도 글쓰기가 어렵다.

'대의가 되려면 제 팔뚝을 세 번 부러뜨려 봐야 안다'는 속담이 있다. 삼절굉三折肱이다. 다산 정약용 선생은 복숭아뼈가 세 번 뚫어져 대학자가 되었다. 과골삼천踝骨三穿이다. 의사이건 학자이건 하늘과 사람을 감동케 하려면 이 정도는 돼야 하나 보다.

"학문이 하늘과 사람에게 이르지 않으면 학문이라 기리지 못한다."

『황극경세서』에 보이는 이 글귀가 머리를 세차게 내려친다.
"갈!"
소학을 벗어나기 어렵다. 사람 되기도 힘겹다. 공부하는 이로서 '날찍* 없다' 투정하며 학자연學者然, 학자인 척은 더욱 겸연쩍다.

내가 나를 사랑할 때

"남보다 나은 글을 쓰려하지 말고 남과 다른 글을 써라." 내 글쓰기 수업 중 누누이 강조하는 말이다. 머리말에서도 말했듯이 다른 글을 쓰라 해서 다른 삶을 살라는 게 아니다. 세상을 다르게 보라는 말이다. 이 '다른 글'은 작가로서 인정물태人情物態, 사람살이와 사물 모습를 보는 '작가의식'을 선행해야만 가능하다.

르네 마그리트René Magritte**의 〈금지된 복제Reproduction Interdite〉라는 그림이 있다. 한 남자가 거울을 보나 거울 속에 얼굴이 없고 뒷모습만

*날찍: 일한 끝에 생기는 이익.

**르네 마그리트(1898~1967)는 벨기에 초현실주의 화가이다. 일상의 눈으로는 결코 보지 못하는 고립된 물체 자체의 불가사의한 힘이나 말과 이미지, 양자의 괴리를 드러내는 독특한 세계를 추구했다. 〈금지된 복제〉 내가 거울을 보지만 거울에 비친 것은 내 뒷모습이다. 제대로 세상을 보려면 눈은 더 이상 얼굴의 소품이 아니어야 한다. 사물을 보고 분별하는 안목, '내'가 필요하다. '내 마음의 눈'으로 보아야만, '석회는 물에 축축하니 젖어야 타고 옻칠은 축축한 속이라야 마른다'는 이치를 본다.

"왜 사람들은 보이는 것 너머에 또 보아야 할 것이 있다는 것을 알지 못하지?" 애니메이션 영화 〈슈렉〉에서 괴물 같은 외모지만, 마음은 비할 데 없이 순수한 슈렉이 밤하늘 별을 올려다보며 읊조리는 대사이다. 세상만사 다 그렇다. '눈에 보이지 않는 그곳에 진실이 숨어있다.' '의심하고 부인하는 것'이 진실을 찾아가는 방법이다. 문제는 진실을 찾을 만큼 '용기'가 없다는 데 있다. 변화를 찾으려는, 현실을 보려는, 내 마음과 용기는 내가 나를 신뢰할 때 나온다. 다음 문제는 이를 알고도 실행치 않으면 의미 없는 앎일 뿐이다. 우물 안 개구리와 바다 이야기를 못하고 매미에게 겨울 이야기를 제 아무리 들려줘도 '쇠귀에 경 읽기'요, '말 귀에 봄바람'이 되어서다.

보인다. 그는 비슷한 가짜인 시뮬라크르simulacre, 복제물로 우리가 경험한 가상 현실의 눈만 지녔기 때문이다. 시뮬라크르 눈으로는 자기를 찾지 못한다. '파블로프 개'처럼 과거에 경험한 형식과 규범 문화가 몸에 젖어 조건반사로 반응하기 때문이다. 즉 세계를 보려는 주체의식이 없다는 말이다.

'남과 다른 글'*을 쓴다는 것은 '나[내]' 눈으로 세계를 의식한다는 말이다. 글 쓰려는 이라면 〈매트릭스〉 영화를 꼭 보았으면 한다. 〈매트릭스〉는 우리에게 파란약과 빨간약 중 하나를 택하라 한다. 지배질서에 잘 훈육된 자들이 서성거리는 가상과 실재 현실을 인식하려면 늘 깨어 있어야 한다. 빨간약을 먹으면 되지만 혼자만의 고독한 길을 순례자처럼 가야만 한다.

'파란약'은 매트릭스matrix, 그물망처럼 얽힌 가상현실다. 모든 것을 기계가 통제해준다. 모든 사람들처럼 적당히 생각하고, 몸에 깊숙이 각인된 관습으로 옳고 그름을 따지지 않고 집단 무의식 속에서 산다. 내가 거울을 보지만 내가 없는 것처럼. 몸과 마음이 조작된 일상 관습의 노예가 되어, 내 몸과 마음[생각]이 자유가 없는 감옥에 갇힌 것조차 모른다.

'빨간약'은 현실이다. 영화에서 주인공 네오는 빨간약**을 먹고 현실을 인식한다. 빨간약을 복용한 네오는 비로소 보고, 듣고, 느낀다. 모든 것이 가상공간인 매트릭스요, 일상 현실이 모두 거짓이라는 끔찍한 진실을 안다. 그것은 고통이다. 깨어 있으려 네오는 목숨을 건 싸움을 한다. 우리는 '집단 가사 상태'인 매트릭스에서 빠져나와야 원본인 현실을 비로소 본다.

연암 선생의 「난하범주기」를 본다. 배를 타고 가던 사람들이 "강산이 그림 같은 걸"이라고 하자 연암은 이렇게 말한다.

> "자네들이 산수도 모르고 또 그림도 모르는 말일세. 강산이 그림에서 나왔겠는가? 그림이 강산에서 나왔겠는가?' 이러므로 무엇이든지 '비슷하다似, 같다如, 유사하다類, 근사하다肖, 닮았다若'고 말함은 다들 무엇으로써 무엇을 비유해서 같다는 말이지. 그러나 무엇에 비슷한 것으로써 무엇을 비슷하다고 말함은 어디까지나 그것과 비슷해 보일 뿐이지 같음이 아니라네."

연암 작가의식의 한 단면이다. 연암은 산수와 그림은 비슷해 보일 뿐이지 같음이 아니라고 꾸지람한다. 강산에서 그림이 나왔지, 그림에서 강산이 나온 게 아니다. 그런데 강산을 보고 그림 같다 한다. 진짜를 가짜로 보고 가짜를 진짜로 보았다. 주객이 전도되어 버렸으니 '사이비사似而非似, 비슷하지만 가짜'다. 연암은 강산 모사본인 산수화로 산수인 원본에 비기는 어리석음을 통박한다. 연암은 이미 이 시대 '시뮬라시옹'을 저 시대에 말해 놓았다. 연암은 이미 빨간약을 복용 중이었다.

일상 눈을 버릴 때 그곳에 새로운 세상이 있다. 이 새로운 세상을 보는 눈, 작가의식이다. 즉, '나'를 찾았다는 말이다. 이 '나 찾기'를 연암 선생은 「낭환집서蜋丸集序」에서 이렇게 말한다.

"쇠똥구리는 스스로 쇠똥을 사랑하여 여룡驪龍, 몸빛이 검은 용의 구슬을 부러워하지 않는다. 여룡 역시 그 구슬을 가지고 저 쇠똥구리의 쇠똥을 비웃지 않는다."

'강랑蜣蜋'이란 쇠똥구리이다. 쇠똥구리가 여룡 구슬을 얻은들 어디에 쓰며 여룡 역시 '낭환蜋丸, 쇠똥: 말똥'을 나무라서 얻는 게 무엇이겠는가. 내 재주 없음을 탓할 것도 없지만은 저이 재주를 부러워하지도 말아야 하고 재주가 있다고 재주 없음을 비웃지도 말아야 한다. '강랑자애蜣蜋自愛, 쇠똥구리는 제 스스로를 사랑한다'하라는 말이다.

누구나 똑같이 한번 사는 삶이지만 모두 다른 삶이다. 같은 삶을 사는 이는 단 한 사람도 없다. 내 삶을 사는 마음, '내가 나를 사랑할 때' 내 마음으로 세상을 본다. 이 마음이 작가의식으로 나아간다.

허균에게 배우는 글쓰기

아래 글은 허균許筠(1569~1618)의 글 쓰는 방법인 「문설文說」에서 발췌하였다. 허균은 남 글을 답습하지 말고, 자신만의 글쓰기를 하라고 강조한다.

편篇은 한 편 글이요, 장章은 문장이요, 자字는 글자이다. 허균은 5편, 5장, 9자법을 들어 이를 설명했다.

"그대(허균을 지칭) 글이 평이하고 유창하니 이른바 옛것을 본받다 함은 어디서 구하시렵니까?"

"그야 당연히 편법篇法·장법章法·자법字法에서 구할 것입니다.

편법篇法에는,

①한 뜻으로 곧바로 내려간 게 있고—意直下,

②혹은 서로 걸어서 연결하여 여닫는 것或鉤連筦鑰者,

③혹은 마디마디 정감을 내보이는 것或節節生情者,

④혹은 늘어놓다가 냉정한 말로 끝을 맺는 것或鋪鈙而用冷語結者,

⑤혹은 자세하고 번다스러우면서도 법칙이 있는 것或委曲繁瑣而有法者도 있습니다.

장법章法에는,

①조리가 정연하여 헝클어지지 않는 게 있고井井不紊者,

②뒤섞이되 번잡하지 않는 게 있고有錯落而不雜者,

③짧게 끊어지는 듯하면서도 앞을 잇고 뒤를 이어주는 게 있고有若斷而承前繳後者,

④극히 번다한 것도 있고 아주 짧은 것도 있고有極冗有極短者,

⑤여운을 남겨놓는 것有說不了者도 있습니다.

자법字法에는,

①향응하는 곳도 있고有響處,

②돌리는 곳도 있고有幹處,

③복선하는 곳도 있고伏處,

④수습하는 곳도 있고收拾處,

⑤거듭하되 어지럽지 않는 곳도 있고疊而不亂處,

⑥강하되 억지로 하지 않는 곳도 있고強而不努處,

⑦끌어당기되 힘을 부리지 않는 곳도 있고引而不費力處,

⑧열고 닫는 곳도 있고開闔處,

⑨부르고 대답하는 곳呼喚處이 있습니다."

"자字가 밝지 못하면 구句가 고상하지 못하고, 장章이 안정되지 못하면 전체 뜻이 통하지 않으므로 두 가지를 갖추어야 편篇을 이룹니다. 내(허균) 글은 단지 이것을 깨달은 것일 뿐이지요. 고문 또한 이것을 행하였던 것입니다."

한 마디로 허균 글쓰기는 '내 글을 쓰라'는 말이다.

"죽겠다!" 고考

"아이고 죽겠다." 무심코 이 말을 내뱉고 나도 놀랐다. 우리 주변에서 흔히 듣는 일상어 아닌가. '죽겠다'는 말은 인간으로 생명을 끊는다는 극한의 뜻이기에 말하기도 듣기도 영 불편한 이 말을 어떻게 너도 나도 사용할까. 언어 상황을 고려하면 우리말 중 사람들이 가장 많이 쓰는 말 중 하나다. 죽겠다, 뻗다, 뒈지다, 곱죽다, … 등 유의어도 여간 많지 않다. 몇 예만 보면 '추워 죽겠다, 바빠 죽겠다, 싫어 죽겠다, 배고파 죽겠다, 슬퍼 죽겠다, …'. 모두 죽을 만큼 힘들다는 뜻이다.

그런데 문제는 그 반대 상황에도 '죽겠다'를 쓴다. '더워 죽겠다, 심심해 죽겠다, 좋아 죽겠다, 배불러 죽겠다, 웃겨 죽겠다, …' 죽겠다의 상황이 바뀌었기에 죽지 말아야 하거늘 여전히 죽겠다고 한다. 그래서인지 '죽겠다죽겠다 하면서 정작 죽으라면 싫어한다'라는 속담도 버젓이 쓰인다. "거미줄에 목을 매어 죽을까부다. 호박잎 고인 물에 빠져나 죽을까부다"라는 민요도 앞 문장과 도긴개긴이다. 단순한 과장으로만 여길 게 아니다. 곰곰 되새김질할 필요도 없이 죽겠다 속에 들은 뜻은 죽기 싫다는 말이기 때문이다. 그 말을 곧이곧대로 듣지 말라는 꼼수 속엔 살겠다는 의지가 숨어 있다.

'죽겠다'는 말의 일상화이다. 이쯤 되면 죽겠다는 말이 혹 우리 몸에 기억으로 남은 역사가 아닌지를 의심해 보아야 한다. 『17세기 국어사전』(한국정신문화연구원, 태학사, 1995)에서 '죽다'를 찾아보니 '주거', '주거늘'… 등 140여 용례가 무려 20쪽에 달한다. 이에 반해 '살다'는 '사나', '사노니' 등 80여 용례에 5쪽에 불과하다.

한 세기를 일반화할 수는 없으나 '언어의 역사성'을 고려한다면 그 해답을 외침 당한 숫자에서 귀띔 받을 수 있지 않을까 한다. 자그마치 1,000여 회! 이 나라 2000년 역사에 기록된 외침만 1,000여 번이라면 2년에 한 번 꼴로 전쟁이다. 여기다 나라 안에서 죽고 죽이는 정쟁까지 합친다면 이리저리 치이는 백성들로서는 죽겠다는 말을 입에 달고 살 만하다.

특히 이에 관한 한 고려는 우리 역사에서 안팎으로 비할 바가 아니었다. 고려는 왕건이 29명의 호족 딸과 '정략 혼인'을 하여 건국한 나라였다. 호족들의 권한이 막강했다는 의미이다. 호족들의 정쟁은 학정으로 이어지고 백성들은 도탄에 빠졌다. 도처에서 민란이 일어났다. 여기에 혹독한 무신정권 100년과 삼별초의 항쟁까지 겹친다. 밖으로는 거란, 여진, 몽고, 왜구의 침입도 이어졌다. 특히 1200년대는 더욱 그러하였다. 이미 200여 살로 건강성을 잃은 고려는 잔인하기 이를 데 없는 몽고의 7번이나 되는 침입을 받고 '몽고 부마국'으로 전락하기에 이른다. 그야말로 겹으로 닥쳐오는 내우외한의 시기였다.

'죽겠다'는 말의 일상화에는 저러한 역사도 한몫 거들었다. '죽겠다'와 같은 단 석 자도 이렇게 살펴본다면, 그 속에 역사와 연결되는 색다른 결과를 얻는다. 그러니 문자의 기록과 몸의 기록을 양축으로 하여 돌아가는 역사의 수레바퀴는 어떻겠는가.

'역사'는 두 개의 기록으로 되어 있다. 하나는 '문자의 기록'이고 하나는 '몸의 기록'이다. 문자의 기록이 승자와 지배층의 역사라면, 몸의 기록은 패자와 피지배층의 역사이다. 문자의 기록에는 영웅과 투쟁의 핏줄기가 흐르지만 몸의 기록에는 무지렁이들의 인정어린 삶과 건강한 근로가 보인다. 문자의 기록은 각종 문헌에 남아 있어 눈으로 보이지만 몸의 기억은 유전으로 내려오는 몸에 남아 있어 보이지 않는다. 따라서 제대로 된 역사, 역사의 진정성을 보려면 보이는 것과 보이지 않는 숨김과 드러남의 틈새를 온몸으로 읽어내야 한다. 온몸을 통해 보고 읽어내려면 문헌과 몸이란 역사의 겉과 속을 뚫고 들어가려는 철저한 역사 인식과 그만큼의 무한 상상력이 필요하다. 그래서인가 볼테르Voltaire*는 이 어려움을 "역사란 옛날에 죽어버린 것을 갖고 노는 것"이라고 다소 불량스럽게 비꼬았지만 새겨들을 말이다. 이렇게 역사와 함께 보니 '죽겠다'라는 말이 썩 불편한 것만은 아니다.

*볼테르(1694~1778)는 프랑스 출신으로 작가, 철학자, 계몽사상가이다. 당대 계몽사상을 대표하는 인물로 평생을 '종교의 광신과 배타성'을 타파하기 위해 싸웠다 한다. 오늘날 '관용'을 뜻하는 똘레랑스(tolerance)를 프랑스 정신의 일부분으로 만드는 데 큰 역할을 했다고 한다.

그는 우리나라와도 인연의 끈이 있다. 기군상(紀君詳)이 재구성한 잡극 〈조씨고아(趙氏孤兒)〉를 번안하여 〈중국의 고아(L'Orphelin de la Chine)〉라는 희곡 작품을 썼다. 여기에 원본에 없는 '고려(Corée)'를 넣어서다.

볼테르의 문체는 반어법과 풍자가 많이 들었다. 그에 관한 일화다. 어느 날 한 작가가 찾아와서 '제 글이 어떤가요?'라며 소감을 물었다. 볼테르는 '고칠 부분이 있어서 하나를 고쳤네'라 하였으나 아무리 봐도 고친 부분이 없었다. 그래 '고친 부분이 없다'고 하자 '분명히 고쳤다'고 한다. 결국 그 작가가 고친 부분을 찾았는데 맨 마지막에 'Fin(끝)'이 'Fi(피, 콧방귀를 뀌는 정도의 체, 피, 따위 감탄사)'로 고쳐져 있더란다.

이 책을 다 읽은 독자들 소감은 어떨까?

코끼리 코를 찾아서

— 글쓰기 다섯 길을 걷다 —

글 읽기 10계명과
글쓰기 세 걸음,
그리고 글쓰기 12계명

글 읽기 십계명

글쓰기에는 글 읽기가 따라 붙는다. 글쓰기 고수들은 모두 '독서'라는 내공 연마에서 시작한다. 아직까지 가장 바람직한 독서 방법은 없다. 이 책에 있는 여러 글쓰기 법들도 성문법이 아니란 점을 밝혀둔다.

•많은 책을 읽어라

현대는 정보화 시대다. 한 책을 정독하기보다는 여러 책을 읽어 비판력과 정보력을 키워라. 특히 젊은이들은 많은 지식을 두루 섭렵하는 다독이 좋다. 읽다 보면 글구멍도 트인다. 다만 외제학문外題學問이라고 책 제목만 많이 알고 실제로 그 내용은 잘 모른다면 독서가 없느니만 못하다. '박관이약취博觀而約取, 책을 널리 보되 핵심을 취하라'를 잊지 말자.

•메모하며 읽어라

포스트잇이나 책 여백을 활용해 메모를 해 두어라. 다산은 「두 아들에게 답함答二兒」이란 글에서 '초서권형鈔書權衡'을 강조한다. 책을 읽으면서 그때그때 필요한 자료를 가려 뽑아 두라는 뜻이다. 필기도구가 없으면 절각折角, 책귀를 접는 것이라도 해 두어라.

•책을 빌리지 마라

글은 남 글이되, 책은 내 책이 좋다. 좋은 책은 꼭 구입하도록 하라. 『예원자황藝苑雌黃』에는 "책을 빌리는 게 첫 번째 어리석음이요, 책을 안 빌려 주려는 게 두 번째 어리석음이요, 빌려준 책을 찾으려는 게 세 번째 어리석음이요, 빌린 책을 되돌려주는 게 네 번째 어리석음이다"라 한다.

• 밑줄을 그어가며 읽어라

책에 되도록 많은 밑줄을 그어라. 밑줄을 그은 부분은 오래도록 기억에 남는다.

• 작가와 끊임없이 대화를 시도하라

'글 속에도 글 있고 말 속에도 말 있다.' 말과 글에 담겨 있는 뜻이 무궁무진함을 비유하는 말이다. 글 읽기는 작가와 독자 의사소통 행위요, 숨바꼭질이다. 작가 뜻을 읽으려 끊임없이 생각하라. 이를 스티븐 킹은 작가와 독자의 '정신 감응'이라 했다.

• 키워드를 찾아라

책 내용을 다 기억하지 못한다. 가장 중요한 핵심 단어만을 기억하라.

• 오감을 동원하라

시각·청각·후각·미각·촉각 따위 모든 감각을 동원해 책을 미독味讀, **책을 맛보는 독서**하라.

• 신분이 변화한다는 점을 믿어라

독서는 개인 즐거움뿐만 아니라, 미래도 밝혀준다. 믿어라.

• 관습 해석에 빠지지 마라

글은 서론, 본론, 결론, 혹은 기승전결로 기계식 메커니즘 작동으로 오인하면 안 된다. 한 편 글은 글자라는 실핏줄로 연결된 유기체이기 때문이다. 글은 살아있다. 독자가 어떻게 받아들이느냐에 따라 다르다. '고정관념에 얽매이는 독서는 죽은 것'이니, 내 생각으로 저 글을 이해하라. 글을 그대로 두지 마라. 글자를 엎어뜨리고 문장을 메쳐라.

• 독서는 어디까지나 글쓰기를 위한 과정임을 잊지 마라

'독서는 객관인 앎'이요, '글쓰기는 주관인 행동'이다. 체험과 사색을

통한 결과물인 글쓰기엔 자기 생각을 담아야 한다. 벌이 꿀 찾듯 남이 써놓은 좋은 경구만을 탐닉하거나 책 속 문자에만 집착하면 안 된다. '글방퇴물'은 여기서 생긴다. 독서를 하되, '내 뜻으로써 남 뜻을 거슬러 구한다'는 이의역지以意逆志를 결코 잊어서는 안 된다.

글쓰기 세 걸음

한 걸음

• 글쓰기가 두렵다
누구나 그렇다.

• 글쓰기는 하는데 비문이 많다
'-에서의', '-에 있어서', '-에 다름 아니다', '-에 값하다', '-로의', '-에서', '-에게서', '-의하여', '-의해', '-의해서' 따위 일본식 어투는 쓰지 마라. '-에 대하여', '-해도 지나치지 않는다' 따위 영어식 어투도 집어 치워라. '-것', '-수-', '-있었다', 따위는 멀리하라. '-것이다'는 단락 끝에나 써라. '있다'는 '이다'로, '-하고 있다'는 '-ㄴ다/했다'로, '것 같다'는 '이다'로 교체하라. 과거형보다 현재형이 더 생동감이 넘친다. 우리말은 과거, 현재, 미래가 분명치 않기에 굳이 시제를 따지지 않아도 된다.

   ※ -라고: 일제하 문인 김억(金億, 1896~?) 선생은 '"어데를 갑니까?"라고'처럼 직접인용문에 붙이는 '-라고'를 우리말의 아름다움과 순실성을 해치는 일본어 번역투로 '기괴'하다고까지 하였다. 그러나 〈한글 맞춤법, 문장부호, III. 따옴표 1. 큰따옴표("")항에서 '"민심은 천심이다"라고 하였다'고 예를 들었다. 〈한글 맞춤법〉을 만든 이들이 이를 모른다니 기괴한 일이다. (김억, 「언어의 순화를 위하여」, 〈동아일보〉, 1931.3.29 참조.)

• 문장력이 없다. 단어 조직력이 없다

이런 문제를 호소하는 사람들에게 도움을 줄 간단한 글쓰기 전술이 있다. 애벌글이든 풋글이든 일단 써야 한다. 퇴고는 그 뒷일이다.

일단, "친구에게 얘기하듯 써!"

한 줄 더, "불만을 털어 놔!"

두 걸음

• 초점을 정확하게 두어라

다른 사람과 다른 주제를 찾아라. 주제는 두 번 이상 강조하여, 글 뒷단속을 야무지게 여며라. 설혹 글이 좋지 않더라도 읽는 이는 일관된 논리로 받아들인다.

• 차별성을 두어라

'아! 이 글은 아무개 글이네.' 할 정도의 자기 글을 써라. 남과 차별성은 자신 글을 돋보이게 한다.

• 단어, 단문/장문, 비유를 적절히 사용하라

석묵여금惜墨如金, 먹 아끼기를 금같이 하라을 마음에 새겨라. 석묵여금은 그림을 그릴 때 종이 위에다 먹물을 경미하게 떨어뜨리는 법칙인데, 전하여 문장을 간결히 쓰는 것에 종종 비유한다. 글쓰기 고수들은 뜻을 간단하면서 짜임새 있게 전하는 단문을 쓴다. 짧고 정확한 문장은 의미를 명료하게 해준다. 글자 수는 한 문장에 20자 내외가 적당하다. 많아도 40자를 넘지 않아야 읽고 이해하는 데 좋다. 그렇다고 꼭 단문을 고집할 필요는 없다. 대개 글쓰기 고수들이 단문을 즐겨 쓴다는 뜻이다. 오히려 보통 글쓰기라면 단문을 2문장 정도 쓰고 다음엔 장문을 1문장, 다시 단문을 쓰는 따위로 변화를 꾀함도 좋다.

참신하지 못한 비유는 사용치 마라. 짧은 단어를 써도 될 곳에는 긴 단어를 쓰지 마라.

• 서론·본론·결론만 갖추면 글이 된다
다음 질문을 채우면 된다.
　서론: 무엇을 쓰려는가? 누가 이 글을 읽는가?
　본론: 쓰려는 요점이 무엇인가? 예는 무엇을 들 것인가?
　결론: 무엇을 썼는가?

• 주어와 서술어만 맞으면 문장이 된다
불필요한 단어는 삭제하라.

• 문패를 잘 달아라
제목이 글 운명을 좌우한다.

• 명확한 메시지를 글에 담아라
내 글을 읽고 독자가 무엇을 느꼈으면 하는가?

• 진실성 있는 글을 써라
진실한 문장이란 자신이 보고, 듣고, 느낀 일이다. 진정한 언론인 이
영희 선생은 "글을 쓰는 유일한 목적은 진실 추구"라 한다.

• 말하듯 써라
친구에게 말하듯, 부모님에게 말하듯 써라.

• 의미가 어휘를 선택하게 하라
의미가 어휘를 선택한다. 좋은 어휘라고 마구 남발하면 뜻이 분산
된다.

• 좋아하는 소설이나 시, 음악 가사를 그대로 써 보아라

문창과 교수님들이 즐겨 쓰는 교수법이다. '좋아한다'는 이미 내가 선호하는 주제가 그 속에 있다는 뜻이다. 그림에서 '속긋'*과 유사하다.

세 걸음

• 다양한 전략을 짜라

주제 전달에 비해 문장력이 떨어지는 글에 특히 좋다. 결말부터 쓴다든지, 반대로 의문으로 시작한다든지, 전통인 기승전결에 얽매이지 마라.

• 어휘력을 키워라

글쓰기는 전장이요, 어휘는 실탄이다. 전쟁터에 나가면서 실탄이 없다면, 이미 승패는 끝났다. 신문의 독서, 영화평 따위를 주의 깊게 읽으면 어휘가 보인다. 여기서 대안 어휘를 끌어오고, 모순어법 따위 수사법도 당겨서 써라. 어휘력은 좋은 글을 쓰는 강력한 에너지다. 이외수李外秀 선생은 『글쓰기 공중부양』**에서 이 어휘력이 글의 기본이라며 "서당개 삼 년이면 풍월을 읊고 성당개 삼년이면 복음을 전파한다. 그러나 기본을 익히지 못하면 서당개도 성당개도 평생 개꼴을 면치 못한다"고 일갈한다. '개꼴'을 벗어나려면 어서 어휘 넣을 글항아리를 만들어라.

**나름 멋진 삶을 살다간 이외수(1946~2022) 선생이 낸 단 한 권의 글쓰기 책이다. 제목에서 풍기듯 글쓰기 고수의 '글쓰기 비법'을 담은 책이다. 읽는다는 것 자체가 즐겁다. 글쓰기가 두려운 사람에게 도움을 준다. 책갈피마다 글쓰기 고수 선문답이 넘쳐난다. "타고난 재능으로 고수에 이른 사람보다는 피나는 노력으로 고수에 이른 사람이 훨씬 더 위대해 보이고, 피나는 노력으로 고수에 이른 사람보다는 그 일에 미쳐 있는 사람이 훨씬 더 위대해 보인다. 그러나 그 사람보다 훨씬 더 위대해 보이는 사람은 그 일을 시종일관 즐기고 있는 사람이다", "육안(肉眼, 몸의 눈), 뇌안(腦眼, 뇌의 눈), 심안(心眼, 마음 눈), 영안(靈眼, 신령스런 눈)" 따위는 덤이다. 한 줄 더 "나는 글을 쓰려 피나는 노력을 기울였고 글에 미쳐 있었고 글을 즐기면서 살았다". 어휘력 증진에 좋다.

• 평이한 글쓰기를 하지 마라

고급 어휘를 적절하게 이용하고, 전고를 끌어와 예로 들어라. 도표나 자료는 글에 신뢰성을 준다.

• 관행화된 글쓰기를 하지 마라

몸에 익은 용어는 삼가라. 특히 서두와 결말은 수사법을 동원하는
따위 색다른 방법으로 시작하고 끝을 맺어라. 서두에서 독자 눈길을
받지 못한 글이 좋은 경우는 보지 못했다. 독자 심장을 뛰게 할 만한,
혹은 호기심을 당길 만한 문장을 놓아라. 결말에는 대담한 문구나
적절한 문장부호, 혹은 생생한 이미지로 강한 여운을 남겨도 좋다.

• 입보다 귀를 먼저 열고, 생각하라

생각은 60%, 듣기는 30%, 말은 10%만 하라. 좋은 글은 여문 생각에서
나온다. 남 말을 들을 때는 내가 할 말을 생각하지 말고 무조건 경청
하라.

• 아는 지식의 70%만 쓰라

모두 보여준 글은 매력 없다. 매력은 허한 틈새[사품]에서 생긴다.
근대의 화가이자 글맵시가 참 멋진 미술비평가 김용준金瑢俊*의 "어느
한 모퉁이 빈구석이 없고서는 시나 그림이 나올 수 없다"라는 말을
곰곰 새겨 봐라.

• 글에 운율을 주어라

일장이이一張二弛, 한 문장은 긴장을 두 문장은 이완을 주어라로 운율을 주어라. 3·4조, 7·5
조로 리듬감 있게 글을 쓰는 것도 좋다. 운율은 영화에서 음악과 같이
글에 묘한 생동감을 불어넣는다.

• 음악이나 그림을 이용하라

음악**이나 그림***을 이용하는 방법은 독서와 글쓰기에 모두 영감
을 준다.

*김용준(1904~1967)은 화가이며
수필가이다. 그는 빼어난 『근원수
필』에서 글쓰기 변을 이렇게 토로
했다.
"마음속에 부글부글 괴고만 있는
울분을 어디에다 하소연할 길이 없
어 가다오다 등잔 밑에서 혹은 친
구들과 떠들고 이야기하던 끝에 공
연히 붓대에 맡겨 한두 장씩 끄적
거리다 보니 그것이 소위 내 수필
이란 것이 된 셈이다."

**음악은 글쓰기와 독서에 많은
도움을 준다. 내 핸드폰 벨소리는
강허달림의 노래이고 통화 연결음
은 김소월 시에 곡을 붙인 〈개여
울〉이다. 주로 듣는 음악가는 바흐
의 〈밀러 교향곡 5번〉, 〈쟈클린의
눈물〉, 드뷔시의 〈달빛〉, 쇼팽의
〈전주곡23, 24번〉, 가곡으로 〈인생
이란〉, 〈시간에 기대어〉, 또 눈이
나 비가 오면 그때그때 분위기에
맞춰 음악을 듣는다. 난 기타도 드
럼도 배우다 포기한 박치지만 듣는
것은 가능하다.

**벨기에 출신의 르네 마그리트
(René Magritte, 1898~1967)와 네
덜란드 출신의 판화가 마우리츠
코르넬리스 에셔(Maurits Cornelis
Escher, 1898~1972)는 내가 글 쓰
는 데 많은 도움을 받았다.

글쓰기 12계명

1계명: 글쓰기는 행동이다

글쓰기는 생각이 아닌 행동이다. 쓰지 않으면 글은 없다. 소문이 잦으면 일이 이루어지듯이 쓰다 보면 글솜씨가 느는 법이다. 글쓰기 왕도, 마법의 열쇠 따위는 없다. 글쓰기는 글쓰기를 통해서만 배운다. 배짱과 정열로 끊임없이 쓰다 보면 실력도 발돋움한다.

2계명: 글항아리(단어)를 챙겨라

둔필승총鈍筆勝聰, 둔한 연필로라도 엉성히 기록해 두어라. 좋은 두뇌 창고보다 오래 간다을 명심하라. 글쓰기에서 어휘가 부족함은 실탄 없는 총과 같다. 고담준론을 운용하는 성어에서 길거리 육담까지 모두 실탄이 된다. 적이 가까이 있으면 권총을, 멀리 있으면 장총을 들어야 한다. 특히 새로운 단어는 듣거나 보는 대로 꼭 적바림하라. 사금처럼 번쩍이는 글발은 여기에서 나온다. 영감은 순간밖에 존재하지 않는다. 메모지는 아무 것이나 활용하라. 껌종이도 휴지도 좋다. 단어는 마치 돼지와 같아 하나도 버릴 게 없다.

*몇 단어만 예를 든다.
동해(東海) 바다, 고목(古木)나무, 피해(被害)를 입다, 역전(驛前) 앞, 축구(蹴球)를 찬다, 같은 동포(同胞), 간단히 요약(要約)하다, 날조(捏造)된 조작극, 남은 여생(餘生), 넓은 광장(廣場), 높은 고온(高溫), 담임(擔任)을 맡다, 더러운 누명(陋名), 명백(明白)히 밝히다, 박수(拍手)를 치다, 새로 들어온 신입생(新入生), 시범(示範)을 보이다, 쓰이는 용도(用途), 유산(遺産)을 물려주다, 음모(陰謀)를 꾸미다, 폭음(爆音) 소리, 푸른 창공(蒼空), 죽은 시체(屍體), 배우는 학생(學生), 따뜻한 온정(溫情), 스스로 자각(自覺), 새 신랑(新郎), 새 신부(新婦), 청천(晴天) 하늘, 처가(妻家)집 따위.

3계명: 고치고 또 고쳐라

글쓰기는 피그말리온 사랑처럼 깎고 다듬고 정성 들이면 아름다운 결과를 맺는다. '피그말리온 효과Pygmalion effect'를 잊지 마라. 우리가 잘 아는 헤밍웨이의 『노인과 바다The Old Man and the Sea』는 무려 400여 차례나 퇴고했다. "이건 제 평생을 바쳐 쓴 글입니다"라 헤밍웨이가 말할 만하다. 다시 한 번 강조한다. 작가는 태어나지 않는다. 만들어짐을 명심하라. 중복된 표현은 모두 빼라. 특히 한자*에 많다.

4계명: 주전부리하듯 써라

누구에게나 글쓰기는 괴롭고 힘든 일이다. 제 아무리 전문가라도 첫 문장부터 누에고치에서 실 뽑아져 나오듯, 구멍에서 샘물 솟듯 하는 글발을 자랑하는 이 몇 안 된다. 배짱 있게 첫 문장을 써라. 첫 문장부터 잘 쓰려고만 하면 두려움을 떨치지 못한다. '시작이 반'이라는 말이 있듯이 쓰다 보면 어느새 한 편 글을 이룬다. 퇴고는 나중 문제이다. 질보다 양이니 군것질하듯 글을 써라.

　글은 방담문放膽文, 대담한 문장으로 시작하고 소심문小心文, 소심한 문장으로 마치는 게 좋다. 이 말은 조선 후기 초학자들이 문장서로 많이 애독한, 남송의 사방득謝枋得이 묶은 『문장궤범文章軌範』에 보인다. 이 책은 '처음에는 대담하게, 끝은 소심하게, 쓰기는 자유롭게, 퇴고는 꼼꼼히'라고 일러 준다. 새겨들을 만하다.

5계명: 읽기가 없다면 쓰기도 없다

독서는 글쓰기 기본이다. 좋은 책은 인간다운 삶을 인도하는 나침반이요, 글 쓰는 토대이다. 특히 오늘날 글쓰기는 방대한 지식을 요한다. 책방에 발그림자도 얼씬 안 하는 사람은 글쓰기 운운할 자격이 없다.

6계명: 문간을 잘 정리하라

제목과 첫 문장이 글 성패를 좌우한다. 첫 문장에서 강렬한 인상을 독자에게 주도록 써라. 보기 좋은 떡이 먹기도 좋은 법이다. 글 문간을 쓸고 또 쓸어라.

7계명: 접속사나 같은 단어를 반복하지 마라

잦은 접속사 사용은 글 품격을 떨어뜨린다. 동어 반복도 마찬가지다. 상목수는 못질하지 않는다. 서로 아귀를 맞추어 균형과 조화로 구조물을 만들어간다. 못질이 '그러나, 그래서, 왜냐하면, 그런데, 한편, 그리고, 그랬더니, 그러니까, 하지만, 그러니' 따위 접속사다. 접속사가 들어가면 문장이 꼬이니 가능한 줄여라. 자연스럽게 뒷 문장은 앞 문장을 잇는다. 접속사는 독자가 알아서 읽는다.

8계명: 거짓을 쓰지 마라

아는 것을 솔직하게 쓰면 된다. 진정성이 없는 글은 생명력이 없다. 안정효 선생은 『글쓰기 만보』에서 "거짓말에는 이자가 붙고 그것도 복리 이자여서, 첫 단추가 진실이 아니면 점점 더 많은 거짓말을 이어붙여야 한다"고 으름장을 놓는다. 문장력이나, 표현은 소박하지만 글 속에 진정성이 충분히 엿보이면 된다. 화려해 볼 것 많고 들을 것 많은 문장도 좋지만 간결하고 담박한 글에서만 얻는 수더분함이 오히려 약지 않아 좋다. '글이 뱃속에 들었다'는 말이 있다, 학식이 겉멋으로 흐르지 않고 속내 깊숙이 들어 있다는 뜻이다. 진정으로 상대방이 감동*하는 글은 글 쓰는 이의 깊은 속내에서 시작한다. 음식으로 쳐 문체 수식을 고명이요, 짭조름히 간을 맞추는 양념이라면, 진정성은 싱싱한 음식 재료이다. '알심 있는 글'은 여기서 출발한다.

*내 글에 내가 먼저 감동해야 한다. 내가 감동 못하는 내 글을 누가 감동해주겠는가.

9계명: 간결하게 써라

초보자일수록 문장은 에누리 없이 간결하게 써라. 좋은 인상을 남기고 탄력 있는 글은 단문에서 출발한다. 한 문장의 적당한 글자 수는 20자 내외가 좋다. "나는 독자에게 자기가 쓴 글 뜻을 이해하도록 노력해달라고 요구하는 작가를 도저히 이해하지 못한다. 참지 못할 분노를 느낀다." 영국 소설가 서머싯 모옴William Somerset Maugham(1874~1965)의 『서밍 업The Summing Up』에 나오는 구절이다. 문장을 쉽게 쓰라는 말이다. 독자로서 꽈배기처럼 꼬인 문장을 풀고 엿가락처럼 늘어진 맥 빠진 문장을 만나면 꽤 큰 곤욕이다. 모옴이 뛰어난 작가가 된 이유도 문체 간결성이다. 그러나 서머싯 모옴 소설도 읽는 사람만 읽는다. 독자는 천태만상이고 호불호도 다 다르다. 글을 쉽게 썼다고 모두 독자가 아니다. 법정 스님 「무소유」도 안 읽는 사람은 안 읽는다. 쉽게 쓸 글이 있고 어렵게 쓸 글이 있다. 단문이 익숙하면 장문을 써도 괜찮다.

10계명: 진도가 나가지 않을 때는 다른 사람 글을 읽어라
글쓰기 진도가 나가지 않을 때는 책을 읽어라. 다른 책을 통해 내 글이 풀어지는 경우가 많다. 글항아리를 점검하거나 산책도 좋다.

11계명: 배경지식을 최대한 활용하라
역사, 신화, 고사성어 따위를 최대한 활용하라.

12계명: 글쓰기 마지막 단계다. 쓴 뒤에는 꼭 읽어보아라
글쓰기를 마친 뒤, 음독音讀, 소리 내어 읽음하라. 정 안 되면 입술로 읽는 순독脣讀이라도 하라. 음독은 보고·읽고·듣는 삼박자를 통해 귀에 거슬리는 부분을 금방 찾아내 준다. 읽기 어려운 글은 보기도 어렵다. 글쓰기 완성 단계에 꼭 필요한 것으로, 글을 퇴고하는 데 빼어난 효과가 있다. 마음에 드는 문장이라도 글과 하나가 되지 못하면 과감하게 빼라. 아까워도 빼라. 글쓰기는 생각의 70%만 쓰면 된다. 30%는 독자 몫으로 남겨두어라.

코끼리 코를 찾아서

— 글쓰기 다섯 길을 걷다 —

찾아보기

지은이 간호윤(簡鎬允)

인하대학교 초빙교수, 〈인천신문〉 논설위원이며 〈인천일보〉와 여러 매체에 글을 쓰고 있다.
그는 경기 화성, 물이 많아 이름한 '흥천(興泉)' 출생으로 순천향대학교(국어국문학과), 한국외국
어대학교 교육대학원(국어교육학과)을 거쳐 인하대학교 대학원(국어국문학과)에서 문학박사학위
를 받았다.
예닐곱 살 때부터 명심보감을 끼고 두메산골 논둑을 걸어 큰할아버지께 갔다. 큰할아버지처럼
한자를 줄줄 읽는 꿈을 꾸었다. 12살에 서울로 올라왔을 때 꿈은 국어 선생이었다. 고전을 가르치
고 배우며 현대와 고전을 아우르는 글쓰기를 평생 갈 길로 삼는다. 그의 저서들은 특히 고전의
현대화에 잇대고 있다. 고전을 읽고 쓰기에 자칭 '고전독작가'라 한다.
연암 선생이 그렇게 싫어한 사이비 향원(鄕愿)은 아니 되겠다는 게 그의 소망이라 한다.

코끼리 코를 찾아서
—글쓰기 다섯 길을 걷다—

©간호윤, 2023

1판 1쇄 인쇄_2023년 09월 10일
1판 1쇄 발행_2023년 09월 20일

지은이_간호윤
펴낸이_양정섭

펴낸곳_경진출판
　　　등록_제2010-000004호
　　　이메일_mykyungjin@daum.net
　　　사업장주소_서울특별시 금천구 시흥대로 57길 17(시흥동) 영광빌딩 203호
　　　전화_070-7550-7776　팩스_02-806-7282

값 23,000원
ISBN 979-11-92542-67-6 03710

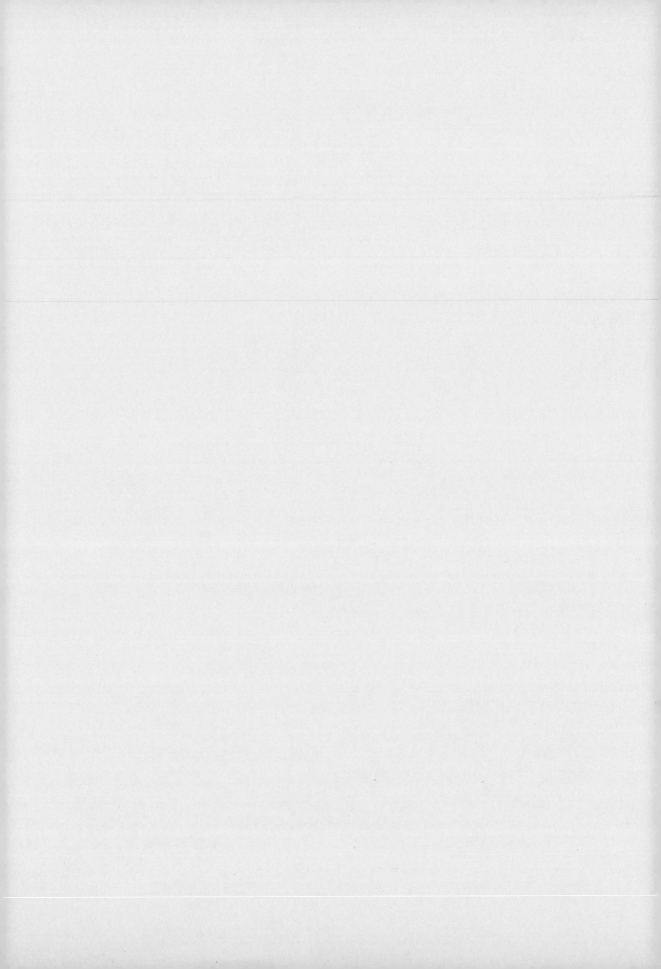